2023年版

出る順 行政書士

当たる！直前予想模試

合格のLEC

はしがき

　2022年11月13日（日）に2022年度の行政書士試験が実施され、2023年1月25日(水)に合格発表がありました。合格者数は5,802人で、合格率は12.13%でした。

　行政書士試験は、近年、あいまいな知識だけでは通用しないレベルの試験となっています。出題される科目は、「憲法」「民法」「行政法」「商法・会社法」などの法令科目から「政治・経済・社会」「情報通信・個人情報保護」などの一般知識科目までと幅広く、それぞれの科目について体系的な理解が必要不可欠となります。

　しかも、それらの知識を「得点」という成果に結び付ける「実戦力」がなければ、合格を勝ち取ることはできません。

　「実戦力」を身につけるための方法──それは「問題演習」以外にありません。実際に数多くの問題を解くことが、なによりも重要なのです。

　本書は、過去のLEC行政書士講座（2022年度の「科目別答練」「到達度確認模試」「全日本行政書士公開模試」「ファイナル模試」「厳選！直前ヤマ当て模試」）において使用した問題を主な素材として、2023年度行政書士試験向けの模擬試験（3回分）を編集したものです。さらに、付録として2022年度試験（1回分）も掲載しています。問題冊子・答案用紙を1回分ずつ取り外すことができ、本試験の臨場感を体感しながら「実戦力」を身につけることができます。

　本書を利用して、現時点での実力を客観的に把握してください。そこで浮かびあがった弱点を克服することで、実力アップをはかることができます。

　本書を利用された方が、ひとりでも多く2023年度行政書士試験に合格されることを願ってやみません。

　なお、本書の内容は、2023年4月1日に施行されている法令に基づいています。

2023年3月吉日

株式会社　東京リーガルマインド
LEC総合研究所　行政書士試験部

CONTENTS ·················

はしがき
本書の利用法
行政書士試験ガイド
各科目のポイント
＜巻頭特集＞近年の「法改正」のポイントを確認しよう！
これで万全！ 本試験当日の心得

問題冊子

第1回 問題
第2回 問題
第3回 問題
＜付録＞2022年度行政書士試験 問題

解答・解説

第1回
　解答一覧 ……………………………………………………… 2
　解説 …………………………………………………………… 3
第2回
　解答一覧 ……………………………………………………… 64
　解説 …………………………………………………………… 65
第3回
　解答一覧 ……………………………………………………… 126
　解説 …………………………………………………………… 127
＜付録＞2022年度行政書士試験
　解答一覧 ……………………………………………………… 188
　解説 …………………………………………………………… 189

本書の利用法

1. まず、本試験と同様に3時間で1回分（60問）を解いてみよう！

　本書は、3回分の模擬試験として編集されています。さらに、付録として2022年度試験（1回分）も掲載しています。問題冊子を1回分ずつ取り外して、本試験と同様に3時間で60問を解いてください。答案用紙（マークシート）といっしょに利用することで、本試験の臨場感を体感することができます。

2. 次に、自己採点をしてから、「解説」を読んで復習しよう！

　問題を解き終わったら、「解答一覧」を確認して、自己採点をしてください。法令科目122点以上、一般知識科目24点以上という「基準点」を満たした上で、300点中180点を取れば「合格点」です。

　復習にあたっては、「解説」をよく読みましょう。間違えた問題については、どこを間違えたかを確認し、しっかり復習することが重要です。また、正解した問題についても、すべての選択肢の正誤を判断することができたのかを確認してください。

　なお、「解説」には、問題ごとの「重要度」と、過去のＬＥＣ行政書士講座（2022年度の「科目別答練」「到達度確認模試」「全日本行政書士公開模試」「ファイナル模試」「厳選！直前ヤマ当て模試」）における実際の受講生の解答データなどをもとに予想した「予想正答率」を記載しています。

問題	テーマ（分野）	正解	重要度	正答率
5	国会（憲法）	3	A	55%

（類題）ウォーク問過去問題集①法令編　問35

1　妥当でない　基礎　合格基本書 p.79
　　国会の常会は、毎年1回召集するものとされている（52条）。
2　妥当でない　基礎　合格基本書 p.81
　　衆議院で可決した法律案について、参議院でこれと異なった議決をした場合には、衆議院は、両議院の協議会を開くことを求めることができる（59条3項）よって、必ず開かれる

　たとえば、重要度が「A」となっている問題のなかで、特に予想正答率の高いものは、合格するために必ずおさえておきたい問題です。それらの問題から順に確認していくことで、効率的かつメリハリのある復習が可能となります。

　「解説」には、『2023年版 出る順行政書士 合格基本書』の該当ページおよび『2023年版 出る順行政書士 ウォーク問 過去問題集』における類題（類似した過去問）の問題番号も記載しています。これらの書籍をあわせて利用することで、さらに「実戦力」を磨くことができます。

行政書士試験ガイド

> （※）以下の情報は、2022年度の試験概要にもとづくものです。
> 　　　2023年度の試験概要は、下記の問合せ先までお問合せください。

【試験日】

毎年11月の第2日曜日

【試験時間】

午後1時〜4時（3時間）

【受験資格】

年齢・学歴・国籍等に関係なく、どなたでも受験できます。

【受験手続】

受験願書の配布・受付　8月

願書の提出先　一般財団法人行政書士試験研究センター

【合格発表】

毎年翌年1月第5週に属する日（各人に合否の結果を郵送）

【問合せ先】

一般財団法人行政書士試験研究センター

〒102−0082 東京都千代田区一番町25番地 全国町村議員会館3階

電話番号（試験専用）：03−3263−7700

ホームページ　https://gyosei-shiken.or.jp

【試験科目】

① 法令等〔択一式（5肢択一式／多肢選択式）・記述式〕46問

- 憲法
- 民法
- 行政法（行政法の一般的法理論、行政手続法、行政不服審査法、行政事件訴訟法、国家賠償法、地方自治法を中心とする。）
- 商法（会社法）
- 基礎法学

② 一般知識等〔択一式（5肢択一式）〕14問

- 政治・経済・社会
- 情報通信・個人情報保護
- 文章理解

【配点および合格基準】

① 配点

試験科目	出題形式		出題数	満点
法令等	択一式	5肢択一式	40問	160点
		多肢選択式	3問	24点
	記述式		3問	60点
	計		46問	244点
一般知識等	択一式	5肢択一式	14問	56点
合計			60問	300点

（備考）問題別配点　▽択一式　5肢択一式　1問につき4点
　　　　　　　　　　　　多肢選択式　1問につき8点　空欄（ア～エ）各2点
　　　　　　　▽記述式　1問につき20点

② 合格基準点 ……（1）法令等科目の得点が、122点以上
　　　　　　　　　　（2）一般知識等科目の得点が、24点以上
　　　　　　　　　　（3）試験全体の得点が、180点以上

【出題基準日】

　法令科目（憲法・民法・行政法・商法会社法・基礎法学）は、試験実施年度の4月1日現在施行されている法令に関して出題されます。一般知識科目も、過去の出題例から、法令科目の取扱いに準じて試験実施年度の4月1日が基準になると考えられます。

【受験者数と合格率の推移】

	受験者数	合格者数	合格率
2013（平成25）年度	55,436	5,597	10.10%
2014（平成26）年度	48,869	4,043	8.27%
2015（平成27）年度	44,366	5,820	13.12%
2016（平成28）年度	41,053	4,084	9.95%
2017（平成29）年度	40,449	6,360	15.72%
2018（平成30）年度	39,105	4,968	12.70%
2019（令和元）年度	39,821	4,571	11.48%
2020（令和2）年度	41,681	4,470	10.72%
2021（令和3）年度	47,870	5,353	11.18%
2022（令和4）年度	**47,850**	**5,802**	**12.13%**

各科目のポイント

憲　法

　人権については、条文だけでなく最高裁判所の判例に関する知識も必要となります。特に重要な判例については、その結論に至った理由も確認しておきましょう。

　統治については、条文を正確に覚えることに集中してください。過去の問題をみても、条文知識があれば正解を導くことができるものが多いからです。

民　法

　民法については、改正のポイントを確認しておきましょう。次ページからの「巻頭特集」をご参照ください。

行政法

　行政法総論については、特許と許可、取消しと撤回などの基本的概念を正確におさえておきましょう。

　行政手続法、行政不服審査法については、条文からの出題が中心です。

　行政事件訴訟法については、処分性や原告適格などの訴訟要件に関する重要判例を必ずおさえておきましょう。

　国家賠償法については、１条と２条からの出題が中心ですが、３条以下の規定も一通り確認しておきましょう。

　地方自治法については、条文の数が膨大ですが、おさえるべきポイントは限られています。過去問で問われた知識から整理しておきましょう。

商法・会社法

　商法については、商人概念、商行為概念、商事売買などの基本的な論点を確認しておきましょう。

　会社法については、設立、株式、各機関の権限、取締役の責任を中心に知識を整理しておきましょう。改正については「巻頭特集」をご参照ください。

基礎法学

　基礎法学では、例年、少なくとも１問は基本的な法令用語や法原則が出題されていますが、司法改革など近時のトピックが問われることもあります。過去問で問われた知識から整理しておきましょう。

一般知識科目

　政治・経済・社会については、センター試験等で問われる基礎的知識から時事問題まで広く出題されます。日頃から新聞等に目を通しておくことも有用です。

　情報通信・個人情報保護については、個人情報保護法・情報公開法などの条文を確認しましょう。個人情報保護法の改正については「巻頭特集」をご参照ください。

　文章理解の問題は、知識がなくても解ける「現場思考型問題」の典型です。落ち着いて確実に解いていきましょう。

巻頭特集

2023年度の行政書士試験に向けて

近年の「法改正」のポイントを確認しよう！

　行政書士試験は、例年「4月1日現在施行されている法令」に関して出題されています。そのため、本年度（2023年度）の試験では2023年4月1日までに施行される内容が出題されることになります。

　「民法」に関しては、2023年度から「所有者不明土地の解消に向けた民事基本法制の見直し」による改正が出題の対象になります。
　「会社法」に関しては、2023年度から「株主総会資料の電子提供制度の創設」および「会社の支店の所在地における登記の廃止」も出題の対象に加わります。
　「個人情報保護法」に関しては、2023年度から「地方公共団体に関する規律」の改正も出題の対象に加わります。

　そこで、本年度（2023年度）の試験に向けて、これらの「法改正」について確認しておきたいポイントをまとめてみました。本年度の学習にあたってのご参考になりましたら幸いです。

テーマ 1	民法改正
テーマ 2	会社法改正
テーマ 3	個人情報保護法改正

テーマ 1 民法改正

ポイント

2023年度から「所有者不明土地の解消に向けた民事基本法制の見直し」による改正が出題の対象になります。

成年年齢関係の改正

2018年6月20日に公布された「民法の一部を改正する法律」（平成30年法律第59号）により、成年年齢の18歳への引下げ・女性の婚姻開始年齢の18歳への引上げがなされました（2022年4月1日施行）。

1 成年年齢の引下げ

民法の定める成年年齢（①単独で契約を締結することができる年齢、②親権に服することがなくなる年齢）を20歳から**18歳**に引き下げました。

成年年齢の 18歳への引下げ	・**18歳**に達した者は、一人で有効な契約をすることができ、また、父母の親権に服さなくなる。【4条】

2 女性の婚姻開始年齢の引上げ

女性の婚姻開始年齢（結婚することができるようになる年齢）を16歳から**18歳**に引き上げて、婚姻開始年齢を男女とも**18歳**に統一しました。

女性の婚姻開始年齢の 18歳への引上げ	・男女とも**18歳**にならなければ結婚することができない。【731条】

・「民法の一部を改正する法律（成年年齢関係）について」（法務省民事局）（https://www.moj.go.jp/MINJI/minji07_00218.html）を加工して作成しました。

【成年年齢の引下げに伴う年齢要件の変更について】

18歳に変わるもの

改正されたもの（改正前は「二十歳」などと規定）
- 登録水先人養成施設等の講師
（水先法）
- 帰化の要件
（国籍法）
- 社会福祉主事資格
（社会福祉法）
- 登録海技免許講習実施機関等の講師
（船舶職員及び小型船舶操縦者法）
- 登録電子通信移行講習実施機関の講師
（船舶安全法及び船舶職員法の一部を改正する法律）
- 10年用一般旅券の取得
（旅券法）
- 性別の取扱いの変更の審判
（性同一性障害者の取扱いの特例に関する法律）
- 人権擁護委員・民生委員資格
（公職選挙法等の一部を改正する法律）

改正が不要なもの（「未成年者」などと規定）
- 分籍
（戸籍法）
- 公認会計士資格
（公認会計士法）
- 医師免許
（医師法）
- 歯科医師免許
（歯科医師法）
- 獣医師免許
（獣医師法）
- 司法書士資格
（司法書士法）
- 土地家屋調査士資格
（土地家屋調査士法）
- 行政書士資格
（行政書士法）
- 薬剤師免許
（薬剤師法）
- 社会保険労務士資格
（社会保険労務士法）　　　等　約130法律

20歳が維持されるもの

改正されたもの（改正前は「未成年」などと規定）
- 養子をとることができる年齢
（民法）
- 喫煙年齢
（未成年者喫煙禁止法：題名を改正）
- 飲酒年齢
（未成年者飲酒禁止法：題名を改正）
- 小児慢性特定疾病医療費の支給に係る患児の年齢等
（児童福祉法）
- 勝馬投票券の購入年齢
（競馬法）
- 勝者投票券の購入年齢
（自転車競技法）
- 勝車投票券の購入年齢
（小型自動車競走法）
- 勝舟投票券の購入年齢
（モーターボート競走法）
- アルコール健康障害の定義
（アルコール健康障害対策基本法）

改正が不要なもの（「二十歳」などと規定）
- 児童自立生活援助事業の対象となる者の年齢
（児童福祉法）
- 船長及び機関長の年齢
（船舶職員及び小型船舶操縦者法）
- 猟銃の所持の許可
（銃砲刀剣類所持等取締法）
- 国民年金の被保険者資格
（国民年金法）
- 大型、中型免許等
（道路交通法）
- 特別児童扶養手当の支給対象となる者の年齢
（特別児童扶養手当等の支給に関する法律）
- 指定暴力団等への加入強要が禁止される者の年齢
（暴力団員による不当な行為の防止等に関する法律）　　　等　約20法律

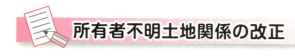

所有者不明土地関係の改正

2021年4月28日に公布された「民法等の一部を改正する法律」(令和3年法律第24号)により、所有者不明土地の利用の円滑化を図る方策がなされました(2023年4月1日施行)。

1 相隣関係の見直し(隣地等の利用・管理の円滑化)

境界標の調査のための隣地使用権に関する規定等を整備するとともに、電気等の継続的給付を受けるための設備設置権(ライフラインの設備設置権)に関する規定等を創設することとしています。

隣地使用権	土地の所有者は、所定の目的(①障壁、建物その他の工作物の築造、収去、修繕、②境界標の調査・境界に関する測量、③越境した枝の切取り)のために必要な範囲内で、隣地を使用する権利を有する旨を明確化。【209条1項】 隣地使用の日時・場所・方法は、隣地所有者及び隣地使用者のために損害が最も少ないものを選ばなければならない。【209条2項】 隣地使用に際しての通知に関するルールを整備。【209条3項】
ライフラインの設備の設置・使用権	他の土地に設備を設置しなければ電気、ガス又は水道水の供給その他これらに類する継続的給付を受けることができない土地の所有者は、必要な範囲内で、他の土地に設備を設置する権利を有することを明文化。【213条の2第1項】 他人が所有する設備を使用しなければ電気、ガス又は水道水の供給その他これらに類する継続的給付を引き込むことができない土地の所有者は、必要な範囲内で、他人の所有する設備を使用する権利を有することを明文化。【213条の2第1項】 設備の設置・使用の場所・方法は、他の土地及び他人の設備のために損害が最も少ないものに限定。【213条の2第2項】 他の土地に設備を設置し又は他人の設備を使用する土地の所有者は、あらかじめ、その目的、場所及び方法を他の土地・設備の所有者に通知しなければならない。【213条の2第3項】 償金・費用負担に関するルールを整備。【213条の2第4項~第7項、209条4項】
越境した竹木の枝の切取り	越境された土地の所有者は、竹木の所有者に枝を切除させる必要があるという原則を維持しつつ、一定の場合(①竹木の所有者に越境した枝を切除するよう催告したが、竹木の所有者が相当の期間内に切除しないとき、②竹木の所有者を知ることができず、又はその所在を知ることができないとき、③急迫の事情があるとき)には、枝を自ら切り取ることができることとする。【233条3項】 竹木が共有物である場合には、各共有者が越境している枝を切り取ることができる。【233条2項】

2 共有制度の見直し（不明共有者がいる場合への対応）

所在等が不明な共有者がいる場合の共有物の変更又は管理に関する決定方法の特則、共有物の管理者に関する規定及び所在等が不明な共有者の不動産の共有持分の他の共有者による取得に関する特則等を創設することとしています。

共有物の「管理」の範囲の拡大・明確化	共有物に変更を加える行為であっても、形状又は効用の著しい変更を伴わないもの（軽微変更）については、持分の過半数で決定することができる。【251条1項、252条1項】 ｜管理（最広義）の種類｜同意要件｜ ｜---｜---｜ ｜変更（軽微以外）｜共有者全員（251条1項）｜ ｜管理（広義）　変更（軽微）｜持分の価格の過半数（252条1項）｜ ｜管理（広義）　管理（狭義）｜持分の価格の過半数（252条1項）｜ ｜保存｜共有者単独（252条5項）｜ 所定の期間を超えない短期の賃借権等（①樹木の植栽又は伐採を目的とする山林の賃借権等は10年、②それ以外の土地の賃借権等は5年、③建物の賃借権等は3年、④動産の賃借権等は6か月）の設定は、持分の過半数で決定することができる。【252条4項】
共有物を使用する共有者がいる場合のルール	共有物を使用する共有者がある場合でも、持分の過半数で管理に関する事項を決定することができる。【252条1項後段】 管理に関する事項の決定が、共有者間の決定に基づいて共有物を使用する共有者に特別の影響を及ぼすべきときは、その共有者の承諾を得なければならない。【252条3項】 共有物を使用する共有者は、他の共有者に対し、自己の持分を超える使用の対価を償還する義務を負う。ただし、共有者間で無償とするなどの別段の合意がある場合には、その合意に従う。【249条2項】 共有者は、善良な管理者の注意をもって、共有物の使用をしなければならない。【249条3項】
賛否を明らかにしない共有者がいる場合の管理	賛否を明らかにしない共有者がいる場合には、裁判所の決定を得て、その共有者以外の共有者の持分の過半数により、管理に関する事項を決定することができる。【252条2項2号】 事前の催告 → 申立て・証拠提出 → 1か月以上の賛否明示期間・通知 → 他の共有者の同意で管理をすることができる旨の決定 → 共有者間での決定 （例）ＡＢＣＤＥ共有（持分各5分の1）の砂利道につき、ＡＢがアスファルト舗装をすること（軽微変更＝管理）について他の共有者に事前催告をしたが、ＤＥは賛否を明らかにせず、Ｃは反対した場合には、裁判所の決定を得た上で、ＡＢは、アスファルト舗装をすることができる（ＡＢＣの持分の過半数である3分の2の決定）。

所在等不明共有者が いる場合の変更・管理	所在等不明共有者がいる場合には、裁判所の決定を得て、①所在等不明共有者以外の共有者全員の同意により、共有物に変更を加えることができる。②所在等不明共有者以外の共有者の持分の過半数により、管理に関する事項を決定することができる。【251条2項、252条2項1号】 申立て・証拠提出　→　1か月以上の異議届出期間・公告の実施　→　他の共有者の同意で変更・管理をすることができる旨の決定　→　共有者間での意思決定 （例①）　ＡＢＣＤＥ共有の土地につき、必要な調査を尽くしてもＣＤＥの所在が不明である場合には、裁判所の決定を得た上で、ＡＢは、第三者に対し、建物所有目的で土地を賃貸すること（変更）ができる（ＡＢの全員同意）。 （例②）　ＡＢＣＤＥ共有（持分各5分の1）の建物につき、必要な調査を尽くしてもＤＥの所在が不明である場合には、裁判所の決定を得た上で、ＡＢは、第三者に対し、賃借期間3年以下の定期建物賃貸借をすること（管理）ができる（ＡＢＣの持分の過半数である3分の2の決定）。
共有物の管理者	共有物の管理者の選任・解任は、共有物の管理のルールに従い、共有者の持分の過半数で決定。共有者以外を管理者とすることも可能。共有者以外を管理者とすることも可能。【252条1項】 　共有物の管理者は、管理に関する行為（軽微変更を含む）をすることができる。軽微でない変更を加えるには、共有者全員の同意を得なければならない。【252条の2第1項】 　共有物の管理者は、共有者が共有物の管理に関する事項を決定した場合には、これに従ってその職務を行わなければならない。【252条の2第3項】
共有の規定と 遺産共有持分	遺産共有状態にある共有物に共有に関する規定を適用するときは、法定相続分（相続分の指定があるケースは、指定相続分）により算定した持分を基準とすることを明記。【898条2項】 （例）遺産として土地があり、ＡＢＣが相続人（法定相続分各3分の1）であるケースでは、土地の管理に関する事項は、具体的相続分の割合に関係なく、ＡＢの同意により決定することが可能。
裁判による共有物分割	裁判による共有物分割の方法として、賠償分割（「共有者に債務を負担させて、他の共有者の持分の全部又は一部を取得させる方法」）が可能であることを明文化。【258条2項】 　①現物分割・賠償分割のいずれもできない場合、又は②分割によって共有物の価格を著しく減少させるおそれがある場合に、競売分割を行うこととして、検討順序を明確化。【258条3項】 　裁判所は、共有物の分割の裁判において、当事者に対して、金銭の支払、物の引渡し、登記義務の履行その他の給付を命ずることができることを明文化。【258条4項】

所在等不明共有者の不動産の持分の取得	共有者は、裁判所の決定を得て、所在等不明共有者（氏名等不特定を含む）の不動産の持分を取得することができる。【262条の2】 申立て・証拠提出 → 異議届出期間等の公告・登記簿上の共有者への通知 → 3か月以上の異議届出期間等の経過 → 時価相当額の金銭の供託 → 取得の裁判
所在等不明共有者の不動産の持分の譲渡	裁判所の決定によって、申立てをした共有者に、所在等不明共有者の不動産の持分を譲渡する権限を付与する制度を創設。【262条の3】 （例）土地の共有者ＡＢＣのうちＣが所在等不明である場合に、Ａの申立てにより土地全体を第三者に売却する。 Ａによる申立て・証拠提出 → 3か月以上の異議届出期間・公告の実施 → 時価相当額を持分に応じて按分した額の供託 → Ｃ持分の譲渡権限をＡに付与する裁判 → Ａ・Ｂ→第三者土地全体を売却

3 財産管理制度の見直し（土地・建物の管理制度の創設）

　所有者の所在等を知ることができない土地若しくは建物又はその共有持分及び所有者による管理が不適当である土地又は建物について裁判所が管理人による管理を命ずる規定等を創設するとともに、相続財産の保存のための統一的な相続財産管理制度を創設することとしています。

所有者不明土地・建物管理制度	特定の土地・建物のみに特化して管理を行う所有者不明土地管理制度及び所有者不明建物管理制度を創設。【264条の2～264条の8】 　所有者不明土地・建物の管理について利害関係を有する利害関係人が申立権を有する。 　管理命令の効力は、所有者不明土地（建物）のほか、土地（建物）にある所有者の動産、管理人が得た金銭等の財産（売却代金等）、建物の場合はその敷地利用権（借地権等）にも及ぶが、その他の財産には及ばない。 申立て・証拠提出 → 異議届出期間の公告 → 管理命令の発令・管理人の選任 → 管理人による管理 → 職務の終了（管理命令の取消）
管理不全土地・建物管理制度	管理不全土地・建物について、裁判所が、利害関係人の請求により、管理人による管理を命ずる処分を可能とする管理不全土地・建物管理制度を創設。【264条の9～264条の14】 　管理不全土地・建物の管理についての利害関係を有する利害関係人が申立権を有する。 　管理命令の効力は、管理不全土地（建物）のほか、土地（建物）にある所有者の動産、管理人が得た金銭等の財産（売却代金等）、建物の場合はその敷地利用権（借地権等）にも及ぶが、その他の財産には及ばない。 申立て・証拠提出 → 所有者の陳述の聴取 → 管理命令の発令・管理人の選任 → 管理人による管理 → 職務の終了（管理命令の取消）

相続人不存在の相続財産の清算手続の見直し	選任の公告と相続人捜索の公告を統合して一つの公告で同時に行うとともに、これと並行して、相続債権者等に対する請求の申出をすべき旨の公告を行うことを可能にする。【952条2項、957条1項】 権利関係の確定に最低必要な期間を合計6か月へと短縮。 その職務の内容に照らして、相続人のあることが明らかでない場合における「相続財産の管理人」の名称を「相続財産の清算人」に改正。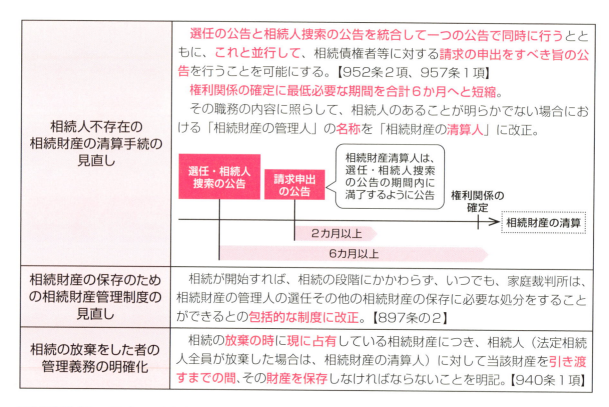
相続財産の保存のための相続財産管理制度の見直し	相続が開始すれば、相続の段階にかかわらず、いつでも、家庭裁判所は、相続財産の管理人の選任その他の相続財産の保存に必要な処分をすることができるとの包括的な制度に改正。【897条の2】
相続の放棄をした者の管理義務の明確化	相続の放棄の時に現に占有している相続財産につき、相続人(法定相続人全員が放棄した場合は、相続財産の清算人)に対して当該財産を引き渡すまでの間、その財産を保存しなければならないことを明記。【940条1項】

4 相続制度の見直し（遺産分割長期未了状態への対応）

具体的相続分による遺産分割を求めることができる期間の制限の規定等を整備することとしています。

具体的相続分による遺産分割の時的限界	相続開始(被相続人の死亡)時から10年を経過した後にする遺産分割は、原則として、具体的相続分ではなく、法定相続分（又は指定相続分）による。【904条の3】 【例外】（引き続き具体的相続分により分割） ① 10年経過前に、相続人が家庭裁判所に遺産分割請求をしたとき ② 10年の期間満了前6か月以内に、遺産分割請求をすることができないやむを得ない事由が相続人にあった場合において、当該事由消滅時から6か月経過前に、当該相続人が家庭裁判所に遺産分割請求をしたとき
遺産共有と通常共有が併存している場合の特則	遺産共有と通常共有が併存する場合において、相続開始時から10年を経過したときは、遺産共有関係の解消も地方裁判所等の共有物分割訴訟において実施することを可能とする。【258条の2第2項、第3項】

・「所有者不明土地の解消に向けた民事基本法制の見直し（民法・不動産登記法等一部改正法・相続土地国庫帰属法）」（法務省民事局）（https://www.moj.go.jp/MINJI/minji05_00343.html）を加工して作成しました。

テーマ2 会社法改正

ポイント

2019年12月11日に公布された「会社法の一部を改正する法律」(令和元年法律第70号)により、会社法の改正がなされました(原則として2021年3月1日施行、株主総会資料の電子提供制度の創設および会社の支店の所在地における登記の廃止については2022年9月1日施行)。

2023年度から「株主総会資料の電子提供制度の創設」および「会社の支店の所在地における登記の廃止」も出題の対象に加わります。

株主総会に関する規律の見直し

1 株主総会資料の電子提供制度の創設(2022年9月1日施行)

株主に対して早期に株主総会資料を提供し、株主による議案等の検討期間を十分に確保するため、**株主総会資料の電子提供制度**を創設することとしています。

> 株主総会資料を**ウェブサイトに掲載**し、株主に対してそのアドレス等を書面で通知する方法により、株主総会資料を株主に提供することができる制度を新たに設ける。書面での資料提供を希望する株主は、書面の交付を請求することができる。【325条の2～325条の5】

【株主総会資料の電子提供制度】

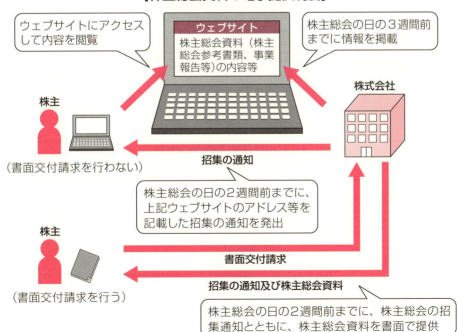

2 株主提案権の濫用的な行使を制限するための措置の整備

近年、一人の株主が膨大な数の議案を提案するなど、株主提案権の濫用的な行使事例が発生し、権利の濫用と認められた裁判例もあります。そこで、株主提案権の濫用的な行使を制限するため、株主が同一の株主総会において提案することができる議案の数を制限することとしています。

> 株主が同一の株主総会において提出することができる議案の数を10までとする上限を新たに設ける。【305条4項5項】

取締役等に関する規律の見直し

1 取締役の報酬に関する規律の見直し

取締役の報酬等を決定する手続等の透明性を向上させ、また、株式会社が業績等に連動した報酬等をより適切かつ円滑に取締役に付与することができるようにするため、上場会社等の取締役会は、取締役の個人別の報酬等に関する決定方針を定めなければならないこととするとともに、上場会社が取締役の報酬等として株式の発行等をする場合には、金銭の払込み等を要しないこととするなどの規定を設けることとしています。

> ① 上場会社等の取締役会は、定款の定めや株主総会の決議により取締役の個人別の報酬等の内容が具体的に定められない場合には、その内容についての決定方針を定めなければならない。【361条7項】
>
> ② 取締役の報酬等として当該株式会社の株式又は新株予約権を付与しようとする場合には、定款又は株主総会の決議により、当該株式又は新株予約権の数の上限等を定めなければならない。【361条1項】
>
> ③ 上場会社が取締役の報酬等として株式の発行等をする場合には、金銭の払込み等を要しない。【202条の2、236条3項4項、361条1項、409条3項】

2 会社補償及び役員等のために締結される保険契約に関する規律の整備

役員等にインセンティブを付与するとともに、役員等の職務の執行の適正さを確保するため、役員等がその職務の執行に関して責任追及を受けるなどして生じた費用等を株式会社が補償することを約する補償契約や、役員等のために締結される保険契約（D＆O保険）に関する規定を設けることとしています。

会社補償	・会社補償（役員等が、その職務の執行に関し、法令の規定に違反したことが疑われ、又は責任の追及に係る請求を受けたことに対処するために支出する費用や、第三者に生じた損害を賠償する責任を負う場合における損失の全部又は一部を、株式会社が当該役員等に対して補償すること）が適切に運用されるように、補償契約を締結するための手続や補償をすることができる範囲等を明確にするなど、会社補償に関する規定を新たに設ける。【430条の2】
役員等のために締結される保険契約	・いわゆる会社役員賠償責任保険（D＆O保険）が適切に運用されるように、契約の締結に必要な手続等を明確にするなど、役員等のために締結される保険契約に関する規定を新たに設ける。【430条の3】

3 社外取締役の活用等

わが国の資本市場が全体として信頼される環境を整備するため、上場会社等に社外取締役を置くことを義務付けることとしています。2021年度の試験では、問題39が「社外取締役・社外監査役」に関する択一式問題でした。

業務執行の社外取締役への委託	・マネジメント・バイアウトの場面や親子会社間の取引の場面など、株式会社と取締役との利益が相反する状況にあるとき、その他取締役が当該株式会社の業務を執行することにより株主の利益を損なうおそれがあるときは、当該株式会社は、その都度、取締役会の決議によって、当該株式会社の業務を執行することを社外取締役に委託することができる。委託された業務の執行をしても、社外取締役の資格を失わない。【348条の2】
社外取締役を置くことの義務付け	・上場会社等は社外取締役を置かなければならない。【327条の2】

その他の改正

1 社債の管理に関する規律の見直し

社債管理補助者制度の創設	・会社が、社債を発行する場合において、社債管理者を定めることを要しないときは、社債管理者よりも権限及び裁量が限定された社債管理補助者を定め、社債権者による社債の管理を補助することを委託することができる社債管理補助者制度を新たに設ける。【714条の2～714条の4、737条1項】
社債権者集会	・社債権者集会の決議により、社債に係る債務の全部又は一部の免除をすることができることを明確化する。【706条1項】 ・社債権者集会の目的である事項について提案がされた場合において、当該提案につき議決権者の全員が書面又は電磁的記録により同意の意思表示をしたときは、当該提案を可決する旨の社債権者集会の決議があったものとみなす。その場合には、社債権者集会の決議についての裁判所の認可を受けることを要しない。【735条の2第1項、第4項】

2 株式交付制度の創設

他の株式会社を買収しようとする株式会社（買収会社）がその株式を対価とする手法により円滑に当該他の株式会社（被買収会社）を子会社とすることができるように、買収会社が被買収会社をその子会社とするために被買収会社の株式を譲り受け、当該株式の譲渡人に対して当該株式の対価として買収会社の株式を交付することができる株式交付制度を新たに設ける。【2条32号の2、774条の2～774条の11、816条の2～816条の10】

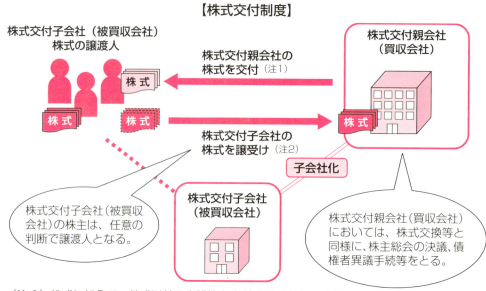

(注1) 株式に加えて、株式以外の金銭等を交付することもできる。
(注2) 株式と併せて新株予約権等を譲り受けることもできる。

3 取締役等の責任を追及する訴えに係る訴訟における和解に関する規律の整備

> 株式会社が、当該株式会社の取締役等の責任を追及する訴えに係る訴訟における和解をするには、監査役設置会社にあっては各監査役、監査等委員会設置会社にあっては各監査等委員、指名委員会等設置会社にあっては各監査委員の同意を得なければならない。【849条の2】

4 議決権行使書面の閲覧謄写請求の拒絶事由の明文化

> 株主が議決権行使書面等の閲覧等の請求をする場合においては、当該請求の理由を明らかにしてしなければならない。株式会社が、当該請求を拒むことができる場合について、一定の拒絶事由を明文化する。【311条4項5項】

5 成年被後見人等についての取締役の欠格条項の削除及びこれに伴う規律の整備

> 成年被後見人等についての取締役等の欠格条項を削除し、成年被後見人等であっても、取締役等に就任することができることとした上で、成年被後見人等の取締役等への就任及び成年被後見人等がした取締役等の資格に基づく行為の効力に関する規律の整備を行う。【331条第1項、331条の2】

6 会社の支店の所在地における登記の廃止（2022年9月1日施行）

登記申請義務を負う会社の負担軽減等の観点から、会社の支店の所在地における登記を廃止することとしています。

> 会社の支店の所在地における登記を廃止する。【930条〜932条を削除】

・「会社法の一部を改正する法律について」（法務省民事局）（http://www.moj.go.jp/MINJI/minji07_00001.html）を加工して作成しました。

テーマ3 個人情報保護法改正

ポイント

「個人情報保護法」に関しては、2023年度から「地方公共団体に関する規律」の改正も出題の対象に加わります。

2020年の個人情報保護法改正

2020年6月12日に公布された「個人情報の保護に関する法律等の一部を改正する法律」（令和2年法律第44号）により、自身の個人情報に対する意識の高まり、技術革新を踏まえた保護と利活用のバランス、越境データの流通増大に伴う新たなリスクへの対応等の観点からの改正がなされました（原則として2022年4月1日施行、法定刑の引上げについては2020年12月12日施行）。

1 個人の権利

利用停止・消去等の個人の請求権について、不正取得等の一部の法違反の場合に加えて、個人の権利または正当な利益が害されるおそれがある場合にも要件を緩和しました。

保有個人データの開示方法について、電磁的記録の提供を含め、本人が指示できるようにしました。

個人データの授受に関する第三者提供記録について、本人が開示請求できるようにしました。

6カ月以内に消去する短期保存データについて、保有個人データに含めることとして、開示、利用停止等の対象としました。

オプトアウト規定（本人の求めがあれば事後的に停止することを前提に、提供する個人データの項目等を公表等した上で、本人の同意なく第三者に個人データを提供できる制度）により第三者に提供できる個人データの範囲を限定して、①不正取得された個人データ、②オプトアウト規定により提供された個人データについても対象外としました。

2 事業者の守るべき責務

漏えい等が発生し、個人の権利利益を害するおそれがある場合（一定数以上の個人データの漏えい、一定の類型に該当する場合に限定）に、委員会への報告及び本人への通知を義務化しました。

違法または不当な行為を助長する等の不適正な方法により個人情報を利用してはならない旨を明確化しました。

3 事業者による自主的な取組を促す仕組み

認定団体制度について、対象事業者のすべての分野（部門）を対象とする従来の制度に加えて、企業の特定分野（部門）を対象とする団体を認定できるようにしました。

4 データ利活用に関する施策

氏名等を削除した「仮名加工情報」を創設して、内部分析に限定する等を条件に、開示・利用停止請求への対応等の義務を緩和しました。

提供元では個人データに該当しないものの、提供先において個人データとなることが想定される情報の第三者提供について、本人同意が得られていること等の確認を義務付けました。

5 ペナルティ（法定刑の引上げ）

個人情報保護委員会からの命令への違反、個人情報保護委員会への虚偽報告等の法定刑を引き上げました。

命令違反等の罰金について、法人に対しては行為者に対するよりも罰金刑の最高額を引き上げました。

		懲役刑 改正前	懲役刑 改正後	罰金刑 改正前	罰金刑 改正後
個人情報保護委員会からの命令への違反	行為者	6月以下	1年以下	30万円以下	100万円以下
	法人等			30万円以下	1億円以下
個人情報データベース等の不正提供等	行為者	1年以下		50万円以下	
	法人等			50万円以下	1億円以下
個人情報保護委員会への虚偽報告等	行為者			30万円以下	50万円以下
	法人等			30万円以下	50万円以下

6 法の域外適用・越境移転

日本国内にある者に係る個人情報等を取り扱う外国事業者を、罰則によって担保された報告徴収・命令の対象としました。

外国にある第三者への個人データの提供時に、移転先事業者における個人情報の取扱いに関する本人への情報提供の充実等を求めました。

・「令和2年 改正個人情報保護法について」（個人情報保護委員会）（https://www.ppc.go.jp/personalinfo/legal/kaiseihogohou/）を加工して作成しました。

2021年の個人情報保護法改正

2021年5月19日に公布された「デジタル社会の形成を図るための関係法律の整備に関する法律」（令和3年法律第37号）による個人情報保護法の改正により、行政機関個人情報保護法・独立行政法人等個人情報保護法との統合などがなされました（原則として2022年4月1日施行、地方公共団体に関する規律についての改正は2023年4月1日施行）。

個人情報保護法、行政機関個人情報保護法、独立行政法人等個人情報保護法の3本の法律を1本の法律に統合するとともに、地方公共団体の個人情報保護制度についても統合後の法律において全国的な共通ルールを規定し、全体の所管を個人情報保護委員会に一元化しました。

　医療分野・学術分野の規制を統一するため、国公立の病院、大学等には原則として民間の病院、大学等と同等の規律を適用しました。

　学術研究分野を含めた欧州データ保護規則（ＧＤＰＲ）の十分性認定への対応を目指し、学術研究に係る適用除外規定について、一律の適用除外ではなく、義務ごとの例外規定として精緻化しました。

　個人情報の定義等を国・民間・地方で統一するとともに、行政機関等での匿名加工情報の取扱いに関する規律を明確化しました。

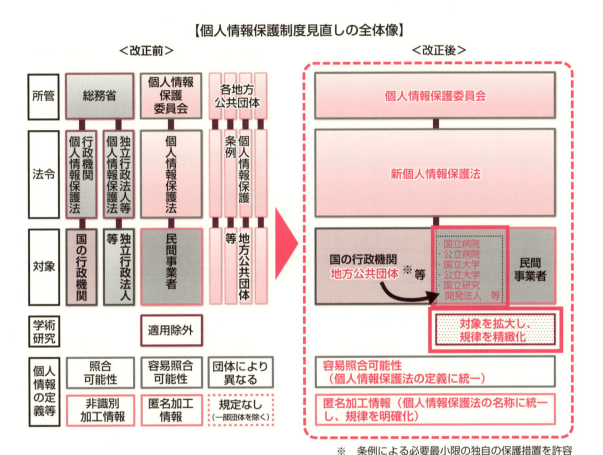

【個人情報保護制度見直しの全体像】

・「令和３年 改正個人情報保護法について（官民を通じた個人情報保護制度の見直し）」（個人情報保護委員会）（https://www.ppc.go.jp/personalinfo/minaoshi/）を加工して作成しました。

これで万全！　本試験当日の心得

1. 持ち物リスト

☑	持ち物	備考
☐	受験票	受験番号等が記載されたハガキです。 念のため、「試験案内」も持参しましょう。
☐	筆記用具	鉛筆は３本以上、鉛筆削りや消しゴムは２個以上持参しましょう。 シャープペンシルを使用する方は、替え芯も忘れないでください。
☐	腕時計＊	日頃、携帯電話で時間を確認している方は特に注意してください。 試験中、携帯電話は電源を切って袋に入れなければなりません。

＊2022年度の試験案内には、「置時計等は不可（懐中時計を机上に置いて使用する場合は、使用を認めます。）」との記載がありました。試験当日の持ち物に関しては、2023年度の試験案内等で事前に確認しておきましょう。

2. 服装

　試験会場の室温は当日にならないとわからないので、体温調節が容易な服装にしましょう。

3. 出発時間

　急なトラブルで電車が遅れることも考えられますので、必ず余裕をもって自宅を出発しましょう（試験開始後30分を過ぎると受験できなくなります）。

　会場に到着してからも、入室やトイレに時間がとられることがあります。試験の１時間前までには会場に到着しておくのがよいでしょう。

行政書士試験　答案用紙

第1回

氏名 ＿＿＿＿＿＿＿＿＿＿＿＿＿＿＿＿＿＿

1. 記入は必ずHB又はB以上の鉛筆を使用し、各欄へのマークは○内を濃く塗り潰してください。

2. 記入マーク例
   良い例　●
   悪い例　◐ ◖ ⊖ ⊖

3. 訂正は、消し跡が残らないようにプラスチック製の消しゴムで完全に消してからマークし直してください。

受験番号

	0	1	2	3	4	5	6	7	8	9

生年月日

大正○　昭和○　平成○

	0	1	2	3	4	5	6	7	8	9
年										
月										
日										

法令等（5肢択一式）

問題 1	問題 11	問題 21	問題 31
問題 2	問題 12	問題 22	問題 32
問題 3	問題 13	問題 23	問題 33
問題 4	問題 14	問題 24	問題 34
問題 5	問題 15	問題 25	問題 35
問題 6	問題 16	問題 26	問題 36
問題 7	問題 17	問題 27	問題 37
問題 8	問題 18	問題 28	問題 38
問題 9	問題 19	問題 29	問題 39
問題 10	問題 20	問題 30	問題 40

法令等（多肢選択式）

		1	2	3	4	5	6	7	8	9	10	11	12	13	14	15	16	17	18	19	20
問題41	ア																				
	イ																				
	ウ																				
	エ																				
問題42	ア																				
	イ																				
	ウ																				
	エ																				
問題43	ア																				
	イ																				
	ウ																				
	エ																				

一般知識等（5肢択一式）

問題 47	問題 52	問題 57
問題 48	問題 53	問題 58
問題 49	問題 54	問題 59
問題 50	問題 55	問題 60
問題 51	問題 56	

●本答案用紙は、実際の行政書士試験で使用される答案用紙と大きさや仕様は異なります。
●採点は、本書の解答・解説でご確認いただき、自己採点をしてください。

LEC東京リーガルマインド

法令等（記述式）

									10					15

問題
44

									10					15

問題
45

									10					15

問題
46

行政書士試験　答案用紙

第2回

氏名 _____

1. 記入は必ずHB又はB以上の鉛筆を使用し、各欄へのマークは○内を濃く塗り潰してください。

2. 記入マーク例
   良い例　●
   悪い例　⊘ ◖ ◍ ⊖

3. 訂正は、消し跡が残らないようにプラスチック製の消しゴムで完全に消してからマークし直してください。

受験番号

	0	1	2	3	4	5	6	7	8	9
	○	○	○	○	○	○	○	○	○	○
	○	○	○	○	○	○	○	○	○	○
	○	○	○	○	○	○	○	○	○	○
	○	○	○	○	○	○	○	○	○	○
	○	○	○	○	○	○	○	○	○	○
	○	○	○	○	○	○	○	○	○	○
	○	○	○	○	○	○	○	○	○	○

生年月日

大正 ○　　昭和 ○　　平成 ○

	0	1	2	3	4	5	6	7	8	9
年	○	○	○	○	○	○	○	○	○	○
年	○	○	○	○	○	○	○	○	○	○
月	○	○	○	○	○	○	○	○	○	○
月	○	○	○	○	○	○	○	○	○	○
日	○	○	○	○	○	○	○	○	○	○
日	○	○	○	○	○	○	○	○	○	○

法令等（5肢択一式）

問題	1 2 3 4 5	問題	1 2 3 4 5	問題	1 2 3 4 5	問題	1 2 3 4 5	問題	1 2 3 4 5
問題 1	○○○○○	問題 11	○○○○○	問題 21	○○○○○	問題 31	○○○○○		
問題 2	○○○○○	問題 12	○○○○○	問題 22	○○○○○	問題 32	○○○○○		
問題 3	○○○○○	問題 13	○○○○○	問題 23	○○○○○	問題 33	○○○○○		
問題 4	○○○○○	問題 14	○○○○○	問題 24	○○○○○	問題 34	○○○○○		
問題 5	○○○○○	問題 15	○○○○○	問題 25	○○○○○	問題 35	○○○○○		
問題 6	○○○○○	問題 16	○○○○○	問題 26	○○○○○	問題 36	○○○○○		
問題 7	○○○○○	問題 17	○○○○○	問題 27	○○○○○	問題 37	○○○○○		
問題 8	○○○○○	問題 18	○○○○○	問題 28	○○○○○	問題 38	○○○○○		
問題 9	○○○○○	問題 19	○○○○○	問題 29	○○○○○	問題 39	○○○○○		
問題 10	○○○○○	問題 20	○○○○○	問題 30	○○○○○	問題 40	○○○○○		

法令等（多肢選択式）

		1	2	3	4	5	6	7	8	9	10	11	12	13	14	15	16	17	18	19	20
問題41	ア	○	○	○	○	○	○	○	○	○	○	○	○	○	○	○	○	○	○	○	○
	イ	○	○	○	○	○	○	○	○	○	○	○	○	○	○	○	○	○	○	○	○
	ウ	○	○	○	○	○	○	○	○	○	○	○	○	○	○	○	○	○	○	○	○
	エ	○	○	○	○	○	○	○	○	○	○	○	○	○	○	○	○	○	○	○	○
問題42	ア	○	○	○	○	○	○	○	○	○	○	○	○	○	○	○	○	○	○	○	○
	イ	○	○	○	○	○	○	○	○	○	○	○	○	○	○	○	○	○	○	○	○
	ウ	○	○	○	○	○	○	○	○	○	○	○	○	○	○	○	○	○	○	○	○
	エ	○	○	○	○	○	○	○	○	○	○	○	○	○	○	○	○	○	○	○	○
問題43	ア	○	○	○	○	○	○	○	○	○	○	○	○	○	○	○	○	○	○	○	○
	イ	○	○	○	○	○	○	○	○	○	○	○	○	○	○	○	○	○	○	○	○
	ウ	○	○	○	○	○	○	○	○	○	○	○	○	○	○	○	○	○	○	○	○
	エ	○	○	○	○	○	○	○	○	○	○	○	○	○	○	○	○	○	○	○	○

一般知識等（5肢択一式）

問題	1 2 3 4 5	問題	1 2 3 4 5	問題	1 2 3 4 5
問題 47	○○○○○	問題 52	○○○○○	問題 57	○○○○○
問題 48	○○○○○	問題 53	○○○○○	問題 58	○○○○○
問題 49	○○○○○	問題 54	○○○○○	問題 59	○○○○○
問題 50	○○○○○	問題 55	○○○○○	問題 60	○○○○○
問題 51	○○○○○	問題 56	○○○○○		

●本答案用紙は、実際の行政書士試験で使用される答案用紙と大きさや仕様は異なります。
●採点は、本書の解答・解説でご確認いただき、自己採点をしてください。

LEC東京リーガルマインド

キリトリ

法令等（記述式）

問題 44

問題 45

問題 46

行政書士試験　答案用紙

第3回

氏名 _____

1. 記入は必ずHB又はB以上の鉛筆を使用し、各欄へのマークは○内を濃く塗り潰してください。

2. 記入マーク例
   良い例　●
   悪い例　⊘ ◐ ◖ ⊖

3. 訂正は、消し跡が残らないようにプラスチック製の消しゴムで完全に消してからマークし直してください。

受験番号

	0	1	2	3	4	5	6	7	8	9
	○	○	○	○	○	○	○	○	○	○
	○	○	○	○	○	○	○	○	○	○
	○	○	○	○	○	○	○	○	○	○
	○	○	○	○	○	○	○	○	○	○
	○	○	○	○	○	○	○	○	○	○
	○	○	○	○	○	○	○	○	○	○
	○	○	○	○	○	○	○	○	○	○

生年月日

大正○　昭和○　平成○

	0	1	2	3	4	5	6	7	8	9
年	○	○	○	○	○	○	○	○	○	○
	○	○	○	○	○	○	○	○	○	○
月	○	○	○	○	○	○	○	○	○	○
	○	○	○	○	○	○	○	○	○	○
日	○	○	○	○	○	○	○	○	○	○
	○	○	○	○	○	○	○	○	○	○

法令等（5肢択一式）

問題	1 2 3 4 5	問題	1 2 3 4 5	問題	1 2 3 4 5	問題	1 2 3 4 5	問題	1 2 3 4 5
問題 1	○○○○○	問題 11	○○○○○	問題 21	○○○○○	問題 31	○○○○○		
問題 2	○○○○○	問題 12	○○○○○	問題 22	○○○○○	問題 32	○○○○○		
問題 3	○○○○○	問題 13	○○○○○	問題 23	○○○○○	問題 33	○○○○○		
問題 4	○○○○○	問題 14	○○○○○	問題 24	○○○○○	問題 34	○○○○○		
問題 5	○○○○○	問題 15	○○○○○	問題 25	○○○○○	問題 35	○○○○○		
問題 6	○○○○○	問題 16	○○○○○	問題 26	○○○○○	問題 36	○○○○○		
問題 7	○○○○○	問題 17	○○○○○	問題 27	○○○○○	問題 37	○○○○○		
問題 8	○○○○○	問題 18	○○○○○	問題 28	○○○○○	問題 38	○○○○○		
問題 9	○○○○○	問題 19	○○○○○	問題 29	○○○○○	問題 39	○○○○○		
問題 10	○○○○○	問題 20	○○○○○	問題 30	○○○○○	問題 40	○○○○○		

法令等（多肢選択式）

		1	2	3	4	5	6	7	8	9	10	11	12	13	14	15	16	17	18	19	20
問題41	ア	○	○	○	○	○	○	○	○	○	○	○	○	○	○	○	○	○	○	○	○
	イ	○	○	○	○	○	○	○	○	○	○	○	○	○	○	○	○	○	○	○	○
	ウ	○	○	○	○	○	○	○	○	○	○	○	○	○	○	○	○	○	○	○	○
	エ	○	○	○	○	○	○	○	○	○	○	○	○	○	○	○	○	○	○	○	○
問題42	ア	○	○	○	○	○	○	○	○	○	○	○	○	○	○	○	○	○	○	○	○
	イ	○	○	○	○	○	○	○	○	○	○	○	○	○	○	○	○	○	○	○	○
	ウ	○	○	○	○	○	○	○	○	○	○	○	○	○	○	○	○	○	○	○	○
	エ	○	○	○	○	○	○	○	○	○	○	○	○	○	○	○	○	○	○	○	○
問題43	ア	○	○	○	○	○	○	○	○	○	○	○	○	○	○	○	○	○	○	○	○
	イ	○	○	○	○	○	○	○	○	○	○	○	○	○	○	○	○	○	○	○	○
	ウ	○	○	○	○	○	○	○	○	○	○	○	○	○	○	○	○	○	○	○	○
	エ	○	○	○	○	○	○	○	○	○	○	○	○	○	○	○	○	○	○	○	○

一般知識等（5肢択一式）

問題	1 2 3 4 5	問題	1 2 3 4 5	問題	1 2 3 4 5
問題 47	○○○○○	問題 52	○○○○○	問題 57	○○○○○
問題 48	○○○○○	問題 53	○○○○○	問題 58	○○○○○
問題 49	○○○○○	問題 54	○○○○○	問題 59	○○○○○
問題 50	○○○○○	問題 55	○○○○○	問題 60	○○○○○
問題 51	○○○○○	問題 56	○○○○○		

●本答案用紙は、実際の行政書士試験で使用される答案用紙と大きさや仕様は異なります。
●採点は、本書の解答・解説でご確認いただき、自己採点をしてください。

LEC東京リーガルマインド

法令等（記述式）

問題
44

問題
45

問題
46

行政書士試験　答案用紙

付録

氏名 _____

1. 記入は必ずHB又はB以上の鉛筆を使用し、各欄へのマークは○内を濃く塗り潰してください。

2. 記入マーク例
   良い例　●
   悪い例　◌ ◑ ◎ ◒

3. 訂正は、消し跡が残らないようにプラスチック製の消しゴムで完全に消してからマークし直してください。

受験番号

	0	1	2	3	4	5	6	7	8	9
	○	○	○	○	○	○	○	○	○	○
	○	○	○	○	○	○	○	○	○	○
	○	○	○	○	○	○	○	○	○	○
	○	○	○	○	○	○	○	○	○	○
	○	○	○	○	○	○	○	○	○	○
	○	○	○	○	○	○	○	○	○	○
	○	○	○	○	○	○	○	○	○	○

生年月日

大正 ○　　昭和 ○　　平成 ○

	0	1	2	3	4	5	6	7	8	9
年	○	○	○	○	○	○	○	○	○	○
年	○	○	○	○	○	○	○	○	○	○
月	○	○	○	○	○	○	○	○	○	○
日	○	○	○	○	○	○	○	○	○	○
日	○	○	○	○	○	○	○	○	○	○

法令等（5肢択一式）

	1 2 3 4 5		1 2 3 4 5		1 2 3 4 5		1 2 3 4 5		1 2 3 4 5
問題 1	○○○○○	問題 11	○○○○○	問題 21	○○○○○	問題 31	○○○○○	問題 31	○○○○○
問題 2	○○○○○	問題 12	○○○○○	問題 22	○○○○○	問題 32	○○○○○	問題 32	○○○○○
問題 3	○○○○○	問題 13	○○○○○	問題 23	○○○○○	問題 33	○○○○○	問題 33	○○○○○
問題 4	○○○○○	問題 14	○○○○○	問題 24	○○○○○	問題 34	○○○○○	問題 34	○○○○○
問題 5	○○○○○	問題 15	○○○○○	問題 25	○○○○○	問題 35	○○○○○	問題 35	○○○○○
問題 6	○○○○○	問題 16	○○○○○	問題 26	○○○○○	問題 36	○○○○○	問題 36	○○○○○
問題 7	○○○○○	問題 17	○○○○○	問題 27	○○○○○	問題 37	○○○○○	問題 37	○○○○○
問題 8	○○○○○	問題 18	○○○○○	問題 28	○○○○○	問題 38	○○○○○	問題 38	○○○○○
問題 9	○○○○○	問題 19	○○○○○	問題 29	○○○○○	問題 39	○○○○○	問題 39	○○○○○
問題 10	○○○○○	問題 20	○○○○○	問題 30	○○○○○	問題 40	○○○○○	問題 40	○○○○○

法令等（多肢選択式）

		1	2	3	4	5	6	7	8	9	10	11	12	13	14	15	16	17	18	19	20
問題41	ア	○	○	○	○	○	○	○	○	○	○	○	○	○	○	○	○	○	○	○	○
	イ	○	○	○	○	○	○	○	○	○	○	○	○	○	○	○	○	○	○	○	○
	ウ	○	○	○	○	○	○	○	○	○	○	○	○	○	○	○	○	○	○	○	○
	エ	○	○	○	○	○	○	○	○	○	○	○	○	○	○	○	○	○	○	○	○
問題42	ア	○	○	○	○	○	○	○	○	○	○	○	○	○	○	○	○	○	○	○	○
	イ	○	○	○	○	○	○	○	○	○	○	○	○	○	○	○	○	○	○	○	○
	ウ	○	○	○	○	○	○	○	○	○	○	○	○	○	○	○	○	○	○	○	○
	エ	○	○	○	○	○	○	○	○	○	○	○	○	○	○	○	○	○	○	○	○
問題43	ア	○	○	○	○	○	○	○	○	○	○	○	○	○	○	○	○	○	○	○	○
	イ	○	○	○	○	○	○	○	○	○	○	○	○	○	○	○	○	○	○	○	○
	ウ	○	○	○	○	○	○	○	○	○	○	○	○	○	○	○	○	○	○	○	○
	エ	○	○	○	○	○	○	○	○	○	○	○	○	○	○	○	○	○	○	○	○

一般知識等（5肢択一式）

	1 2 3 4 5		1 2 3 4 5		1 2 3 4 5
問題 47	○○○○○	問題 52	○○○○○	問題 57	○○○○○
問題 48	○○○○○	問題 53	○○○○○	問題 58	○○○○○
問題 49	○○○○○	問題 54	○○○○○	問題 59	○○○○○
問題 50	○○○○○	問題 55	○○○○○	問題 60	○○○○○
問題 51	○○○○○	問題 56	○○○○○		

●本答案用紙は、実際の行政書士試験で使用される答案用紙と大きさや仕様は異なります。
●採点は、本書の解答・解説でご確認いただき、自己採点をしてください。

LEC東京リーガルマインド

法令等（記述式）

									10					15

問題
44

									10					15

問題
45

									10					15

問題
46

キリトリ

2023年版出る順行政書士 当たる！直前予想模試

第1回　問題

【使用方法】
1　この表紙（色紙）を残したまま問題冊子を取り外してください。
2　答案用紙（マークシート）は第1回問題冊子の前にとじてあります。切り取ってご使用ください。

「問題冊子」の取り外し方
①この色紙を残し、「問題冊子」だけをつかんでください。
②「問題冊子」をしっかりとつかんだまま手前に引っ張って、取り外してください。

「問題冊子」

※色紙と「問題冊子」は、のりで接着されていますので、丁寧に取り外してください。なお、取り外しの際の破損等による返品・交換には応じられませんのでご注意ください。

LEC東京リーガルマインド

第1回
問　題

試験開始まで開いてはいけません。

（注意事項）

1　問題は60問あり、時間は3時間です。

2　解答は、別紙の答案用紙に記入してください。

3　答案用紙への記入およびマークは、次のようにしてください。

　ア　択一式（5肢択一式）問題は、1から5までの答えのうち正しいと思われるものを
　　一つ選び、マークしてください。二つ以上の解答をしたもの、判読が困難なものは誤
　　りとなります。

　イ　択一式（多肢選択式）問題は、枠内（1〜20）の選択肢から空欄 ア 〜 エ に
　　当てはまる語句を選び、マークしてください。二つ以上の解答をしたもの、判読が困
　　難なものは誤りとなります。

　ウ　記述式問題は、答案用紙裏面の解答欄（マス目）に記述してください。

法 令 等 [問題1～問題40は択一式（5肢択一式）]

問題1 法の分類に関する次の記述のうち、妥当なものはどれか。

1　実体法は、権利義務を実現させる手続を定める法のことであり、民事訴訟法や刑事訴訟法は実体法に含まれる。

2　不文法とは、文章化されていないが、慣習や伝統により法としての効力を有するものをいうから、国際法の法源となる不文法は存在しない。

3　公法は、国家のしくみや国家と個人との関係について定めた法のことであり、日本国憲法や内閣法は公法に含まれ、私法は、私人相互の関係を定めた法のことであり、民法や商法は私法に含まれる。

4　実定法とは、自然法に対して人間の行為によって作り出された法をいうから、実定法には成文法や不文法のうち判例法は含まれるが、慣習法は含まれない。

5　社会法は、経済的に弱い立場の人々を保護するための法のことであり、生活保護法や刑法は社会法に含まれる。

問題2 法の解釈に関する次の記述のうち、妥当でないものはどれか。

1　虚偽表示の無効は善意の第三者に対抗できないとする規定について、第三者とは当事者もしくはその一般承継人以外の者であって虚偽表示の目的について法律上利害関係を有するに至った者を指すと解釈するのは、縮小解釈である。

2　過失により汽車を転覆させた者に刑罰を科す規定について、汽車にはガソリンエンジンを動力とする鉄道車両も含まれると解釈するのは、拡張解釈である。

3　詐欺または強迫による意思表示は取り消すことができるとする規定と、詐欺による意思表示の取消しは善意でかつ過失がない第三者に対抗できないとする規定について、強迫による意思表示の取消しは善意でかつ過失がない第三者にも対抗できると解釈するのは、反対解釈である。

4　満20歳に満たない者の飲酒を禁止した規定から、満20歳に達した者は飲酒をすることができると解釈するのは、もちろん解釈である。

5　夫婦間の婚姻費用の分担を定めている規定を、婚姻届を提出していない内縁の夫婦に対して適用しようとするのは、類推解釈である。

【第1回】 問題

問題3 外国人の人権享有主体性に関する次の記述のうち、最高裁判所の判例に照らし、妥当なものはどれか。

1 日本に在留する外国人は、憲法上、国の政治的意思決定に影響を及ぼすものも含めて、日本国民と同様に政治活動の自由を保障されている。
2 地方公務員のうち、住民の権利義務を直接形成し、その範囲を確定するなどの公権力の行使に当たる行為を行い、もしくは普通地方公共団体の重要な施策に関する決定を行い、またはこれらに参画することを職務とするものについて、外国人がこれに就任することも、本来、わが国の法体系の想定するところである。
3 日本に在留する外国人は、憲法上、外国へ一時旅行して、在留期間の満了前に日本に再入国する自由を保障されている。
4 日本に在留する外国人は、憲法上、地方公共団体の長、その議会の議員等の選挙の権利を保障されている。
5 社会保障上の施策において在留外国人をどのように処遇するかについては、国は、特別の条約の存しない限り、その政治的判断によりこれを決定することができるのであり、その限られた財源の下で福祉的給付を行うに当たり、自国民を在留外国人より優先的に扱うことも、許される。

問題4 報道の自由および取材の自由に関する次の記述のうち、最高裁判所の判例に照らし、妥当でないものはどれか。

1 犯行当時少年であった者の経歴等を実名と類似する仮名を用いて報道する場合、その記事等により、不特定多数の一般人がその者を当該事件の本人であると推知することができるときは、少年法の禁止する推知報道に該当する。
2 報道機関が専ら報道目的で撮影したビデオテープを、裁判所の提出命令に基づいて提出させる場合よりも、裁判官が発付した令状に基づいて検察事務官が差し押さえる場合の方が、取材の自由に対する制約の許否に関して、より慎重な審査が必要となる。
3 取材源の秘密は、取材の自由を確保するために必要なものとして、重要な社会的価値を有するので、民事事件において証人となった報道関係者が民事訴訟上の職業の秘密に該当することを理由に取材源に係る証言を拒絶することができる場合がある。
4 報道のための取材の自由も憲法21条の精神に照らし十分尊重に値するが、取材の自由といっても、何らの制約を受けないものではなく、公正な裁判の実現という憲法上の要請があるときには、ある程度の制約を受けることがある。
5 報道機関の取材の手段・方法が、刑罰法令に触れる行為を伴わなくても、取材対象者の人格の尊厳を著しく蹂躙する等、法秩序全体の精神に照らして社会観念上是認することができない態様のものであるときには、国家公務員法との関係で違法性を帯びる。

【第1回】 問題

問題5 労働基本権に関する次のア～オの記述のうち、妥当なものの組合せはどれか。

ア 憲法28条の規定は、国および公共団体に対して勤労者の団結する権利および団体交渉その他の団体行動をする権利を尊重すべき義務を課したものであり、私人間における権利義務関係に直接適用されるものではない。

イ 憲法28条の規定により団結する権利および団体交渉その他の団体行動をする権利を保障される勤労者には、職業の種類を問わず、賃金、給料その他これに準ずる収入によって生活する者のほか、自営業者も含まれる。

ウ 公務員は、私企業の労働者とは異なり、使用者との合意によって賃金その他の労働条件が決定される立場にないから、憲法28条の勤労者には含まれない。

エ 労働組合が、地方議会議員の選挙にあたり、統一候補以外の組合員であえて立候補しようとする者に対し、立候補を思いとどまるよう勧告または説得することも、それが単に勧告または説得にとどまるかぎり、労働組合の組合員に対する妥当な範囲の統制権の行使にほかならない。

オ いわゆる安保反対闘争のような活動は、直接的には国の安全や外交等の国民的関心事に関する政策上の問題を対象とする活動であり、このような政治的要求に賛成するか反対するかについて労働組合の多数決をもって組合員を拘束し、その協力を強制することを認めるべきではない。

1　ア・イ
2　ア・エ
3　イ・ウ
4　ウ・オ
5　エ・オ

問題6 国会の構成に関する次の記述のうち、憲法の規定に照らし、妥当でないものはどれか。

1 衆議院議員の任期は、4年であるが、衆議院解散の場合には、その期間満了前に終了する。

2 参議院議員の任期は、6年であり、3年ごとに議員の半数を改選する。

3 参議院が、衆議院の可決した法律案を受け取った後、国会休会中の期間を除いて60日以内に、議決しないときは、衆議院は、参議院がその法律案を否決したものとみなすことができる。

4 予算について、参議院で衆議院と異なった議決をした場合に、法律の定めるところにより、両議院の協議会を開いても意見が一致しないときは、衆議院の議決を国会の議決とする。

5 内閣総理大臣の指名について、衆議院と参議院とが異なった指名の議決をした場合に、衆議院が出席議員の3分の2以上の多数で再び議決をしたときは、その議決を国会の議決とする。

LEC東京リーガルマインド 2023年版 出る順行政書士 当たる！直前予想模試 3

【第1回】 問題

問題7　憲法の改正および最高法規性に関する次の記述のうち、妥当なものはどれか。

1　憲法の改正は、各議院の出席議員の3分の2以上の賛成で、国会が、これを発議し、国民に提案してその承認を経なければならない。

2　憲法の改正についての国民の承認には、特別の国民投票または国会の定める選挙の際行われる投票において、その3分の2以上の賛成を必要とする。

3　憲法の改正について国民の承認を経たときは、内閣総理大臣は、直ちにこれを国民の名で公布しなければならない。

4　憲法は、国の最高法規であって、その条規に反する法律、命令、詔勅および国務に関するその他の行為の全部または一部は、その効力を有しない。

5　国民は、憲法を尊重し擁護する義務を負うものと規定されている。

問題8　以下の条文は、食品衛生法からの抜粋である。抜粋された条文に引かれた下線部ア〜オに関する記述のうち、妥当なものはどれか。

第54条　都道府県は、公衆衛生に与える影響が著しい営業（食鳥処理の事業を除く。）であつて、政令で定めるものの施設につき、厚生労働省令で定める基準を参酌して、条例で、公衆衛生の見地から必要な基準を定めなければならない。

第55条　前条に規定する営業を営もうとする者は、厚生労働省令で定めるところにより、都道府県知事の_ア許可を受けなければならない。

2　前項の場合において、都道府県知事は、その営業の施設が_イ前条の規定による基準に合うと認めるときは、許可をしなければならない。（以下略）

3　都道府県知事は、第1項の許可に5年を下らない有効期間その他の必要な_ウ条件を付けることができる。

第61条　都道府県知事は、営業者がその営業の施設につき第54条の規定による基準に違反した場合においては、その施設の整備改善を命じ、又は第55条第1項の_エ許可を取り消し、若しくはその営業の全部若しくは一部を禁止し、若しくは_オ期間を定めて停止することができる。

1　アの『許可』は、本来的自由に属しない特権を行政庁が私人に付与するものであるから、行政法学上の「特許」に当たる。

2　イの『基準』は、行政法学上の「行政規則」に当たる。

3　ウの『条件』のことを附款というが、附款を付すにはこのように法律の根拠が必要である。

4　エの『許可の取り消し』をする場合、都道府県知事は、弁明の機会の付与の手続を執らなければならない。

5　オの『期間を定めて』とは、行政庁に認められた行政行為の判断の余地（行政裁量）であるが、この営業停止処分の期間に関する決定は、行政法学上の要件裁量と効果裁量の区別のうち、要件裁量に当たる。

【第1回】　問題

問題9　行政行為の附款に関する次のア～オの記述のうち、妥当でないものの組合せはどれか。

ア　行政行為の附款に瑕疵があり、その附款がなければその行政行為が行われなかったと客観的にいえる場合には、その行政行為全体が瑕疵を帯びることから、その附款だけを対象とする取消訴訟を提起することは許されないと一般に解されている。

イ　撤回権の留保とは、行政行為を撤回する権利を留保する附款であり、行政庁は、撤回権の留保を付した場合には、合理的な理由がなくても撤回権を行使することができる。

ウ　期限とは、行政行為の効果を将来発生することの確実な事実にかからせる附款であり、到来時期の不確定な期限を付すこともできる。

エ　法律効果の一部除外とは、法令が一般的に行政行為に付している効果の一部を発生させない附款であり、法律の根拠がある場合に限り、付すことができる。

オ　負担とは、行政行為の相手方に対して特別の義務を命じる附款であり、相手方がその義務を履行しない場合には、本体たる行政行為の効果も当然に失われる。

1　ア・ウ
2　ア・エ
3　イ・エ
4　イ・オ
5　ウ・オ

LEC東京リーガルマインド　2023年版 出る順行政書士 当たる！直前予想模試　　5

【第1回】 問題

問題10　行政計画に関する次のア～オの記述のうち、妥当なものの組合せはどれか。

ア　行政計画とは、行政権が一定の公の目的のために目標を設定し、その目標を達成するための手段を総合的に提示するものであり、私人に対して法的拘束力を持つか否かにかかわらず、その策定については法律の根拠を要しない。

イ　都市計画の策定に当たっては多様な利害を考慮に入れるべきであるが、行政手続法の定める意見公募手続の実施までは必要とされていない。

ウ　都市計画区域内において工業地域を指定する決定は、その決定が告示されて効力が生ずると、当該地域内の土地所有者等に新たな制約を課し、その限度で一定の法状態の変動を生ぜしめるものであるから、一般的抽象的なものといえず、抗告訴訟の対象となる処分に当たる。

エ　都市施設に係る都市計画決定に当たっては、当該都市施設に関する諸般の事情を総合的に考慮した上で、政策的、技術的な見地から判断することが不可欠であり、このような判断は、これを決定する行政庁の広範な裁量に委ねられているから、裁判所は、行政庁が判断の過程において考慮すべき事項を考慮せずに都市計画決定を行ったことを理由に挙げて、当該決定を違法とすることはできない。

オ　都市計画法における都市施設の区域は、当該都市施設が適切な規模で必要な位置に配置されたものとなるような合理性をもって定められるべきであり、民有地に代えて公有地を利用することができるときには、そのことも上記の合理性を判断する一つの考慮要素となり得る。

1　ア・ウ
2　ア・オ
3　イ・エ
4　イ・オ
5　ウ・エ

問題11 行政手続法の適用除外に関する次のア〜オの記述のうち、妥当なものの組合せはどれか。

ア 地方公共団体の機関がする処分のうち、その根拠となる規定が法律に置かれているものについては、行政手続法の処分に関する規定は適用されない。
イ 地方公共団体の機関に対する処分のうち、その機関がその固有の資格において名あて人となるものについては、行政手続法の処分に関する規定が適用される。
ウ 地方公共団体の機関に対する届出のうち、通知の根拠となる規定が条例または規則に置かれているものについては、行政手続法の届出に関する規定は適用されない。
エ 地方公共団体の機関が命令等を定める行為については、行政手続法の意見公募手続に関する規定が適用される。
オ 地方公共団体の機関がする行政指導についても、地方公共団体の機関に対する行政指導についても、行政手続法の行政指導に関する規定は適用されない。

1 ア・イ
2 ア・エ
3 イ・ウ
4 ウ・オ
5 エ・オ

問題12 行政手続法の定める弁明の機会の付与に関する次のア〜オの記述のうち、誤っているものの組合せはどれか。

ア 弁明は、行政庁が口頭ですることを認めたときを除き、弁明を記載した書面を提出してするものとする。
イ 弁明をするときは、証拠書類等を提出することができる。
ウ 弁明の機会の付与の通知においては、不利益処分の原因となる事実を通知する必要はない。
エ 弁明の機会の付与の通知は、公示送達の方法によって行うことはできない。
オ 弁明の機会の付与の通知を受けた者は、代理人を選任することができる。

1 ア・イ
2 ア・オ
3 イ・エ
4 ウ・エ
5 ウ・オ

【第1回】 問題

問題13　行政手続法の用語に関する次の記述のうち、正しいものはどれか。

1　「行政指導」とは、行政機関がその任務または所掌事務の範囲内において一定の行政目的を実現するため特定の者に一定の作為または不作為を求める処分その他の行為をいう。
2　「命令等」とは、法律に基づく命令または規則、審査基準、処分基準、行政指導指針をいうが、処分の要件を定める告示は含まれない。
3　「標準処理期間」とは、行政庁が申請を受理してから当該申請に対する処分をするまでに通常要すべき標準的な期間をいう。
4　「審査基準」とは、不利益処分をするかどうか、またはどのような不利益処分とするかについてその法令の定めに従って判断するために必要とされる基準をいう。
5　「処分」とは、行政庁の処分その他公権力の行使に当たる行為をいう。

問題14　行政不服審査法の定める不作為についての審査請求に関する次の記述のうち、妥当なものはどれか。

1　不作為についての審査請求は、正当な理由があるときを除いて、申請した日の翌日から起算して1年を経過したときはすることができない。
2　不作為についての審査請求は、当該不作為に係る行政庁（不作為庁）に上級行政庁がある場合でも、原則として、不作為庁に対してすることになる。
3　不作為についての審査請求書には、審査請求の年月日のほかに、当該不作為に係る処分についての申請の内容および年月日も記載しなければならない。
4　不作為についての審査請求については、審理員による審理および行政不服審査会等への諮問は不要である。
5　不作為についての審査請求が理由がない場合には、審査庁は、決定で、当該審査請求を却下する。

【第1回】 問題

問題15 行政不服審査法の定める処分についての審査請求の審理手続に関する次の記述の
うち、妥当なものはどれか。

1 審査庁となるべき行政庁は、審査請求がその事務所に到達してから裁決をする
までに通常要すべき標準的な期間を定めなければならない。

2 審査請求をすべき行政庁が処分庁と異なる場合における審査請求は、処分庁を経由
してすることはできない。

3 共同審査請求人の総代は、各自、他の共同審査請求人のために、審査請求の取下げを
することができる。

4 審査請求人の代理人は、特別の委任を受けた場合に限り、審査請求人に代わって
審査請求の取下げをすることができる。

5 審査請求が不適法であって補正できるものであるときは、審査庁は、速やかに、
審査請求人に対し相当の期間を定めて審査請求の補正を求め、または裁決で審査
請求を却下しなければならない。

問題16 行政不服審査法による審査請求と、行政事件訴訟法による取消訴訟に関する次の
記述のうち、妥当なものはどれか。

1 審査請求においても、取消訴訟においても、処分の違法性および不当性が審理の
対象となる。

2 審査請求における不服申立適格についても、取消訴訟における原告適格について
も、明文の規定が置かれている。

3 審査請求期間については、それを経過したときは審査請求をする余地がないのに
対し、取消訴訟の出訴期間については、それを経過しても正当な理由があるときは
取消訴訟を提起できると規定されている。

4 審査請求については、処分庁の上級行政庁または処分庁である審査庁は裁決で
審査請求人の不利益に処分を変更することはできないのに対し、取消訴訟については、
裁判所は判決で原告の不利益に処分を変更することもできる。

5 審査請求については、利害関係人の審査請求への参加が認められており、取消訴訟に
ついても、訴訟の結果により権利を害される第三者の訴訟参加が認められている。

LEC東京リーガルマインド 2023年版 出る順行政書士 当たる！直前予想模試 9

【第1回】 問題

問題 17　訴えの利益に関する次の記述のうち、最高裁判所の判例に照らし、妥当でないものはどれか。

1　建築確認は、それを受けなければ工事をすることができないという法的効果を付与されているにすぎないから、その工事が完了した場合においては、建築確認の取消しを求める訴えの利益は失われる。

2　運転免許取消処分の取消訴訟の係属中に、免許証の有効期間が経過したときは、それによって免許証の更新を受けることができなくなるから、当該運転免許取消処分の取消しを求める訴えの利益は失われる。

3　市街化調整区域内にある土地を開発区域とする開発許可に関する工事が完了し、当該工事の検査済証が交付された後においても、当該開発許可の取消しによって、その効力を前提とする予定建築物等の建築等が可能となるという法的効果を排除することができるから、当該開発許可の取消しを求める訴えの利益は失われない。

4　市町村の設置する保育所において保育を受けている児童および保護者が、当該保育所を廃止する条例の制定行為の取消しを求める訴えの利益は、当該児童に係る保育の実施期間がすべて満了したことによって失われる。

5　免職された公務員が免職処分の取消訴訟の係属中に死亡した場合には、その取消判決によって回復される当該公務員の給料請求権等を相続する者が訴訟を承継する。

問題 18　行政事件訴訟法の定める義務付けの訴えおよび差止めの訴えに関する次のア〜オの記述のうち、正しいものの組合せはどれか。

ア　義務付けの訴えについても、差止めの訴えについても、取消判決の拘束力に関する規定は準用されていない。

イ　義務付けの訴えについても、差止めの訴えについても、取消判決の第三者効に関する規定が準用されている。

ウ　申請型の義務付けの訴えのうち、法令に基づく申請または審査請求を却下しまたは棄却する旨の処分または裁決がされた場合に提起するものについては、当該処分または裁決の取消しの訴えまたは無効等確認の訴えを併合して提起しなければならない。

エ　非申請型の義務付けの訴えの原告適格の判断については、取消訴訟の原告適格の判断に関する規定は準用されていない。

オ　差止めの訴えの原告適格の判断については、取消訴訟の原告適格の判断に関する規定が準用されている。

1　ア・イ
2　ア・エ
3　イ・オ
4　ウ・エ
5　ウ・オ

10　　　LEC東京リーガルマインド　2023年版 出る順行政書士 当たる！直前予想模試

問題 19 抗告訴訟の裁判管轄に関する次のア～オの記述のうち、誤っているものはいくつあるか。

ア 処分取消訴訟は、処分をした行政庁の所在地を管轄する裁判所にも、提起することができる。

イ 無効確認訴訟は、当該処分または裁決に関し事務の処理に当たった下級行政機関の所在地の裁判所にも、提起することができる。

ウ 不作為の違法確認訴訟は、原告の普通裁判籍の所在地を管轄する裁判所にも、提起することができる。

エ 国を被告とする非申請型義務付け訴訟は、原告の普通裁判籍の所在地を管轄する高等裁判所の所在地を管轄する地方裁判所にも提起することができる。

オ 土地の収用、鉱業権の設定その他不動産または特定の場所に係る処分についての取消訴訟は、被告の普通裁判籍の所在地を管轄する裁判所に提起しなければならず、その不動産または場所の所在地の裁判所に提起することはできない。

1 一つ
2 二つ
3 三つ
4 四つ
5 五つ

【第1回】 問題

問題20 損失補償に関する次のア～エの記述のうち、最高裁判所の判例に照らし、妥当なものの組合せはどれか。

ア 火災の際の消防活動により損害を受けた者がその損失の補償を請求しうるためには、その処分が、火災が発生しようとし、もしくは発生し、または延焼のおそれがある消防対象物およびこれらのもののある土地以外の消防対象物および土地に対しなされたものであり、かつ、消火もしくは延焼の防止または人命の救助のために緊急の必要のあるときになされたものであることを要する。

イ 道路工事の施行の結果、警察法規違反の状態を生じ、危険物保有者が工作物の移転等を余儀なくされたことによって損失を被ったときは、そのような損失は、道路法の定める補償の対象に属する。

ウ 公共施設および建物の近傍において鉱物を掘採する場合には管理庁または管理人の承諾を得ることが必要であることを定めた鉱業法の規定によって、鉱業権者が損失を被ったとしても、憲法を根拠にして補償請求をすることはできない。

エ 私有財産の収用が正当な補償のもとに行なわれた場合に、その後に収用目的が消滅したときは、法律上当然に、これを被収用者に返還しなければならない。

1 ア・イ
2 ア・ウ
3 ア・エ
4 イ・ウ
5 イ・エ

12 LEC東京リーガルマインド 2023年版 出る順行政書士 当たる！直前予想模試

【第1回】 問題

問題 21　次の文章は、宅地建物取引業法（以下、「法」という。）の免許制度に関する
最高裁判所判決の一節である。この判決の内容と明らかに矛盾するものはどれか。

「法がかかる免許制度を設けた趣旨は、直接的には、宅地建物取引の安全を害する
おそれのある宅建業者の関与を未然に排除することにより取引の公正を確保し、宅地
建物の円滑な流通を図るところにあり、監督処分権限も、この免許制度及び法が定める
各種規制の実効を確保する趣旨に出たものにほかならない。もっとも、法は、その目的の
一つとして購入者等の利益の保護を掲げ（一条）、宅建業者が業務に関し取引関係者に
損害を与え又は与えるおそれが大であるときに必要な指示をする権限を知事等に
付与し（六五条一項一号）、営業保証金の供託を義務づける（二五条、二六条）など、
取引関係者の利益の保護を顧慮した規定を置いており、免許制度も、究極的には取引
関係者の利益の保護に資するものではあるが、前記のような趣旨のものであることを
超え、免許を付与した宅建業者の人格・資質等を一般的に保証し、ひいては当該業者の
不正な行為により個々の取引関係者が被る具体的な損害の防止、救済を制度の直接的な
目的とするものとはにわかに解し難く、かかる損害の救済は一般の不法行為規範等に
委ねられているというべきであるから、知事等による免許の付与ないし更新それ自体は、
法所定の免許基準に適合しない場合であっても、当該業者との個々の取引関係者に対する
関係において直ちに国家賠償法一条一項にいう違法な行為に当たるものではないと
いうべきである。……（中略）……当該業者の不正な行為により個々の取引関係者が
損害を被った場合であっても、具体的事情の下において、知事等に監督処分権限が付与
された趣旨・目的に照らし、その不行使が著しく不合理と認められるときでない限り、
右権限の不行使は、当該取引関係者に対する関係で国家賠償法一条一項の適用上違法の
評価を受けるものではないといわなければならない。」

（最二小判平成元年 11 月 24 日民集 43 巻 10 号 1169 頁以下）

1　法が免許制度を設けた直接的な目的は、宅地建物取引の安全を害するおそれの
ある宅地建物取引業者の関与を未然に排除することにより取引の公正を確保し、
宅地建物の円滑な流通を図ることにある。

2　法が免許制度を設けた究極的な目的の一つとして、例えば、購入者の利益の保護が
法 1 条に掲げられているように、取引関係者の利益の保護に資することが挙げられる。

3　宅地建物取引業者の不正な行為による個々の取引関係者が被る具体的な損害の
救済は、一般の不法行為規範等に委ねられている。

4　知事等による免許の付与ないし更新が、法所定の免許基準に適合しない場合で
あっても、そのような宅地建物取引業者との個々の取引関係者が、国家賠償法 1 条
1 項により救済されることはない。

5　宅地建物取引業者の不正な行為により個々の取引関係者が損害を被った場合、
知事等の監督処分権限の不行使が、法の趣旨・目的に照らし著しく不合理と認められる
ときでない限り、権限の不行使が国家賠償法 1 条 1 項の適用上違法とは評価されない。

LEC東京リーガルマインド　2023 年版 出る順行政書士 当たる！直前予想模試　13

【第1回】 問題

問題22 地方自治法の定める住民に関する次の記述のうち、妥当なものはどれか。

1 市町村の区域内に住所を有する者は、その国籍にかかわりなく、自然人である場合に限り、当該市町村の住民とする。
2 地方公共団体は、住民の福祉の増進を図ることを基本として、地域における行政を自主的かつ総合的に実施する役割を広く担うものとする。
3 都道府県知事および市町村長の被選挙権を有するのは、一定年齢以上の日本国民のうち、引き続き一定期間以上、当該市町村の区域内に住所を有する住民に限られる。
4 日本国民たる都道府県の住民は、その属する都道府県の議会の議員、知事、副知事または会計管理者の解職を請求する権利を有する。
5 市町村は、条例で、議会を置かず、選挙権を有する住民の総会を設けることができる。

問題23 地方自治法の規定する普通地方公共団体の執行機関に関する次のア〜オの記述のうち、誤っているものの組合せはどれか。

ア 普通地方公共団体にその執行機関として普通地方公共団体の長のほか、法律の定めるところにより、委員会または委員を置く。
イ 普通地方公共団体の執行機関は、普通地方公共団体の長の所轄の下に、執行機関相互の連絡を図り、すべて、一体として、行政機能を発揮するようにしなければならない。
ウ 普通地方公共団体の長は、当該普通地方公共団体の執行機関相互の間にその権限につき疑義が生じたときは、当該普通地方公共団体の議会との協議により、これを裁定する。
エ 普通地方公共団体にその執行機関として置かれる委員会および委員は、法律の定めるところにより、法令または普通地方公共団体の条例もしくは規則に違反しない限りにおいて、その権限に属する事務に関し、規則その他の規程を定めることができる。
オ 普通地方公共団体の長は、各執行機関を通じて組織および運営の合理化を図り、その相互の間に権衡を保持するため、必要があると認めるときは、当該普通地方公共団体の委員会または委員の事務局等の組織、事務局等に属する職員の定数またはこれらの職員の身分取扱について、委員会または委員に必要な措置を講ずべきことを勧告することができる。

1 ア・イ
2 ア・オ
3 イ・ウ
4 ウ・エ
5 エ・オ

問題 24　地方自治法が定める大都市制度に関する次のア～オの記述のうち、正しいものの組合せはどれか。

ア　指定都市が市長の権限に属する事務を分掌させるために条例で設ける区には、法人格が認められない。
イ　指定都市は、中核市が処理することができる事務のうち政令で定めるものを処理することができる。
ウ　指定都市は、必要と認めるときは、条例で、区ごとに区地域協議会を置くことができる。
エ　市が中核市の指定の申出をしようとするときには、当該市は、あらかじめ議会の議決を経て、総務大臣の同意を得なければならない。
オ　中核市は、その行政の円滑な運営を確保するため必要があると認めるときは、条例でその区域を分けて総合区を設けることができる。

1　ア・ウ
2　ア・オ
3　イ・エ
4　イ・オ
5　ウ・エ

問題 25　国の行政組織に関する次のア～オの記述のうち、誤っているものの組合せはどれか。

ア　内閣総理大臣は、主任の大臣として行政事務を分担管理する国務大臣を任命することとされており、行政事務を分担管理しない大臣を置くことはできない。
イ　内閣には内閣官房が置かれ、国務大臣が充てられる内閣官房長官が内閣官房の事務を統轄し、職員の服務を統督する。
ウ　内閣府は、内閣の重要政策に関する内閣の事務を助けることを任務とする機関とされ、主任の大臣は内閣総理大臣である。
エ　人事院は、内閣の事務を助けるものとして、内閣法に基づき、内閣官房の下に設置される機関であり、国家行政組織法は適用されない。
オ　主任の大臣の間における権限についての疑義は、内閣総理大臣が、閣議にかけて、これを裁定する。

1　ア・ウ
2　ア・エ
3　イ・エ
4　イ・オ
5　ウ・オ

【第1回】 問題

問題26　水道をめぐる最高裁判所の判決に関する次の記述のうち、妥当でないものはどれか。

1　社会的条件としては著しい給水人口の増加が見込まれるため、近い将来において需要量が給水量を上回り水不足が生ずることが確実に予見されるという地域にあっては、需要の抑制施策の1つとして、新たな給水申込みのうち、需要量が特に大きく、現に居住している住民の生活用水を得るためではなく住宅を供給する事業を営む者が住宅分譲目的でしたものについて、給水契約の締結を拒むことにより、急激な需要の増加を抑制することには、正当の理由がある。

2　一般的に、水道事業においては、様々な要因により水道使用量が変動し得る中で最大使用量に耐え得る水源と施設を確保する必要があるのであるから、夏季等の一時期に水道使用が集中する別荘給水契約者に対し年間を通じて平均して相応な水道料金を負担させるために、別荘給水契約者の基本料金を別荘以外の給水契約者の基本料金よりも高額に設定すること自体は、水道事業者の裁量として許されないものではない。

3　市の水道局給水課長が給水装置新設工事申込に対し当該建物が建築基準法に違反することを指摘して、その受理を事実上拒絶し申込書をその申込者に返戻した場合でも、それが同法違反の状態を是正して建築確認を受けたうえ申込をするよう一応の勧告をしたものにすぎず、他方、申込者はその後1年半余を経過したのち改めて工事の申込をして受理されるまでの間、申込に関してなんらの措置を講じないままこれを放置していたときは、市は、不法行為法上の損害賠償の責任を負うものではない。

4　水道法上給水契約の締結を義務づけられている水道事業者が、市の宅地開発に関する指導要綱に基づく行政指導には従わない意思を明確に表明している事業主に対し、指導要綱を順守させるため行政指導を継続する必要があることを理由として事業主との給水契約の締結を留保することは許されない。

5　水道の給水契約の締結の拒否等の制裁措置を背景とするものであっても、一定規模以上の宅地開発を行おうとする事業主に対して教育施設の充実のための寄付金の納付を求める行政指導は、任意に寄付金の納付を求める行政指導の限度を超えるものではなく、違法な公権力の行使ということはできない。

【第1回】 問題

問題27 権利能力なき社団に関する次の記述のうち、判例に照らし、妥当でないものはどれか。

1 権利能力なき社団といいうるためには、団体としての組織をそなえ、そこには多数決の原則が行なわれ、構成員の変更にもかかわらず団体そのものが存続し、その組織によって代表の方法、総会の運営、財産の管理その他団体としての主要な点が確定しているものでなければならない。

2 権利能力なき社団の資産は、社団の構成員全員に総有的に帰属しているのであって、社団自身が私法上の権利義務の主体となることはない。

3 権利能力なき社団の代表者が社団の名においてした取引上の債務は、社団の構成員全員に、一個の義務として総有的に帰属するとともに、社団の総有財産だけがその責任財産となり、構成員各自は、取引の相手方に対し、直接には個人的債務ないし責任を負わない。

4 権利能力なき社団の構成員が社団から脱退したときは、社団において財産の処分に関する定めがなくても、その元構成員は、社団の財産に関して共有の持分権または分割請求権を有するものと解すべきである。

5 権利能力なき社団の資産たる不動産については、社団の代表者が、社団の構成員全員の受託者たる地位において、個人の名義で所有権の登記をすることができるが、社団の代表者である旨の肩書を付した代表者個人名義の登記をすることは許されない。

問題28 消滅時効に関する次のア～オの記述のうち、民法の規定に照らし、妥当なものの組合せはどれか。

ア 時効は、当事者が援用しなければ、裁判所がこれによって裁判をすることができないが、連帯債務者の1人は、ここにいう「当事者」として、他の連帯債務者の債務の消滅時効を援用することができる。

イ 裁判上の請求がされた後に、その請求に係る訴訟が訴えの取下げによって終了したときは、その終了の時から6か月を経過するまでの間は、消滅時効は完成しない。

ウ 権利についての協議を行う旨の合意が書面でされたことにより消滅時効の完成が猶予されている場合に、再度の合意があったときは、消滅時効の完成猶予の効力を有しない。

エ 消滅時効は、権利の承認があったときは、その時から新たにその進行を始めるが、その承認をするには、相手方の権利についての処分につき行為能力の制限を受けていないことまたは権限があることを要しない。

オ 消滅時効の期間の満了の時に当たり、天災のために裁判上の請求や強制執行などの手続を行うことができないときは、その障害が消滅した時から6カ月を経過するまでの間は、消滅時効は、完成しない。

1 ア・ウ
2 ア・オ
3 イ・エ
4 イ・オ
5 ウ・エ

【第1回】 問題

問題29　Aが、Bに対する債務の担保として、Aの所有する宝石を質入れする場合に関する次のア～オの記述のうち、民法の規定に照らし、妥当でないものの組合せはどれか。

ア　Aが宝石を以後Bのために占有する意思を表示しても、それだけでは質権設定の効力を生じない。

イ　AがBに宝石を質入れした後に、Cが宝石を盗んだときは、Bは、Cに対して、占有回収の訴えによってのみ、宝石の返還を請求することができる。

ウ　AがBに宝石を質入れした後であれば、AのBに対する債務の弁済期前であっても、Aは、Bに弁済として宝石の所有権を取得させることを約することができる。

エ　AがBに宝石を質入れした後に、Bが、Cに対する債務の担保として、この宝石をCに対して質入れするためには、Aの承諾を得なければならない。

オ　AがBに宝石を質入れした後に、Bが宝石の占有を継続していたとしても、そのことによってBのAに対する債権の消滅時効の進行は妨げられない。

1　ア・ウ
2　ア・オ
3　イ・エ
4　イ・オ
5　ウ・エ

【第1回】 問題

問題30　Aが自己の所有する甲土地をBに売却した場合に関する次の記述のうち、判例に照らし、妥当なものはどれか。

1　AB間の甲土地の売買契約の後に、甲土地のBへの移転登記がなされていない間に、Aが死亡し、唯一の相続人CがAを相続したときは、Bは、登記がなければ、Cに対して、甲土地の所有権の取得を対抗することができない。

2　AB間の甲土地の売買契約の後に、甲土地がCに対しても二重譲渡され、さらにCからDに転売されたときは、Bに対する関係でCが背信的悪意者に当たるのであれば、D自身の背信性の有無にかかわらず、Bは、登記がなくても、Dに対して、甲土地の所有権の取得を対抗することができる。

3　AB間の甲土地の売買契約がBの詐欺により取り消されたときは、Aは、登記がなくても、取消後にBから甲土地を譲り受けたCに対して、甲土地の所有権の復帰を対抗することができる。

4　AB間の甲土地の売買契約がBの債務不履行を理由に解除されたときは、Aは、登記がなくても、解除後にBから甲土地を譲り受けたCに対して、甲土地の所有権の復帰を対抗することができる。

5　AB間の甲土地の売買契約の前にCが甲土地を時効取得していたが、BがCより先に登記を備えた場合に、CがBの登記後も引き続き甲土地を占有し、時効取得に必要な期間が経過したときは、Cは、登記がなくても、Bに対して、甲土地の時効取得を対抗することができる。

LEC東京リーガルマインド　2023年版 出る順行政書士 当たる！直前予想模試　19

【第1回】 問題

問題31 保証（連帯保証を除く。）に関する次のア～オの記述のうち、民法の規定に照らし、妥当でないものの組合せはどれか。

ア　連帯債務者の1人から委託を受け、その者のために保証人となった者が、債権者に対して保証債務の全額を弁済したときは、その保証人は、その委託をした連帯債務者に対して、その全額について求償権を有する。

イ　保証人が主たる債務者の委託を受けて保証をした場合において、主たる債務の弁済期前に主たる債務者に代わって弁済その他自己の財産をもって債務を消滅させる行為をしたときは、その保証人は、主たる債務者が現に利益を受けている限度において求償権を有する。

ウ　保証人が主たる債務者の委託を受けて保証をした場合において、過失なく債権者に弁済をすべき旨の裁判の言渡しを受けたときは、その保証人は、主たる債務者に対して、あらかじめ、求償権を行使することができる。

エ　保証人が主たる債務者の委託を受けて保証をした場合において、主たる債務者にあらかじめ通知をしないで、主たる債務者に代わって弁済その他自己の財産をもって債務を消滅させる行為をしたときは、主たる債務者は、債権者に対抗することができた事由をもってその保証人に対抗することができる。

オ　主たる債務者の委託を受けないで保証をした者が、主たる債務者に代わって弁済その他自己の財産をもって債務を消滅させる行為をした場合において、保証人となったことが主たる債務者の意思に反しないときは、その保証人は、主たる債務者が現に利益を受けている限度においてのみ求償権を有する。

1　ア・ウ
2　ア・オ
3　イ・エ
4　イ・オ
5　ウ・エ

【第1回】 問題

問題 32　相殺に関する次のア～オの記述のうち、民法の規定および判例に照らし、妥当なものの組合せはどれか。

ア　AのBに対する債権とBのAに対する債権の履行地が異なるときでも、Aは、Bに対する債権を自働債権として、BのAに対する債権を受働債権とする相殺をBに対抗することができる。

イ　Aに対して甲土地を売却したBは、いまだAに対する甲土地の引渡債務を履行していないときでも、Aに対する売買代金債権を自働債権として、AのBに対する貸金債権を受働債権とする相殺をAに対抗することができる。

ウ　Aは、前方不注視によりみずから運転する自動車でBをはねて怪我を負わせたため、Bに対し不法行為に基づく損害賠償債務を負っている。Bは、Aに対し金銭債務を負っている。この場合、Aは、AのBに対する金銭債権を自働債権として、BのAに対する不法行為に基づく損害賠償債権を受働債権とする相殺をBに対抗することができる。

エ　AがBに対し金銭債権を有し、BがAに対し差押えが禁止された金銭債権を有しているときでも、Aは、AのBに対する金銭債権を自働債権として、BのAに対する金銭債権を受働債権とする相殺をBに対抗することができる。

オ　AのBに対する債権をCが差し押さえた後に、その差押え前の原因に基づいてBのAに対する債権が生じたときは、Bは、Aに対する債権を自働債権として、AのBに対する債権を受働債権とする相殺をCに対抗することができる。

1　ア・エ
2　ア・オ
3　イ・ウ
4　イ・エ
5　ウ・オ

【第1回】 問題

問題33　請負に関する次の記述のうち、民法の規定に照らし、妥当なものはどれか。

1　仕事の目的物の引渡しを要しない場合には、報酬は、仕事の完成と同時に支払わなければならない。

2　請負人が種類に関して契約の内容に適合しない仕事の目的物を注文者に引き渡した場合に、その不適合が注文者の供した材料の性質によって生じたときは、注文者は、請負人がその材料が不適当であることを知りながら告げなかった場合でも、その不適合を理由として報酬の減額の請求をすることはできない。

3　請負人が仕事を完成しない間に、注文者が破産手続開始の決定を受けたときは、請負は当然に終了する。

4　請負人が既にした仕事の結果のうち可分な部分の給付によって注文者が利益を受ける場合でも、注文者の責めに帰することができない事由によって仕事を完成することができなくなったときは、請負人は、その利益の割合に応じて報酬を請求することはできない。

5　仕事の目的物の引渡しを要しない場合に、仕事が終了した時に仕事の目的物が品質に関して契約の内容に適合せず、かつ、請負人がその不適合を知らなかったことについて重大な過失がないときは、注文者は、その不適合を知った時から1年以内に請負人に通知しなければ、その不適合を理由として損害賠償の請求をすることはできない。

問題34　不法行為に関する次の記述のうち、民法の規定および判例に照らし、妥当なものはどれか。

1　被用者が使用者の事業の執行について第三者に損害を加え、その損害を賠償した場合に、被用者から使用者に対する求償（逆求償）を認めることはできない。

2　放課後、児童らのために開放されていた小学校の校庭において、責任能力のない未成年者がサッカーゴールに向けてするフリーキックの練習のような、通常は人身に危険が及ぶものとは認められない行為によって、たまたま人身に損害を生じさせた場合であっても、その親権者は、当該行為について具体的に予見可能であったかどうかを問わず、民法714条1項の監督義務者としての責任を免れない。

3　責任を弁識する能力のない未成年者の行為により火災が発生した場合には、その未成年者の監督義務者は、監督について重大な過失がなかったときは、当該火災により生じた損害を賠償する責任を免れる。

4　不法行為により身体に傷害を受けた者の母は、その子が当該不法行為に起因して死亡したときに限り、自己の権利として加害者に対して慰謝料を請求することができる。

5　不法行為による生命侵害の慰謝料請求権は、被害者が生前にその損害の賠償を請求する意思を表明していた場合でなければ、その相続人には承継されない。

問題 35 相続の承認および放棄に関する次のア～オの記述のうち、民法の規定に照らし、妥当なものの組合せはどれか。

ア　相続人は、自己のために相続の開始があった時から3カ月の熟慮期間内に、相続について、単純もしくは限定の承認または放棄をしなければならない。

イ　相続人は、相続の承認または放棄をする前に、相続財産の調査をすることができる。

ウ　相続人が熟慮期間内に単純承認または限定承認をしなかったときは、相続の放棄をしたものとみなされる。

エ　限定承認は、相続人が数人あるときは、共同相続人の全員が共同してするものである。

オ　相続の放棄をした者は、その放棄の時に相続財産に属する財産を現に占有しているときは、相続人または相続財産の清算人に対して当該財産を引き渡すまでの間、善良な管理者の注意をもって、その財産の管理を継続しなければならない。

1　ア・ウ
2　ア・オ
3　イ・エ
4　イ・オ
5　ウ・エ

問題 36 商法における「商人」に関する次の記述のうち、妥当でないものはどれか。

1　商法において「商人」とは、自己の名をもって商行為をすることを業とする者をいう。

2　会社は、設立の登記をした時に「商人」の資格を取得する。

3　同種の業務を反復継続して行う者であっても、営利の目的がなければ「商人」とはならない。

4　後見人が被後見人のために「商人」として営業を行うときは、その登記をしなければならない。

5　店舗その他これに類似する設備によって物品を販売することを業とする者であっても、商行為を行うことを業としなければ「商人」とみなされることはない。

【第1回】 問題

問題37 株式会社の設立に関する次のア〜オの記述のうち、会社法の規定に照らし、妥当でないものの組合せはどれか。

ア 発起設立においても、募集設立においても、各発起人は、設立時発行株式を1株以上引き受けなければならない。

イ 発起設立においても、募集設立においても、設立時取締役の選任は、発起人の全員の同意によって決定する。

ウ 発起設立においても、募集設立においても、設立時取締役は、その選任後遅滞なく、設立の手続が法令または定款に違反していないことを調査しなければならない。

エ 発起設立においても、募集設立においても、発起人は、出資に係る金銭の払込みの取扱いをした銀行等に対し、金銭の保管に関する証明書の交付を請求することができる。

オ 発起設立においても、募集設立においても、設立の無効は、株式会社の成立の日から2年以内に、訴えをもってのみ主張することができる。

1 ア・ウ
2 ア・エ
3 イ・エ
4 イ・オ
5 ウ・オ

問題38 株主の権利に関する次のア〜オの記述のうち、会社法の規定に照らし、正しいものの組合せはどれか。

ア 株主は、株式会社の営業時間内に株主名簿の閲覧または謄写の請求をするときは、当該請求の理由を明らかにする必要はない。

イ 株式会社が単元株制度を採用する旨を定款で定めたときは、単元株式数に満たない数の株式を有する株主は、株式会社に対し、その株式を買い取ることを請求することができる。

ウ 会社法上の公開会社でない株式会社は、株主総会における議決権に関する事項については、株主ごとに異なる取扱いを行うことはできない。

エ 株式会社が特定の株主に対して無償で財産上の利益を供与したときは、当該株式会社は、株主の権利の行使に関し、財産上の利益を供与したものと推定される。

オ 株式が2以上の者の共有に属するときは、共有者は、共有者以外の第三者を当該株式についての権利を行使する者と定めることができる。

1 ア・ウ
2 ア・エ
3 イ・エ
4 イ・オ
5 ウ・オ

【第1回】 問題

問題39 監査等委員会設置会社に関する次のア～オの記述のうち、会社法の規定に照らし、正しいものの組合せはどれか。

ア 監査等委員である取締役は、当該監査等委員会設置会社の代表取締役となることができない。

イ 取締役の報酬等のうち額が確定しているものについては、定款または株主総会の決議によって取締役全員に支給する報酬額の総額のみを定め、各取締役の報酬等の決定を取締役会に委ねることが認められる。

ウ 代表取締役が、取締役会の承認を受けることなく、自己のために株式会社と取引をした場合には、当該取引によって当該代表取締役が得た利益の額は、当該代表取締役の任務懈怠によって当該株式会社に生じた損害の額と推定される。

エ 監査等委員でない取締役が自己のために株式会社とする取引につき、当該取締役が監査等委員会の承認を受けたときでも、当該取引によって当該株式会社に損害が生じた場合には、当該取締役はその任務を怠ったものと推定される。

オ 監査等委員会が選定する監査等委員は、株主総会において、監査等委員である取締役以外の取締役の選任もしくは解任または辞任について監査等委員会の意見を述べることができる。

1 ア・エ
2 ア・オ
3 イ・ウ
4 イ・エ
5 ウ・オ

問題40 株式会社の事業譲渡に関する次の記述のうち、会社法の規定に照らし、正しいものはどれか。なお、定款に別段の定めはないものとする。

1 事業の全部の譲渡において、譲受会社が譲渡会社の特別支配会社であるときは、当該譲渡会社では、当該事業の譲渡に係る契約を承認する株主総会の決議を要しない。

2 株式会社がその事業の全部を譲渡する場合、譲渡会社は、当該譲渡の効力発生日に清算手続を経ることなく当然に消滅する。

3 事業の全部の譲渡が法令に違反する場合において、事業の全部を譲り渡す株式会社の株主が不利益を受けるおそれがあるときは、当該株式会社の株主は、当該株式会社に対し、当該事業の全部の譲渡をやめることを請求することができる。

4 株式会社がその事業の全部を譲渡する場合において、そのための株主総会の決議と同時に当該株式会社が解散をする旨の決議がされたときは、当該株式会社の債権者は、当該事業譲渡について異議を述べることができる。

5 株式会社間で事業の全部の譲渡がされた場合、当該事業の全部の譲渡の無効は、当該事業の全部の譲渡の効力が生じた日から6カ月以内に、訴えをもってのみ主張することができる。

【第1回】 問題

［問題 41〜問題 43 は択一式（多肢選択式）］

問題 41　次の文章は、最高裁判所判決の一節である。空欄　ア　〜　エ　に当てはまる
　　　　語句を、枠内の選択肢（1〜20）から選びなさい。

　　「憲法 29 条は、……　ア　を保障しているのみでなく、社会的経済的活動の基礎を
なす国民の個々の財産権につきこれを基本的人権として保障するとともに、社会全体
の利益を考慮して財産権に対し制約を加える必要性が増大するに至つたため、立法府
は　イ　に適合する限り財産権について規制を加えることができる、としているので
ある。

　　財産権は、それ自体に内在する制約があるほか、右のとおり立法府が社会全体の
利益を図るために加える規制により制約を受けるものであるが、この規制は、財産権の
種類、性質等が多種多様であり、また、財産権に対し規制を要求する社会的理由ないし
目的も、社会公共の便宜の促進、　ウ　の保護等の社会政策及び経済政策上の積極的な
ものから、社会生活における安全の保障や秩序の維持等の消極的なものに至るまで
多岐にわたるため、種々様々でありうるのである。したがつて、財産権に対して加えられる
規制が憲法 29 条 2 項にいう　イ　に適合するものとして是認されるべきものである
かどうかは、規制の目的、必要性、内容、その規制によつて制限される財産権の種類、
性質及び制限の程度等を　エ　して決すべきものであるが、裁判所としては、立法府が
した右　エ　に基づく判断を尊重すべきものであるから、立法の規制目的が前示の
ような社会的理由ないし目的に出たとはいえないものとして　イ　に合致しないことが
明らかであるか、又は規制目的が　イ　に合致するものであつても規制手段が右目的を
達成するための手段として必要性若しくは合理性に欠けていることが明らかであつて、
そのため立法府の判断が合理的裁量の範囲を超えるものとなる場合に限り、当該規制
立法が憲法 29 条 2 項に違背するものとして、その効力を否定することができるものと
解するのが相当である……。」

　　　　　　　　　　　　　　　　　　　（最大判昭和 62 年 4 月 22 日民集 41 巻 3 号 408 頁以下）

1　法の下の平等	2　自由裁量	3　私有財産制度	4　社会的身分
5　共有物の分割	6　公共の福祉	7　経済活動	8　取引の安全
9　個別判断	10　取捨選択	11　比較考量	12　公の財産
13　個人の尊厳	14　幸福追求権	15　法定手続	16　国家賠償
17　意思表示	18　私的自治	19　公衆衛生	20　経済的弱者

【第1回】 問題

問題42　次の文章は、ある最高裁判所判決の一節である。空欄 ア 〜 エ に当てはまる
　　　語句を、枠内の選択肢（1〜20）から選びなさい。

　　「外国法人である親会社から日本法人である子会社の従業員等に付与されたストック
オプションに係る課税上の取扱いに関しては、現在に至るまで法令上特別の定めは
置かれていないところ、課税庁においては、上記ストックオプションの権利行使益の
所得税法上の所得区分に関して、かつてはこれを一時所得として取り扱い、課税庁の
職員が監修等をした公刊物でもその旨の見解が述べられていたが、平成10年分の所得税の
確定申告の時期以降、その取扱いを変更し、給与所得として統一的に取り扱うように
なったものである。この所得区分に関する所得税法の ア 問題については、一時所得と
する見解にも相応の論拠があり、最高裁平成16年（行ヒ）第141号同17年1月25日
第三小法廷判決・民集59巻1号64頁によってこれを給与所得とする当審の判断が示される
までは、下級審の裁判例においてその判断が分かれていたのである。このような問題に
ついて、課税庁が従来の取扱いを変更しようとする場合には、法令の イ によることが
望ましく、仮に法令の イ によらないとしても、 ウ を発するなどして変更後の取扱いを
納税者に周知させ、これが定着するよう必要な措置を講ずべきものである。ところが、
前記事実関係等によれば、課税庁は、上記のとおり課税上の取扱いを変更したにも
かかわらず、その変更をした時点では ウ によりこれを明示することなく、平成14年
6月の所得税基本 ウ の イ によって初めて変更後の取扱いを ウ に明記したと
いうのである。そうであるとすれば、少なくともそれまでの間は、納税者において、
外国法人である親会社から日本法人である子会社の従業員等に付与されたストック
オプションの権利行使益が一時所得に当たるものと解し、その見解に従って上記権利行使益を
一時所得として申告したとしても、それには無理からぬ面があり、それをもって納税者の
主観的な事情に基づく単なる法律 ア の誤りにすぎないものということはできない。
　　以上のような事情の下においては、上告人が平成11年分の所得税の確定申告をする前に
同8年分ないし同10年分の所得税についてストックオプションの権利行使益が給与所得に
当たるとして増額更正を受けていたことを考慮しても、上記確定申告において、上告人が
本件権利行使益を一時所得として申告し、本件権利行使益が給与所得に当たるものとしては
税額の計算の基礎とされていなかったことについて、真に上告人の責めに帰することの
できない客観的な事情があり、過少申告加算税の趣旨に照らしてもなお上告人に過少
申告加算税を賦課することは不当又は酷になるというのが相当であるから、国税通則法
65条4項にいう『 エ 』があるものというべきである。」

（最三小判平成18年10月24日民集60巻8号3128頁以下）

1	勧告	2	解釈	3	権限の濫用	4	指導要綱
5	下命	6	戒告	7	正当な理由	8	施行
9	訓令	10	考慮不尽	11	適用	12	撤回
13	通達	14	授権	15	遡及	16	改正
17	認可	18	督促	19	他事考慮	20	瑕疵の治癒

【第1回】 問題

問題43　次の文章は、ある最高裁判所判決の一節である。空欄　ア　～　エ　に当てはまる
　　　　語句を、枠内の選択肢（1～20）から選びなさい。

　　「地方自治法245条の7第1項は、　ア　……は、所管する法律又はこれに基づく政令に
係る都道府県の　イ　の処理が法令の規定に違反していると認める場合に是正の　ウ　を
することができる旨を定めるところ、その趣旨は当該　イ　の適正な処理を確保するこ
とにあると解される。このことに加えて、当該　イ　の処理が法令の規定に違反してい
るにもかかわらず　ア　において是正の　ウ　をすることが制限される場合がある旨
の法令の定めはないことを考慮すると、　ア　は、その所管する法律又はこれに基づく
政令に係る都道府県の　イ　の処理が法令の規定に違反していると認める場合には、当
然に地方自治法245条の7第1項に基づいて是正の　ウ　をすることができる。
　　……地方自治法251条の7第1項は、同項に定める違法の確認の対象となる　エ　に
つき、是正の　ウ　を受けた普通地方公共団体の行政庁が、相当の期間内に是正の　ウ　に
係る措置を講じなければならないにもかかわらず、これを講じないことをいう旨を定
めている。そして、本件　ウ　の対象とされた　イ　の処理は、上告人が本件埋立承認
を職権で取り消したことであり、また、本件　ウ　に係る措置の内容は本件埋立承認取
消しを取り消すという上告人の意思表示を求めるものである。これに加え、被上告人
が平成27年11月に提起した前件訴訟においても本件埋立承認取消しの適否が問題と
されていたことなど本件の事実経過を勘案すると、本件　ウ　がされた日の1週間後で
ある同28年3月23日の経過により、同項にいう相当の期間が経過したものと認めら
れる。
　　また、本件において、上記の期間が経過したにもかかわらず上告人が本件　ウ　に
係る措置を講じないことが許容される根拠は見いだし難いから、上告人が本件埋立承
認取消しを取り消さないことは違法であるといわざるを得ない。
　　したがって、上告人が本件　ウ　に係る措置として本件埋立承認取消しを取り消さ
ないことは、地方自治法251条の7第1項にいう　エ　の違法に当たる。」
　　　　　　　　　　　　　　（最二小判平成28年12月20日民集70巻9号2281頁以下）

1	財務	2	自治事務	3	要求	4	勧告
5	機関委任事務	6	指示	7	協議	8	諮問
9	不作為	10	執行機関	11	助言	12	各大臣
13	妨害	14	拒否	15	審査	16	代執行
17	市町村	18	命令	19	法定受託事務	20	知事

【第1回】 問題

[問題44〜問題46は記述式] 解答は、必ず答案用紙裏面の解答欄（マス目）に記述すること。なお、字数には、句読点も含む。

問題44 Aは、X県知事Bの許可を得て公衆浴場を経営しているが、Bは、Aが入浴者の衛生および風紀に必要な措置を講じていないとして、公衆浴場法に基づく許可の取消し（以下、「本件取消し」という。）をしようとするに至った。Bは、行政手続法に基づく聴聞を実施するために、Aに対して書面により聴聞の通知をした。Bから聴聞の主宰者として指名された職員Cは、本件取消しにつき利害関係を有するものと認められる第三者Dに対して、聴聞に関する手続に参加することを許可した。これによって聴聞の参加人となったDは、一定の場合に、一定の期間内に、Bに対し、本件取消しの原因となる事実を証する資料の閲覧を求めることができる。それは、どのような場合に、いつまでの間か。行政手続法の規定に照らし、「Dが」に続けて、40字程度で記述しなさい。

　なお、Bに資料の閲覧を拒む正当な理由がある場合や、Bが資料の閲覧について日時を指定した場合については、考慮しないものとする。

（下書用）

Dが

									10					15

LEC東京リーガルマインド　2023年版 出る順行政書士 当たる！直前予想模試　29

【第1回】 問題

問題45 Aは、Bに対して、Aの所有する土地の管理および処分について一切の代理権を
与えた。その後、Bは、B自身の事業のためにCから100万円を借り入れるにあたって、
その借金の担保として、Aを代理してCとの間でAの所有する土地に抵当権を設定
する旨の契約（以下、「本件抵当権設定契約」という。）を締結した。Bが本件
抵当権設定契約を締結した行為は、<u>どのような場合を除き、どのような者がした
行為とみなされるか</u>。「Bが本件抵当権設定契約を締結した行為は、」に続けて、
40字程度で記述しなさい。

（下書用）

Bが本件抵当権設定契約を締結した行為は、　　　　　　　10　　　　　　　　　　15

【第1回】 問題

問題 46　Aは自己の所有する甲建物をBに賃貸して、BはAの承諾を得たうえで甲建物を
　　　　Cに転貸した。しかし、その後、Aは、Bの賃料不払いを理由としてBとの間の賃貸借
　　　　契約を解除した。この場合、BC間の転貸借契約は、原則として、<u>どのような時期に、</u>
　　　　<u>どのような事由により</u>終了するか。最高裁判所の判例に照らし、下線部について40字
　　　　程度で記述しなさい。

（下書用）　　　　　　　　　　　　　　　　　　　　　10　　　　　　　　15

【第1回】 問題

一 般 知 識 等 [問題47〜問題60は択一式（5肢択一式）]

問題47 行政改革に関する次のア〜オの記述のうち、妥当でないものの組合せはどれか。

ア　1990年に神奈川県川崎市において、市民の苦情に基づいて行政を監察して必要があると認めるときは勧告をする「オンブズマン」の制度が全国で初めて導入されたが、その後、国または都道府県において「オンブズマン」の制度が導入された例はない。

イ　「スーパーシティ」とは、AIやビッグデータなど、第四次産業革命における最先端の技術を活用し、未来の暮らしを先行実現する「まるごと未来都市」である。2022年4月に、つくば市・大阪市が「スーパーシティ型国家戦略特区」に指定された。

ウ　指定管理者制度は、住民の福祉を増進する目的をもってその利用に供するための施設である「公の施設」の管理主体を民間事業者やNPO法人等に開放する制度として導入された。

エ　独立行政法人は、公共業務の効率を上げるために、民間が出資して民間企業の経営手法を取り入れた行政法人であり、政府から独立行政法人に対して出資することは禁止されている。

オ　国家戦略特区において、対象施設が一定の要件に該当することについて都道府県知事が認定することで、旅館業法の適用が除外される「特区民泊」の取組みが、2016年1月に全国で初めて東京都大田区で開始した。

1　ア・イ
2　ア・エ
3　イ・オ
4　ウ・エ
5　ウ・オ

32　　LEC東京リーガルマインド　2023年版 出る順行政書士 当たる！直前予想模試

【第 1 回】 問題

問題 48 政党および圧力団体に関する次のア～オの記述のうち、妥当なものの組合せはどれか。

ア 政治資金規正法によれば、政治団体を除く会社・労働組合等の団体から政治資金団体に対して政治活動に関する寄附をすることは禁止されている。

イ 日本では、国会議員が、圧力団体と密接な繋がりのある「族議員」として、行政に対するロビイスト的な役割を果たすことがあった。

ウ 国法の政党に対する歴史的変遷について、敵視、無視、承認および法制化、憲法的編入の4段階を区別する考え方によれば、日本国憲法の政党に対する態度は、憲法的編入の段階にあると解される。

エ 政党助成法によれば、政党交付金の交付の対象となる政党は、法人格を取得しており、国会議員5人以上を有する政治団体に限られる。

オ 圧力団体は、政党とは異なり、政権の獲得を目的とするものではなく、政策決定に影響を与えたとしても政治責任が問われないという特徴を有する。

1 ア・イ
2 ア・ウ
3 イ・オ
4 ウ・エ
5 エ・オ

問題 49 政治思想に関する次のア～オの記述のうち、妥当でないものの組合せはどれか。

ア C.モンテスキューは、『法の精神』を著して、三権分立を説くとともに、共和政、君主政および専制政を代表的な社会類型としてとらえて、それぞれの歴史的盛衰についての分析を試みた。

イ 『市民政府二論』を著したT.ホッブズは、自然状態を比較的平和なものととらえたが、不安定・不確実な状態であるため、これを解消するための契約等が必要であると主張した。

ウ E.コークは、王権神授説に立つイギリス国王ジェームス1世と対立して、王権に対する慣習法の優位を主張した。

エ 『社会契約論』を著したJ.J.ルソーは、自然状態を人が自由・平等な形で存在するものととらえたが、人が鉄鎖につながれた現状を克服するため、全員一致の同意による社会を形成すべきであることを説いた。

オ J.ロックは、『リヴァイアサン』を著して、自然状態を戦争状態ととらえ、これを克服するため個人相互の契約に基づき絶大な主権をもつ国家を作り上げることを主張した。

1 ア・エ
2 ア・オ
3 イ・ウ
4 イ・オ
5 ウ・エ

LEC東京リーガルマインド 2023年版 出る順行政書士 当たる！直前予想模試 33

【第1回】 問題

問題50 高度経済成長期の日本経済に関する次のア～オの記述のうち、妥当なものはいくつあるか。

ア　いざなぎ景気のもとでは、好況により輸入が増えると国際収支が悪化し、そのために金融を引き締めると景気が後退するという「国際収支の天井」による景気変動がみられた。

イ　神武景気の時期に、家庭電化ブームが始まり、白黒テレビ・電気冷蔵庫・電気洗濯機が三種の神器と呼ばれた。いざなぎ景気の時期に、カラーテレビ・クーラー・自動車が３Ｃ（新・三種の神器）と呼ばれた。

ウ　岩戸景気の時期に、金属、電機、機械、化学工業などの重化学工業が著しく発展して、石炭から石油へのエネルギー革命が進展した。

エ　神武景気の後の不況は、不況の状態が、平たいなべの底のような波型をとって進んだことから、なべ底不況と呼ばれた。

オ　為替の固定相場制が崩壊したことによる円安の進行と、第４次中東戦争をきっかけとする第１次石油ショックによって、高度経済成長期は終わることになった。

　　1　一つ
　　2　二つ
　　3　三つ
　　4　四つ
　　5　五つ

問題51 地域経済統合に関する次のア～オの記述のうち、妥当でないものの組合せはどれか。

ア　ＴＰＰ11協定は、2018年に11カ国によって署名され、2018年に発効したが、その後、中国が、発足11カ国以外では初めて加盟を申請した。

イ　ＲＣＥＰ協定は、2020年にＡＳＥＡＮ10カ国および日本、中国、韓国、オーストラリア、ニュージーランドの５カ国によって署名された。インドは、交渉の立上げからの７年間は交渉に参加していたが、その後の交渉には参加していない。

ウ　ＴＰＰ11協定の発効などを背景にして、日米貿易協定および日米デジタル貿易協定の交渉が行われたが、交渉の妥結には至らなかった。

エ　日ＥＵ・ＥＰＡは、日本の工業製品のＥＵ市場へのアクセスについて100％の関税撤廃を実現するなどの貿易・投資の枠組みを規定するものとして、2018年に署名された。

オ　日英ＥＰＡは、日本とＥＵ離脱後のイギリスとの間の、日ＥＵ・ＥＰＡに代わる新たな貿易・投資の枠組みを規定するものとして、2020年に署名された。

　　1　ア・イ
　　2　ア・ウ
　　3　イ・オ
　　4　ウ・エ
　　5　エ・オ

【第1回】 問題

問題52　ノーベル平和賞に関する次のア〜オの記述のうち、妥当なものの組合せはどれか。

ア　核兵器廃絶国際キャンペーン（ICAN）は、包括的核実験禁止条約（CTBT）の締結に向けての努力を評価されて、ノーベル平和賞を受賞した。

イ　国境なき医師団（MSF）は、新型コロナウイルス感染症への対応を評価されて、ノーベル平和賞を受賞した。

ウ　国際原子力機関（IAEA）は、エルバラダイ事務局長とともに、原子力の平和的利用のための努力を評価されて、ノーベル平和賞を受賞した。

エ　気候変動に関する政府間パネル（IPCC）は、ビル・クリントン前アメリカ大統領（当時）とともに、人為的に起こる地球温暖化の認知を高めたことを評価されて、ノーベル平和賞を受賞した。

オ　国連世界食糧計画（WFP）は、飢餓との闘いに尽力してきたことを評価されて、ノーベル平和賞を受賞した。

1　ア・イ
2　ア・エ
3　イ・オ
4　ウ・エ
5　ウ・オ

問題53　イギリス、アメリカおよび日本の政治制度に関する次の記述のうち、妥当なものはどれか。

1　イギリスの議会およびアメリカの連邦議会では、上院と下院は原則として対等であるのに対し、日本の国会では、衆議院の参議院に対する優越が認められている。

2　イギリスおよび日本では、議会が議員の中から多数決で指名した者が首相に任命されるのに対し、アメリカでは、有権者の選出した大統領選挙人が大統領候補に投票して大統領を選出する。

3　イギリスおよび日本の内閣は、議会に対して法案を提出する権限を有しているのに対し、アメリカの大統領は、連邦議会に対して法案を提出する権限を有しておらず、連邦議会で可決された法案を拒否する権限も有していない。

4　イギリスの上院および日本の衆議院は、内閣に対する不信任決議権を有しているのに対し、アメリカの連邦議会は、大統領に対する不信任決議権を有していない。

5　イギリスの裁判所は、議会の制定した法律に対する違憲審査権を有していないのに対し、アメリカおよび日本の裁判所は、議会の制定した法律に対する違憲審査権を有している。

【第1回】 問題

問題54 災害対策に関する次のア～オの記述のうち、妥当なものの組合せはどれか。

ア 河川・水道等の管理者が主体となって行う従来の治水対策に加えて、氾濫域も含めて一つの流域として捉えて、あらゆる関係者が協働して流域全体で水害を軽減させる治水対策「流域治水」への転換を進めるために、2021年3月に、全国の一級水系などにおいて「流域治水プロジェクト」が公表された。

イ 1995年の阪神・淡路大震災をきっかけとして1998年に制定された「被災者生活再建支援法」に基づいて、自然災害で住宅に被害を受けた被災者に対し、生活再建を支援するための支援金が支給されている。支援金には使途の制限はないが、事後の報告が必要である。

ウ 2019年の大型台風などにより多くの高齢者や障害者等が被害に遭っている状況を踏まえて、2021年の災害対策基本法の改正により、災害時にみずから避難することが困難な高齢者や障害者等の「避難行動要支援者」について、個別避難計画を作成することが市町村の法的義務とされた。

エ 災害時における円滑かつ迅速な避難の確保のために、2021年の災害対策基本法の改正により、土砂災害警戒情報が発表された場合には「避難勧告」を発令することを基本にするという「避難勧告への一本化」が行われた。

オ 災害対策の実施体制の強化のために、2021年の災害対策基本法の改正により、非常災害対策本部の本部長が内閣総理大臣に変更された。

1 ア・エ
2 ア・オ
3 イ・ウ
4 イ・エ
5 ウ・オ

問題 55 個人情報保護法* に関する次の記述のうち、妥当なものはどれか。

1 「個人関連情報」とは、生存する個人に関する「個人情報」、「仮名加工情報」および「匿名加工情報」の総称である。

2 個人の職業的地位や学歴は、「要配慮個人情報」の1つである「社会的身分」に当たる。

3 「仮名加工情報」とは、他の情報と照合しても特定の個人を識別できないように個人情報を加工したものをいう。

4 相続財産についての情報が被相続人に関するものとしてその生前に「個人に関する情報」に当たるものであったとしても、そのことから直ちに、当該情報が当該相続財産を取得した相続人に関するものとして「個人に関する情報」に当たるということはできない。

5 「匿名加工情報」とは、特定の個人を識別できないように個人情報を加工したもののうち、当該個人情報を復元できるものをいう。

（注）＊ 個人情報の保護に関する法律

問題 56 インターネットに関する次のア〜オの記述のうち、妥当なものの組合せはどれか。

ア インターネットの歴史は、旧ソビエト連邦において国防用に構築されたコンピュータネットワークにさかのぼる。

イ ドメインとは、コンピュータをネットワークで接続するために、それぞれのコンピュータに割り振られた識別番号のことをいう。

ウ ウイルスとは、第三者のプログラムやデータベースに対して意図的に何らかの被害を及ぼすように作られたプログラムのことをいう。

エ デジタルサイネージとは、検索エンジンやリンク集など、インターネットの入口となるウェブサイトのことをいう。

オ サーバとは、ネットワーク上で、ユーザーからの要求に対して情報やサービスを提供するコンピュータのことをいう。

1 ア・イ
2 ア・オ
3 イ・エ
4 ウ・エ
5 ウ・オ

【第1回】 問題

問題57 電子商取引に関する次のア～オの記述のうち、妥当なものの組合せはどれか。

ア　消費者間の電子商取引を「BtoB」という。これに対し、企業間の電子商取引を「CtoC」という。

イ　電子消費者契約法*¹は、消費者が行う電子消費者契約の申込みまたはその承諾の意思表示について特定の錯誤があった場合に関して、民法の重大な過失による錯誤に関する規定に対する特例を定めている。

ウ　電子消費者契約法は、隔地者間の契約において電子承諾通知を発する場合に関して、民法の隔地者間の契約の成立時期に関する規定に対する特例を定めている。

エ　特定電子メール送信適正化法*²は、事前に受信拒否の通知をした者に対しての広告、宣伝または勧誘等を目的とした電子メールの再送信を禁止するオプトアウト方式を採用している。

オ　e－文書通則法*³は、法令の規定により民間事業者等が行う書面の保存、作成、縦覧、交付に関して、電磁的方法により行うことができるようにするための共通する事項を定めている。

（注）＊1　電子消費者契約に関する民法の特例に関する法律
　　　＊2　特定電子メールの送信の適正化等に関する法律
　　　＊3　民間事業者等が行う書面の保存等における情報通信の技術の利用に関する法律

1　ア・ウ
2　ア・オ
3　イ・エ
4　イ・オ
5　ウ・エ

【第1回】　問題

問題58　次のア～オは、一連の文章をバラバラにしたものである。妥当な順序に並べたものはどれか。

ア　鎌倉幕府の成立とともに多くの東国御家人が西国にも所領・所職を得た。当初、かれらの多くは東国を活動の場として西国の所領は代官支配に委ねていたのだが、承久の乱や元寇を機に移住が本格化し、一族・家人さらには農民をも伴った大移動が展開された。西国に移住した東国武士団は、かれらの生活習慣と支配の方法（「東国の習」）を西国社会に持ち込んだ。たとえば、囚人の身柄を領内の百姓に預けること（村預け）によって預かり人を主従関係のもとにおく、あるいは節分の夜「方違え」と称して百姓の家に押し入って引き出物を責め取る、また領内の有力者に強制的に婿入りをする、といった暴力団まがいのものである。

イ　ところが、南九州ではそのような例はみられない。所領・所職の面で競合する在来勢力との対立は発生しても、在地社会ないし農民層の抵抗は表にあらわれないのである。南九州は東国と風土・社会に共通するものをもち、おそらくそれが東国武士団の移住を容易にしたのであろう。

ウ　社会のあり方を日本列島全体でみると、東日本（東国）はタテ的（家父長制・主従制的）、西日本（西国）はヨコ的（座的）であるが、西日本の中では九州が東国的性格をもつという。そして、その九州の中でもとりわけ事大主義的なタテ社会という評価をうけているのが鹿児島である。どうしてそうなったのか。その理由の一つとして考えられるのが、東国武士団の西遷による東国的気風の移植と定着化という歴史的背景である。

エ　南九州に所領を得て移住した多くの東国武士団のうち最大の勢力をもったのが島津氏であった。初代忠久（惟宗氏）はもともと摂関家に仕える侍であったが、源頼朝の乳母（比企尼）の縁で御家人となり、甲斐・信濃・越前・薩摩など各地に多くの所領を得た。そのうち最大のものが南九州の島津荘で、忠久はこれを名字の地としたのである。京侍から有力御家人に登用された忠久は多くの東国武士を被官（家来）として編成し、島津氏自身もやがて東国武士化していく。鎌倉時代、島津氏領で直接在地支配にあたったのはこうした東国出身の被官たちだったのである。このようにして、南九州には東国的風土の上に東国武士団が東国の論理を持ち込み、東国的なタテ的社会が構築されることとなる。

オ　こうした行為に対して、畿内近国を中心とする西国の百姓はヨコに連携し、訴訟や実力行使に訴えて抵抗。そのために東国武士の中には移住を断念する者もあり、また移住後も東国出身の御家人とのみ婚姻関係を結ぶものが多かった。

（出典　野口実「武家の棟梁の条件」から）

1　ア－イ－エ－オ－ウ
2　ア－オ－イ－エ－ウ
3　ウ－ア－オ－イ－エ
4　ウ－イ－ア－エ－オ
5　エ－ア－ウ－オ－イ

【第1回】 問題

問題 59 次に文中の空欄 Ⅰ ～ Ⅳ には、それぞれア～エのいずれかの文が入る。その組合せとして適当なものはどれか。

　私たちは、相手の心の状態をどのようにして知るのだろうか？　大きな手がかりのひとつは目だ。「目は口ほどにものを言う」のだ。
　Ⅰ　ほかの動物で、これほど目の動きが頻繁な動物はいない。これは、ヒトの目では網膜の中心（「中心窩」と呼ばれる部分）の解像度（視力）がきわめてよく、周辺部は悪いので、ものをはっきり細かなところまで見るためには、目を動かしてそれを目の中心にもってくる必要があるからだ。
　Ⅱ　同様に、相手の目の向きを気にしないでいるのも難しい。模式的に描かれた目であっても、その目の向きによって、私たちはその方向に（目の向きは無視せよと言われていても）自動的に注意を向けてしまう。したがって、目の向きや動きは、相手の関心や注意を知るための重要な手がかりになる。
　Ⅲ　相手の目を気にすることはあるが、それは目が自分に向いている場合に限られる。たとえばニホンザルなどの場合、自分に目が向いていれば、威嚇された（いわば「眼をつけられた」）と感じるが、目が自分に向けられていない場合には注意を払うことはない。人間に飼われているチンパンジーでは、目の向き（視線）の理解ができる場合があるようだが、野生の個体はおそらくこのような理解をもっていない。ただし、ルイジアナ大学の心理学者、ダニエル・ポヴィネリは、飼育されているチンパンジーでも視線の理解が（それに指差しの理解も）まったくできないということを一貫して報告しており、チンパンジーにはこの能力がない可能性もある。
　ヒトの赤ちゃんでは、相手と目を合わせること（アイコンタクト）は生後すぐからできるものの、相手の視線の動きを追うことができるようになるのは、生後8～9カ月頃からだ。この頃から相手の注意の行方を気にするようになり、他者との「注意の共有」の前提条件が整い始める。
　Ⅳ　相手の目の瞳孔の微妙な変化も感じとる。瞳孔の大きさ（瞳孔径）は、第一にはまわりの光の量によって変化するが、それだけでなく、興奮した時（たとえば好きなものを見た時など）にも広がり（自律神経系の反応のひとつだ）、意識することは少ないが、私たちはこれを相手の関心や興味を知る手がかりとして利用している。
　このように、目は感覚器官であるだけでなく、心の状態を教える社会的器官でもある。ほかの霊長類の目と比べると、ヒトの目は横長で、白目と黒目の境目がはっきりしており、目の向きが明瞭にわかる。このような構造も、視線の方向という社会的信号を送り、注意の共有に一役買っている。目に付随して言えば、その上のくっきりした眉毛も感情を示す手がかりになる。

（出典　鈴木光太郎「ヒトの心はどう進化したのか」から）

ア　私たちは、目の向きや目の動きに対して敏感なだけではない。

イ　ほかの動物では、相手の目の向きや目の動きをこのようにはとらえていない。

ウ　私たちは、気になるものに目を向けないでいることがなかなかできない。

エ　ヒトの目は忙しないぐらいによく動く。これもヒトの特徴のひとつだ。

	I	II	III	IV
1	イ	エ	ウ	ア
2	イ	ア	ウ	エ
3	ウ	イ	ア	エ
4	エ	ア	ウ	イ
5	エ	ウ	イ	ア

【第1回】 問題

問題60 本文中の空欄 Ⅰ ～ Ⅳ に入る語句の組合せとして妥当なものはどれか。

　　記憶をあらゆる歴史的出来事が細大漏らさず貯蔵された巨大な水甕だとすれば、思い出とは、その水甕のわずかな割れ目から滲み出した一筋の水滴にでもなぞらえることができる。その水滴は朝まだきの光に照り輝くこともあれば、夜の冷気に氷結することもあるであろう。小林秀雄は一滴の水が乾いた舌にしたたり落ちるその瞬間を捉えて、それを「歴史」と呼んだのである。それゆえ、思い出は過去の出来事のありのままの再現ではない。それは経験の遠近法による濾過と選別とを通じて一種の「解釈学的 Ⅰ 」を被った出来事である。強烈な印象を刻みつけた出来事はクローズアップで大写しにされ、さほど印象に残らない些末な出来事は遠景に退いてフェイダアウトすることであろう。そこにはおのずからなる想起の力学が働いているのである。

　　しかし、小林の思い入れに反して、「思い出」はそのままでは「歴史」に転成することはできない。思い出されただけで、それが再び記憶の間の中に消え入るならば、思い出は甘美な個人的感懐ではあっても、間主観的な歴史ではない。思い出が歴史に転生を遂げるためには、何よりも「物語行為」による媒介が不可欠なのである。思い出は断片的であり、間欠的であり、そこには統一的な筋もなければ有機的連関を組織する脈絡も欠けている。それらの断片を織り合わせ、因果の糸を張りめぐらし、 Ⅱ の結構をしつらえることによって一枚の布にあえかな文様を浮かび上がらせることこそ、物語行為の役目にほかならない。物語られることによってはじめて、 Ⅲ な思い出は「構造化」され、また Ⅳ な思い出は「共同化」される。「物語る」という言語行為を通じた思い出の構造化と共同化こそが、ほかならぬ歴史的事実の成立条件なのである。

（出典　野家啓一「物語の哲学」から）

	Ⅰ	Ⅱ	Ⅲ	Ⅳ
1	変形	渾然一体	歴史的	断片的
2	複写	起承転結	断片的	個人的
3	変形	起承転結	断片的	個人的
4	複写	渾然一体	個人的	歴史的
5	変形	起承転結	個人的	断片的

2023年版出る順行政書士 当たる！直前予想模試

第2回 問題

【使用方法】
1　この表紙（色紙）を残したまま問題冊子を取り外してください。
2　答案用紙（マークシート）は第1回問題冊子の前にとじてあります。切り取ってご使用ください。

「問題冊子」の取り外し方

①この色紙を残し、「問題冊子」だけをつかんでください。
②「問題冊子」をしっかりとつかんだまま手前に引っ張って、取り外してください。

「問題冊子」

※色紙と「問題冊子」は、のりで接着されていますので、丁寧に取り外してください。なお、取り外しの際の破損等による返品・交換には応じられませんのでご注意ください。

LEC東京リーガルマインド

第2回
問　題
試験開始まで開いてはいけません。

（注意事項）

1　問題は 60 問あり、時間は 3 時間です。

2　解答は、別紙の答案用紙に記入してください。

3　答案用紙への記入およびマークは、次のようにしてください。

　ア　択一式（5 肢択一式）問題は、1 から 5 までの答えのうち正しいと思われるものを一つ選び、マークしてください。二つ以上の解答をしたもの、判読が困難なものは誤りとなります。

　イ　択一式（多肢選択式）問題は、枠内（1〜20）の選択肢から空欄 ア 〜 エ に当てはまる語句を選び、マークしてください。二つ以上の解答をしたもの、判読が困難なものは誤りとなります。

　ウ　記述式問題は、答案用紙裏面の解答欄（マス目）に記述してください。

法 令 等 [問題1～問題40は択一式（5肢択一式）]

問題1　法格言に関する次のア～オの記述のうちの空欄 A ～ E に当てはまる語句として、最も適切な組合せはどれか。

ア　「疑わしきは A の利益に」とは、刑事裁判において裁判所が犯罪事実の存在について確信を得られなかったときは A に有利な判断をすべきとする法格言である。

イ　「権利の上に B ものは保護に値せず」という法格言は、民法の規定する消滅時効の制度などに具体化されている。

ウ　「法は C に入らず」とは、 C の内部の紛争はその中での解決を第一として法規範を適用すべきでないとするもので、現在の刑法においてもその例をみることができる。

エ　「 D なければ刑罰なし」は、刑事法分野での大原則となっている罪刑法定主義の一内容を言い表している法格言である。

オ　「事実の E は許されるが、法の E は許されない」とは、刑事法上の責任主義の原則と関連して、たとえ法律について「 E 」であっても違法な行為をした者は処罰を免れないとする法格言である。

	A	B	C	D	E
1	被告人	眠る	団体	法律	不知
2	被害者	座る	皇室	裁判	無知
3	被告人	眠る	家庭	法律	不知
4	訴追者	座る	家庭	裁判	無知
5	被害者	眠る	団体	犯意	不知

【第2回】 問題

問題2 わが国の検察、検察審査会制度に関する次の記述のうち、妥当なものはどれか。

1 検察官は公訴の提起等の職務を行うが、公益の代表者たる地位までは与えられておらず、検察庁法は警察および検察機関の代表者としてその職務を行うと規定している。

2 犯罪の捜査は専ら警察官の職務とされており、検察官は政治犯罪等捜査が困難な一部の犯罪を除き、みずから捜査を行うことができない。

3 検事総長等はそれぞれ管下の検察官を指揮監督する権限を有するが検察官同一体の原則は否定され、各検察官は単独で職権を行使し、裁判官と同様、職権の独立性を有する。

4 公訴権の行使に民意を反映させてその適正を図るため検察審査会制度が設けられており、検察審査員は検察官の起訴処分および不起訴処分の当否について審査、議決する。

5 検察審査会の起訴相当の議決に対して検察官が不起訴として、検察審査会が再度審査し、起訴議決*をした場合、裁判所が指定した弁護士が検察官に代わって公訴を提起する。

（注） ＊ 起訴をすべき旨の議決

【第2回】 問題

問題3　集会の自由に関する次のア～オの記述のうち、最高裁判所の判例に照らし、妥当なものの組合せはどれか。

ア　集会は、国民が様々な意見や情報等に接することにより自己の思想や人格を形成、発展させ、また、相互に意見や情報等を伝達、交流する場として必要であり、さらに、対外的に意見を表明するための有効な手段であるから、集会の自由は、民主主義社会における重要な基本的人権の1つとして特に尊重されなければならないが、公共の福祉による必要かつ合理的な制限を受けることがあるのはいうまでもない。このような制限が是認されるかどうかは、制限が必要とされる程度と、制限される自由の内容および性質、これに加えられる具体的制限の態様および程度等を較量して決めるのが相当である。

イ　市民会館の使用について「公の秩序をみだすおそれがある場合」を不許可事由とする規定は、当該会館における集会の自由を保障することの重要性よりも、当該会館で集会が開かれることによって、人の生命、身体または財産が侵害され、公共の安全が損なわれる危険を回避し、防止することの必要性が優越する場合をいうものと限定して解すべきであるが、危険の発生が明らかに差し迫っていなくても、不許可とすることができる。

ウ　主催者が集会を平穏に行おうとしている場合には、その集会の目的や主催者の思想、信条等に反対する者らが、これを実力で阻止し、妨害しようとして紛争を起こすおそれがあるとしても、警察の警備等によってもなお混乱を防止することができない特別の事情があるなどの理由で公共施設の利用を拒むことは、集会の自由の否定につながるものであり、許されない。

エ　集団行進等の際に「交通秩序を維持すること」を遵守事項として、それに違反して行われた集団行進等のせん動者を処罰する規定は、通常の判断能力を有する一般人の理解において、どのような内容が「交通秩序を維持すること」として想定されているのかを判断できるような基準を読みとれるものではないから、犯罪の構成要件の明確性を要請する罪刑法定主義に反するものとして違憲無効であると解するのが相当である。

オ　大学における学生の集会は、大学の公認した学内団体であるとか、大学の許可した学内集会であるとかいうことのみによって、特別な自由と自治を享有するものではない。学生の集会が真に学問的な研究またはその結果の発表のためのものでなく、実社会の政治的社会的活動に当る行為をする場合には、大学の有する特別の学問の自由と自治は享有しないといわなければならない。

1　ア・ウ
2　ア・オ
3　イ・エ
4　イ・オ
5　ウ・エ

【第2回】 問題

問題4 公権力と特殊な関係にある者の人権に関する次の記述のうち、最高裁判所の判例に照らし、妥当なものはどれか。

1 　喫煙の自由は、憲法の保障する基本的人権のひとつに含まれるとしても、あらゆる時、所において保障されなければならないものではない。もっとも、未決勾留による拘禁の目的と制限される基本的人権の内容、制限の必要性などの関係を総合考察すると、未決勾留により拘禁された者に対する喫煙禁止は、必要かつ合理的なものとは認められない。

2 　未決勾留により刑事施設に拘禁されている者の新聞紙、図書等の閲読の自由についても、逃亡および罪証隠滅の防止という勾留の目的のためのほか、刑事施設内の規律および秩序の維持のために必要とされる場合にも、一定の制限を加えられることはやむをえない。その制限が許されるためには、閲読を許すことにより監獄内の規律および秩序が害される一般的、抽象的なおそれがあれば足りる。

3 　受刑者が国会議員あての請願書の内容を記した手紙を新聞社に送付しようとする場合に、刑事施設内の秩序の維持や受刑者の更生などの点において放置することのできない程度の障害が生ずる相当の蓋然性があることを理由として、刑事施設の長がその手紙の送付を制限することは許されない。

4 　公務員の地位の特殊性と職務の公共性にかんがみるときは、これを根拠として公務員の労働基本権に対し必要やむをえない限度の制限を加えることは、十分合理的な理由があるというべきであるが、その制限に違反した者に対して刑事罰を科すことは許されない。

5 　国家公務員法の禁止する公務員の政治的行為とは、公務員の職務の遂行の政治的中立性を損なうおそれが、観念的なものにとどまらず、現実的に起こり得るものとして実質的に認められるものを指す。ここにいう政治的中立性を損なうおそれが実質的に認められるかどうかは、当該公務員の地位、その職務の内容や権限等、当該公務員がした行為の性質、態様、目的、内容等の諸般の事情を総合して判断するのが相当である。

【第2回】 問題

問題5　生存権に関する次のア〜オの記述のうち、最高裁判所の判例に照らし、妥当なものの組合せはどれか。

ア　憲法25条1項は、積極主義の政治として、すべての国民が健康で文化的な最低限度の生活を営み得るよう国政を運営すべきことを国家の責務として宣言したものである。国家は、国民一般に対して概括的にかかる責務を負担しこれを国政上の任務としたのであるけれども、個々の国民に対して具体的、現実的にかかる義務を有するのではない。

イ　国は、その限られた財源の下で福祉的給付を行うにあたり、日本国民を在留外国人より優先的に扱うことも許される場合があるが、障害福祉年金の支給対象者から在留外国人を除外することは、立法府の裁量の範囲を逸脱するものであって、憲法25条の規定に違反する。

ウ　同一人に同一の性格を有する2以上の公的年金が支給されることとなるべき、いわゆる複数事故において、社会保障給付の全般的公平を図るため公的年金相互間における併給調整を行うかどうかについては、立法府の裁量の範囲に属する事柄とみるべきであるけれども、この種の立法における給付額の決定については、立法政策上の裁量事項ではなく、それが低額であるときは当然に憲法25条の規定に違反する。

エ　所得税法中の給与所得に係る課税関係規定が憲法25条の「健康で文化的な最低限度の生活」を侵害すると主張する者は、当該規定が著しく合理性を欠き明らかに裁量の逸脱・濫用と見ざるをえないゆえんを具体的に主張しなければならない。

オ　国民年金法（当時）が、20歳以上の学生を、国民年金の強制加入被保険者として一律に保険料納付義務を課すのではなく、任意加入を認めて国民年金に加入するかどうかを20歳以上の学生の意思に委ねることとした措置は、著しく合理性を欠くものであって、憲法25条の規定に違反する。

1　ア・ウ
2　ア・エ
3　イ・エ
4　イ・オ
5　ウ・オ

【第2回】　問題

問題6　司法権に関する次のア～オの記述のうち、最高裁判所の判例に照らし、妥当なもの
　　　　はいくつあるか。

　　ア　国家試験における合格、不合格の判定も学問または技術上の知識、能力、意見等の
　　　　優劣、当否の判断を内容とする行為であるから、その試験実施機関の最終判断に
　　　　委せられるべきものであって、その判断の当否を審査し具体的に法令を適用して、
　　　　その争いを解決調整できるものとはいえない。
　　イ　普通地方公共団体の議会の議員に対する出席停止の懲罰は、議会の自律的な権能に
　　　　基づいてされたものとして議会に裁量が認められるべきであるから、裁判所は、その
　　　　適否を判断することはできない。
　　ウ　政党が組織内の自律的運営として党員に対してした除名その他の処分については、
　　　　一般市民法秩序と直接の関係を有するか否かにかかわらず、裁判所は、その適否を
　　　　判断することはできない。
　　エ　衆議院の解散のような極めて政治性の高い国家統治の基本に関する行為については、
　　　　一見極めて明白に違憲無効であると認められる場合に限り、裁判所は、その適否を
　　　　判断することができる。
　　オ　法律が国会の両議院において議決を経たものとされて適法な手続によって公布
　　　　されているときは、裁判所は、当該法律の制定の議事手続に関する事実を審理して
　　　　その有効無効を判断することはできない。

　　　　　1　一つ
　　　　　2　二つ
　　　　　3　三つ
　　　　　4　四つ
　　　　　5　五つ

【第2回】 問題

問題7　財政に関する次のア〜オの記述のうち、妥当なものの組合せはどれか。

ア　両議院の議員は、一定数以上の議員の賛成があれば、予算を作成して国会に提出することができる。

イ　予見し難い予算の不足に充てるため、国会の議決に基づいて予備費を設け、内閣の責任でこれを支出することができるが、その支出については、事後に国会の承諾を得なければならない。

ウ　皇室の費用は、予算に計上しないこともできるが、その場合においても国会の議決を経なければならない。

エ　会計検査院は、国の収入支出の決算を検査して、その年度の検査報告とともに国会に提出しなければならない。

オ　内閣は、国会および国民に対し、定期に、少なくとも毎年1回、国の財政状況について報告しなければならない。

1　ア・ウ
2　ア・エ
3　イ・エ
4　イ・オ
5　ウ・オ

問題8　国家公務員に関する次のア〜オの記述のうち、誤っているものの組合せはどれか。

ア　国家公務員には、一般職と特別職があるが、特別職に属する職以外の国家公務員すべてが一般職とされる。

イ　特別職の国家公務員のうち、裁判官には、国家公務員法の規定が適用される。

ウ　国家公務員法の規定により、内閣の所轄の下に人事院が置かれている。

エ　一般職の国家公務員が、職務上の義務に違反し、または職務を怠った場合には、これに対し懲戒処分として、免職の処分をすることができる。

オ　一般職国家公務員が辞職の申出をすれば、自動的に辞職の効果を生ずる。

1　ア・ウ
2　ア・エ
3　イ・エ
4　イ・オ
5　ウ・オ

【第2回】 問題

問題9 行政行為の分類に関する次の記述のうち、妥当なものはどれか。

1 「許可」とは、すでに法令によって課されている一般的禁止を特定の場合に解除する行為で、本来各人が有している自由を回復させるものをいい、自動車運転の免許や公有水面埋立の免許がこれに当たる。

2 「確認」とは、特定の事実または法律関係の存在を公に証明する行為であり、選挙人名簿への登録や戸籍への記載がこれに当たる。

3 「特許」とは、人が生まれながらには有していない新たな権利その他法律上の力ないし地位を特定人に付与する行為をいい、鉱業権の設定の許可や医師の免許がこれに当たる。

4 「公証」とは、特定の事実または法律関係の存否について公の権威をもって判断する行為であり、当選人の決定や恩給の裁定がこれに当たる。

5 「認可」とは、第三者の行為を補充して、その法律上の効果を完成させる行為をいい、農地の権利移転の許可や河川占用権の譲渡の承認がこれに当たる。

問題10 即時強制に関する次の記述のうち、妥当なものはどれか。

1 即時強制は、直接国民の身体に対して実力を行使するものであって、財産に対する強制は含まれない。

2 即時強制は、人権侵害を伴うおそれが大きいことから、実際にはほとんど利用されていない。

3 即時強制は、典型的な公権力の発動であるから、比例原則や権限濫用禁止の原則などの法の一般原則にも適合するものでなければならない。

4 即時強制の違法を主張して差止めや原状回復を求めるためには、民事訴訟の手続を利用しなければならず、行政事件訴訟法による救済手続を利用することはできない。

5 即時強制を導入するためには、法律の定めによらなければならず、条例の定めによって即時強制を導入することはできない。

問題11 Xは、Y県知事に対して産業廃棄物処理施設の設置許可を申請して、同設置許可を得た。その後、当該産業廃棄物処理施設の周辺住民は、Xが虚偽内容の申請書を提出して同設置許可を受けたと主張して、Y県知事に同設置許可を取り消すよう求めた。この場合に関する次の記述のうち、行政手続法の規定に照らし、妥当なものはどれか。

1 Y県知事が処分基準を定めないまま同設置許可を取り消すことは、違法事由となる。

2 Y県知事は、同設置許可を取り消すに際して、Xについて聴聞手続を執らなければならないが、聴聞を行うにあたっては、Xだけでなく、当該産業廃棄物処理施設の周辺住民に対して聴聞の通知をする必要がある。

3 Y県知事が指名するY県の職員は、Y県知事が同設置許可を取り消すに際して執られる聴聞手続を主宰することができない。

4 Y県知事が同設置許可を取り消すに際して、公益上、緊急にこれをする必要がある場合には、Xについて、聴聞手続に代えて、弁明の機会の付与の手続を執ることができる。

5 Y県知事は、同設置許可を取り消す際に、理由を示さないで処分をすべき差し迫った必要がある場合には、同設置許可の取消しと同時にその理由を提示する必要はない。

問題12 行政手続法の定める申請に対する処分に関する次の記述のうち、正しいものはどれか。

1 行政庁は、申請がその事務所に到達してから当該申請に対する処分をするまでに通常要すべき標準的な期間を定めたときは、当該申請の提出先とされている機関の事務所における備付けその他の適当な方法により公にしておくよう努めなければならない。

2 行政庁は、申請に対する処分であって、申請者以外の者の利害を考慮すべきことが当該法令において許認可等の要件とされているものを行う場合には、必要に応じ、公聴会の開催その他の適当な方法により当該申請者以外の者の意見を聴く機会を設けなければならない。

3 一の申請または同一の申請者からされた相互に関連する複数の申請に対する処分について複数の行政庁が関与する場合においては、当該複数の行政庁は、相互に連絡をとり、当該申請者からの説明の聴取を共同して行わなければならない。

4 行政庁は、申請がその事務所に到達したときは、遅滞なく当該申請の審査を開始するよう努めなければならない。

5 行政庁は、申請をしようとする者または申請者の求めに応じ、申請書の記載および添付書類に関する事項その他の申請に必要な情報の提供に努めなければならない。

【第2回】 問題

問題13 行政手続法における「処分等の求め」に関する次のア～オの記述のうち、誤っているものの組合せはどれか。

ア 法令に違反する事実がある場合において、その是正のためにされるべき処分がされていないと思料する者は、当該処分をする権限を有する行政庁に対し、その旨を申し出て、当該処分をすることを求めることができる。

イ 法令に違反する事実がある場合において、その是正のためにされるべき行政指導（その根拠となる規定が法律に置かれているものに限る。）がされていないと思料する者は、当該事実につき利害関係を有するものと認められるときに限り、当該行政指導をする権限を有する行政機関に対し、その旨を申し出て、当該行政指導をすることを求めることができる。

ウ 処分をすることを求める申出は、申出をする者の氏名または名称および住所または居所、法令に違反する事実の内容、当該処分の内容、当該処分の根拠となる法令の条項、当該処分がされるべきであると思料する理由、その他参考となる事項を記載した申出書を提出してしなければならない。

エ 処分をすることを求める申出があったときは、当該行政庁は、必要な調査を行い、その結果に基づき必要があると認めるときは、当該処分をしなければならない。

オ 行政指導をすることを求める申出があったときは、当該行政機関は、要件に適合しない申出については、速やかに、申出をした者に対し相当の期間を定めて当該申出の補正を求めるか、または当該申出により求められた行政指導を拒否しなければならない。

1 ア・ウ
2 ア・エ
3 イ・ウ
4 イ・オ
5 エ・オ

10　LEC東京リーガルマインド　2023年版 出る順行政書士 当たる！直前予想模試

【第2回】 問題

問題14　行政不服審査法の定める不服申立期間に関する次のア〜オの記述のうち、妥当なものの組合せはどれか。

ア　処分についての審査請求は、原則として、処分があったことを知った日の翌日から起算して60日を経過したときは、することができない。

イ　処分についての審査請求書を郵便で提出した場合における審査請求期間の計算については、送付に要した日数を算入するものとする。

ウ　処分についての審査請求は、当該処分について再調査の請求をしたときは、原則として、当該再調査の請求についての決定があったことを知った日の翌日から起算して1カ月を経過したときは、することができない。

エ　再調査の請求は、原則として、処分があったことを知った日の翌日から起算して60日を経過したときは、することができない。

オ　再審査請求は、原則として、原裁決があったことを知った日の翌日から起算して1カ月を経過したときは、することができない。

1　ア・イ
2　ア・エ
3　イ・オ
4　ウ・エ
5　ウ・オ

【第2回】 問題

問題 15 行政不服審査法の定める審査請求における口頭意見陳述に関する次のア～オの
記述のうち、妥当でないものの組合せはどれか。

ア 審理員は、審査請求人または参加人の申立てがあったときは、原則として、その
申立人に口頭意見陳述の機会を与えなければならない。

イ 口頭意見陳述は、審理員が期日および場所を指定し、審査請求人、参加人および
処分庁等を招集してさせるものである。

ウ 申立人が正当な理由なく口頭意見陳述に出頭しないときは、審理員は、審理手続を
終結することができる。

エ 口頭意見陳述において、審理員は、申立人のする陳述が事件に関係のない事項に
わたるとしても、その陳述を制限することはできない。

オ 口頭意見陳述において、申立人が処分庁等に対して審査請求に係る事件に関する
質問を発するときは、審理員の許可を得る必要はない。

1 ア・イ
2 ア・エ
3 イ・ウ
4 ウ・オ
5 エ・オ

【第2回】　問題

問題 16　行政不服審査法の定める行政不服審査会への諮問に関する次の記述のうち、妥当でないものはどれか。

1　審査庁が主任の大臣である場合において、審理員意見書の提出を受けたときは、一定の場合を除き、行政不服審査会に諮問しなければならない。

2　審査請求が不適法であり、却下する場合には、行政不服審査会への諮問をする必要はない。

3　行政不服審査会への諮問は、審理員意見書および事件記録の写しを添えてしなければならない。

4　行政不服審査会への諮問をした審査庁は、審査請求人、参加人および処分庁等（審査庁以外の処分庁等に限る。）に対し、当該諮問をした旨を通知するとともに、審理員意見書の写しを送付しなければならない。

5　行政不服審査会は、当該行政不服審査会が定める場合を除き、委員の全員をもって構成する合議体で、審査請求に係る事件について調査審議する。

問題 17　行政事件訴訟法の定める教示に関する次のア～オの記述のうち、妥当なものの組合せはどれか。

ア　行政庁は、取消訴訟を提起することができる処分を書面でする場合には、その処分の相手方に対し、その処分に係る取消訴訟の管轄裁判所を書面で教示しなければならない。

イ　行政庁は、法律に処分についての審査請求に対する裁決に対してのみ取消訴訟を提起することができる旨の定めがある場合に、その処分を書面でするときは、その処分の相手方に対し、法律にその定めがある旨を書面で教示しなければならない。

ウ　行政庁は、処分の相手方以外の以外の者であってその処分について利害関係を有するものと認められる者から、その処分に係る取消訴訟を提起することができるかどうかについて書面による教示を求められたときは、それについて書面で教示しなければならない。

エ　行政庁は、形式的当事者訴訟を提起することができる処分を書面でする場合には、その処分の相手方に対し、その形式的当事者訴訟の被告とすべき者および出訴期間を書面で教示しなければならない。

オ　行政庁は、取消訴訟を提起することができる処分を口頭でする場合には、その処分の相手方に対し、口頭で教示しなければならない。

1　ア・ウ
2　ア・エ
3　イ・エ
4　イ・オ
5　ウ・オ

【第2回】 問題

問題18 行政事件訴訟法の定める取消訴訟の原告適格に関する次の記述のうち、最高裁判所の判例に照らし、妥当なものはどれか。

1 「風俗営業等の規制及び業務の適正化等に関する法律」は、一般的公益の保護に加えて個々人の個別的利益をも保護すべきものとする趣旨を含むものであるから、同法に基づく風俗営業制限地域に居住する者は、風俗営業の許可の取消しを求める原告適格を有する。

2 市長が市の情報公開条例に基づいて国の建築物の建築工事に関する文書を公開する旨の決定をしたときは、国は、その決定の取消しを求める原告適格を有する。

3 建築基準法による総合設計許可に係る建築物の倒壊、炎上等により直接的な被害を受けることが予想される範囲の地域に存する建築物を所有する者であっても、その建築物に居住していないときは、総合設計許可の取消しを求める原告適格を有しない。

4 医療法は、病院の開設許可の要件を定めるにあたって、病院の開設地の付近で医療施設を開設している者の利益を考慮することを予定しているから、それらの者は、開設許可の取消しを求める原告適格を有する。

5 自転車競技法に基づく設置許可がされた場外車券発売施設の設置、運営に伴い著しい業務上の支障が生じるおそれがあると位置的に認められる区域に文教施設または医療施設を開設する者は、同法施行規則所定の位置基準を根拠として設置許可の取消しを求める原告適格を有する。

問題19 行政事件訴訟法が定める執行停止に関する次の記述のうち、正しいものはどれか。

1 執行停止の申立ては、必要があるときは、本案の係属する裁判所以外の裁判所にすることも許される。

2 執行停止は、本案について理由があるとみえるときでなければ、裁判所はその決定をすることができない。

3 執行停止の決定は、原則として口頭弁論を経てする必要があり、やむを得ない事情がある場合に限り、口頭弁論を経ないですることができる。

4 執行停止の申立てがあった場合に、内閣総理大臣は、裁判所に対し異議を述べることができるが、異議があったとしても、裁判所は、公共の福祉に重大な影響を及ぼすと認める場合には執行停止をすることができる。

5 執行停止の決定が確定した後に、事情が変更したときは、裁判所は、相手方の申立てにより、当該決定を取り消すことができる。

14 LEC東京リーガルマインド 2023年版 出る順行政書士 当たる！直前予想模試

【第2回】 問題

問題20 国家賠償法1条に関する次の記述のうち、最高裁判所の判例に照らし、妥当なものはどれか。

1 警察官が非番の日に制服を着用し、拳銃で人を射殺した場合、その行為は国家賠償法1条にいう「職務」には含まれず、国および公共団体は損害賠償責任を負わない。

2 厚生大臣（当時）が医薬品の副作用による被害の発生を防止するための権限を行使しなかったことは、当該医薬品の副作用による被害が発生したときは、国家賠償法上、当然に違法の評価を受けるものとなる。

3 都道府県に都道府県警察が置かれ、警察の管理および運営などは都道府県の処理すべき事務と定められているが、都道府県警察の警察官の任免およびその者に対する指揮監督の権限は、国家公安委員会によって任免され、法制上国家公務員の身分を有する警視総監または道府県警察本部長によって行使されるものであるため、都道府県警察の警察官が交通犯罪の捜査を行うにつき他人に加えた損害については、原則として国が国家賠償責任を負う。

4 裁判官がした争訟の裁判に、上訴等の訴訟法上の救済方法によって是正されるべき瑕疵が存在したときは、その裁判は、国家賠償法上、当然に違法の評価を受けるものとなる。

5 犯罪の被害者が公訴の提起によって受ける利益は、公訴の提起によって反射的にもたらされる事実上の利益にすぎず、法律上保護された利益ではないから、被害者は、検察官の不起訴処分の違法を理由として、国家賠償法の規定に基づく損害賠償請求をすることはできない。

【第2回】 問題

問題21 国家賠償法に関する次のア〜オの記述のうち、妥当でないものの組合せはどれか。

ア 国または公共団体の損害賠償の責任に関する過失相殺については、民法の規定による。

イ 国家賠償法1条の規定によって国または公共団体が損害を賠償する責任を負う場合において、公務員の選任もしくは監督にあたる者と、公務員の俸給、給与その他の費用を負担する者とが異なるときは、被害者は、費用を負担する者に対してのみ損害賠償を請求することができる。

ウ 国家賠償法に基づいて損害を賠償した者は、内部関係でその損害を賠償する責任ある者に対して求償権を有する。

エ 公務員の不法行為による国または公共団体の損害賠償責任を加重する規定が民法以外の法律にあるときは、その規定が国家賠償法および民法に優先して適用される。

オ 日本国内において公務員の不法行為により損害を被った外国人は、その外国人の本国において日本国民が同様の損害賠償を請求することができない場合であっても、国家賠償法に基づく損害賠償を請求することができる。

1 ア・イ
2 ア・ウ
3 イ・オ
4 ウ・エ
5 エ・オ

問題22 普通地方公共団体における事務監査請求および住民監査請求に関する次の記述のうち、妥当なものはどれか。

1 事務監査請求は、外国人でもすることができるのに対し、住民監査請求は、日本国民でなければすることができない。

2 事務監査請求は、1人でもすることができるのに対し、住民監査請求は、選挙権を有する者の一定割合以上の連署を要する。

3 事務監査請求の対象となるのは、当該普通地方公共団体の事務のうち、住民監査請求の対象となる財務会計上の行為を除外したものである。

4 事務監査請求には、期間の制限はないのに対し、財務会計上の行為についての住民監査請求は、正当な理由がある場合を除き、当該行為のあった日または終わった日から一定の期間を経過したときは、これをすることができない。

5 事務監査請求に対しては、監査委員は監査の結果を公表する必要があるのに対し、住民監査請求に対しては、監査委員は監査の結果を公表する必要はない。

【第2回】 問題

問題23　地方自治法の定める普通地方公共団体の議会に関する次の記述のうち、妥当なものはどれか。

1　普通地方公共団体は、条例によって議会の議決すべき事件を追加することはできない。
2　議会は、普通地方公共団体の事務に関する調査を行うことができるが、当該調査を行うために選挙人その他の関係人の出頭を請求することはできない。
3　議会は、条例で定めるところにより、定例会および臨時会とせず、通年の会期とすることができる。
4　議会の議員は、普通地方公共団体の予算について、議会に議案を提出することができる。
5　普通地方公共団体の長は、議会の審議に必要な説明のため議長から出席を求められた場合でも、出席すべき日時に議場に出席できないことについて正当な理由があるときは、その旨を議長に届け出ることなく、議場に出席しないことができる。

問題24　普通地方公共団体の執行機関として置かれる委員会および委員に関する次の記述のうち、正しいものはどれか。

1　収用委員会は、市町村に置かなければならない。
2　農業委員会は、都道府県にも市町村にも置かなければならない。
3　固定資産評価審査委員会は、都道府県に置かなければならない。
4　監査委員は、都道府県にも市町村にも置かなければならない。
5　公安委員会は、市町村に置かなければならない。

問題25　法規命令に関する次の記述のうち、誤っているものはどれか。

1　内閣は、憲法および法律の規定を実施するために、政令を制定する。
2　内閣総理大臣は、内閣府に係る主任の行政事務について、法律もしくは政令を施行するため、または法律もしくは政令の特別の委任に基づいて、内閣府の命令として内閣府令を発することができる。
3　各省大臣および各省の外局として置かれる各庁の長官は、省令を発することができる。
4　人事院は、その所掌事務について、法律を実施するため、または法律の委任に基づいて、人事院規則を制定する。
5　会計検査院法に定めるもののほか、会計検査に関し必要な規則は、会計検査院がこれを定める。

【第2回】 問題

問題26　行政行為の瑕疵に関する最高裁判所の判例（ア～オ）と、そこで問題となっている論点（A～E）との組合せとして、妥当なものはどれか。

ア　解職請求手続に基づく村長の解職賛否投票が無効とされても、それが有効であることを前提としてそれまでの間になされた後任村長の行政処分は、当然に無効となるものではない。

イ　更正処分において付記理由に不備があった場合には、後日これに対する審査請求の裁決において処分の具体的根拠が明らかにされたとしても、不備がなかったことにはならない。

ウ　建築安全条例に基づく安全認定に続く建築確認の取消しの訴えにおいて、安全認定が違法であることを理由として主張することができる。

エ　旧自作農創設特別措置法施行令43条等に基づいて定められた買収計画を、同施行令45条等に基づく買収計画と読みかえることで、瑕疵ある行政行為を適法とする。

オ　情報公開条例の定める非公開事由に該当することを理由として付記してされた公文書の非公開決定の取消訴訟において、実施機関が、決定が適法であることの根拠として当該条例の定める他の非公開事由に該当すると主張することは許される。

A　行政行為がなされた時点では要件を欠いていたが、その後、要件をみたした場合に、当初の瑕疵がなかったものとして、これを有効なものと扱うことができるか。

B　権限のない者が外観上公務員として行政行為を行った場合に、これを有効なものと扱うことができるか。

C　ある行政行為を、当初に付された理由とは別個の理由によるものとすることで、有効であると主張することができるか。

D　先行する行政行為の瑕疵を、それを前提とする後続の行政行為の違法事由として主張することができるか。

E　ある行政行為が、本来の行政行為としては要件を欠いているが、別個の行政行為とみれば要件をみたす場合に、これを有効なものと扱うことができるか。

1　ア－B　　イ－D
2　ア－E　　ウ－C
3　イ－A　　エ－B
4　ウ－D　　オ－A
5　エ－E　　オ－C

【第2回】 問題

問題 27　未成年者に関する次のア～オの記述のうち、民法の規定および判例に照らし、妥当なものの組合せはどれか。

ア　未成年者は、法定代理人の同意を得た場合に限り、婚姻をすることができる。

イ　未成年者は、みずからの有する債権について弁済を受けるときは、法定代理人の同意を得なければならない。

ウ　未成年者は、みずからの行った法律行為を、法定代理人の同意を得ていなかったことを理由に取り消した場合に、その行為によって受領した金銭を遊興費として費消していたときは、その全額を返還しなければならない。

エ　未成年者が法定代理人の同意を得たと信じさせるために詐術を用いて法律行為を行ったときは、その行為を取り消すことができない。

オ　未成年者が不法行為を行った場合に、責任を弁識するに足りる知能を備えていたときは、監督義務者の義務違反と未成年者の不法行為によって生じた結果との間に相当因果関係を認めることができたとしても、監督義務者については不法行為は成立しない。

1　ア・ウ
2　ア・エ
3　イ・エ
4　イ・オ
5　ウ・オ

問題 28　錯誤に関する次のア～オの記述のうち、民法の規定に照らし、妥当でないものの組合せはどれか。

ア　表意者の錯誤が法律行為の目的および取引上の社会通念に照らして重要なものであるときは、相手方も、錯誤による意思表示の取消しをすることができる。

イ　表意者が法律行為の基礎とした事情についてのその認識が真実に反する錯誤があった場合には、その事情が法律行為の基礎とされていることが表示されていたときに限り、表意者は、錯誤による意思表示の取消しをすることができる。

ウ　錯誤が表意者の重大な過失によるものであった場合でも、相手方が表意者と同一の錯誤に陥っていたときは、表意者は、錯誤による意思表示の取消しをすることができる。

エ　錯誤が表意者の重大な過失によるものであった場合には、相手方が表意者に錯誤があることを重大な過失によって知らなかったときでも、表意者は、錯誤による意思表示の取消しをすることはできない。

オ　錯誤による意思表示の取消しは、その取消し前に利害関係を有するに至った善意でかつ過失がない第三者に対抗することができない。

1　ア・ウ
2　ア・エ
3　イ・エ
4　イ・オ
5　ウ・オ

LEC東京リーガルマインド　2023年版 出る順行政書士 当たる！直前予想模試　19

【第2回】 問題

問題29 相隣関係に関する次のア～オの記述のうち、民法の規定に照らし、妥当なものの
組合せはどれか。

ア 土地の所有者は、他の土地に設備を設置しなければ電気の供給を受けることが
できないときは、その供給を受けるために必要な範囲内で、他の土地に設備を設置
することができる。

イ 土地の所有者は、境界における障壁の築造のために必要な範囲内で隣地を使用する
ときは、居住者の承諾がなくても住居に立ち入ることができる。

ウ 土地の所有者は、隣地の竹木の枝が境界線を越えることから、竹木の所有者に枝を
切除するよう催告したにもかかわらず、竹木の所有者が相当の期間内に切除しない
ときは、みずから枝を切り取ることができる。

エ 土地の所有者は、必要があるときは、直接に雨水を隣地に注ぐ構造の工作物を
設けることができる。

オ 土地の所有者は、公道に至るためにその土地を囲んでいる他の土地を通行する
ときは、その通行する他の土地の損害に対して償金を支払うことを要しない。

1 ア・イ
2 ア・ウ
3 イ・オ
4 ウ・エ
5 エ・オ

【第2回】　問題

問題 30　譲渡担保に関する次のア～オの記述のうち、判例に照らし、妥当なものの組合せは
　　　　どれか。

　　ア　譲渡担保権設定者は、被担保債権の弁済期を経過した後においては、譲渡担保の
　　　目的物についての受戻権を放棄し、譲渡担保権者に対し、譲渡担保の目的物の評価額
　　　から被担保債権の額を控除した金額の清算金の支払いを請求することができる。
　　イ　構成部分の変動する集合動産を目的とする集合物譲渡担保権の設定者がその構成
　　　部分である動産の占有を取得したときは譲渡担保権者が占有改定の方法によって
　　　占有権を取得する旨の合意があり、譲渡担保権設定者がその構成部分として現に
　　　存在する動産の占有を取得した場合には、譲渡担保権者は譲渡担保権につき対抗
　　　要件を具備するに至り、その対抗要件具備の効力は、新たにその構成部分となった
　　　動産を包含する集合物に及ぶ。
　　ウ　構成部分の変動する集合動産の譲渡担保権者は、譲渡担保権設定者が目的動産を
　　　販売して通常の営業を継続している場合でも、その目的とされた動産が滅失した
　　　ときは、その損害をてん補するために譲渡担保権設定者に支払われる損害保険金に
　　　係る請求権に対して当然に物上代位権を行使することができる。
　　エ　不動産に譲渡担保が設定され、債務者が弁済期までにその譲渡担保の被担保債権を
　　　弁済しなかったためにその譲渡担保が実行されたときは、設定者の譲渡担保権者に
　　　対する清算金支払請求権と譲渡担保権者の設定者に対する目的不動産の引渡請求権
　　　または明渡請求権とは、原則として同時履行の関係に立つ。
　　オ　不動産を目的とする譲渡担保権の実行として譲渡担保権者が目的不動産を第三者に
　　　譲渡したときは、譲渡担保権設定者は、その第三者からの明渡請求に対し、譲渡
　　　担保権者に対する清算金支払請求権を被担保債権とする留置権を主張することは
　　　できない。

　　　1　ア・エ
　　　2　ア・オ
　　　3　イ・ウ
　　　4　イ・エ
　　　5　ウ・オ

【第2回】 問題

問題31 債権の消滅に関する次のア～オの記述のうち、民法の規定に照らし、妥当なものの組合せはどれか。

ア 債権が時効によって消滅した場合には、その消滅以前に相殺に適するようになっていたときでも、その債権者は、相殺をすることはできない。

イ 当事者が従前の債務に代えて、新たな債務であって従前の債権者が第三者と交替するものを発生させる契約をしたときは、従前の債務は、消滅する。

ウ 債務者がその負担した給付に代えて他の給付をした場合には、債権者との合意がなくても、その債権は、消滅する。

エ 債権および債務が同一人に帰属した場合でも、その債権が第三者の権利の目的であるときは、その債権は、消滅しない。

オ 債権者が債務者に対して債務を免除する意思を表示した場合でも、債務者の同意があるまでは、その債権は、消滅しない。

1 ア・ウ
2 ア・エ
3 イ・エ
4 イ・オ
5 ウ・オ

問題 32 契約の成立に関する次の記述のうち、民法の規定に照らし、誤っているものはどれか。

1 申込者は、遅延した承諾を新たな申込みとみなすことができる。

2 申込者が、承諾の期間を定めてした申込みに対してその期間内に承諾の通知を受けなかったときは、その申込みは、その効力を失う。

3 承諾の期間を定めないでした対話者に対する申込みは、その対話が継続している間は、いつでも撤回することができる。

4 承諾の期間を定めないでした隔地者に対する申込みは、申込者が撤回をする権利を留保したときでも、承諾の通知を受けるのに相当な期間を経過するまでは撤回することができない。

5 承諾者が、申込みに条件を付してこれを承諾したときは、その申込みの拒絶とともに新たな申込みをしたものとみなされる。

22　　LEC東京リーガルマインド　2023年版 出る順行政書士 当たる！直前予想模試

問題 33 消費貸借および使用貸借に関する次のア〜オの記述のうち、民法の規定に照らし、妥当でないものの組合せはどれか。

ア　消費貸借は、借主の死亡によっては、その効力を失わないのに対し、使用貸借は、借主の死亡によって、その効力を失う。

イ　消費貸借の貸主および借主が返還の時期を定めた場合には、借主は、その時期の前に返還をすることはできない。

ウ　使用貸借の貸主および借主が使用貸借の期間を定めないで使用および収益の目的だけを定めたときは、使用貸借は、借主がその目的に従い使用および収益を終えることによって終了する。

エ　書面でする消費貸借の借主は、貸主から目的物を受け取るまで、契約の解除をすることができる。

オ　書面による使用貸借の貸主は、借主が借用物を受け取るまで、契約の解除をすることができる。

　　1　ア・ウ
　　2　ア・エ
　　3　イ・エ
　　4　イ・オ
　　5　ウ・オ

問題 34 不法原因給付に関する次のア〜オの記述のうち、民法の規定および判例に照らし、妥当なものの組合せはどれか。

ア　不法原因給付の相手方が給付を受けたものを任意に返還することは禁止されていないが、先に給付を受けた不法原因契約を合意のうえで解除して給付を返還する特約をすることは禁止されている。

イ　登記されていない建物を不法な原因のために贈与した者は、その建物の引渡しをした後は、その建物の返還を請求することはできない。

ウ　給付をした者に不法な原因があった場合には、それが相手方の不法に比べれば問題にならない程度のものであったときでも、その給付したものの返還を請求することは認められない。

エ　登記済みの建物の贈与について不法原因給付があったというためには、その建物について占有の移転または所有権移転登記手続のいずれかが行われていれば足りる。

オ　不法な原因のために給付をした者は、その給付したものについて、不当利得に基づく返還請求をすることも、所有権に基づく返還請求をすることも許されない。

　　1　ア・ウ
　　2　ア・オ
　　3　イ・エ
　　4　イ・オ
　　5　ウ・エ

【第2回】 問題

問題35　遺言に関する次のア～オの記述のうち、民法の規定に照らし、妥当なものの組合せはどれか。

　　ア　遺言者は、自筆証書による遺言をする場合に、自筆証書にこれと一体のものとして相続財産目録を添付するときは、その目録については自書することを要しないが、その場合には、目録の毎葉に署名して印を押さなければならない。

　　イ　公正証書による遺言書の保管者は、相続の開始を知った後、遅滞なく、その遺言書を家庭裁判所に提出して検認を請求しなければならない。

　　ウ　遺言者は、遺言で、一人または数人の遺言執行者を指定することができるが、遺言執行者は、遺言者が遺言に別段の意思を表示した場合を除き、第三者にその任務を行わせることはできない。

　　エ　遺言者が、前の遺言をした後に、それを撤回する後の遺言をした場合には、後の遺言が錯誤により取り消されたときでも、前の遺言の効力は回復しない。

　　オ　遺言に停止条件を付した場合に、その条件が遺言者の死亡後に成就したときは、遺言は、条件が成就した時からその効力を生ずる。

　　1　ア・ウ
　　2　ア・オ
　　3　イ・エ
　　4　イ・オ
　　5　ウ・エ

24　　　LEC東京リーガルマインド　2023年版 出る順行政書士 当たる！直前予想模試

【第2回】 問題

問題 36　個人商人（小商人に当たる者を除く。）の商号に関する次のア〜オの記述のうち、商法の規定に照らし、妥当でないものの組合せはどれか。

ア　商人は、数個の独立した営業を行う場合でも、その各営業につき異なる商号を使用することができない。

イ　商人がその氏、氏名その他名称を商号として選定した場合には、当該商号を登記しなければならない。

ウ　自己の商号を使用して営業を行うことを他人に許諾した商人は、当該商人が当該営業を行うものと誤認して当該他人と取引をした者に対し、当該他人と連帯して、当該取引によって生じた債務を弁済する責任を負う。

エ　商人の商号は、営業とともにする場合または営業を廃止する場合に限り、譲渡することができる。

オ　商人は、不正の目的をもって自己の商号を使用して営業上の利益を侵害する者に対し、その侵害の停止を請求することができる。

1　ア・イ
2　ア・オ
3　イ・ウ
4　ウ・エ
5　エ・オ

問題 37　株式会社の定款に関する次の記述のうち、会社法の規定に照らし、正しいものはどれか。

1　株式会社の公告方法は、定款に記載し、または記録しなければならない。

2　株式会社の負担する定款の認証の手数料は、定款に記載し、または記録しなければ、その効力を生じない。

3　株式会社の支店の所在地は、定款に記載し、または記録しなければならない。

4　株式会社の成立前において、発起人は、発起人が定めた時間内に、いつでも、発起人が定めた費用を支払うことにより、書面をもって作成された定款の謄本の交付を請求することができる。

5　定款に記載し、または記録した現物出資に関する事項を調査するために裁判所により選任された検査役の報酬は、当該定款に記載し、または記録しなければ、その効力を生じない。

LEC東京リーガルマインド　2023年版 出る順行政書士 当たる！直前予想模試　25

【第2回】 問題

問題38 種類株式に関する次のア～オの記述のうち、会社法の規定に照らし、誤っているものの組合せはどれか。

ア　株式会社は、剰余金の配当を受ける権利および残余財産の分配を受ける権利の全部を株主に与えない種類の株式を発行することができる。

イ　公開会社は、議決権制限株式の数が発行済株式の総数の2分の1を超えるに至ったときは、直ちに、議決権制限株式の数を発行済株式の総数の2分の1以下にするための必要な措置をとらなければならない。

ウ　種類株式発行会社は、取得請求権付株式を発行する場合に、取得の対価を当該株式会社の他の種類の株式とすることができる。

エ　株式会社が全部取得条項付種類株式を株主総会の決議に基づいて取得した場合には、当該決議において別段の定めをしたときを除き、当該株式会社は取得した当該全部取得条項付種類株式のすべてを相当の期間内に消却しなければならない。

オ　指名委員会等設置会社は、ある種類の株式の種類株主を構成員とする種類株主総会において取締役を選任することを内容とする種類の株式を発行することができない。

1　ア・ウ
2　ア・エ
3　イ・エ
4　イ・オ
5　ウ・オ

26　LEC東京リーガルマインド　2023年版 出る順行政書士 当たる！直前予想模試

【第2回】 問題

問題39 指名委員会等設置会社に関する次のア〜オの記述のうち、会社法の規定に照らし、正しいものの組合せはどれか。

ア　取締役は、指名委員会等の委員である者を除いて、当該指名委員会等設置会社の支配人その他の使用人を兼ねることができる。

イ　取締役の選任は、指名委員会等の委員である取締役とそれ以外の取締役とを区別してしなければならない。

ウ　執行役は、株主総会の決議によって選任しなければならない。

エ　取締役会の招集権者の定めがある場合であっても、指名委員会等がその委員の中から選定する者は、取締役会を招集することができる。

オ　取締役会は、その決議によって、株主総会の日時および場所等の株主総会の招集に関する事項の決定を執行役に委任することができない。

1　ア・イ
2　ア・オ
3　イ・ウ
4　ウ・エ
5　エ・オ

問題40 社債に関する次のア〜オの記述のうち、会社法の規定に照らし、誤っているものの組合せはどれか。

ア　合名会社は、社債を発行することができる。

イ　社債権者集会の招集の手続が法令に違反する場合には、社債権者は、当該社債権者集会の決議の日から3カ月以内に限り、訴えをもって当該社債権者集会の決議の取消しを請求することができる。

ウ　会社は、社債を発行する場合において、各社債の金額が1億円以上であるときには、社債管理者の設置を要しない。

エ　社債管理補助者は、社債権者のために公平かつ誠実に、および、社債権者に対し善良な管理者の注意をもって、社債の管理の補助を行わなければならない。

オ　社債発行会社は、社債原簿に関する事務を行うことを委託するために、社債原簿管理人を定めなければならない。

1　ア・ウ
2　ア・エ
3　イ・エ
4　イ・オ
5　ウ・オ

【第2回】 問題

［問題41～問題43は択一式（多肢選択式）］

問題41　次の文章は、ある最高裁判所判決の一節である。空欄 ア ～ エ に当てはまる
　　　　語句を、枠内の選択肢（1～20）から選びなさい。

　　　　「憲法93条2項は、我が国に在留する外国人に対して地方公共団体における選挙の
　　　権利を保障したものとはいえないが、憲法第8章の地方自治に関する規定は、民主
　　　主義社会における地方自治の重要性に鑑み、住民の日常生活に ア な関連を有する
　　　公共的事務は、その地方の住民の意思に基づきその区域の地方公共団体が処理すると
　　　いう政治形態を憲法上の制度として保障しようとする趣旨に出たものと解されるから、
　　　我が国に在留する外国人のうちでも永住者等であってその居住する区域の地方公共団体と
　　　特段に緊密な関係を持つに至ったと認められるものについて、その意思を日常生活
　　　に ア な関連を有する地方公共団体の公共的事務の処理に反映させるべく、 イ を
　　　もって、地方公共団体の長、その議会の議員等に対する選挙権を付与する措置を講ずる
　　　ことは、憲法上 ウ されているものではないと解するのが相当である。しかしながら、
　　　右のような措置を講ずるか否かは、専ら国の エ にかかわる事柄であって、この
　　　ような措置を講じないからといって違憲の問題を生ずるものではない。」

　　　　　　　　　　　　　　　　　　　（最三小判平成7年2月28日民集49巻2号639頁以下）

1	法律	2	制限	3	省令	4	政令
5	必要	6	禁止	7	合理的	8	立法政策
9	行政行為	10	疎遠	11	立法不作為	12	許容
13	選挙対策	14	許可	15	制約	16	経済政策
17	規則	18	社会政策	19	密接	20	条例

【第2回】 問題

問題42　次の文章は、ある最高裁判所判決の一節である。空欄　ア　～　エ　に当てはまる
　　　語句を、枠内の選択肢（1～20）から選びなさい。

　　「都道府県による3号*措置に基づき社会福祉法人の設置運営する児童養護施設に
入所した児童に対する当該施設の職員等による養育監護行為は、都道府県の　ア　に
当たる公務員の　イ　行為と解するのが相当である。……国家賠償法1条1項は、国又は
公共団体の　ア　に当たる公務員が、その　イ　を行うについて、故意又は過失によって
違法に他人に損害を与えた場合には、国又は公共団体がその被害者に対して賠償の責めに
任ずることとし、公務員個人は民事上の損害賠償責任を負わないこととしたものと
解される……。この趣旨からすれば、　ウ　の　エ　が第三者に損害を加えた場合で
あっても、当該　エ　の行為が国又は公共団体の　ア　に当たるとして国又は公共団体が
被害者に対して同項に基づく損害賠償責任を負う場合には、　エ　個人が民法709条に
基づく損害賠償責任を負わないのみならず、使用者も同法715条に基づく損害賠償責任を
負わないと解するのが相当である。
　　これを本件についてみるに、3号措置に基づき入所した児童に対するA学園の職員等に
よる養育監護行為が被告県の　ア　に当たり、本件職員の養育監護上の過失によって
原告が被った損害につき被告県が国家賠償法1条1項に基づく損害賠償責任を負う
ことは前記判示のとおりであるから、本件職員の使用者である被告（社会福祉法人）は、
原告に対し、民法715条に基づく損害賠償責任を負わないというべきである。」

（最一小判平成19年1月25日民集61巻1号1頁以下）

（注）　＊　児童福祉法第27条第1項第3号のこと。

1	地方公共団体	2	利用者	3	行政処分	4	指定管理団体
5	公権力の行使	6	権限	7	労働者	8	執行行為
9	独立行政法人	10	職務	11	行政行為	12	会社員
13	求償権の行使	14	被用者	15	業務	16	担当事務
17	国又は公共団体以外の者	18	雇用者	19	専従事務	20	行政機関

【第2回】 問題

問題43　次の文章は、ある最高裁判所判決の一節である。空欄 ア 〜 エ に当てはまる
　　　　語句を、枠内の選択肢（1〜20）から選びなさい。

　　「青色申告の承認は、課税手続上及び実体上種々の特典（租税優遇措置）を伴う
特別の青色申告書により申告することのできる法的地位ないし資格を納税者に付与する
設権的処分の性質を有することが明らかである。そのうえ、所得税法は、税務署長が
青色申告の承認申請を却下するについては申請者につき一定の事実がある場合に
限られるものとし……、かつ、みなし承認の規定を設け……、同法所定の要件を具備
する納税者が青色申告の承認申請書を提出するならば、遅滞なく青色申告の承認を
受けられる仕組みを設けている。このような制度のもとにおいては、たとえ納税者が
青色申告の承認を受けていた被相続人の営む事業にその生前から従事し、右事業を継承
した場合であつても、青色申告の承認申請書を提出せず、税務署長の承認を受けて
いないときは、納税者が青色申告書を提出したからといつて、その申告に青色申告と
しての効力を認める余地はないものといわなければならない。……

　　租税法規に適合する課税処分について、法の一般原理である ア の法理の適用に
より、右課税処分を違法なものとして取り消すことができる場合があるとしても、
法律による行政の原理なかんずく イ 主義の原則が貫かれるべき イ 関係に
おいては、右法理の適用については慎重でなければならず、租税法規の適用における
納税者間の ウ という要請を犠牲にしてもなお当該課税処分に係る課税を免れしめて
納税者の信頼を保護しなければ正義に反するといえるような特別の事情が存する場合に、
初めて右法理の適用の是非を考えるべきものである。そして、右特別の事情が存するか
どうかの判断に当たつては、少なくとも、税務官庁が納税者に対し信頼の対象と
なる エ を表示したことにより、納税者がその表示を信頼しその信頼に基づいて
行動したところ、のちに右表示に反する課税処分が行われ、そのために納税者が経済的
不利益を受けることになつたものであるかどうか、また、納税者が税務官庁の右表示を
信頼しその信頼に基づいて行動したことについて納税者の責めに帰すべき事由がないか
どうかという点の考慮は不可欠のものであるといわなければならない。」

（最三小判昭和62年10月30日集民152号93頁以下）

1	比例原則	2	通知承諾	3	抑制、均衡	4	公的見解
5	自由選択主義	6	信義則	7	過失責任	8	予算法律
9	私的意見	10	財政立憲	11	比較衡量	12	罪刑法定
13	平等、公平	14	専門知識	15	適正手続	16	租税法律
17	自由	18	意思	19	権限濫用禁止	20	財政民主

【第2回】 問題

[問題44〜問題46は記述式] 解答は、必ず答案用紙裏面の解答欄（マス目）に記述すること。なお、字数には、句読点も含む。

問題44　次の【設問】を読み、【答え】の中の〔　　　　　　〕に適切な文章を40字程度で記述して、設問に対する答えを完成させなさい。

【設問】
　AがB市の許可を得ないで市道に露店を設けて、周囲に杭を打つなどして使用していることから、B市の市長は、道路法71条の規定に基づき、Aに対して市道を原状に回復することを命じました。その命令に係る義務は、行政代執行法に基づく代執行の対象となるでしょうか。

【答え】
　行政代執行法に基づく代執行は、法律（法律の委任に基づく命令、規則および条例を含む。以下同じ。）により直接に命ぜられ、または法律に基づき行政庁により命ぜられた行為（他人が代わってなすことのできる行為に限る。）について義務者がこれを履行しない場合、他の手段によってその履行を確保することが困難であり、かつその不履行を放置することが著しく公益に反すると認められるときに、当該行政庁が、みずから〔　　　　　　〕という制度です。道路法という法律に基づきB市の市長により命ぜられたAの原状回復義務は、行政代執行法に基づく代執行の対象となります。

（下書用）

									10					15

【第2回】 問題

問題45 民法の規定によれば、占有者は、自己の責めに帰すべき事由により占有物を滅失
または損傷したときは、その回復者に対して損害を賠償する義務を負う。もっとも、
一定の場合には、損害賠償の範囲が制限される。では、<u>どのような場合</u>に、<u>どのような
範囲</u>で賠償する義務を負うこととなるか。「占有者は、」に続けて、40字程度で記述
しなさい。

なお、当該滅失または損傷について回復者に過失があった場合における過失相殺に
ついては、考慮しないものとする。

（下書用）

占有者は、　　　　　　　　　　　　　　10　　　　　　　　15

【第2回】 問題

問題46 Aは、自己のBに対する貸金債権の取立てをCに委任する旨の委任契約（以下、
「本件契約」という。）を、Cとの間で締結した。本件契約では、CがBから取り立てる
金銭の一部は、AのCに対する債務の弁済に充てられることになっていた。しかし、
AはCに対して本件契約を解除する旨の意思表示をした。民法の規定によれば、本件
契約の解除は認められるが、Aは、一定の場合を除き、Cに対して一定の責任を
負う。では、Aは、どのような場合を除き、どのような責任を負うか。「Aは、」に
続けて、40字程度で記述しなさい。

（下書用）

【第2回】 問題

一 般 知 識 等 [問題47〜問題60は択一式（5肢択一式）]

問題47 選挙制度に関する次の記述のうち、妥当なものはどれか。

1 大選挙区制では、小選挙区制に比べて選挙費用が少額になる。
2 小選挙区制では、大選挙区制に比べて社会の多様な意見を広く反映することができる。
3 比例代表制では、小選挙区制や大選挙区制に比べて死票を少なくすることができる。
4 日本の衆議院議員選挙については、小選挙区比例代表並立制が採用されており、比例代表選挙では、政党名のほかに、候補者名を記載して投票することもできる。
5 日本の参議院議員選挙については、選挙区比例代表並立制が採用されており、選挙区と比例代表の重複立候補も認められている。

問題48 行政国家に関する次の記述のうち、妥当なものはどれか。

1 行政国家は、議会が政治の中心的役割を担い、実質的に政策決定を行っている国家である。
2 行政国家では、国家の任務が国民の生命と財産の保護に限定され、自由競争が最大限尊重される。
3 行政国家では、議会政治が本来目指していた法律による行政の原理が実現しやすくなる。
4 行政国家では、健康で文化的な最低限度の生活水準の保障という責務から、行政組織内の管理が分散して、地方分権が進むことになる。
5 行政国家では、法案の作成において行政の役割が拡大するとともに、委任立法および行政の自由裁量の範囲が広がることになる。

【第2回】 問題

問題 49　日本の安全保障や外交政策に関する次のア～オの記述のうち、妥当でないものの組合せはどれか。

ア　連合国軍最高司令官総司令部（GHQ）の指令によってつくられた保安隊が、警察予備隊となり、その後、自衛隊となった。

イ　アメリカ軍駐留経費の一部は日本側が負担するようになっており、この負担分の経費は一般に「思いやり予算」と呼ばれる。

ウ　日米地位協定は、日本の領域への武力攻撃に対する日本とアメリカとの共同防衛について定めている。

エ　日本は、PKO協力法に基づく初めての国際平和協力業務として、第2次国連アンゴラ監視団に選挙監視要員3名を派遣した。

オ　アメリカでの同時多発テロ事件の発生を受けて、日本では、テロ対策特別措置法が成立した。

　　1　ア・ウ
　　2　ア・エ
　　3　イ・エ
　　4　イ・オ
　　5　ウ・オ

問題 50　国債に関する次のア～オの記述のうち、妥当でないものの組合せはどれか。

ア　建設国債は、各年度における特例法に基づいて、国の資産を形成するものとして公共事業費、出資金および貸付金の財源に充てるために発行される国債である。

イ　赤字国債は、建設国債を発行してもなお歳入が不足すると見込まれる場合に、政府が歳出に充てる資金を調達することを目的として発行される国債である。

ウ　復興債は、東日本大震災からの復興のために実施する施策に必要な財源を確保するために、2011年度から発行されている国債である。

エ　財投機関債は、特別会計に関する法律に基づいて、財政融資資金において運用の財源に充てるために発行される国債である。

オ　借換国債は、特別会計に関する法律に基づいて、各年度の国債の整理または償還のための借換えに必要な資金を確保するために発行される国債である。

　　1　ア・ウ
　　2　ア・エ
　　3　イ・エ
　　4　イ・オ
　　5　ウ・オ

【第2回】 問題

問題51　労働問題に関する次のア～オの記述のうち、妥当なものの組合せはどれか。

ア　事業主に対し、前日の終業時刻と翌日の始業時刻との間に一定時間の休息を確保する制度を導入する努力義務が課された。

イ　事業主に対し、定年を70歳まで引き上げる法的義務が課された。

ウ　女性労働者についての時間外、休日労働および深夜業の規制が強化された。

エ　職場におけるセクシュアルハラスメントについて事業主に相談したことを理由とする不利益な取扱いが禁止された。

オ　女性の活躍推進に向けた数値目標を盛り込んだ行動計画の策定・公表が、常時雇用する労働者の数にかかわりなく、すべての民間企業の努力義務とされた。

1　ア・ウ
2　ア・エ
3　イ・エ
4　イ・オ
5　ウ・オ

問題52　異常気象に関する次のア～エの記述のうち、妥当なものの組合せはどれか。

ア　社会経済に大きな影響を与える異常気象が発生した場合に、大学・研究機関等の専門家の協力を得て、異常気象に関する最新の科学的知見に基づく分析検討を行い、その発生要因等に関する見解を迅速に発表することを目的として、内閣府に「異常気象分析検討会」が設置されている。

イ　異常気象とは、一般に気象や気候がその平均的状態から大きくずれて、平常的には現れない現象または状態のことであり、具体的には30年間に1回程度しか発生しないものをいうことが多い。

ウ　ラニーニャ現象とは、太平洋赤道域の中部から東部にかけての海域で、海面水温が平年よりも高い状態が1年程度続く現象をいう。

エ　気象庁は、大雨、地震、津波、高潮などにより重大な災害の起こるおそれがある時に、警報を発表して警戒を呼びかけるが、これに加え、警報の発表基準をはるかに超える大雨や大津波等が予想され、重大な災害の起こるおそれが著しく高まっている場合、「特別警報」を発表し最大級の警戒を呼びかける。

1　ア・ウ
2　ア・エ
3　イ・ウ
4　イ・エ
5　ウ・エ

【第2回】 問題

問題53 日本と他国との間で解決すべき領有権の問題（領土問題）に関する次の記述のうち、妥当なものはどれか。

1 衆議院および参議院には、国会法にもとづいて、領土問題に関する常任委員会が設置されている。

2 竹島については、大韓民国による占拠が継続しているが、日本政府は解決すべき領土問題はそもそも存在しないという立場をとっている。

3 千島列島および北方四島については、ロシア連邦による占拠が継続していることから、日本政府は千島列島および北方四島の領土問題を解決して平和条約を締結するための交渉を働きかけてきた。

4 尖閣諸島については、中華人民共和国が領有権を主張していることから、日本政府は解決すべき領土問題が存在するという立場をとったうえで、国際司法裁判所への付託を提案している。

5 北方領土問題についての国民世論の啓発に関しては、内閣府設置法によって、特命担当大臣を設置することが義務付けられている。

問題54 廃棄物処理法* に関する次のア〜オの記述のうち、妥当なものの組合せはどれか。

ア 産業廃棄物の収集を業として行うためには、都道府県知事の許可を受ける必要がある。

イ 再生利用の目的となる産業廃棄物の運搬を業として行うためには、都道府県知事の許可を受ける必要がある。

ウ 国が産業廃棄物の処分をその業務として行うためには、都道府県知事の許可を受ける必要がある。

エ 産業廃棄物の収集もしくは運搬または処分の事業の一部を廃止するためには、都道府県知事の許可を受ける必要がある。

オ 自己の名義をもって他人に産業廃棄物の収集もしくは運搬または処分を業として行わせることは禁止されている。

（注） ＊ 廃棄物の処理及び清掃に関する法律

1 ア・ウ
2 ア・オ
3 イ・ウ
4 イ・エ
5 エ・オ

LEC東京リーガルマインド 2023年版 出る順行政書士 当たる！直前予想模試 37

【第2回】 問題

問題55 近年の個人情報保護制度についての法改正に関する次の記述のうち、妥当でないものはどれか。

1 保有個人データの開示方法について、電磁的記録の提供を含め、本人が指示できるようにした。
2 認定個人情報保護団体の制度について、対象事業者のすべての分野（部門）を認定の対象とする従来の制度に加えて、企業の特定分野（部門）を対象として団体を認定できるようにした。
3 個人情報保護委員会からの命令への違反等の罰金について、法人に対しては行為者に対するよりも罰金刑の最高額を引き上げた。
4 欧州データ保護規則（GDPR）への対応を目指し、学術研究に係る適用除外規定について、一律の適用除外とした。
5 「個人情報の保護に関する法律」、「行政機関の保有する個人情報の保護に関する法律」、「独立行政法人等の保有する個人情報の保護に関する法律」という3本の法律を、1本の法律に統合した。

問題56 デジタル庁に関する次のア～オの記述のうち、妥当でないものの組合せはどれか。

ア デジタル庁は、デジタル社会の形成についての基本理念にのっとり、デジタル社会の形成に関する内閣の事務を内閣官房と共に助けることおよびデジタル社会の形成に関する行政事務の迅速かつ重点的な遂行を図ることを任務とする。
イ デジタル庁は、内閣に置かれており、デジタル庁の長は、デジタル大臣とされている。
ウ デジタル大臣は、デジタル庁設置法に規定する事務の遂行のため特に必要があると認めるときは、関係行政機関の長に対し、勧告することができる。
エ デジタル庁の各部局および機関の事務を監督する「デジタル監」の任免は、内閣が行う。
オ デジタル庁に、すべての国務大臣をもって組織する高度情報通信ネットワーク社会推進戦略本部を置く。

1 ア・ウ
2 ア・オ
3 イ・エ
4 イ・オ
5 ウ・エ

38 **LEC**東京リーガルマインド 2023年版 出る順行政書士 当たる！直前予想模試

【第2回】 問題

問題57　情報・通信用語に関する次の記述のうち、妥当なものはどれか。

1　侵入検知システム（ＩＤＳ）

外部から送信されるパケットをチェックして、不正アクセスと判断されるパケットが発見された場合には、自動的に遮断する機能をもつシステム。

2　共通脆弱性評価システム（ＣＶＳＳ）

情報システムの脆弱性を、基本評価基準、現状評価基準、環境評価基準という3つの基準によって評価して、脆弱性対応の優先度や、リスクアセスメント（リスク特定、リスク分析、リスク評価のプロセス）の指標を、数字のスコアとして直接示すものである。

3　情報提供等記録開示システム（マイナポータル）

政府が運営するオンラインサービスであり、情報提供ネットワークシステムを通じた情報提供等の記録や、行政機関等からのお知らせなどを、自宅のパソコン等から確認することができる。

4　全地球測位システム（ＧＰＳ）

アメリカ合衆国が打ち上げた人工衛星を利用して、自分が地球上にいる位置を正確に測定できるシステム。当初は、もっぱら民間の飛行機の安全な航行のために開発されたシステムであったが、その後、軍事用のシステムとしても利用されるようになった。

5　全国瞬時警報システム（Ｊアラート）

地方公共団体等が発出した避難指示等の災害関連情報をはじめとする公共情報を放送局等の多様なメディアに対して一斉に送信することで、災害関連情報の迅速かつ効率的な住民への伝達を可能とする共通基盤。

LEC東京リーガルマインド　2023年版 出る順行政書士 当たる！直前予想模試　39

【第2回】 問題

問題58 次のア～オの文は、一連の文章をバラバラにしたものである。正しい順序に並べた
ものは、1～5のうちどれか。

ア 自己複製とは、自分と同じものを作ることである。これは昔は生殖とか増殖と同一視
された。「殖」というのはふえることである。しかし、かならずしもふえなくとも
よい。とにかく自分と同じものを複製するかしないかが問題なのである。

イ とにかく、それはどちらでもよい。というのは、いずれにせよ、その起源はよく
わかっていないからである。

ウ 生命の起源ということがよくいわれるが、私はそのことばを好まない。「生命」と
いう抽象的なものが、いかにも実在のもののように扱われているからである。生命
とは生物のもつ属性であって、「生命」というものがあるわけではない。生物でなく
「生命」の起源を論じることの好きな人が特に科学者の中に多いのは、やはり人間が
何らかの意味で宗教心を捨てきれないからであろう。なぜなら、「生命」というのは
「魂」というのと同じくらい宙にういた概念であるからである。

エ 同じものを複製するには、それなりの指令というか情報が必要である。今では、よく
知られているとおり、この情報が遺伝情報であり、その担い手はDNA（デオキシリボ
核酸）という物質である。

オ そもそも、生物とはなにかという定義がはっきりしない。昔は、生物とは同化
作用をするものだといわれた。しかし今日、生物が無生物とちがう点は、同化作用
（つまりエネルギー転換）ばかりでなく、自己複製にあると考えられるようになった。

（出典 日高敏隆「動物という文化」から）

1 ア－イ－ウ－オ－エ
2 ア－ウ－イ－エ－オ
3 ウ－ア－イ－オ－エ
4 ウ－イ－オ－ア－エ
5 ウ－オ－ア－イ－エ

【第2回】 問題

問題59 本文中の空欄に入るものとして、最も適当なものはどれか。

　「昨日は暑かった」と語っている時は昨日ではなく今日です。そして、多分そんなに暑くはない時でしょう。こうした区切り方こそ、時間了解の発生源だと私は言いたい。この区切り方の発生する現場、つまり「暑かった」という過去形が発生する現場をとらえてみましょう。「暑い！　暑い！」とうめいている人は、いつ「暑かった！」と語るようになるのか。

　これはいかにも馬鹿げた問いのように見えるかもしれません。「簡単だよ、もう暑くない時さ」という軽蔑した顔が目に浮かぶ。しかし、「暑い」から「もう暑くない」への「移行」こそ、多くの哲学者を悩ました難問中の難問であり、つまり時間論の要をなすのです。

　烈火のような夏の日差しも、午後4時、5時、6時と時間が経つにつれて「和らいでくる」。そして、夜風に吹かれベランダでビールを飲みながら「ああ今日は暑かったなあ！」と語るわけですが、気温は連続的に下降しますから、いつ「暑い」が「暑かった」へと移行するのか、そのターニング・ポイントを見つけるのはそう簡単ではありません。気温が28度から27度9分へ落ちた時でしょうか。それとも、27度から26度9分へ落ちた時でしょうか。と問うてみますと、「暑い」から「暑かった」への移行はこうした温度計の数値に求めるようなものではないことがわかります。では、何か。

　じつは——なかなかわかってもらえないかもしれませんが——「ああ今日は暑かった」とふと語るその時移行がなされるのです。昼間の暑い体験を過去形の文章でとらえることによって、それが「もはやない」ことを言い表している。つまり、　　　　　　　。

　　　　（出典　中島義道「『時間』を哲学する——過去はどこへ行ったのか」から）

1　過去の体験である暑さを現在の体験である涼しさと重ねてとらえているのです
2　「暑い」から「暑かった」への移行は涼しいという現在を認識することによって生ずるものなのです
3　涼しいという現在体験に加えて不在としての暑さの体験をそこに現出させているのです
4　「暑い」から「暑かった」への移行は、あくまでも主観によるものであって、客観的な基準があるわけではないのです
5　現在体験は過去体験の延長線上にあり、「暑い」という過去体験がなければ「涼しい」という現在体験も存在しないことになります

【第2回】 問題

問題60　次の文中の空欄　A　・　B　に入る語の組合せとして、最も適当なものは
どれか。

　さて誰かに或る色をした何ものかを指して、これはどんな色ですかと聞けば、緑色だ
とか白だといった答が返ってくるのが普通だ。しかし聞かれた人が色彩に詳しい人
だったりすると、抹茶色ですとか、銀鼠色ですといった厳密な用語が出てくるかも
知れない。

　このように色彩語の使い方の一つは、色そのものが問題である場合に、その色を
指定する用法である。しかし色彩名の使い方は、これがすべてではない。それどころか
一般の日常生活ではむしろ、色彩語を、何か或るものを他の同類のものから区別する
目的で、いわば手がかりとして使うことが意外に多いのである。

　たとえば、書店に入って、大体が黒や青、そして白っぽい背表紙の本が並んでいる
棚の前で、店員に「ちょっとそこの赤い本を取って下さい」と言えば、色として赤味
がかっている茶だったり、むしろオレンジ色と言った方が正確かも知れない本を、
黙って渡してくれるものである。

　このような場合、周りにある同類の本の中から、特定の本だけを選ぶという目的で、
その手がかりとして色名を言うのであって、色そのものの厳密な指定が目的ではない。
この同類の対象を、色彩を手がかりに区別するための色彩語の用法を、私は「　A　」
と名づけている。これに対し、色そのものを問題とする時の使い方を、色彩語の
「　B　」とする。

（出典　鈴木孝夫「日本語と外国語」から）

	A	B
1	協調的用法	独善的用法
2	弁別的用法	専門的用法
3	論理的用法	情緒的用法
4	宗教的用法	道徳的用法
5	否定的用法	肯定的用法

2023年版出る順行政書士 当たる！直前予想模試

第3回　問題

【使用方法】
1　この表紙（色紙）を残したまま問題冊子を取り外してください。
2　答案用紙（マークシート）は第1回問題冊子の前にとじてあります。切り取ってご使用ください。

「問題冊子」の取り外し方

①この色紙を残し、「問題冊子」だけをつかんでください。
②「問題冊子」をしっかりとつかんだまま手前に引っ張って、取り外してください。

「問題冊子」

※色紙と「問題冊子」は、のりで接着されていますので、丁寧に取り外してください。なお、取り外しの際の破損等による返品・交換には応じられませんのでご注意ください。

LEC東京リーガルマインド

第3回
問　題
試験開始まで開いてはいけません。

（注意事項）

1　問題は 60 問あり、時間は 3 時間です。

2　解答は、別紙の答案用紙に記入してください。

3　答案用紙への記入およびマークは、次のようにしてください。

ア　択一式（5 肢択一式）問題は、1 から 5 までの答えのうち正しいと思われるものを一つ選び、マークしてください。二つ以上の解答をしたもの、判読が困難なものは誤りとなります。

イ　択一式（多肢選択式）問題は、枠内（1〜20）の選択肢から空欄 ア 〜 エ に当てはまる語句を選び、マークしてください。二つ以上の解答をしたもの、判読が困難なものは誤りとなります。

ウ　記述式問題は、答案用紙裏面の解答欄（マス目）に記述してください。

【第３回】 問題

法 令 等 ［問題１〜問題 40 は択一式（５肢択一式）］

問題１　法令の基本形式に関する次の記述のうち、明らかに誤っているものはどれか。

1　「章」は、法令を区分する際に用いられるものであり、複雑な法令の場合には「章」を
さらに細分化して「節」を設け、「節」をさらに細分化するときは「款」を設ける。

2　「項」は、ひとつの条を内容に応じてさらにいくつかに分ける必要があるときに、
それぞれの内容ごとに文章を区切って区分された段落をいう。

3　「号」は、文章のなかでいくつかの事項を挙げる必要がある場合に漢数字をつけて
それらの事項を列挙するものであり、「号」を細分化するときは「(1)、(2)、(3)」とし、
これをさらに細分化するときには「イ、ロ、ハ」とするのが通例である。

4　「見出し」は、条文の内容を簡潔に要約し、その条文の冒頭に丸括弧を用いて
表示されるものであり、近年の法令では、原則として「見出し」がつけられている。

5　「別表」は、表の内容が膨大である場合や多数の条に関係する場合に、個々の
条から切り離して設けられるものである。

問題２　最高裁判所に関する次のア〜オの記述のうち、妥当でないものの組合せはどれか。

ア　最高裁判所は、裁判権のほかに、規則制定権、下級裁判所裁判官の指名権、下級
裁判所および裁判所職員に対する監督などの司法行政の監督権を有する。

イ　最高裁判所は、憲法その他の法令の解釈適用に関して、過去の大法廷の判例を変
更するときは大法廷で、過去の小法廷の判例を変更するときは小法廷で、裁判をする
必要がある。

ウ　最高裁判所の裁判書に表示される各裁判官の意見には、法廷意見とは異なる意見や、
法廷意見を補足する意見も含まれる。

エ　最高裁判所の裁判における判断は、その事件について差戻しを受けた下級裁判所を
拘束する。

オ　訴訟に関する手続、弁護士、裁判所の内部規律および司法事務処理に関する事項は、
すべて最高裁判所規則で定めるべきであり、法律をもって定めることはできない。

1　ア・ウ
2　ア・エ
3　イ・エ
4　イ・オ
5　ウ・オ

【第3回】 問題

問題3　私人間における人権保障に関する次の記述のうち、最高裁判所の判例に照らし、妥当でないものはどれか。

1　憲法の自由権的基本権の保障規定は、もっぱら国または公共団体と個人との関係を規律するものであり、私人相互の関係を直接規律することを予定するものではない。

2　私人間の関係において、相互の社会的力関係の相違から、一方が他方に優越し、事実上後者が前者の意思に服従せざるをえない場合には、私的自治に対する一般的制限規定である民法1条、90条や不法行為に関する諸規定等の適切な運用によって適切な調整を図る方途も存する。

3　男子の定年年齢よりも女子の定年年齢を5歳低く定める就業規則は、それがもっぱら女子であることのみを理由として差別するものであるときは、性別のみによる不合理な差別を定めたものとして民法90条の規定により無効である。

4　学生の勉学専念を特に重視する私立大学が、学生の政治的活動はできるだけ制限するのが教育上適当であるとの見地から、学生の政治活動につき広範な規律を及ぼすことは、社会通念上、学生の自由に対する不合理な制限である。

5　国が行政の主体としてでなく私人と対等の立場に立って、私人との間で個々的に締結する私法上の契約は、特段の事情のない限り、憲法9条の直接適用を受けず、私人間の利害関係の公平な調整を目的とする私法の適用を受けるにすぎない。

問題4　次のア〜オの記述は、日本国憲法の条文を基礎としているが、本来の条文にある重要な要素が欠けているなど、変更されているものが含まれている。これらのうち、本来の条文に照らして正しいものはいくつあるか。

ア　公務員の選挙については、成年者による普通選挙を保障する。

イ　選挙人は、その選択に関し公的にも私的にも責任を問はれない。

ウ　何人も、損害の救済、公務員の罷免、法律、命令又は規則の制定、廃止又は改正その他の事項に関し、相当の敬礼を守り請願する権利を有し、何人も、かかる請願をしたためにいかなる差別待遇も受けない。

エ　何人も、裁判所において、裁判を受ける権利を奪はれない。

オ　何人も、抑留又は拘禁された後、無罪の裁判を受けたときは、法律の定めるところにより、国にその賠償を求めることができる。

1　一つ
2　二つ
3　三つ
4　四つ
5　五つ

【第3回】 問題

問題5　職業選択の自由に関する次のア～オの記述のうち、最高裁判所の判例に照らし、妥当なものの組合せはどれか。

ア　小売市場の許可規制は、過当競争によって招来されるであろう小売商の共倒れから小売商を保護するために採られた措置であるが、立法目的との関係において、合理性と必要性のいずれをも肯定することができないから、憲法22条1項に違反する。

イ　薬事法に基づく薬局開設の許可制及び許可条件としての適正配置規制は、主として国民の生命及び健康に対する危険の防止という消極的、警察的目的のための規制措置であるが、許可制に比べて職業の自由に対するより緩やかな制限である職業活動の内容及び態様に対する規制によっても、その目的を十分に達成することができると解されるから、許可制の採用自体が公共の利益のための必要かつ合理的措置であるとはいえず、憲法22条1項に違反する。

ウ　酒類販売の免許制につき、租税の適正かつ確実な賦課徴収を図るという国家の財政目的のための職業の許可制による規制については、その必要性と合理性についての立法府の判断が、政策的、技術的な裁量の範囲を逸脱するもので、著しく不合理なものでない限り、憲法22条1項に違反しない。

エ　公衆浴場法による公衆浴場の適正配置規制は、日常生活において欠くことのできない公共的施設である公衆浴場の経営の健全と安定を確保し、もって国民の保健福祉を維持しようとする消極的目的に出たものであるが、近年、いわゆる自家風呂の普及により、公衆浴場の新設がほとんどなくなったことにかんがみると、当該規制は必要かつ合理的な規制の範囲を超えるに至ったものと認められるので、憲法22条1項に違反する。

オ　司法書士及び公共嘱託登記司法書士協会以外の者が他人の嘱託を受けて登記に関する手続について代理する業務等を行うことを禁止し、これに違反した者を処罰する司法書士法の規定は、公共の福祉に合致した合理的なものであって、憲法22条1項に違反しない。

　　1　ア・エ
　　2　ア・オ
　　3　イ・ウ
　　4　イ・エ
　　5　ウ・オ

【第3回】 問題

問題6　国会の活動に関する次のア〜オの記述のうち、憲法の規定に照らし、妥当なものの組合せはどれか。

ア　国会の常会は、毎年2回これを召集しなければならない。

イ　いずれかの議院の総議員の4分の1以上の要求があれば、内閣は、国会の臨時会の召集を決定しなければならない。

ウ　衆議院が解散されたときに、参議院の緊急集会において採られた措置は、臨時のものであって、次の国会で衆議院の同意がない場合には、さかのぼってその効力を失う。

エ　両議院は、各々その総議員の3分の1以上の出席がなければ、議事を開き議決することができない。

オ　両議院の会議は、公開とするが、出席議員の過半数で議決したときは、秘密会を開くことができる。

1　ア・ウ
2　ア・エ
3　イ・エ
4　イ・オ
5　ウ・オ

問題7　条約に関する次の記述のうち、妥当なものはどれか。

1　条約の締結に必要な国会の承認については、先に衆議院に提出することが義務づけられている。

2　すべての条約は、それを日本国内に適用するための法律が施行されるまでは、国内法的効力を有しない。

3　日本国が締結した条約および確立された国際法規は、これを誠実に遵守することを必要とするが、ここにいう「日本国が締結した条約」とは、日本国と外国との間の文書による合意のことであり、日本国が外国の国有の土地を賃借する契約も含まれる。

4　条約の国内法的効力は、憲法に劣後するものではないから、条約については裁判所の司法審査の対象となる余地はないとするのが判例である。

5　天皇は、内閣の助言と承認により、条約を公布する。もっとも、この公布は、条約が成立するための要件ではない。

問題8　公物の利用に関する次のア～オの記述のうち、最高裁判所の判例に照らし、妥当なものの組合せはどれか。

ア　国有財産の管理権は各省各庁の長に属せしめられており、公共福祉用財産をいかなる態様および程度において国民に利用させるかは管理権者の自由裁量に属するものであるから、管理権の行使を誤ったからといって違法とされることはない。

イ　公水使用権は、公共用物たる公水の上に存する権利であることにかんがみ、河川の全水量を独占排他的に利用しうる絶対不可侵の権利ではなく、使用目的を充たすに必要な限度の流水を使用しうるにすぎない。

ウ　地方公共団体の開設している村道に対する村民各自の使用権は、公法関係に由来するものであり、当該使用権を妨害されたからといって民法上不法行為の問題を生ずるわけではない。

エ　道路法所定の公物たる道路として供用が開始された敷地について、その後、第三者が所有権を取得して対抗要件を具備するに至った場合には、当該敷地の所有権に加えられた道路法所定の制限は消滅する。

オ　郵便局の庁舎等における広告物等の掲示の許可は、許可を受けた者に対して当該場所を使用するなんらかの公法上または私法上の権利を付与するものではない。

1　ア・イ
2　ア・ウ
3　イ・オ
4　ウ・エ
5　エ・オ

【第3回】 問題

問題9 行政上の法律関係に関する次の記述のうち、最高裁判所の判例に照らし、正しいものはどれか。

1 公営住宅の使用関係については、事業主体と入居者との間の法律関係が、基本的には私人間の家屋賃貸借関係と異なるところはないとしても、民法および借地借家法は適用されない。

2 普通地方公共団体の長が当該普通地方公共団体を代表して行う契約の締結行為であっても、私人間における双方代理と同様の利害状況となることがあり得るから、双方代理を禁じた民法108条1項の規定が類推適用されるが、その代表権は執行機関に専属する権限であるから、双方代理行為がされた後に議会の追認の議決があっても、民法116条の規定を類推適用して本人による追認の効果が生ずるものではない。

3 建築基準法は、防火地域内の建築物で、外壁が耐火構造のものは、隣地境界線に接して設けることができる旨規定しているが、公法上の規制を定めている建築基準法が、私人間の相隣関係を規律したものと解することはできないことから、これは接境建築を認めていない民法234条1項の特則を定めたものということはできず、所定の建築物の建築について、民法234条1項の規定が適用される。

4 国税滞納処分により滞納者の財産を差し押さえた国の地位は、あたかも民事執行法上の強制執行における差押債権者の地位に類するものであり、租税債権がたまたま公法上のものであることは、国が一般私法上の債権者より不利益な取扱いを受ける理由とはならないから、滞納処分による差押えの関係においても、不動産に関する物権変動の対抗要件について定めた民法177条の適用がある。

5 普通地方公共団体の議会の議員の報酬請求権は、公法上の権利であり、法律上特定の者に専属する性質のものとされているため、単なる経済的価値として移転性が予定されているということはできないから、当該普通地方公共団体の条例に譲渡を認める旨の規定がない限り、これを譲渡することはできない。

【第3回】 問題

問題10　行政刑罰および行政上の秩序罰に関する次の記述のうち、妥当なものはどれか。

1　行政刑罰は、懲役、禁錮、拘留、過料などを科すものであるが、行政上の秩序罰は、罰金、科料を科すものである。

2　行政刑罰は、法律に基づいてのみ科されるものであるが、行政上の秩序罰は、条例に基づいてのみ科されるものである。

3　行政刑罰は、刑法総則の適用を受けないが、行政上の秩序罰は、刑法総則の適用を受ける。

4　行政刑罰と、行政上の秩序罰は、いずれも刑事訴訟法の定める手続に則って科される。

5　同一の違反行為について行政刑罰と行政上の秩序罰を併科することは、禁止されていない。

問題11　行政手続法における命令等を定める手続に関する次の記述のうち、妥当なものはどれか。

1　意見公募手続では、意見公募手続の対象となる命令等について利害関係を有する者に限り、意見を提出することができる。

2　命令等制定機関は、やむを得ない理由があるときは、その理由を明らかにしないで、30日を下回る意見提出期間を定めることができる。

3　命令等制定機関は、意見公募手続を実施して命令等を定める場合には、意見提出期間内に提出された意見のうちの多数意見を反映しなければならない。

4　命令等制定機関は、意見公募手続を実施した場合には、命令等を定めないこととすることはできない。

5　命令等制定機関は、意見公募手続を実施して命令等を定めた場合に、意見提出期間内に意見が提出されなかったときは、提出意見がなかった旨を公示しなければならない。

【第3回】 問題

問題 12　行政手続法に基づいて国の行政庁が定める審査基準および処分基準に関する次の
　　　　ア～オの記述のうち、妥当なものの組合せはどれか。なお、適用除外については考慮
　　　　することを要しない。

　　ア　審査基準が、申請に対する処分審査手続に関する基準であるのに対し、処分基準は、
　　　　申請に対する処分内容に関する基準である。
　　イ　行政庁は、審査基準と処分基準のいずれをも、あらかじめ定めておかなければ
　　　　ならない。
　　ウ　行政庁は、処分基準と審査基準のいずれを定めるに当たっても、できる限り具体的な
　　　　ものとしなければならない。
　　エ　行政庁は、処分基準と審査基準のいずれをも、行政上特別の支障があるときを除き、
　　　　公にしておかなければならない。
　　オ　行政庁は、審査基準と処分基準のいずれを定めるに当たっても、原則として、行政
　　　　手続法に基づく意見公募手続を経なければならない。

　　　　1　ア・イ
　　　　2　ア・エ
　　　　3　イ・オ
　　　　4　ウ・エ
　　　　5　ウ・オ

問題 13　次のア～オのうち、行政手続法における聴聞の主宰者の許可を得る必要があるものは
　　　　いくつあるか。

　　ア　聴聞の当事者が、聴聞が終結する時までの間に、不利益処分の原因となる事実を
　　　　証する資料の閲覧を求める場合。
　　イ　聴聞の当事者が、聴聞の期日に、補佐人とともに出頭する場合。
　　ウ　聴聞の当事者が、聴聞の期日への出頭に代えて、陳述書を提出する場合。
　　エ　聴聞の当事者が、聴聞の期日に、行政庁の職員に対して質問を発する場合。
　　オ　聴聞の当事者が、聴聞の終結後に、聴聞の報告書の閲覧を求める場合。

　　　　1　一つ
　　　　2　二つ
　　　　3　三つ
　　　　4　四つ
　　　　5　五つ

問題 14 次の文章は、ある最高裁判所判決の一節である。空欄 ア ～ エ に当てはまる語句の組合せとして、正しいものはどれか。

　　「行政不服審査法は、国民が ア な手続の下で広く行政庁に対する不服申立てをすることができるための制度を定めることにより、国民の イ の救済を図るとともに、行政の ウ な運営を確保することを目的とする（1条1項）。そして、同法7条2項は、国の機関等に対する処分のうち、国民の イ の救済等を図るという上記目的に鑑みて上記制度の対象とするのになじまないものにつき、同法の規定を適用しないこととしているものと解される。このような同項の趣旨に照らすと、同項にいう「 エ 」とは、国の機関等であるからこそ立ち得る特有の立場、すなわち、一般私人（国及び国の機関等を除く者をいう。……）が立ち得ないような立場をいうものと解するのが相当である。」

（最一小判令和2年3月26日民集74巻3号471頁）

	ア	イ	ウ	エ
1	簡易迅速かつ公正	権利利益	公正	固有の資格
2	簡易迅速かつ適正	権利	適正	固有の立場
3	簡易迅速かつ公正	権利利益	適正	固有の資格
4	簡易迅速かつ適正	権利	公正	固有の立場
5	簡易迅速かつ公正	権利利益	適正	固有の立場

問題 15 行政不服審査法における再審査請求に関する次のア～オの記述のうち、正しいものの組合せはどれか。

ア　再審査請求の対象となるのは、行政庁の処分およびその不作為である。

イ　再審査庁は、再審査請求の審理手続について、審理員を指名する必要はない。

ウ　再審査庁は、再審査請求についての裁決をするにあたって、行政不服審査会等への諮問をする必要はない。

エ　再審査請求において、処分庁の上級行政庁または処分庁である審査庁がする執行停止の規定は準用されない。

オ　再審査請求が理由がない場合には、再審査庁は、裁決で、当該再審査請求を却下する。

1　ア・イ
2　ア・オ
3　イ・ウ
4　ウ・エ
5　エ・オ

【第3回】 問題

問題16 行政不服審査法の定める審査請求に対する裁決に関する次の記述のうち、妥当なものはどれか。

1 裁決の主文が審理員意見書と異なる内容である場合でも、異なることとなった理由を裁決書に記載することは義務づけられていない。

2 処分についての審査請求につき事情裁決を行う場合には、当該裁決の理由中で、当該処分が違法または不当であることを宣言しなければならない。

3 不作為についての審査請求が理由がある場合には、不作為庁の上級行政庁である審査庁は、裁決で、当該不作為が違法または不当である旨を宣言するとともに、当該申請に対して一定の処分をすべきものと認めるときは、当該不作為庁に対し、当該処分をすべき旨を命ずる。

4 事実上の行為のうち、処分庁の上級行政庁以外の審査庁に審査請求をすべきとされているものについて、審査請求が理由がある場合には、審査庁は、事情裁決の場合を除き、裁決で、当該事実上の行為が違法または不当である旨を宣言するとともに、当該処分庁に対し、当該事実上の行為の全部もしくは一部を撤廃し、またはこれを変更すべきことを命ずる。

5 処分（事実上の行為を除く。）についての審査請求が理由がある場合に、審査庁は、処分庁の上級行政庁であるときに限り、裁決で、審査請求人の不利益に当該処分を変更することができる。

10

【第3回】 問題

問題17　行政事件訴訟法の定める取消訴訟の審理に関する次のア～オの記述のうち、妥当なものの組合せはどれか。

ア　処分の取消しの訴えとその処分についての審査請求を棄却した裁決の取消しの訴えとを提起することができる場合には、裁決の取消しの訴えにおいても処分の違法を理由として取消しを求めることができる。

イ　裁判所は、処分についての審査請求に対する裁決を経た後に取消訴訟の提起があったときは、被告である国もしくは公共団体に所属する行政庁または被告である行政庁に対し、当該審査請求に係る事件の記録の提出を求めることができる。

ウ　裁判所は、必要があると認めるときは、職権で証拠調べをすることができるが、その証拠調べの前に、あらかじめ当事者の意見をきかなければならない。

エ　取消訴訟が高等裁判所に係属し、関連請求に係る訴訟が地方裁判所に係属する場合に、相当と認めるときは、当該地方裁判所は、申立てによりまたは職権で、当該関連請求に係る訴訟を当該高等裁判所に移送することができる。

オ　裁判所は、取消訴訟の目的たる請求を当該処分または裁決にかかる事務の帰属する国または公共団体に対する損害賠償その他の請求に変更することが相当であると認めるときは、請求の基礎に変更がない限り、口頭弁論の終結に至るまで、原告の申立てにより、決定をもって、訴えの変更を許すことができる。

1　ア・エ
2　ア・オ
3　イ・ウ
4　イ・オ
5　ウ・エ

【第3回】 問題

問題 18　行政事件訴訟法の定める取消訴訟の判決に関する次のア～オの記述のうち、妥当なものの組合せはどれか。

ア　裁判所は、処分が違法であることを宣言することが公共の福祉に適合しないと認めるときは、事情判決によって請求を棄却することができる。

イ　処分の取消しの訴えにおいて、請求認容判決が確定したときは、その判決は、原告および被告以外の第三者に対しても効力を有する。

ウ　処分の取消しの訴えにおいて、請求認容判決が確定したときは、その処分をした行政庁は、処分を取り消さなければならない。

エ　申請拒否処分の取消しの訴えにおいて、その拒否処分の理由付記に不備があるとして請求認容判決が確定したときでも、その拒否処分をした行政庁は、適法かつ十分な理由を付記すれば、その申請について再び拒否処分をすることができる。

オ　申請認容処分の取消しの訴えにおいて、その認容処分に至った手続に違法があるとして請求認容判決が確定したときは、その認容処分をした行政庁は、適法な手続を経ても、その申請について再び認容処分をすることはできない。

1　ア・ウ
2　ア・エ
3　イ・エ
4　イ・オ
5　ウ・オ

問題 19　民衆訴訟に関する次のア～オの記述のうち、妥当でないものの組合せはどれか。

ア　民衆訴訟とは、国または公共団体の機関の法規に適合しない行為の是正を求める
　　訴訟で、自己の法律上の利益に基づいて提起するものをいう。

イ　地方自治法242条の2第1項各号に定める住民訴訟は、民衆訴訟に当たる。

ウ　公職選挙法204条に定める国会議員の選挙の効力に関する訴訟は、民衆訴訟に
　　当たる。

エ　地方自治法176条に定める地方公共団体の長と議会との間の権限紛争に関する
　　訴訟は、民衆訴訟に当たる。

オ　処分の取消しを求める民衆訴訟を提起した者は、執行停止の申立てをすることが
　　できる。

　　　　1　ア・ウ
　　　　2　ア・エ
　　　　3　イ・エ
　　　　4　イ・オ
　　　　5　ウ・オ

【第3回】 問題

問題20 国家賠償法1条に関する次のア～オの記述のうち、最高裁判所の判例に照らし、妥当でないものの組合せはどれか。

ア 国の公権力の行使に当たる公務員が、その職務を行うについて、故意により違法に他人に損害を与えた場合であっても、国は被害者に対し賠償責任を負うが、当該公務員個人は被害者に対し直接に賠償責任を負わない。

イ 国または公共団体の公権力の行使に当たる複数の公務員が、その職務を行うについて、共同して故意によって違法に他人に加えた損害につき、国または公共団体がこれを賠償した場合においては、当該公務員らは、国または公共団体に対し、連帯して国家賠償法1条2項による求償債務を負う。

ウ 国または公共団体の公務員による一連の職務上の行為の過程において他人に被害を生ぜしめた場合において、具体的にどの公務員のどのような違法行為によるものであるかを特定することができなくても、一連の行為のうちのいずれかに行為者の故意または過失による違法行為があったのでなければ被害が生ずることはなかったであろうと認められるときは、一連の行為を組成する各行為の一部が国または同一の公共団体の公務員の職務上の行為でなくても、当該国または公共団体は、加害行為が特定されていないことを理由に損害賠償責任を免れることはできない。

エ ある事項に関する法律解釈につき異なる見解が対立し、実務上の取扱いも分かれていて、そのいずれについても相当の根拠が認められる場合に、公務員がその一方の見解を正当と解しこれに立脚して公務を遂行したときは、後にその執行が違法と判断されたからといって、直ちに当該公務員に過失があったものとはいえない。

オ 行政処分が違法であることを理由として国家賠償の請求をするについては、まず係争処分が取り消されることを要するため、あらかじめ当該行政処分につき取消しまたは無効確認の判決を得なければならない。

1 ア・イ
2 ア・エ
3 イ・オ
4 ウ・エ
5 ウ・オ

【第3回】 問題

問題21 国家賠償法2条に関する次のア～オの記述のうち、最高裁判所の判例に照らし、妥当でないものの組合せはどれか。

ア 国家賠償法2条1項の営造物の設置または管理の瑕疵とは、営造物が通常有すべき安全性を欠いていることをいい、これに基づく国および公共団体の賠償責任については、その過失の存在を必要としない。

イ 国家賠償法2条にいう公の営造物の管理者は、必ずしも当該営造物について法律上の管理権ないしは所有権、賃借権等の権原を有している者に限られるものではなく、事実上の管理をしているにすぎない国または公共団体も同条にいう管理者に含まれる。

ウ 未改修である河川の管理についての瑕疵の有無は、河川管理における財政的、技術的および社会的諸制約の下でも、過渡的な安全性をもって足りるものではなく、通常予測される災害に対応する安全性を備えていると認められるかどうかを基準として判断すべきである。

エ 国道の周辺住民が、当該国道の供用に伴い自動車から発せられる騒音等によって、睡眠妨害、家族の団らんなどに対する妨害を受けているとして、当該国道の設置・管理者に対し、損害の賠償を求めている場合において、当該国道の供用が周辺住民に対する関係において、違法な権利侵害ないし法益侵害となり、国道の設置・管理者において賠償義務を負うかどうかを判断するに当たっては、侵害行為の態様と侵害の程度、被侵害利益の性質等、周辺住民の被っている被害をそれ自体として考慮すべきであり、侵害行為の持つ公共性ないし公益上の必要性を考慮要素としてはならない。

オ 市が管理する道路に設置された防護柵から幼児が転落した事故において、当該防護柵は、その材質、高さその他その構造に徴し、通行時における転落防止の目的からみてその安全性に欠けるところがなく、当該事故が通常予測することのできない被害者の行動に起因するものであったといえる場合には、当該事故につき、市が営造物の設置管理者としての責任を負うことはない。

1 ア・イ
2 ア・オ
3 イ・ウ
4 ウ・エ
5 エ・オ

【第3回】 問題

問題22　指定都市に設けられる総合区に関する次のア～オの記述のうち、地方自治法の規定に照らし、妥当でないものの組合せはどれか。

ア　総合区には、その事務所の長として総合区長が置かれる。総合区長は、住民による解職請求の対象となる。

イ　総合区長は、市長が議会の同意を得てこれを選任する。この議会の同意は、長による専決処分の対象となる。

ウ　総合区長の任期は、4年とする。市長は、任期中にこれを解職することはできない。

エ　総合区長は、歳入歳出予算のうち総合区長が執行する事務に係る部分に関し必要があると認めるときは、市長に対し意見を述べることができる。

オ　総合区長は、総合区の事務所の職員のうち、指定都市の規則で定める主要な職員を任免するときは、あらかじめ、市長の同意を得なければならない。

1　ア・エ
2　ア・オ
3　イ・ウ
4　イ・オ
5　ウ・エ

問題23　地方自治法の定める広域連携の仕組みに関する次の記述のうち、誤っているものはどれか。

1　機関等の共同設置は、地方公共団体の委員会または委員、行政機関、長の内部組織等を複数の地方公共団体が共同で設置する制度である。

2　事務の代替執行は、地方公共団体が、みずからの名において他の地方公共団体の事務の一部の管理・執行を行う制度である。

3　協議会は、地方公共団体が、共同して管理執行、連絡調整、計画作成を行うための制度である。

4　事務の委託は、地方公共団体の事務の一部の管理・執行を他の地方公共団体に委ねる制度である。

5　連携協約は、地方公共団体が、連携して事務を処理するにあたっての基本的な方針および役割分担を定めるための制度である。

【第3回】 問題

問題 24　地方自治法の定める地方公共団体の財務に関する次のア～オの記述のうち、正しいものの組合せはどれか。

ア　市町村長は、予算の送付を受けた場合において、再議その他の措置を講ずる必要がないと認めるときは、直ちにこれを都道府県知事に報告し、かつ、その要領を住民に公表しなければならない。

イ　歳入歳出予算に予備費が計上される場合には、その予備費は、議会の否決した費途にも充てることができる。

ウ　普通地方公共団体の長は、政令で定める基準に従って予算の執行に関する手続を定め、これに従って予算を執行しなければならない。

エ　普通地方公共団体に対する権利は、金銭の給付を目的とするものであっても、時効に関し地方自治法以外の法律に特別の定めがある場合を除くほか、時効により消滅することはない。

オ　金銭の給付を目的とする普通地方公共団体の権利の時効による消滅については、法律に特別の定めがある場合を除くほか、時効の援用を要せず、またその利益を放棄することができないものとされる。

1　ア・イ
2　ア・エ
3　イ・ウ
4　ウ・オ
5　エ・オ

【第3回】 問題

問題25　通知をめぐる最高裁判所の判決に関する次の記述のうち、妥当でないものはどれか。

1　関税定率法（当時）の規定による輸入禁制品に該当する旨の税関長の通知は、その法律上の性質において観念の通知であるとはいうものの、もともと法律の規定に準拠してされたものであり、かつ、これにより貨物を適法に輸入することができなくなるという法律上の効果を及ぼすものというべきである。

2　都道府県職員としての採用内定の通知がされた場合において、都道府県が正当な理由なくその採用内定を取り消したときは、その採用内定の取消しは、その通知を受けた者の法律上の地位ないし権利関係に影響を及ぼすものというべきである。

3　過大に登録免許税を納付して登記等を受けた者が、登録免許税法に基づいて登記機関から税務署長に還付通知をすべき旨の請求をしたのに対し、登記機関が請求を拒否する旨の通知をしたときは、その通知は、登記等を受けた者に対して簡易迅速に登録免許税の還付を受ける手続を利用することができる地位を否定する法的効果を有する。

4　市が契約の相手方となる事業者を選考するための手法として法令の定めに基づかずに行った事業者の募集に応募した者に対し、市長が、その者を相手方として契約を締結しない旨の通知をしたときは、その通知は、公権力の行使に当たる行為としての性質を有するものではない。

5　都道府県知事が、土壌汚染対策法に基づいて土地の所有者等に対して有害物質使用特定施設の使用が廃止された旨の通知をしたときは、その通知は、所有者等に調査および報告の義務を生じさせ、その法的地位に直接的な影響を及ぼすものというべきである。

【第3回】 問題

問題26 空港（公共の用に供する飛行場）をめぐる最高裁判所の判決に関する次のア〜エの記述のうち、妥当なものの組合せはどれか。

ア 新東京国際空港の安全確保に関する緊急措置法（当時）に基づく立入り等は、使用禁止命令が既に発せられている工作物についてその命令の履行を確保するために必要な限度でのみ認められるものであって必要性が高いこと、職員の身分証明書の携帯および提示が要求されていること、刑事責任追及のための資料収集に直接結び付くものではないこと、強制の程度、態様が直接的物理的なものではないことなどを総合判断しても、裁判官の令状を要するものと解すべきである。

イ 大阪国際空港の離着陸のためにする供用は運輸大臣（当時）の有する空港管理権と航空行政権という二種の権限の、総合的判断に基づいた不可分一体的な行使の結果であるとみるべきであるから、一定の時間帯につき大阪国際空港を航空機の離着陸に使用させることの差止めを求める請求は、不可避的に航空行政権の行使の取消変更ないしその発動を求める請求を包含することとなるものであって、周辺住民が行政訴訟の方法により何らかの請求をすることができるかどうかはともかくとして、通常の民事上の請求としてそのような差止めを求める訴えは、不適法である。

ウ 空港に多数のジェット機を含む航空機が離着陸するに際して発生する騒音等が周辺住民に被害を生ぜしめているとしても、それは空港の施設自体がもつ物理的、外形的欠陥ではなく、また、それが空港利用者に対して危害を生ぜしめているというのでもないから、そのような周辺住民の被害の発生を空港の設置、管理の瑕疵の概念に含めることはできない。

エ 航空機の騒音による障害の被害者は、飛行場周辺の一定の地域的範囲の住民に限定され、その障害の程度は居住地域が離着陸経路に接近するにつれて増大するものであり、他面、飛行場に航空機が発着する場合に常にある程度の騒音が伴うことはやむをえないところであり、また、航空交通による利便が政治、経済、文化等の面において今日の社会に多大の効用をもたらしていることにかんがみれば、飛行場周辺に居住する者は、ある程度の航空機騒音については、不可避のものとしてこれを甘受すべきであるといわざるをえず、その騒音による障害が著しい程度に至ったときに初めて、その防止、軽減を求めるための法的手段に訴えることを許容しうるような利益侵害が生じたものとせざるをえない。

1 ア・イ
2 ア・ウ
3 イ・ウ
4 イ・エ
5 ウ・エ

【第3回】 問題

問題27 詐欺または強迫に関する次のア～オの記述のうち、民法の規定および判例に照らし、妥当でないものの組合せはどれか。

ア Aは、自己の所有する甲建物を、Bに騙されてBに売却して登記も移転した。Bは、甲建物を、詐欺の事実を過失により知らないCに転売して登記も移転した。その後、AがBに騙されたことに気づいてAB間の売買契約を取り消したときは、AはCに対して甲建物の返還を請求することができる。

イ Aは、自己の所有する甲建物を、Bに強迫されてBに売却して登記も移転した。Bは、甲建物を、強迫の事実を過失なく知らないCに転売して登記も移転した。その後、Aが強迫を理由としてAB間の売買契約を取り消したときでも、AはCに対して甲建物の返還を請求することはできない。

ウ Aは、自己の所有する甲建物を、Bに騙されてCに売却して登記も移転した。Cが詐欺の事実を過失により知らなかったときは、Aは、AC間の売買契約を取り消すことはできない。

エ Aは、自己の所有する甲建物を、Bに強迫されてCに売却して登記も移転した。Cが強迫の事実を過失なく知らなかったときでも、Aは、AC間の売買契約を取り消すことができる。

オ Aは、自己の所有する甲建物を、Bに騙されてBに売却して登記も移転した。Aは、Bに騙されたことに気づいてAB間の売買契約を取り消した。その後、Bが、甲建物を、詐欺の事実を知るCに転売して登記も移転したときは、AはCに対して甲建物の返還を請求することはできない。

1 ア・エ
2 ア・オ
3 イ・ウ
4 イ・オ
5 ウ・エ

【第3回】 問題

問題28 表見代理に関する次の記述のうち、民法の規定および判例に照らし、妥当なものはどれか。

1 Aは、Bに代理権を与えていないにもかかわらず、Bに代理権を与えた旨をCに対して表示した。Bがその代理権の範囲内でCとの間でした行為についてAが責任を負うのは、Cが善意かつ無過失であった場合に限られるが、その善意かつ無過失であったことの立証責任は、Cが負う。

2 Aは、Bに代理権を与えていないにもかかわらず、Bに代理権を与えた旨をCに対して表示した。Bがその代理権の範囲内で行為をしたとすればAが表見代理の責任を負うべき場合でも、BがCとの間でその代理権の範囲外の行為をしたときは、Aは、その行為についての責任を負うことはない。

3 Aは、Bに代理権を与えていないにもかかわらず、Bに代理権を与えた旨をCに対して表示した。Bがその代理権の範囲内でCとの間でした行為について、BがCから履行の請求を受けたときは、Bは、表見代理の成立要件を主張立証すれば、無権代理人の責任を免れることができる。

4 Aは、Bに代理権を与えたが、その代理権が消滅した後に、Bがその代理権の範囲内でCとの間で行為をした。Cが代理権の消滅の事実を知らなかったことについて過失があるときは、Aは、その行為についての責任を負わない。

5 Aは、Bに代理権を与えたが、その代理権が消滅した後に、BがCとの間でその代理権の範囲外の行為をした。Bがその代理権の範囲内で行為をしたとすればAが表見代理の責任を負うべき場合には、CがBに代理権があると信じたことについての過失の有無にかかわらず、Aは、その行為についての責任を負う。

問題29 共有に関する次の記述のうち、民法の規定に照らし、妥当なものはどれか。

1 各共有者は、共有物の全部を使用するときでも、他の共有者との間で別段の合意をしていなければ、他の共有者に対し、自己の持分を超える使用の対価を償還する義務を負わない。

2 共有物の変更のうち、その形状または効用の著しい変更を伴うものについては、各共有者の持分の価格に従い、その過半数で決する。

3 共有物である土地についての5年を超えない賃借権の設定は、各共有者が単独ですることができる。

4 共有物の分割について共有者間に協議が調わないとき、または協議をすることができないときは、その分割を裁判所に請求することができる。

5 裁判所は、共有物の現物を分割することができる場合には、その分割によって共有物の価格を著しく減少させるおそれがあるときでも、共有物の競売を命ずることはできない。

21

【第3回】 問題

問題30 用益物権に関する次の記述のうち、民法の規定に照らし、正しいものはどれか。
なお、設定行為における当事者間の定めおよび民法の規定と異なる慣習はないものと
する。

1 地上権および永小作権は、存続期間を永久とすることができない。地役権は、
存続期間を永久とすることができる。

2 地上権および永小作権は、無償で設定することができない。地役権は、無償で設定
することができる。

3 地上権および永小作権は、抵当権の目的とすることができる。地役権は、要役地
から分離してそれのみを抵当権の目的とすることができない。

4 地上権および永小作権は、他人に譲り渡すことができない。地役権は、要役地から
分離して他人に譲り渡すことができない。

5 地上権および永小作権を第三者に対抗するためには、登記が必要である。地役権を
第三者に対抗するためには、土地の引渡しがあれば足りる。

問題31 A、BおよびCの3人が、Dに対して連帯して90万円の金銭債権を有する場合に
関する次の記述のうち、民法の規定に照らし、妥当なものはどれか。なお、A、B
およびCの分与されるべき利益は等しいものとする。

1 Dが死亡してAがDを単独で相続したときは、BおよびCのDに対する債権も消滅
するから、BおよびCはAに対して利益の分配を請求することはできない。

2 AとDとの間で債権について更改をしたときでも、BおよびCはDに対して90万円の
支払いを請求することができる。

3 DがAに対して30万円の債権を有する場合に、Dが相殺を援用しても、Bおよび
Cに対しては相殺の効力を生じない。

4 AがDに対して債務の免除をしたときは、BおよびCのDに対する債権もすべて
消滅する。

5 AおよびBのDに対する債権が時効により消滅しても、CのDに対する債権に
ついては消滅時効が完成していないときは、Cは、Dとの間で別段の意思を表示
した場合を除き、Dに対して90万円の支払を請求することができる。

【第3回】 問題

問題 32　定型約款に関する次のア～オの記述のうち、民法の規定に照らし、妥当なものの
　　　　組合せはどれか。

ア　ある特定の者が不特定多数の者を相手方として行う取引であって、その内容の全部
　または一部が画一的であることがその双方にとって合理的なものを定型取引といい、
　定型取引において契約の内容とすることを目的としてその特定の者により準備された
　条項の総体を定型約款という。

イ　定型取引を行うことの合意をした者は、定型約款を契約の内容とする旨の合意を
　したときは、定型取引の特質に照らして信義則に反して相手方の利益を一方的に
　害すると認められる内容の条項についても、合意をしたものとみなされる。

ウ　定型約款を準備した者は、定型取引合意の後相当の期間内に相手方から請求が
　あった場合には、すでに相手方に対して定型約款を記載した電磁的記録を提供して
　いたときでも、遅滞なく、相当な方法でその定型約款の内容を示さなければならない。

エ　定型約款を準備した者が、定型取引合意の前において、相手方からの定型約款の
　内容の表示の請求を拒んだときは、一時的な通信障害が発生した場合その他正当な
　事由がある場合を除き、定型約款の個別の条項について合意をしたものとはみなされ
　ない。

オ　定型約款を準備した者は、定型約款の変更が相手方の一般の利益に適合するときでも、
　一方的に定型約款の変更をすることにより個別に相手方と合意をすることなく契約の
　内容を変更することはできない。

　　1　ア・ウ
　　2　ア・エ
　　3　イ・エ
　　4　イ・オ
　　5　ウ・オ

LEC東京リーガルマインド　2023年版 出る順行政書士 当たる！直前予想模試　23

【第3回】 問題

問題33 売買に関する次のア～オの記述のうち、民法の規定に照らし、妥当でないものの組合せはどれか。

ア　売主が契約の履行に着手する前に買主が解約手付を放棄して契約の解除をしたことによって売主に損害が生じたときは、売主は、買主に対して損害賠償の請求をすることができる。

イ　売主は、買主に対し、登記、登録その他の売買の目的である権利の移転についての対抗要件を備えさせる義務を負う。

ウ　売買の目的物の引渡しについて期限があるときは、代金の支払についても同一の期限を付したものと推定される。

エ　権利の一部が他人に属する場合に、その権利の一部を売買の目的としたときは、売主は、それを取得して買主に移転する義務を負う。

オ　まだ引き渡されていない売買の目的物が果実を生じたときは、その果実は、原則として買主に帰属する。

　　1　ア・ウ
　　2　ア・オ
　　3　イ・エ
　　4　イ・オ
　　5　ウ・エ

問題34 組合契約に関する次のア～オの記述のうち、民法の規定に照らし、妥当なものの組合せはどれか。

ア　組合員は、金銭をもって出資の目的としなければならない。

イ　組合の業務は、組合員の出資の価額に従い、その過半数をもって決定する。

ウ　組合員は、組合財産についてその持分を処分したときは、その処分をもって組合および組合と取引をした第三者に対抗することができない。

エ　組合員の債権者は、組合財産についてその権利を行使することができる。

オ　組合員は、組合の存続期間の定めの有無にかかわらず、やむを得ない事由があるときは、組合に不利な時期であっても脱退することができる。

　　1　ア・イ
　　2　ア・オ
　　3　イ・エ
　　4　ウ・エ
　　5　ウ・オ

24　　LEC東京リーガルマインド　2023年版 出る順行政書士 当たる！直前予想模試

【第3回】 問題

問題35 遺留分に関する次の記述のうち、民法の規定に照らし、妥当なものはどれか。

1 相続が開始した後における遺留分の放棄は、家庭裁判所の許可を受けたときに限り、その効力を生ずる。

2 相続人は、兄弟姉妹のみが相続人である場合には遺留分を算定するための財産の価額の3分の1を、それ以外の場合には遺留分を算定するための財産の価額の2分の1を、遺留分として受ける。

3 相続人が婚姻もしくは養子縁組のためまたは生計の資本として受けた贈与は、当事者双方が遺留分権利者に損害を加えることを知っていた場合を除き、相続開始前の5年間に受けたものに限り、その価額を、遺留分を算定するための財産の価額に算入する。

4 遺留分権利者は、特定財産承継遺言により財産を承継した相続人に対しても、遺留分侵害額請求権を行使して遺留分侵害額に相当する金銭の支払を請求することができる。

5 遺留分侵害額請求権は、相続の開始があった時から5年間行使しないときは、時効によって消滅する。

問題36 商行為に関する次のア～オの記述のうち、商法の規定に照らし、正しいものの組合せはどれか。

ア 商人が平常取引をする者からその営業の部類に属する契約の申込みを受けたときは、遅滞なく、契約の申込みに対する諾否の通知を発しなければならず、当該商人がその通知を発することを怠ったときは、当該契約の申込みを拒絶したものとみなされる。

イ 商人である隔地者の間において、承諾の期間を定めない契約の申込みを受けた者が相当の期間内に承諾の通知を発しなかったときは、その申込みは効力を失う。

ウ 商人がその営業の部類に属する契約の申込みを受けた場合において、その申込みとともに受け取った物品があるときは、その申込みを拒絶したときであっても、その物品を廃棄することができる。

エ 数人の者がその一人または全員のために商行為となる行為によって債務を負担したときは、別段の意思表示がない限り、各債務者は、債権者に対し平等に分割された債務を負担する。

オ 商人間において金銭の消費貸借をしたときは、利息の約定がなくても、貸主は、法定利息を請求することができる。

1 ア・ウ
2 ア・エ
3 イ・エ
4 イ・オ
5 ウ・オ

【第3回】 問題

問題37　株式会社の設立手続における創立総会に関する次のア～オの記述のうち、会社法の
　　　　規定に照らし、正しいものの組合せはどれか。

　　ア　株式会社の成立により発起人が受ける報酬およびその発起人の氏名または名称が
　　　　定款に記載または記録されていないときは、創立総会の決議により定めることが
　　　　できる。
　　イ　創立総会において設立の廃止を決議する場合には、設立時株主は、その引き受けた
　　　　設立時発行株式が議決権制限株式であっても、議決権を行使することができる。
　　ウ　創立総会において、設立時株主は、その有する議決権について、不統一行使をする
　　　　ことができない。
　　エ　定款に発行可能株式総数の定めがないときは、株式会社の成立の時までに、創立
　　　　総会の決議によって、定款を変更して発行可能株式総数の定めを設けなければならない。
　　オ　設立時募集株式の引受人は、創立総会で議決権を行使した後は、引受けの当時、
　　　　制限行為能力者であったことを理由として設立時発行株式の引受けの取消しを主張
　　　　することができない。

　　　1　ア・ウ
　　　2　ア・オ
　　　3　イ・エ
　　　4　イ・オ
　　　5　ウ・エ

【第3回】 問題

問題38　自己株式に関する次のア〜オの記述のうち、会社法の規定に照らし、誤っている
　　　　ものの組合せはどれか。

ア　株式会社は、その有する自己株式について、株主総会における議決権を有する。
イ　株式会社が株式の分割をすると、その保有する自己株式の数も分割の割合に応じて
　　増加する。
ウ　株式会社が自己株式を消却すると、発行済株式総数が減少するが、発行可能株式
　　総数は減少しない。
エ　株式会社が自己株式を取得したときは、相当の時期にその自己株式を消却しなければ
　　ならない。
オ　取締役会設置会社（監査等委員会設置会社および指名委員会等設置会社を除く。）が
　　子会社から自己株式を有償で取得する場合には、取締役会の決議を要する。

　　1　ア・ウ
　　2　ア・エ
　　3　イ・エ
　　4　イ・オ
　　5　ウ・オ

【第3回】 問題

問題 39 監査役に関する次のア～オの記述のうち、会社法の規定に照らし、妥当でない
ものの組合せはどれか。

ア 公開会社でない株式会社であっても、監査役会設置会社においては、監査役の
監査の範囲を会計に関するものに限定する旨を定款で定めることはできない。

イ 監査役は、いつでも、取締役および会計参与ならびに支配人その他の使用人に
対して事業の報告を求め、または監査役設置会社の業務および財産の状況の調査を
することができる。

ウ 取締役会設置会社における監査役は、取締役が不正の行為をするおそれがあると
認めるときは、遅滞なく、その旨を取締役会に報告しなければならないが、その
ために取締役に対して取締役会の招集を請求することはできない。

エ 取締役会設置会社における監査役は、取締役会に出席し、必要があると認める
ときは意見を述べなければならないが、監査役が2人以上ある場合において特別
取締役による議決の定めがあるときは、監査役の互選によって、特別取締役による
取締役会に出席する監査役を定めることができる。

オ 取締役会設置会社における監査役の報酬等は、定款にその額を定めていないときは、
取締役会の決議によって定める。

1 ア・イ
2 ア・エ
3 イ・オ
4 ウ・エ
5 ウ・オ

【第3回】 問題

問題 40　株式会社の解散および清算に関する次のア～オの記述のうち、会社法の規定に照らし、誤っているものの組合せはどれか。

ア　株式会社は、株主総会の特別決議によって、解散することができる。

イ　株式会社は、定款で定めた解散の事由の発生によって解散した場合であっても、清算が結了する前であれば、株主総会の特別決議によって、会社を継続することができる。

ウ　株式会社は、合併によって解散した場合には、清算をしなければならない。

エ　清算をする株式会社は、清算の目的の範囲内において、清算が結了するまではなお存続するものとみなされる。

オ　清算をする株式会社の取締役は、清算人となることはできない。

1　ア・イ
2　ア・ウ
3　イ・エ
4　ウ・オ
5　エ・オ

【第3回】 問題

[問題41〜問題43は択一式（多肢選択式）]

問題41　次の文章は、ある最高裁判所判決の一節である。空欄 ア 〜 エ に当てはまる
　　　　語句を、枠内の選択肢（1〜20）から選びなさい。

　　「まず親は、子どもに対する自然的関係により、子どもの将来に対して最も深い関心を
もち、かつ、配慮をすべき立場にある者として、子どもの ア に対する一定の支配権、
すなわち子女の ア の自由を有すると認められるが、このような親の ア の自由は、
主として家庭 ア 等学校外における ア や学校選択の自由にあらわれるものと
考えられるし、また私学 ア における自由や……教師の教授の自由も、それぞれ
限られた一定の範囲においてこれを肯定するのが相当であるけれども、それ以外の
領域においては、一般に社会公共的な問題について国民全体の意思を組織的に決定、
実現すべき立場にある国は、国政の一部として広く適切な ア 政策を樹立、実施
すべく、また、しうる者として、憲法上は、あるいは子ども自身の利益の擁護のため、
あるいは子どもの成長に対する社会公共の利益と関心にこたえるため、 イ と認められる
範囲において、 ア 内容についてもこれを決定する権能を有するものと解さざるを
えず、これを否定すべき理由ないし根拠は、どこにもみいだせないのである。もとより、
政党 ウ の下で多数決原理によってされる国政上の意思決定は、さまざまな ウ 的
要因によって左右されるものであるから、本来人間の内面的価値に関する文化的な
営みとして、党派的な ウ 的観念や利害によって支配されるべきでない ア にその
ような ウ 的影響が深く入り込む危険があることを考えるときは、 ア 内容に対する
……国家的介入についてはできるだけ エ 的であることが要請されるし、……子どもが
自由かつ独立の人格として成長することを妨げるような国家的介入、例えば、誤った
知識や一方的な観念を子どもに植えつけるような内容の ア を施すことを強制する
ようなことは、憲法26条、13条の規定上からも許されない……。」

（最大判昭和51年5月21日刑集30巻5号615頁以下）

1	教授	2	国会	3	賛成	4	社会
5	不十分	6	必要最小限	7	政治	8	生存
9	抑制	10	建設	11	積極	12	精神
13	研究活動	14	学問	15	必要かつ相当	16	著しく不合理
17	教育	18	表現	19	抽象	20	必要不可欠

【第3回】 問題

問題42　次の文章は、ある最高裁判所判決の一節である。空欄　ア　～　エ　に当てはまる
　　　語句を、枠内の選択肢（1～20）から選びなさい。

　　「行政事件訴訟法36条によれば、処分の無効確認の訴えは、当該処分に続く処分に
　より損害を受けるおそれのある者その他当該処分の無効確認を求めるにつき法律上の
　利益を有する者で、当該処分の効力の有無を前提とする現在の法律関係に関する訴えに
　よって目的を達することができないものに限り、提起することができると定められて
　いる。処分の無効確認訴訟を提起し得るための要件の一つである、右の当該処分の
　効力の有無を前提とする現在の法律関係に関する訴えによって目的を達することが
　できない場合とは、当該処分に基づいて生ずる法律関係に関し、処分の無効を前提と
　する　ア　又は　イ　によっては、その処分のため被っている不利益を排除することが
　できない場合はもとより、当該処分に起因する紛争を解決するための争訟形態として、
　当該処分の無効を前提とする　ア　又は　イ　との比較において、当該処分の無効
　確認を求める訴えのほうがより　ウ　で適切な争訟形態であるとみるべき場合をも
　意味するものと解するのが相当である……。
　　本件についてこれをみるのに、被上告人らは本件原子炉施設の設置者である動力炉・
　核燃料開発事業団に対し、　エ　等に基づき本件原子炉の建設ないし運転の差止めを
　求める　イ　を提起しているが、右　イ　は、行政事件訴訟法36条にいう当該処分の
　効力の有無を前提とする現在の法律関係に関する訴えに該当するものとみることは
　できず、また、本件無効確認訴訟と比較して、本件設置許可処分に起因する本件紛争を
　解決するための争訟形態としてより　ウ　で適切なものであるともいえないから、
　被上告人らにおいて右　イ　の提起が可能であって現にこれを提起していることは、
　本件無効確認訴訟が同条所定の前記要件を欠くことの根拠とはなり得ない。また、他に
　本件無効確認訴訟が右要件を欠くものと解すべき事情もうかがわれない。これと同旨の
　原審の判断は、正当として是認することができ、原判決に所論の違法はない。」

　　　　　　　　　　　　　　　　（最三小判平成4年9月22日民集46巻6号1090頁以下）

1	住民訴訟	2	審査請求	3	義務付け訴訟	4	人格権
5	合理的	6	取消訴訟	7	社会権	8	原則的
9	民事訴訟	10	職権	11	機関訴訟	12	住民監査請求
13	一体的	14	所有権	15	密接	16	裁量権
17	間接的	18	直截的	19	刑事訴訟	20	当事者訴訟

【第3回】 問題

問題43 次の文章は、最高裁判所判決の一節である。空欄 ア ～ エ に当てはまる
語句を、枠内の選択肢（1～20）から選びなさい。

「地方自治法242条の2の住民訴訟の対象が普通地方公共団体の執行機関又は
職員の ア な財務会計上の行為又は イ に限られることは、同条の規定に照らして
明らかであるが、右の行為が ア となるのは、単にそれ自体が直接法令に違反する場合
だけではなく、その ウ となる行為が法令に違反し許されない場合の財務会計上の
行為もまた、 ア となるのである……。そして、本件条例の下においては、分限免職
処分がなされれば当然に所定額の退職手当が支給されることとなつており、本件分限
免職処分は本件退職手当の支給の直接の ウ をなすものというべきであるから、
前者が ア であれば後者も当然に ア となるものと解するのが相当である。
　……本件条例によれば、懲戒免職処分を受けた職員に対しては退職手当を支給しない
こととされているから、Xを懲戒免職処分に付することなく本件分限免職処分を発令した
ことの適否を判断する必要があるところ、前記のガスライター及びデパートギフト券の
収賄事実が地方公務員法29条1項所定の懲戒事由にも該当することは明らかであるが、
職員に懲戒事由が存する場合に、懲戒処分を行うかどうか、懲戒処分をするときに
いかなる処分を選ぶかは、 エ の裁量にゆだねられていること……にかんがみれば、
上告人の原審における主張事実を考慮にいれたとしても、右の収賄事実のみが判明
していた段階において、Xを懲戒免職処分に付さなかつたことが ア であるとまで
認めることは困難であるといわざるを得ない。……
　さらに、……本件分限免職処分の発令によりXのY市職員としての身分が既に剥奪
されていることに照らせば、別件の収賄事実が判明した段階で本件分限免職処分を
取り消さなかつたことが ア であるということはできない。
　……本件分限免職処分を発令したこと及びこれを取り消さなかつたことが ア とは
いえないから、本件退職手当の支給もこれを ア とすることはできないものといわざるを
得ない。」

（最一小判昭和60年9月12日集民145号357頁以下）

1	措置	2	準備行為	3	主務大臣	4	任命権者
5	公金支出行為	6	適法	7	怠る事実	8	付随行為
9	法律上の行為	10	不存在	11	不当	12	結果
13	違法又は不当	14	監査委員	15	公正	16	違法
17	選挙権を有する者	18	原因	19	有効	20	補助機関

32　LEC東京リーガルマインド　2023年版 出る順行政書士 当たる！直前予想模試

【第3回】 問題

[問題44〜問題46は記述式] 解答は、必ず答案用紙裏面の解答欄（マス目）に記述すること。なお、字数には、句読点も含む。

問題44　A市の市長は、A市の住民基本台帳に記録されている住民Xが生活の本拠でない場所を住所として届け出ているとして、住民基本台帳法の規定に基づいて、職権により、住民票の消除処分を行おうとしている。本件消除処分がなされると、Xは、間近に迫っている市議会議員選挙において選挙権を行使することが困難になってしまう。本件消除処分は、選挙権の行使の制限という法的効果をもたらす行政処分に当たること、および、選挙権は、侵害を受けた後に争うことによっては権利行使の実質を回復することができない性質のものであることを前提とすると、Xは、裁判所に対し、どのような法的手段（行政事件訴訟法に定めるものに限る。）をとるべきか。「Xは、裁判所に対し、」に続けて、40字程度で記述しなさい。

（下書用）

Xは、裁判所に対し、　　　　　　　　　　　　　　10　　　　　　　　　　15

【第3回】 問題

問題45 Aは、自己の所有する不動産を、Bに売却する旨の契約を締結した。たとえば、Aが未成年者であって本件契約の締結について法定代理人の同意を得ていなかったという場合や、AがBの強迫によって本件契約を締結したという場合には、Aは、本件契約について民法の規定に基づく取消権を行使することが考えられる。しかし、これらの場合でも、取り消すことができる行為を長期間放置しておくと相手方や第三者の立場が不安定なものになってしまうことから、民法は、取消権の期間の制限について規定している。では、取消権は、取消権者が<u>いつの時点から何年間</u>行使しないときに消滅するか。民法が規定する2つの場合を、40字程度で記述しなさい。

（下書用）

									10					15

【第3回】 問題

問題46 Xは、Yから、Yの所有する土地上に建物を建築してほしいという依頼を受けて、建物（以下、「本件建物」という。）を完成させた。しかし、Xが本件建物をYに引き渡した後に、Yは、本件建物について、建築基準法の定める耐火構造の制限を満たしていないという契約不適合（以下、単に「不適合」という。）のあることを知った。YがXに対して不適合を理由とする履行の追完の請求をするためには、一定の例外的な場合を除き、不適合を知った旨の通知をしなければならない。では、その例外的な場合として、YがXに対して通知をする必要がないのは、<u>だれが、どの時点において、どのような状態であった場合か</u>。下線部について40字程度で記述しなさい。

（下書用）

【第3回】 問題

一 般 知 識 等 ［問題 47〜問題 60 は択一式（5肢択一式）］

問題47　第二次世界大戦後の日本の政治に関する次の記述のうち、妥当なものはどれか。

1　岸信介内閣は、「所得倍増計画」を閣議決定し、10年間で実質国民所得をほぼ2倍にすることを目指した。

2　佐藤栄作内閣は、沖縄の施政権返還に積極的に取り組んだが、1970年の日米安全保障条約の改定に対する国民的規模の反対運動を受け、返還交渉の合意に至ることなく、その翌年退陣した。

3　田中角栄内閣は、「日本列島改造論」を掲げて組織され、工業の地方分散、新幹線と高速道路による高速交通ネットワークの整備など列島改造政策を打ち出し、公共投資を拡大した。

4　大平正芳内閣において懸案となっていた大型間接税は、宮沢喜一内閣のもとで消費税として実現し、1989年4月から実施された。

5　小泉純一郎内閣は、世界的な新自由主義（新保守主義）の風潮の中で、行財政改革を推進し、いわゆる三公社（電電公社・専売公社・国鉄）の民営化を実現した。

問題48　各国の大統領に関する次の記述のうち、妥当なものはどれか。

1　アメリカ合衆国では、大統領は、国民が大統領選挙人を選び、大統領選挙人が大統領を選ぶ間接選挙によって選出され、議会に対する法案の提出権を有している。大統領の任期は4年で、再選は1回のみ許される。

2　ドイツでは、大統領は、国民による直接選挙によって選出され、連邦議会の解散権を有している。大統領の任期は5年で、再選が禁止されている。

3　フランスでは、大統領は、国民が上院議員を選び、上院議員が大統領を選ぶ間接選挙によって選出され、その権限は法令の公布や外交使節の接受などの形式的なものに限定されている。大統領の任期は5年で、連続再選は1回のみ許される。

4　ロシアでは、大統領は、国民による直接選挙によって選出され、国家会議（下院）の解散権、非常大権をもち、軍最高司令官を兼ねるなど、強大な権限をもっているが、首相任命権や議会の法案に対する拒否権を有していない。大統領の任期は6年で、通算2期までに制限されるが、近年の憲法改正によって過去の任期はリセットされた。

5　大韓民国では、大統領は、国民による直接選挙によって選出され、国政上の重要案件を国民投票に付託する権限や外交・宣戦・講和の権限など、広範かつ強大な権限をもっている。大統領の任期は5年で、再選が禁止されている。

【第3回】 問題

問題49 日本の地方行政に関する次のア～オの記述のうち、妥当なものの組合せはどれか。

ア 2020年に、大阪府大阪市を廃止して特別区を設置することについての住民投票が、大阪市の住民投票条例を根拠として行われた。2015年の投票に続けて2度目の投票であったが、今回も反対が賛成を上回ったことから、特別区の設置には至らなかった。

イ 住民投票条例を根拠として地方公共団体の重要政策に対する住民の意思を問うために行われる住民投票については、地方公共団体の長には投票結果に従う法的義務がある。

ウ 全国で最初に施行された自治基本条例は、2001年4月の北海道ニセコ町の「まちづくり基本条例」である。自治基本条例は、400以上の自治体で施行されているが、都道府県で施行された例はない。

エ 1999年の地方分権一括法による地方自治法の改正により、国の機関が本来自ら行うべき事務を地方公共団体の長その他の執行機関に委任して行わせる「機関委任事務」の制度が廃止された。

オ 2014年の都市再生特別措置法の改正によって制度化された「立地適正化計画」は、急速な人口減少下においても将来にわたり持続可能な都市経営を行っていくために、医療・福祉施設、商業施設や住居等がまとまって立地し、高齢者をはじめとする住民が公共交通によりこれらの生活利便施設等にアクセスできる「コンパクトシティ」の形成に向けた取組みを推進しようとするものである。

1 ア・イ
2 ア・ウ
3 イ・エ
4 ウ・オ
5 エ・オ

【第3回】 問題

問題50 独占や寡占に関する次のア～オの記述のうち、妥当でないものの組合せはどれか。

ア 競争関係にある同種の企業が販売地域や価格などについて競争を回避するために協定を結ぶことを、カルテルという。

イ 競争関係にある同種の企業が合併して新しい1つの企業となることを、コンツェルンという。

ウ 公正取引委員会は、独占禁止法に違反する私的独占または不当な取引制限をした事業者に対し、当該行為を排除するために必要な措置を命ずることができる。

エ わが国では、第二次世界大戦後、持株会社の設立が認められていたが、1997年の独占禁止法の改正により禁止された。

オ 寡占市場において管理価格が設定されると、需給関係によって価格が決まらなくなり、技術の開発や生産の合理化などによって生産費用が低下しても、価格は下がりにくくなる。

1 ア・ウ
2 ア・オ
3 イ・エ
4 イ・オ
5 ウ・エ

【第3回】 問題

問題51　予算に関する次のア～オの記述のうち、妥当なものの組合せはどれか。

ア　暫定予算は、会計年度開始前に予算が成立しなかった場合に、必要な経費の支出の
　　ために作成されるものであり、本予算成立後も効力を有し、本予算と併存する。

イ　特別会計は、一般会計と区別して別個に経理する会計であり、国が特定の事業を
　　行う場合などに限り、政令により設けることができる。

ウ　支出負担行為がありながら、避けがたい事故のために年度内に支出を終わらなかった
　　歳出予算経費は、財務大臣の承認を得て、翌年度に繰り越すことができる。

エ　歳出予算および継続費を「項」に定める目的外で使用することはできないが、
　　各「目」の間で流用することは、財務大臣の承認があれば認められる。

オ　国の予算においては、予見し難い予算の不足に充てるため、国会の議決に基づいて、
　　予備費を設けておかなければならない。

1　ア・エ
2　ア・オ
3　イ・ウ
4　イ・オ
5　ウ・エ

LEC東京リーガルマインド　2023年版 出る順行政書士 当たる！直前予想模試　39

【第3回】 問題

問題 52 消費者保護に関する次のア〜オの記述のうち、妥当なものの組合せはどれか。

ア 「特定デジタルプラットフォームの透明性及び公正性の向上に関する法律」によれば、経済産業大臣の指定する特定デジタルプラットフォーム提供者は、取引条件等の情報の開示および自主的な手続・体制の整備を行い、実施した措置や事業の概要について、毎年度、自己評価を付した報告書を提出しなければならない。

イ 集団的消費者被害回復訴訟制度は、当初から特定適格消費者団体と個々の消費者が共同して原告となり、相当多数の消費者と事業者との間の共通義務の存否から、消費者それぞれの債権の有無や金額までを、一括手続で決定するものである。

ウ クーリング・オフは、契約をした後、消費者に冷静に考え直す時間を与え、一定期間であれば無条件で契約を解除することができる制度であり、特定商取引法によれば、いわゆる通信販売もクーリング・オフの対象となる。

エ 貸金業法および出資法の改正により、刑事罰の対象になる出資法の上限金利が20％から29.2％に引き上げられて、いわゆるグレーゾーン金利が撤廃された。

オ 2022年4月から成年年齢が引き下げられて、18歳・19歳の若者が未成年者取消権を行使できなくなったことから消費者トラブルが増えると懸念されている。これに対応するための取組みの一つとして、2018年の消費者契約法の改正により、就職セミナー商法やデート商法などの若者の経験不足を不当に利用した勧誘行為に対する契約の取消権が追加された。

1 ア・エ
2 ア・オ
3 イ・ウ
4 イ・エ
5 ウ・オ

【第3回】 問題

問題 53　難民に関する次のア～オの記述のうち、妥当でないものの組合せはどれか。

ア　「難民の地位に関する条約」によれば、難民を彼らの生命や自由が脅威にさらされる
　　おそれのある国へ強制的に送還したり、帰還させたりしてはならない。これを、
　　ノン・ルフールマンの原則という。

イ　日本では、2021 年の難民認定申請者のうち、難民と認定されたのは約３％であり、
　　難民とは認定されなかったものの人道的な配慮を理由に在留を認められたのは約 24％で
　　あった。

ウ　日本では、難民の認定の申請をしたものの認定されなかった外国人や難民の認定を
　　取り消された外国人は、法務大臣に対し、審査請求をすることができる。法務大臣は、
　　審査請求の裁決にあたって必要があると認めるときに限り、職権により、難民審査
　　参与員の意見を聴くことができる。

エ　日本では、難民の認定を受けた外国人は、難民旅行証明書の交付を受けたときは、
　　その証明書に記載されている有効期間内であれば、何度でも日本から出国することが
　　できるが、入国については再入国の許可を要する。

オ　日本では、新型コロナウィルスの感染拡大を受けた仮放免の運用により、入管施設の
　　被収容者数が減少したが、2021 年６月末時点でも収容期間６カ月以上の被収容者が
　　総数の５割以上となっている。

　　1　ア・イ
　　2　ア・エ
　　3　イ・オ
　　4　ウ・エ
　　5　ウ・オ

LEC東京リーガルマインド　2023 年版 出る順行政書士 当たる！直前予想模試　41

【第3回】 問題

問題 54　リサイクルに関する次の記述のうち、妥当なものはどれか。

1　いわゆる容器包装リサイクル法[*1]の関係省令により、2020 年 7 月から、小売業者に対し、商品の販売に際して、消費者がその商品の持ち運びに用いるためのプラスチック製買物袋を無償で提供することが義務づけられた。

2　2021 年に制定された、いわゆるプラスチック資源循環促進法[*2]によれば、同じプラスチックという素材であっても、「プラスチック製容器包装」以外のプラスチック使用製品については、製品の設計から廃棄物の処理までのリサイクルを可能とする仕組みの対象とすることはできず、燃えるごみとして収集・処分しなければならない。

3　プラスチック資源循環促進法および同法施行令によれば、主務大臣は、ワンウェイプラスチックを提供する事業者が取り組むべき判断基準を策定し、前年度のワンウェイプラスチックの提供量が 5 トン以上の事業者に対しては、取り組みが著しく不十分な場合に、勧告・公表・命令を行うことがある。

4　2016 年に発表された世界経済フォーラム（WEF）の報告書によれば、世界全体では、毎年約 800 万トンのプラスチックごみが海洋に流出しており、2015 年には海洋中のプラスチックごみの重量が魚の重量を超えた。

5　海洋プラスチック憲章は、2040 年までにすべてのプラスチックを 100％回収する等の数値目標を定めたものであり、日本および欧州連合（EU）が 2018 年に承認したが、アメリカは憲章の承認を見送った。

（注）＊1　容器包装に係る分別収集及び再商品化の促進等に関する法律
　　　＊2　プラスチックに係る資源循環の促進等に関する法律

【第3回】　問題

問題 55　行政機関情報公開法*に関する次のア〜オの記述のうち、妥当なものの組合せはどれか。

ア　日本国籍を有しない者は、行政機関の長に対し、その行政機関の保有する行政文書の開示を請求することはできない。

イ　行政機関の長は、開示請求に対し、行政文書が存在しているか否かを答えるだけで不開示情報を開示することとなるときは、行政文書の存否を明らかにしないで開示請求を拒否することができるが、その場合には、開示請求者に対し、開示をしない旨の決定をした旨を書面により通知しなければならない。

ウ　行政機関の長は、開示請求に係る行政文書から不開示情報が記録されている部分を容易に区分して除くことができるときは、その部分を除いた部分に有意の情報が記録されているか否かにかかわらず、その部分を除いた部分を開示しなければならない。

エ　行政機関の長は、開示請求をした者に対し、開示請求書の形式上の不備について補正を求めるときは、その補正の参考となる情報を提供するよう努めなければならない。

オ　行政機関の長は、開示請求があった日から30日の期間内に、開示をする旨の決定または開示をしない旨の決定をしなければならず、事務処理上の困難があるからといってその期間を延長することはできない。

（注）＊　行政機関の保有する情報の公開に関する法律

1　ア・ウ
2　ア・エ
3　イ・エ
4　イ・オ
5　ウ・オ

【第3回】 問題

問題 56　デジタル行政推進法* に関する次のア〜オの記述のうち、妥当でないものの組合せはどれか。

ア　政府は、情報通信技術を利用して行われる手続等に係る国の行政機関等の情報システムの整備を総合的かつ計画的に実施するため、情報システムの整備に関する計画を作成しなければならない。

イ　申請等のうち当該申請等に関する他の法令の規定において書面等により行うことが規定されているものについては、電子情報処理組織を使用する方法により行うことができる。

ウ　行政機関に対する申請等の添付書類については、行政機関間の情報連携によって入手または参照することができるか否かにかかわらず、添付が不要となる。

エ　国および地方公共団体は、情報通信技術の利用のための能力等における格差の是正を図るために必要な施策を講ずる法的義務を負うものとする。

オ　国は、民間手続における情報通信技術の活用の促進を図るため、契約の締結に際しての民間事業者による情報提供の適正化、取引における情報通信技術の適正な利用に関する啓発活動の実施その他の民間事業者とその民間手続の相手方との間の取引における情報通信技術の安全かつ適正な利用を図るために必要な施策を講ずるものとする。

　　（注）　*　情報通信技術を活用した行政の推進等に関する法律

　　　1　ア・イ
　　　2　ア・オ
　　　3　イ・エ
　　　4　ウ・エ
　　　5　ウ・オ

【第3回】 問題

問題57　青少年とインターネットに関する次のア〜オの記述のうち、妥当でないものの組合せはどれか。

ア　青少年インターネット環境整備法*において「青少年有害情報」とは、インターネットを利用して公衆の閲覧に供されている情報であって青少年の健全な成長を著しく阻害するものをいい、いかなる情報が「青少年有害情報」であるかについては、国の行政機関等が判断する義務を負う。

イ　携帯電話インターネット接続役務提供事業者は、役務提供契約の締結をしようとするときは、あらかじめ、相手方が青少年であるかどうかを確認しなければならず、相手方が青少年でないことを確認したときは、相手方に対して契約に係る携帯電話端末等の使用者が青少年であるかどうかを確認しなければならない。

ウ　携帯電話インターネット接続役務提供事業者は、役務提供契約の相手方または契約に係る携帯電話端末等の使用者が青少年であるときは、原則として、青少年有害情報フィルタリングサービスの利用を条件として携帯電話インターネット接続役務を提供しなければならない。

エ　携帯電話インターネット接続役務提供事業者等は、携帯電話端末等の販売が携帯電話インターネット接続役務の提供と関連性を有するものであって、役務提供契約の相手方またはその端末等の使用者が青少年であるときは、原則として、その端末等について、青少年有害情報フィルタリング有効化措置を講じなければならない。

オ　青少年がインターネットを利用して青少年有害情報を閲覧する機会をできるだけ少なくするための施策は、送信者側へのアプローチを原則とする。

（注）＊　青少年が安全に安心してインターネットを利用できる環境の整備等に関する法律

1　ア・エ
2　ア・オ
3　イ・ウ
4　イ・オ
5　ウ・エ

LEC東京リーガルマインド　2023年版 出る順行政書士 当たる！直前予想模試　45

【第3回】 問題

問題58　本文中の空欄　I　～　IV　には、それぞれあとのア～エのいずれかの文が入る。その組合せとして妥当なものはどれか。

　労働力を商品と考え、それに価格をつけたものが、いわゆる労働賃金である。労働力という商品は、時間という単位で売買されるため、賃金対労働時間の関係はこれまで、たえず問題にされてきた。だが、それらはすべて、商品経済の枠の中に、人間の労働を押し込んで、商品経済的に人間の労働を処理しようとする方法である。

　しかし、事実としては、抽象的な労働時間とか、抽象化されたX円という、価格では処理しきれない、具体的な労働そのものがある。労働は人間の活動であり、人間の生活や意識や感情と一体のものであることを忘れてはならない。　　　I　　　。

　アンドレ・ゴルツは、『エコロジスト宣言』で、生産技術の発展は労働量を減少させるものなのに、資本家や政治家は、その余暇を労働者に分配しなかったことを批判し、労働時間の短縮と、可能な限り多くの自由時間を人びとが持てるようにすることが、よりよく生きることへの解放の道だ、とのべている。

　しかし、そのゴルツ自身も、「労働の廃絶はそれ自体としては解放ではない」と認め、本当は、人間と労働との関係を、人間生活の方から考えなおさなければならないのだと言っている。

　もし労働よりも自由時間の方が長くなれば、人生にとって労働が支配的価値となることをやめるだろう。労働は、人間の目的ではなく、生きるための手段になるだろう。　　II　　　。

　もし、豊かな人生を生きる、という発想からすれば、「ゆたか」とは、人びととの共存、自然との共存をひろげていくような労働を意味する。　　　III　　　。

　そう考えてくると、私たちは、労働時間の短縮、つまり自由時間の増大だけではなく、労働のあり方を変えていくことなしには、豊かな生活はありえない、という課題に到達する。　　IV　　　。

　生活とも、地域社会とも切りはなされ、消費のたのしみしかなく、あるいは営利企業に組織されたレジャーのたのしみで、自分自身がふり回されている。そういう生き方から、そろそろ私たちは脱却すべきではないのだろうか。

　私たちは、本当は労働時間の短縮だけでなく、労働のなかにも豊かさを体験したいと望んでいるのではないだろうか。そしてその欲求は、社会全体の流れを変えることなしには、実現できないことを知っているゆえにこそ、まず手はじめに、労働時間の短縮をねがい、人間らしい生活をするゆとり、感じるゆとり、地域社会を作っていくゆとり、政治参加の時間を持つゆとり、を得ようとしているのだと思う。

（出典　暉峻淑子「豊かさとは何か」から）

ア　エーリッヒ・フロムは、それを、人間や未来にたいする思いやりと連帯のための
　　能動性だと言っている

イ　つまり、生活の中の労働と、社会的な労働を統一する必要にかられる

ウ　つまり職業は、その人の多くの活動の中の、ひとつの活動であるにすぎなくなる
　　だろう、という

エ　何のために、どんな労働をしているか、ということぬきに時間と賃金だけで労働を
　　処理することはできない

	I	II	III	IV
1	ア	エ	イ	ウ
2	イ	ア	ウ	エ
3	ウ	イ	エ	ア
4	ウ	エ	イ	ア
5	エ	ウ	ア	イ

【第3回】 問題

問題59　次の文章中の空欄　ア　〜　エ　に入るものの組合せとして正しいものはどれか。

　義理の個別主義的性格は、このように個別主義的性格の社会構造の中から生まれたが、日本における宗教の性格、あるいは日本人における　ア　意識の欠如ということも、義理の性格の形成にある程度の関係があるように思われる。

　西欧社会の代表的宗教であるキリスト教は超越的な一神教であり、この神と人間との　イ　が西欧社会の倫理の基本となった。カントの　ウ　的格律はこの世俗化されたかたちであった。西欧社会の普遍主義的　ウ　の基礎はキリスト教にあったと言ってよい。ところで古代日本の民族宗教である神道では、砂漠世界の宗教のような超越的唯一神という神　エ　は生ぜず、山川草木のことごとくが神とみなされた。神々はそれぞれの力と権能をもった。そしてその中でも生産の力がとくにすぐれた権能をもった神として尊ばれた。このような自然主義的神々の世界からは、唯一神教のばあいのようなきびしい、しかし普遍主義的性格をもつ律法は生じない。また一なる神との　イ　という思想も生まれない。したがって、そのような精神的背景からは、普遍的　ウ　的格律というものも生まれない。八百万の神々にたいして、われわれの祖先は、その神々の力と権能に応じて、自己および自己の家族やまたその属する集団の幸福を祈った。五穀の豊饒を祈るときには豊受大神、戦勝を祈るときは八幡様、字がうまくなりたいときは天神様、等々。このような信仰形態は、普遍主義的宗教のはずであった仏教が受けいれられたときにも受けつがれた。病気のときは薬師如来、子供の幸せには地蔵菩薩、等々。このような信仰は、個別主義的倫理観を生み出す精神的土壌であった。

　神との　イ　の思想は、西欧社会における　ア　思想の根拠でもあったように思われる。神と人との　イ　は人と人との　イ　に移される。その尊厳は　ア　の客観性と尊厳性を保障する源であった。日本の文献をみると、　イ　ということばは確かにある。しかしそれは相互の個別主義的約束の意であって、　ア　の客観性・尊厳性という思想を生み出さない。普遍的な　ア　意識そのものが日本社会の中には生まれにくかったのである。

　義理的事実はこのようなさまざまの条件の中で生まれたのである。

　ところでさきに述べたように、義理的事実はそのまま義理という　エ　の自覚ではない。古代・中世の日本人は、義理という社会的事実をみずから生きながら、それを義理として自覚しなかった。われわれの当面の主題と関係のある義理という　エ　が成立したのは、近世初期なのである。そしてこの　エ　としての義理の自覚は、たといそれが　エ　であったにせよ、その歴史的意義は大きいと言わねばならない。人びとはそれ以後、義理という観点から現実を見、現実を反省することができるようになった。そしてそれとともに、義理という社会的事実の理想化をもおこなうことができるようになった。そのことは日本人の心の歴史における一つの大きな飛躍であり、深化であった。

（出典　源了圓「義理と人情」から）

	ア	イ	ウ	エ
1	道徳	契約	法	存在
2	道徳	関係	哲学	存在
3	法	契約	道徳	観念
4	法	契約	道徳	存在
5	自立	関係	哲学	観念

【第3回】 問題

問題60　本文中の空欄 □ に入る文章を、ア～オを並べ替えて作る場合の順序として
妥当なものはどれか。

　　仮面の装着、すなわち違ったメイクをし、違った服を着こむことによって、わたし
たちは自分を、そうありえたかもしれないもうひとりの〈わたし〉へとずらしてしまおうと
する。しかしそれは、同時にきわめて危うい行為でもある。
　　服装を変えればたしかにわたしたちの気分は変わる。気分が変われば、ひととの
つきあい方にも変化が現われる。ひとの自分を視る眼が変わる。そうしてわたしは
別の〈わたし〉になりきれる―たしかによくできた話である。しかし、こうした
かたちでの〈わたし〉の変換は、〈わたし〉が次第に重力を喪っていく過程、すなわち
〈わたし〉が消失してゆく過程でもないだろうか。
　　衣服の取り替えによる可視性の変換を、そして、それのみをてこにして〈わたし〉の
変換を企てるというのは、可視性のレヴェルで一定の共同的なコードにしたがって
紡ぎだされる意味の蔽いでもって、〈わたし〉の存在を一度すっぽり包みこむことを
意味する。□。

（出典　鷲田清一「モードの迷宮」から）

ア　言いかえると、〈わたし〉の変換は共同的なコードによってほぼ全面的に拘束され、
　　〈わたし〉の身体的＝可視的な存在は「記号による外科手術」を施され、それらの
　　記号の薮のなかに〈わたし〉はすっかりまぎれこみ、他との区別がつきにくくなる。
イ　属性だけが残って、〈わたし〉はむしろ消散してしまうことになる。
ウ　そうすると、わたしはたしかに別なわたしになりうるにしても、そのような
　　〈わたし〉の変換そのものは、〈わたし〉が他の〈わたし〉とともに象られている
　　意味の共通の枠組を、いわばなぞるかたちでしか可能とならないであろう。
エ　このとき〈わたし〉の変換は、たぶん定型の反復でしかないだろう。
オ　可視性の変換を通じて〈わたし〉はたしかにその位置をずらしていきはするが、
　　それは同時に、自らの位置決定を共同的なものにゆだねることでもある。

　　1　ア→イ→エ→ウ→オ
　　2　ア→オ→ウ→イ→エ
　　3　イ→エ→ウ→オ→ア
　　4　ウ→オ→エ→ア→イ
　　5　オ→エ→イ→ウ→ア

2023年版出る順行政書士 当たる！直前予想模試

＜付録＞
2022年度行政書士試験
問題

【使用方法】
1　この表紙（色紙）を残したまま問題冊子を取り外してください。
2　答案用紙（マークシート）は第1回問題冊子の前にとじてあります。切り取ってご使用ください。

「問題冊子」の取り外し方

①この色紙を残し、「問題冊子」だけをつかんでください。
②「問題冊子」をしっかりとつかんだまま手前に引っ張って、取り外してください。

「問題冊子」

※色紙と「問題冊子」は、のりで接着されていますので、丁寧に取り外してください。なお、取り外しの際の破損等による返品・交換には応じられませんのでご注意ください。

LEC東京リーガルマインド

＜付録＞ 2022 年度行政書士試験

問　題

試験開始まで開いてはいけません。

（注意事項）

1　時間は３時間です。

2　解答は、別紙の答案用紙に記入してください。

3　答案用紙への記入およびマークは、次のようにしてください。

　ア　択一式（５肢択一式）問題は、１から５までの答えのうち正しいと思われるものを一つ選び、マークしてください。二つ以上の解答をしたもの、判読が困難なものは誤りとなります。

　イ　択一式（多肢選択式）問題は、枠内（１〜20）の選択肢から空欄 ア 〜 エ に当てはまる語句を選び、マークしてください。二つ以上の解答をしたもの、判読が困難なものは誤りとなります。

　ウ　記述式問題は、答案用紙裏面の解答欄（マス目）に記述してください。

【付録】2022 年度行政書士試験　問題

法 令 等 ［問題1～問題40は択一式（5肢択一式）］

問題1　次の文章の空欄 ア ～ エ に当てはまる語句の組合せとして、妥当なものは
どれか。

　　ヨーロッパ大陸において、伝統的に ア 制に対して消極的な態度がとられている
ことは知られるが、これはそこでの裁判観につながると考えられる。それによれば、
裁判官の意見が区々に分れていることを外部に明らかにすることは、裁判所の権威を
害するとされる。 ア 制は、その先例としての力を弱めるのみではなく、裁判所全体
の威信を減退すると考えられているようである。裁判所内部にいかに意見の分裂が
あっても、 イ として力をもつ ウ のみが一枚岩のように示されることが、裁判
への信頼を生むとされるのであろう。しかし、果たして外観上つねに エ の裁判の
形をとり、異なる意見の表明を抑えることが、裁判所の威信を高めることになるで
あろうか。英米的な考え方からすると、各裁判官に自らの意見を独自に述べる機会を
与える方が、外部からみても裁判官の独立を保障し、司法の威信を増すともいえよう。
ここには、大陸的な裁判観と英米的な裁判観のちがいがあるように思われる。

（出典　伊藤正己「裁判官と学者の間」1993 年から）

	ア	イ	ウ	エ
1	少数意見	判決理由	主文	多数決
2	合議	判例	多数意見	全員一致
3	少数意見	判例	多数意見	全員一致
4	合議	判決理由	主文	多数決
5	少数意見	判例	主文	多数決

【付録】2022 年度行政書士試験　問題

問題 2　法律用語に関する次のア〜オの記述のうち、妥当でないものの組合せはどれか。

　ア　「法律要件」とは、法律効果を生じさせる原因となる客観的な事実のことであり、意思表示などの主観的な要素は、これには含まれない。

　イ　「法律効果」とは、法律上の権利義務関係の変動（発生、変更または消滅）のことをいう。

　ウ　「構成要件」とは、犯罪行為を特徴付ける定型的な外形的事実のことであり、故意などの主観的な要素は、これには含まれない。

　エ　「立法事実」とは、法律を制定する場合において、当該立法の合理性を根拠付ける社会的、経済的、政治的または科学的事実のことをいう。

　オ　「要件事実」とは、法律要件に該当する具体的な事実のことをいう。

　　　1　ア・ウ
　　　2　ア・エ
　　　3　イ・エ
　　　4　イ・オ
　　　5　ウ・オ

【付録】2022 年度行政書士試験　問題

問題3　表現の自由に関する次の判断基準が想定している事例として、妥当なものはどれか。

　　公共の利害に関する事項について自由に批判、論評を行うことは、もとより表現の自由の行使として尊重されるべきものであり、その対象が公務員の地位における行動である場合には、右批判等により当該公務員の社会的評価が低下することがあっても、その目的が専ら公益を図るものであり、かつ、その前提としている事実が主要な点において真実であることの証明があったときは、人身攻撃に及ぶなど論評としての域を逸脱したものでない限り、名誉侵害の不法行為の違法性を欠くものというべきである。

(最一小判平成元年 12 月 21 日民集 43 巻 12 号 2252 頁)

1　XはA駅の構内で、駅員の許諾を受けず、また退去要求を無視して、乗降客や通行人に対してB市の施策を批判する演説を行ったところ、不退去などを理由に起訴された。

2　Yは雑誌上で、宗教法人X1の会長X2に関する事実を批判的に報道したところ、X1・X2の名誉を毀損したとして訴訟になった。

3　作家Yは自らが執筆した小説にXをモデルとした人物を登場させ、この際にXが不特定多数への公開を望まない私生活上の事実を描いたため、Xが出版差止めを求めて出訴した。

4　新聞記者Xは取材の過程で公務員Aに接近して親密になり、外交交渉に関する国の機密情報を聞き出したところ、機密漏洩をそそのかしたとして起訴された。

5　A市の公立小学校で成績の評価方法をめぐる対立が生じ、市民Yが教員Xを厳しく批判するビラを配布したところ、XがYに対して損害賠償と謝罪広告を求めて出訴した。

【付録】2022 年度行政書士試験　問題

問題4　薬局を営むXは、インターネットを介した医薬品の通信販売を始めたが、法律は一定の種類の医薬品の販売については、薬剤師が対面で情報の提供および薬学的知見に基づく指導を行うことを求めている。そこでXは、この法律の規定が違憲であり、この種の医薬品についてもネットで販売する権利が自らにあることを主張して出訴した。この問題に関する最高裁判所の判決の趣旨として、妥当なものはどれか。

1　憲法 22 条 1 項が保障するのは職業選択の自由のみであるが、職業活動の内容や態様に関する自由もまた、この規定の精神に照らして十分尊重に値する。後者に対する制約は、公共の福祉のために必要かつ合理的なものであることを要する。

2　規制の合憲性を判断する際に問題となる種々の考慮要素を比較考量するのは、第一次的には立法府の権限と責務であり、規制措置の内容や必要性・合理性については、立法府の判断が合理的裁量の範囲にとどまる限り、裁判所はこれを尊重する。

3　本件規制は、専らインターネットを介して販売を行う事業者にとっては職業選択の自由そのものに対する制限を意味するため、許可制の場合と同様にその必要性・合理性が厳格に審査されなければならない。

4　本件規制は、国民の生命および健康に対する危険の防止という消極目的ないし警察目的のための規制措置であり、この場合は積極目的の場合と異なり、基本的人権への制約がより小さい他の手段では立法目的を達成できないことを要する。

5　本件規制は、積極的な社会経済政策の一環として、社会経済の調和的発展を目的に設けられたものであり、この種の規制措置については、裁判所は立法府の政策的、技術的な裁量を尊重することを原則とする。

【付録】2022 年度行政書士試験　問題

問題5　適正手続に関する次の記述のうち、最高裁判所の判例に照らし、妥当なものはどれか。

1　告知、弁解、防御の機会を与えることなく所有物を没収することは許されないが、貨物の密輸出で有罪となった被告人が、そうした手続的保障がないままに第三者の所有物が没収されたことを理由に、手続の違憲性を主張することはできない。

2　憲法は被疑者に対して弁護人に依頼する権利を保障するが、被疑者が弁護人と接見する機会の保障は捜査権の行使との間で合理的な調整に服さざるを得ないので、憲法は接見交通の機会までも実質的に保障するものとは言えない。

3　審理の著しい遅延の結果、迅速な裁判を受ける被告人の権利が害されたと認められる異常な事態が生じた場合であっても、法令上これに対処すべき具体的規定が存在しなければ、迅速な裁判を受ける権利を根拠に救済手段をとることはできない。

4　不利益供述の強要の禁止に関する憲法の保障は、純然たる刑事手続においてばかりだけでなく、それ以外にも、実質上、刑事責任追及のための資料の取得収集に直接結びつく作用を一般的に有する手続には、等しく及ぶ。

5　不正な方法で課税を免れた行為について、これを犯罪として刑罰を科すだけでなく、追徴税（加算税）を併科することは、刑罰と追徴税の目的の違いを考慮したとしても、実質的な二重処罰にあたり許されない。

【付録】2022 年度行政書士試験　問題

問題6　内閣の権限に関する次の記述のうち、憲法の規定に照らし、妥当なものはどれか。

1　内閣は、事前に、時宜によっては事後に、国会の承認を経て条約を締結するが、やむを得ない事情があれば、事前または事後の国会の承認なく条約を締結できる。

2　内閣は、国会が閉会中で法律の制定が困難な場合には、事後に国会の承認を得ることを条件に、法律にかわる政令を制定することができる。

3　参議院の緊急集会は、衆議院の解散により国会が閉会している期間に、参議院の総議員の4分の1以上の要求があった場合、内閣によりその召集が決定される。

4　内閣総理大臣が欠けたとき、内閣は総辞職をしなければならないが、この場合の内閣は、あらたに内閣総理大臣が任命されるまで引き続きその職務を行う。

5　新年度開始までに予算が成立せず、しかも暫定予算も成立しない場合、内閣は、新年度予算成立までの間、自らの判断で予備費を設け予算を執行することができる。

問題7　裁判の公開に関する次の記述のうち、最高裁判所の判例に照らし、妥当なものはどれか。

1　裁判は、公開法廷における対審および判決によらなければならないので、カメラ取材を裁判所の許可の下に置き、開廷中のカメラ取材を制限することは、原則として許されない。

2　裁判所が過料を科する場合は、それが純然たる訴訟事件である刑事制裁を科す作用と同質であることに鑑み、公開法廷における対審および判決によらなければならない。

3　証人尋問の際に、傍聴人と証人との間で遮へい措置が採られても、審理が公開されていることに変わりはないから、裁判の公開に関する憲法の規定には違反しない。

4　傍聴人は法廷で裁判を見聞できるので、傍聴人が法廷でメモを取る行為は、権利として保障されている。

5　裁判官の懲戒の裁判は行政処分の性質を有するが、裁判官の身分に関わる手続であるから、裁判の公開の原則が適用され、審問は公開されなければならない。

【付録】2022 年度行政書士試験　問題

問題8　公法上の権利の一身専属性に関する次の文章の空欄　A 　〜　C 　に当てはまる文章の組合せとして、妥当なものはどれか。

　最高裁判所昭和 42 年 5 月 24 日判決（いわゆる朝日訴訟判決）においては、生活保護を受給する地位は、一身専属のものであって相続の対象とはなりえず、その結果、原告の死亡と同時に当該訴訟は終了して、同人の相続人らが当該訴訟を承継し得る余地はないとされた。そして、この判決は、その前提として、　A 　。

　その後も公法上の権利の一身専属性が問題となる事例が散見されたが、労働者等のじん肺に係る労災保険給付を請求する権利については最高裁判所平成 29 年 4 月 6 日判決が、原子爆弾被爆者に対する援護に関する法律に基づく認定の申請がされた健康管理手当の受給権については最高裁判所平成 29 年 12 月 18 日判決が、それぞれ判断をしており、　B 　。

　なお、この健康管理手当の受給権の一身専属性について、最高裁判所平成 29 年 12 月 18 日判決では、受給権の性質が　C 　。

空欄　A
　　ア　生活保護法の規定に基づき、要保護者等が国から生活保護を受けるのは、法的利益であって、保護受給権とも称すべきものであるとしている
　　イ　生活保護法の規定に基づき、要保護者等が国から生活保護を受けるのは、国の恩恵ないし社会政策の実施に伴う反射的利益であるとしている
空欄　B
　　ウ　両判決ともに、権利の一身専属性を認めて、相続人による訴訟承継を認めなかった
　　エ　両判決ともに、権利の一身専属性を認めず、相続人による訴訟承継を認めた
空欄　C
　　オ　社会保障的性質を有することが、一身専属性が認められない根拠の一つになるとの考え方が示されている
　　カ　国家補償的性質を有することが、一身専属性が認められない根拠の一つになるとの考え方が示されている

	A	B	C
1	ア	ウ	オ
2	ア	エ	カ
3	イ	ウ	オ
4	イ	ウ	カ
5	イ	エ	カ

2023 年版 出る順行政書士 当たる！直前予想模試　　7

【付録】2022 年度行政書士試験　問題

問題９　行政契約に関する次のア～オの記述のうち、法令または最高裁判所の判例に照らし、妥当なものの組合せはどれか。

ア　行政手続法は、行政契約につき定義規定を置いており、国は、それに該当する行政契約の締結及び履行にあたっては、行政契約に関して同法の定める手続に従わなければならない。

イ　地方公共団体が必要な物品を売買契約により調達する場合、当該契約は民法上の契約であり、専ら民法が適用されるため、地方自治法には契約の締結に関して特別な手続は規定されていない。

ウ　水道事業者たる地方公共団体は、給水契約の申込みが、適正かつ合理的な供給計画によっては対応することができないものである場合には、水道法の定める「正当の理由」があるものとして、給水契約を拒むことができる。

エ　公害防止協定など、地方公共団体が締結する規制行政にかかる契約は、法律に根拠のない権利制限として法律による行政の原理に抵触するため、法的拘束力を有しない。

オ　法令上、随意契約によることができない契約を地方公共団体が随意契約で行った場合であっても、当該契約の効力を無効としなければ法令の規定の趣旨を没却する結果となる特別の事情が存在しない限り、当該契約は私法上有効なものとされる。

　　　1　ア・イ
　　　2　ア・エ
　　　3　イ・ウ
　　　4　ウ・オ
　　　5　エ・オ

【付録】2022 年度行政書士試験　問題

問題 10　行政調査に関する次の記述のうち、法令または最高裁判所の判例に照らし、妥当なものはどれか。

1　警察官職務執行法には、警察官は、職務質問に付随して所持品検査を行うことができると規定されており、この場合には、挙動が異常であることに加えて、所持品を確認する緊急の必要性を要するとされている。

2　交通の取締を目的として、警察官が自動車の検問を行う場合には、任意の手段により、走行の外観上不審な車両に限ってこれを停止させることができる。

3　行政手続法においては、行政調査を行う場合、調査の適正な遂行に支障を及ぼすと認められない限り、調査の日時、場所、目的等の項目を事前に通知しなければならないとされている。

4　国税通則法には、同法による質問検査権が犯罪捜査のために認められたものと解してはならないと定められていることから、当該調査において取得した資料をその後に犯則事件の証拠として利用することは認められない。

5　行政調査の実効性を確保するため、調査に応じなかった者に刑罰を科す場合、調査自体の根拠規定とは別に、刑罰を科すことにつき法律に明文の根拠規定を要する。

問題 11　申請に対する処分について定める行政手続法の規定に関する次の記述のうち、妥当なものはどれか。

1　行政庁は、申請がその事務所に到達してから当該申請に対する処分をするまでに通常要すべき標準的な期間を定めるよう努め、これを定めたときは、行政手続法所定の方法により公にしておかなければならない。

2　行政庁は、法令に定められた申請の形式上の要件に適合しない申請について、それを理由として申請を拒否することはできず、申請者に対し速やかにその補正を求めなければならない。

3　行政庁は、申請により求められた許認可等の処分をする場合は、申請者に対し、同時に、当該処分の理由を示すよう努めなければならない。

4　行政庁は、定められた標準処理期間を経過してもなお申請に対し諾否の応答ができないときは、申請者に対し、当該申請に係る審査の進行状況および処分の時期の見込みを書面で通知しなければならない。

5　行政庁は、申請に対する処分であって、申請者以外の者の利益を考慮すべきことが当該法令において許認可等の要件とされているものを行う場合には、当該申請者以外の者および申請者本人の意見を聴く機会を設けなければならない。

【付録】2022 年度行政書士試験　問題

問題 12　行政手続法（以下、本問において「法」という。）が定める不利益処分の手続に関する次の記述のうち、妥当なものはどれか。

1　申請拒否処分は、申請により求められた許認可等を拒否するものとして、法の定義上、不利益処分に該当するので、それを行うにあたっては、申請者に対して意見陳述の機会を与えなければならない。

2　行政庁は、不利益処分がされないことにより権利を害されるおそれがある第三者がいると認めるときは、必要に応じ、その意見を聴く機会を設けるよう努めなければならない。

3　弁明の機会の付与は、処分を行うため意見陳述を要する場合で、聴聞によるべきものとして法が列挙している場合のいずれにも該当しないときに行われ、弁明は、行政庁が口頭ですることを認めたときを除き、弁明書の提出により行われる。

4　法が定める「聴聞」の節の規定に基づく処分またはその不作為に不服がある場合は、それについて行政不服審査法に基づく審査請求をすることができる。

5　聴聞は、行政庁が指名する職員その他政令で定める者が主宰するが、聴聞を主宰することができない者について、法はその定めを政令に委任している。

問題 13　行政手続法（以下、本問において「法」という。）が定める届出に関する次の記述のうち、妥当なものはどれか。

1　届出は、法の定めによれば、「行政庁に対し一定の事項の通知をする行為」であるが、「申請に該当するものを除く」という限定が付されている。

2　届出は、法の定めによれば、「行政庁に対し一定の事項の通知をする行為」であるが、「事前になされるものに限る」という限定が付されている。

3　届出は、法の定めによれば、「法令により直接に当該通知が義務付けられているもの」であるが、「自己の期待する一定の法律上の効果を発生させるためには当該通知をすべきこととされているものを除く」という限定が付されている。

4　法令に定められた届出書の記載事項に不備があるか否かにかかわらず、届出が法令によりその提出先とされている機関の事務所に到達したときに、当該届出をすべき手続上の義務が履行されたものとされる。

5　届出書に法令上必要とされる書類が添付されていない場合、事後に補正が求められることにはなるものの、当該届出が法令によりその提出先とされている機関の事務所に到達したときに、当該届出をすべき手続上の義務自体は履行されたものとされる。

【付録】2022 年度行政書士試験　問題

問題 14　行政不服審査法の規定に関する次の記述のうち、妥当なものはどれか。

1　行政庁の処分につき処分庁以外の行政庁に審査請求をすることができる場合には、行政不服審査法の定める例外を除き、処分庁に対して再調査の請求をすることができる。

2　行政不服審査法に基づく審査請求を審理した審理員は、審理手続を終結したときは、遅滞なく、審査庁がすべき裁決に関する意見書を作成し、速やかに、これを事件記録とともに、審査庁に提出しなければならない。

3　法令に違反する事実がある場合において、その是正のためにされるべき処分がされていないと思料する者は、行政不服審査法に基づく審査請求によって、当該処分をすることを求めることができる。

4　法令に違反する行為の是正を求める行政指導の相手方は、当該行政指導が違法なものであると思料するときは、行政不服審査法に基づく審査請求によって、当該行政指導の中止を求めることができる。

5　地方公共団体の機関がする処分であってその根拠となる規定が条例に置かれているものにも行政不服審査法が適用されるため、そのような処分についての審査請求がされた行政庁は、原則として総務省に置かれた行政不服審査会に諮問をしなければならない。

問題 15　審理員に関する行政不服審査法の規定に関する次の記述のうち、妥当なものはどれか。

1　審理員は、審査請求がされた行政庁が、審査請求の対象とされた処分の処分庁または不作為庁に所属する職員から指名する。

2　審理員は、職権により、物件の所持人に対し物件の提出を求めた上で、提出された当該物件を留め置くことができる。

3　審理員は、審査請求人または参加人の申立てがなければ、必要な場所についての検証をすることはできない。

4　審理員は、審査請求人または参加人の申立てがなければ、審査請求に係る事件に関し、審理関係人に質問することはできない。

5　審理員は、数個の審査請求に係る審理手続を併合することはできるが、ひとたび併合された審査請求に係る審理手続を分離することはできない。

【付録】2022 年度行政書士試験　問題

問題16　行政不服審査法が定める教示に関する次の記述のうち、妥当でないものはどれか。

1　処分庁が審査請求をすることができる処分をなす場合においては、それを書面でするか、口頭でするかにかかわらず、当該処分につき不服申立てをすることができる旨その他所定の事項を書面で教示をしなければならない。

2　処分庁が審査請求をすることができる処分をなす場合において、処分の相手方に対し、当該処分の執行停止の申立てをすることができる旨を教示する必要はない。

3　処分庁は、利害関係人から、当該処分が審査請求をすることができる処分であるかどうかにつき書面による教示を求められたときは、書面で教示をしなければならない。

4　処分をなすに際し、処分庁が行政不服審査法において必要とされる教示をしなかった場合、当該処分に不服がある者は、当該処分庁に不服申立書を提出することができる。

5　審査庁は、再審査請求をすることができる裁決をなす場合には、裁決書に、再審査請求をすることができる旨並びに再審査請求をすべき行政庁および再審査請求期間を記載してこれらを教示しなければならない。

問題17　行政事件訴訟法の定めに関する次の記述のうち、妥当なものはどれか。

1　行政庁の公権力の行使に関する不服の訴訟である抗告訴訟として適法に提起できる訴訟は、行政事件訴訟法に列挙されているものに限られる。

2　不作為の違法確認の訴えに対し、請求を認容する判決が確定した場合、当該訴えに係る申請を審査する行政庁は、当該申請により求められた処分をしなければならない。

3　不作為の違法確認の訴えは、処分または裁決についての申請をした者に限り提起することができるが、この申請が法令に基づくものであることは求められていない。

4　「行政庁の処分その他公権力の行使に当たる行為」に該当しない行為については、民事保全法に規定する仮処分をする余地がある。

5　当事者訴訟については、具体的な出訴期間が行政事件訴訟法において定められているが、正当な理由があるときは、その期間を経過した後であっても、これを提起することができる。

【付録】2022 年度行政書士試験　問題

問題 18　抗告訴訟の対象に関する次の記述のうち、最高裁判所の判例に照らし、妥当でない
ものはどれか。

1　都市計画法に基づいて、公共施設の管理者である行政機関等が行う開発行為への
同意は、これが不同意であった場合には、開発行為を行おうとする者は後続の開発
許可申請を行うことができなくなるため、開発を行おうとする者の権利ないし法的
地位に影響を及ぼすものとして、抗告訴訟の対象となる行政処分に該当する。

2　都市計画区域内において用途地域を指定する決定は、地域内の土地所有者等に建
築基準法上新たな制約を課すものではあるが、その効果は、新たにそのような制約
を課する法令が制定された場合と同様の当該地域内の不特定多数の者に対する一
般的抽象的なものにすぎず、当該地域内の個人の具体的な権利を侵害するものでは
ないから、抗告訴訟の対象となる行政処分に該当しない。

3　市町村の施行に係る土地区画整理事業計画の決定により、事業施行地区内の宅地
所有者等は、所有権等に対する規制を伴う土地区画整理事業の手続に従って換地処
分を受けるべき地位に立たされるため、当該計画の決定は、その法的地位に直接的
な影響を及ぼし、抗告訴訟の対象となる行政処分に該当する。

4　地方公共団体が営む水道事業に係る条例所定の水道料金を改定する条例の制定行
為は、同条例が上記水道料金を一般的に改定するものであって、限られた特定の者
に対してのみ適用されるものではなく、同条例の制定行為をもって行政庁が法の執
行として行う処分と実質的に同視することはできないから、抗告訴訟の対象となる
行政処分に該当しない。

5　特定の保育所の廃止のみを内容とする条例は、他に行政庁の処分を待つことなく、
その施行により各保育所廃止の効果を発生させ、当該保育所に現に入所中の児童お
よびその保護者という限られた特定の者らに対して、直接、当該保育所において保
育を受けることを期待し得る法的地位を奪う結果を生じさせるものであるから、そ
の制定行為は、行政庁の処分と実質的に同視し得るものということができ、抗告訴
訟の対象となる行政処分に該当する。

【付録】2022 年度行政書士試験　問題

問題 19　行政事件訴訟法が定める処分無効確認訴訟（以下「無効確認訴訟」という。）に関する次の記述のうち、妥当なものはどれか。

1　無効確認訴訟は、処分が無効であることを主張して提起する訴訟であるから、当該処分に無効原因となる瑕疵が存在しない場合、当該訴えは不適法なものとして却下される。

2　無効確認訴訟には、取消訴訟の原告適格を定める規定が準用されておらず、原告適格に関する制約はない。

3　無効確認訴訟は、処分の取消訴訟につき審査請求の前置が要件とされている場合においても、審査請求に対する裁決を経ずにこれを提起することができる。

4　無効確認訴訟においては、訴訟の対象となる処分は当初から無効であるのが前提であるから、当該処分の執行停止を申し立てることはできない。

5　無効確認訴訟は、処分が無効であることを前提とする現在の法律関係に関する訴えによって目的を達することができる場合にも、提起することができる。

問題 20　国家賠償法 1 条 1 項に基づく国家賠償責任に関する次の記述のうち、最高裁判所の判例に照らし、妥当なものはどれか。

1　検察官が公訴を提起したものの、裁判で無罪が確定した場合、当該公訴提起は、国家賠償法 1 条 1 項の適用上、当然に違法の評価を受けることとなる。

2　指定確認検査機関による建築確認事務は、当該確認に係る建築物について確認権限を有する建築主事が置かれた地方公共団体の事務であり、当該地方公共団体が、当該事務について国家賠償法 1 条 1 項に基づく損害賠償責任を負う。

3　公立学校における教職員の教育活動は、私立学校の教育活動と変わるところはないため、原則として、国家賠償法 1 条 1 項にいう「公権力の行使」に当たらない。

4　税務署長のする所得税の更正が所得金額を過大に認定していた場合、当該更正は、国家賠償法 1 条 1 項の適用上、当然に違法の評価を受けることとなる。

5　警察官が交通法規に違反して逃走する車両をパトカーで追跡する職務執行中に、逃走車両の走行によって第三者が負傷した場合、当該追跡行為は、当該第三者との関係において、国家賠償法 1 条 1 項の適用上、当然に違法の評価を受けることとなる。

【付録】2022年度行政書士試験　問題

問題21　国家賠償法2条1項に基づく国家賠償責任に関する次のア～エの記述のうち、最高裁判所の判例に照らし、妥当なものの組合せはどれか。

ア　営造物の設置または管理の瑕疵には、当該営造物が供用目的に沿って利用されることとの関連においてその利用者以外の第三者に対して危害を生ぜしめる危険性がある場合を含むものと解されるが、具体的に道路の設置または管理につきそのような瑕疵があったと判断するにあたっては、当該第三者の被害について、道路管理者において回避可能性があったことが積極的要件とされる。

イ　営造物の供用が第三者に対する関係において違法な権利侵害ないし法益侵害となり、当該営造物の設置・管理者が賠償義務を負うかどうかを判断するにあたっては、侵害行為の開始とその後の継続の経過および状況、その間に採られた被害の防止に関する措置の有無およびその内容、効果等の事情も含めた諸要素の総合的な考察によりこれを決すべきである。

ウ　道路等の施設の周辺住民からその供用の差止めが求められた場合に差止請求を認容すべき違法性があるかどうかを判断するにあたって考慮すべき要素は、周辺住民から損害の賠償が求められた場合に賠償請求を認容すべき違法性があるかどうかを判断するにあたって考慮すべき要素とほぼ共通するが、双方の場合の違法性の有無の判断に差異が生じることがあっても不合理とはいえない。

エ　営造物の設置または管理の瑕疵には、当該営造物が供用目的に沿って利用されることとの関連においてその利用者以外の第三者に対して危害を生ぜしめる危険性がある場合を含むものと解すべきであるが、国営空港の設置管理は、営造物管理権のみならず、航空行政権の行使としても行われるものであるから、事理の当然として、この法理は、国営空港の設置管理の瑕疵には適用されない。

1　ア・ウ
2　ア・エ
3　イ・ウ
4　イ・エ
5　ウ・エ

【付録】2022 年度行政書士試験　問題

問題22　A市議会においては、屋外での受動喫煙を防ぐために、繁華街での路上喫煙を禁止し、違反者に罰金もしくは過料のいずれかを科することを定める条例を制定しようとしている。この場合に関する次の記述のうち、妥当なものはどれか。

1　この条例に基づく過料は、行政上の秩序罰に当たるものであり、非訟事件手続法に基づき裁判所が科する。

2　条例の効力は属人的なものであるので、A市の住民以外の者については、この条例に基づき処罰することはできない。

3　この条例で過料を定める場合については、その上限が地方自治法によって制限されている。

4　地方自治法の定める上限の範囲内であれば、この条例によらず、A市長の定める規則で罰金を定めることもできる。

5　この条例において罰金を定める場合には、A市長は、あらかじめ総務大臣に協議しなければならない。

問題23　住民監査請求および住民訴訟に関する次の記述のうち、妥当なものはどれか。

1　住民訴訟は、普通地方公共団体の住民にのみ出訴が認められた客観訴訟であるが、訴訟提起の時点で当該地方公共団体の住民であれば足り、その後他に転出しても当該訴訟が不適法となることはない。

2　普通地方公共団体における違法な財務会計行為について住民訴訟を提起しようとする者は、当該財務会計行為が行われた時点において当該地方公共団体の住民であったことが必要となる。

3　普通地方公共団体における違法な財務会計行為について住民訴訟を提起しようとする者は、当該財務会計行為について、その者以外の住民が既に提起した住民監査請求の監査結果が出ている場合は、自ら別個に住民監査請求を行う必要はない。

4　普通地方公共団体において違法な財務会計行為があると認めるときは、当該財務会計行為と法律上の利害関係のある者は、当該地方公共団体の住民でなくとも住民監査請求をすることができる。

5　違法に公金の賦課や徴収を怠る事実に関し、住民が住民監査請求をした場合において、それに対する監査委員の監査の結果または勧告に不服があるとき、当該住民は、地方自治法に定められた出訴期間内に住民訴訟を提起することができる。

【付録】2022 年度行政書士試験　問題

問題 24　都道府県の事務にかかる地方自治法の規定に関する次の記述のうち、妥当なものはどれか。

1　都道府県は、都道府県知事の権限に属する事務の一部について、条例の定めるところにより、市町村が処理するものとすることができるとされている。

2　都道府県の事務の根拠となる法律が、当該事務について都道府県の自治事務とする旨を定めているときに限り、当該事務は自治事務となるとされている。

3　都道府県知事がする処分のうち、法定受託事務にかかるものについての審査請求は、すべて総務大臣に対してするものとするとされている。

4　都道府県は、その法定受託事務の処理に対しては、法令の規定によらずに、国の関与を受けることがあるとされている。

5　都道府県は、その自治事務について、独自の条例によって、法律が定める処分の基準に上乗せした基準を定めることができるとされている。

【付録】2022 年度行政書士試験　問題

問題 25　次に掲げる国家行政組織法の条文の空欄　ア　～　オ　に当てはまる語句の組合せとして、妥当なものはどれか。

第1条　この法律は、内閣の統轄の下における行政機関で　ア　及びデジタル庁以外のもの（以下「国の行政機関」という。）の組織の基準を定め、もって国の行政事務の能率的な遂行のために必要な国家行政組織を整えることを目的とする。

第3条第1項　国の行政機関の組織は、この法律でこれを定めるものとする。

同第2項　行政組織のため置かれる国の行政機関は、省、　イ　及び庁とし、その設置及び廃止は、別に　ウ　の定めるところによる。

同第3項　省は、内閣の統轄の下に第5条第1項の規定により各省大臣の　エ　する行政事務及び同条第2項の規定により当該大臣が掌理する行政事務をつかさどる機関として置かれるものとし、　イ　及び庁は、省に、その外局として置かれるものとする。

第5条第1項　各省の長は、それぞれ各省大臣とし、内閣法にいう主任の大臣として、それぞれ行政事務を　エ　する。

同第2項　各省大臣は、前項の規定により行政事務を　エ　するほか、それぞれ、その　エ　する行政事務に係る各省の任務に関連する特定の内閣の重要政策について、当該重要政策に関して閣議において決定された基本的な方針に基づいて、行政各部の施策の統一を図るために必要となる企画及び立案並びに総合調整に関する事務を掌理する。

同第3項　各省大臣は、国務大臣のうちから、　オ　が命ずる。（以下略）

	ア	イ	ウ	エ	オ
1	自衛隊	委員会	内閣府令	分担管理	内閣
2	防衛省	独立行政法人	政令	所轄	天皇
3	内閣府	内部部局	政令	所掌	内閣
4	自衛隊	内部部局	法律	統轄	天皇
5	内閣府	委員会	法律	分担管理	内閣総理大臣

【付録】2022 年度行政書士試験　問題

問題 26　国籍と住民としての地位に関する次の記述のうち、法令に照らし、妥当なものはどれか。

1　事務監査請求をする権利は、日本国籍を有しない住民にも認められている。

2　住民監査請求をする権利は、日本国籍を有する住民にのみ認められている。

3　公の施設の利用関係については、日本国籍を有しない住民についても、不当な差別的な取り扱いをしてはならない。

4　日本国籍を有しない住民のうち、一定の期間、同一地方公共団体の区域内に居住したものは、当該地方公共団体の長や議会の議員の選挙権を有する。

5　日本国籍を有しない住民は、住民基本台帳法に基づく住民登録をすることができない。

問題 27　虚偽表示の無効を対抗できない善意の第三者に関する次の記述のうち、民法の規定および判例に照らし、妥当でないものはどれか。

1　AはBと通謀してA所有の土地をBに仮装譲渡したところ、Bは当該土地上に建物を建築し、これを善意のCに賃貸した。この場合、Aは、虚偽表示の無効をCに対抗できない。

2　AはBと通謀してA所有の土地をBに仮装譲渡したところ、Bが当該土地を悪意のCに譲渡し、さらにCが善意のDに譲渡した。この場合、Aは、虚偽表示の無効をDに対抗できない。

3　AはBと通謀してA所有の土地をBに仮装譲渡したところ、Bは善意の債権者Cのために当該土地に抵当権を設定した。この場合、Aは、虚偽表示の無効をCに対抗できない。

4　AはBと通謀してA所有の土地をBに仮装譲渡したところ、Bの債権者である善意のCが、当該土地に対して差押えを行った。この場合、Aは、虚偽表示の無効をCに対抗できない。

5　AはBと通謀してAのCに対する指名債権をBに仮装譲渡したところ、Bは当該債権を善意のDに譲渡した。この場合、Aは、虚偽表示の無効をDに対抗できない。

【付録】2022年度行政書士試験　問題

問題28　占有権に関する次の記述のうち、民法の規定および判例に照らし、妥当でないものはどれか。

1　Aが所有する動産甲（以下「甲」という。）の保管をAから委ねられ占有しているBが、甲を自己の物と称してCに売却した場合、甲に対するCの即時取得の成立要件について、占有開始におけるCの平穏、公然、善意および無過失は推定される。

2　Aが所有する乙土地（以下「乙」という。）をBが20年以上にわたって占有し、所有権の取得時効の成否が問われる場合、Aが、Bによる乙の占有が他主占有権原に基づくものであることを証明しない限り、Bについての他主占有事情が証明されても、Bの所有の意思が認められる。

3　Aが所有する丙土地（以下「丙」という。）を無権利者であるBがCに売却し、Cが所有権を取得したものと信じて丙の占有を開始した場合、Aから本権の訴えがないときは、Cは、丙を耕作することによって得た収穫物を取得することができる。

4　Aが所有する動産丁（以下「丁」という。）を保管することをBに寄託し、これに基づいてBが丁を占有していたところ、丁をCに盗取された場合、Bは、占有回収の訴えにより、Cに対して丁の返還を請求することができる。

5　Aが所有する動産戊（以下「戊」という。）を保管することをBに寄託し、これをBに引き渡した後、Aは戊をCに譲渡した場合、Aが、Bに対して以後Cの所有物として戊を占有するよう指示し、Cが、これを承諾したときは、戊についてAからCへの引渡しが認められる。

問題29　機械部品の製造販売を行うAは、材料供給者Bと継続的取引関係を結ぶにあたり、A所有の甲土地に、極度額5,000万円、被担保債権の範囲を「BのAに対する材料供給にかかる継続的取引関係から生じる債権」とする第1順位の根抵当権（以下「本件根抵当権」という。）をBのために設定してその旨の登記をした。その後、AはCから事業資金の融資を受け、その債務の担保として甲土地に第2順位の普通抵当権をCのために設定した。この場合に関する次の記述のうち、民法の規定に照らし、明らかに誤っているものはどれか。

1　本件根抵当権について元本確定期日が定められていない場合、Aは、根抵当権の設定から3年が経過したときに元本確定を請求することができ、Bは、いつでも元本確定を請求することができる。

2　本件根抵当権について元本確定前に被担保債権の範囲を変更する場合、Cの承諾は不要であるが、その変更について元本確定前に登記をしなかったときは、その変更をしなかったものとみなす。

3　本件根抵当権について元本が確定した後、当該確定した元本の額が極度額に満たない場合には、Aは、Bに対して、極度額を法の定める額に減額することを請求することができる。

4　本件根抵当権について元本が確定した後、当該確定した元本の額が極度額に満たない場合には、Bは、当該確定した元本に係る最後の2年分の利息、損害金については、極度額を超えても、本件根抵当権を行使して優先弁済を受けることができる。

5　本件根抵当権について元本が確定する前に、BがAに対して有する材料供給にかかる債権の一部をDに譲渡した場合、当該債権譲渡の対抗要件を具備していても、Dは、当該譲渡された債権について根抵当権を行使することはできない。

【付録】2022 年度行政書士試験　問題

問題30　Aは、BにCから贈与を受けた動産甲を売却する旨の契約（以下「本件契約」という。）をBと締結したが、引渡し期日が過ぎても動産甲の引渡しは行われていない。この場合についての次の記述のうち、民法の規定に照らし、正しいものはどれか。

1　本件契約に「Cが亡くなった後に引き渡す」旨が定められていた場合、Cの死亡後にBから履行請求があったとしても、Aが実際にCの死亡を知るまではAの履行遅滞の責任は生じない。

2　動産甲が、契約締結前に生じた自然災害により滅失していたために引渡しが不能である場合、本件契約は、その成立の時に不能であるから、Aは、Bに履行の不能によって生じた損害を賠償する責任を負わない。

3　動産甲の引渡しについて、Aが履行補助者であるDを用いた場合、Dの過失により甲が滅失し引渡しができないときには、Aに当然に債務不履行責任が認められる。

4　動産甲が本件契約締結後引渡しまでの間にA・B双方の責めに帰すことができない事由によって滅失したときは、Aの引渡し債務は不能により消滅するが、Bの代金債務は消滅しないから、Bは、Aからの代金支払請求に応じなければならない。

5　Aが本件契約に基づき動産甲をBのもとに持参して引き渡そうとしたが、Bがその受領を拒んだ場合、その後にA・B双方の責めに帰すことができない事由によって甲が滅失したときは、Bは、本件契約の解除をすることも、Aからの代金支払請求を拒絶することもできない。

【付録】2022 年度行政書士試験　問題

問題31　債務不履行を理由とする契約の解除に関する次の記述のうち、民法の規定および判例に照らし、妥当なものはどれか。

1　債務者が債務の全部について履行を拒絶する意思を明確に示したとしても、債権者は、相当の期間を定めて履行の催告をし、その期間内に履行がない場合でなければ、契約を解除することができない。

2　特定物の売買契約において、契約締結後に目的物が不可抗力によって滅失した場合、買主は、履行不能を理由として契約を解除することができない。

3　建物賃貸借契約において、賃借人の用法違反が著しい背信行為にあたり、契約関係の継続が困難となるに至った場合であっても、賃貸人は相当の期間を定めて賃借人に利用態様を改めるよう催告をし、その期間が経過しても賃借人が態度を改めようとしない場合でなければ、賃貸人は、当該契約を解除することができない。

4　売買契約に基づいて目的物が引き渡された後に契約が解除された場合、買主が売主に対して負うべき原状回復義務には、目的物の返還に加えて、それまでに生じた目的物に関する使用利益の返還も含まれるが、当該契約が他人物売買であったときは、買主は売主に対して使用利益の返還義務を負わない。

5　売買契約において、買主が代金の一部の支払を遅滞した場合、売主が相当の期間を定めてその支払の催告をし、その期間内に買主が代金を完済しなかったとしても、その時点における代金額の不足が軽微であるときは、売主の売買契約の解除が制限されることがある。

【付録】2022 年度行政書士試験　問題

問題 32　Aは、Bとの間でA所有の甲建物の賃貸借契約を締結し、甲建物を引き渡したが、
　　　　その後、Aは、同建物をCに譲渡した。Aは、同賃貸借契約締結時にBから敷金を
　　　　提供され、それを受け取っていた。この場合についての次の記述のうち、民法の規定に
　　　　照らし、誤っているものはどれか。

　　1　甲建物についてのAのBに対する賃貸人たる地位は、Bの承諾を要しないで、
　　　　AとCとの合意により、Cに移転させることができる。
　　2　甲建物の譲渡によるCへの賃貸人たる地位の移転は、甲建物についてAからCへの
　　　　所有権移転登記をしなければ、Bに対抗することができない。
　　3　AとCが甲建物の賃貸人たる地位をAに留保する旨の合意および甲建物をCが
　　　　Aに賃貸する旨の合意をしたときは、賃貸人たる地位はCに移転しない。
　　4　賃貸人たる地位がCに移転した場合、Bは、Cの承諾を得なければ、甲建物の
　　　　賃借権を譲り渡すことはできないが、甲建物を転貸するときは、Cの承諾を要しない。
　　5　賃貸人たる地位がCに移転した場合、敷金の返還に係る債務はCに承継され、Cが、
　　　　Bに対し、その債務を負う。

問題 33　法定利率に関する次の記述のうち、民法の規定および判例に照らし、妥当でない
　　　　ものはどれか。

　　1　利息付金銭消費貸借契約において、利息について利率の定めがなかったときは、
　　　　利息の利率は借主が金銭を受け取った日の法定利率による。
　　2　利息付金銭消費貸借契約において、当初適用された法定利率が変動したときは、
　　　　当該消費貸借の利息に適用される法定利率も一緒に変動する。
　　3　利息付金銭消費貸借契約において、利息について利率の定めがあったが遅延損害の
　　　　額の定めがなかった場合に、当該利息の約定利率が法定利率より低かったときは、
　　　　遅延損害の額は法定利率によって定める。
　　4　不法行為に基づく損害賠償において、遅延損害金は、原則として不法行為時の法定
　　　　利率によって定める。
　　5　将来において取得すべき利益についての損害賠償の額を定める場合において、その
　　　　利益を取得すべき時までの利息相当額を控除するときは、その損害賠償の請求権が
　　　　生じた時点における法定利率により、これをする。

【付録】2022 年度行政書士試験　問題

問題34　不法行為に関する次の記述のうち、民法の規定および判例に照らし、妥当なものはどれか。

1　未成年者が他人に損害を加えた場合、道徳上の是非善悪を判断できるだけの能力があるときは、当該未成年者は、損害賠償の責任を負う。

2　精神上の障害により自己の行為の責任を弁識する能力を欠く状態にある間に他人に損害を加えた者は、過失によって一時的にその状態を招いたとしても、損害賠償の責任を負わない。

3　野生の熊が襲ってきたので自己の身を守るために他人の宅地に飛び込み板塀を壊した者には、正当防衛が成立する。

4　路上でナイフを振り回して襲ってきた暴漢から自己の身を守るために他人の家の窓を割って逃げ込んだ者には、緊急避難が成立する。

5　路上でナイフを持った暴漢に襲われた者が自己の身を守るために他人の家の窓を割って逃げ込んだ場合、窓を壊された被害者は、窓を割った者に対して損害賠償を請求できないが、当該暴漢に対しては損害賠償を請求できる。

問題35　相続に関する次の記述のうち、民法の規定および判例に照らし、妥当なものはどれか。

1　系譜、祭具及び墳墓の所有権は、被相続人の指定に従って祖先の祭祀を主宰すべき者があるときを除き、慣習に従って祖先の祭祀を主宰すべき者が承継する。

2　相続人は、相続開始の時から、一身専属的な性質を有するものを除き、被相続人の財産に属した一切の権利義務を承継するが、不法行為による慰謝料請求権は、被害者自身の精神的損害を填補するためのものであるから相続財産には含まれない。

3　相続財産中の預金債権は、分割債権であるから、相続開始時に共同相続人に対してその相続分に応じて当然に帰属し、遺産分割の対象とはならない。

4　相続開始後、遺産分割前に共同相続人の1人が、相続財産に属する財産を処分した場合、当該財産は遺産分割の対象となる相続財産ではなくなるため、残余の相続財産について遺産分割を行い、共同相続人間の不公平が生じたときには、別途訴訟等により回復する必要がある。

5　共同相続人は、相続の開始後3か月を経過した場合、いつでもその協議で遺産の全部または一部の分割をすることができる。

LEC東京リーガルマインド　2023 年版 出る順行政書士 当たる！直前予想模試　25

【付録】2022年度行政書士試験　問題

問題36　営業譲渡に関する次の記述のうち、商法の規定に照らし、正しいものはどれか。なお、営業を譲渡した商人を甲、営業を譲り受けた商人を乙とし、甲および乙は小商人ではないものとする。

1　甲が営業とともにその商号を乙に譲渡する場合には、乙が商号の登記をしなければその効力は生じない。

2　乙が甲の商号を引き続き使用する場合には、乙は、甲の営業によって生じた債務を弁済する責任を負う。ただし、営業譲渡後、遅滞なく、乙が第三者である丙に対して、甲の債務を弁済する責任を負わない旨の通知をした場合には、乙は、丙に対して弁済責任を負わない。

3　乙が甲の商号を引き続き使用する場合に、甲の営業によって生じた債権について、債務者である丙が乙に対して行った弁済は、丙の過失の有無を問わず、丙が善意であるときに、その効力を有する。

4　乙が甲の商号を引き続き使用しない場合において、乙が甲の営業によって生じた債務を引き受ける旨の広告をしたときは、甲の弁済責任が消滅するため、甲の債権者である丙は、乙に対して弁済の請求をしなければならない。

5　甲および乙が、乙に承継されない債務の債権者（残存債権者）である丙を害することを知りながら、無償で営業を譲渡した場合には、丙は、乙に対して、甲から承継した財産の価額を限度として、当該債務の履行を請求することができる。

26　LEC東京リーガルマインド　2023年版 出る順行政書士 当たる！直前予想模試

【付録】2022 年度行政書士試験　問題

問題 37　株式会社の設立における発行可能株式総数の定め等に関する次のア～オの記述の
　　　うち、会社法の規定に照らし、誤っているものの組合せはどれか。

ア　発起設立において、発行可能株式総数を定款で定めていない場合には、発起人は、
　　株式会社の成立の時までに、その全員の同意によって、定款を変更して発行可能株
　　式総数の定めを設けなければならない。
イ　発起設立においては、発行可能株式総数を定款で定めている場合であっても、発
　　起人は、株式会社の成立の時までに、その過半数の同意によって、発行可能株式総
　　数についての定款を変更することができる。
ウ　募集設立において、発行可能株式総数を定款で定めていない場合には、発起人は、
　　株式会社の成立の時までに、その全員の同意によって、定款を変更して発行可能株
　　式総数の定めを設けなければならない。
エ　募集設立においては、発行可能株式総数を定款で定めている場合であっても、株
　　式会社の成立の時までに、創立総会の決議によって、発行可能株式総数についての
　　定款を変更することができる。
オ　設立時発行株式の総数は、設立しようとする株式会社が公開会社でない場合を除
　　いて、発行可能株式総数の 4 分の 1 を下ることができない。

　　1　ア・ウ
　　2　ア・エ
　　3　イ・ウ
　　4　イ・オ
　　5　エ・オ

2023 年版 出る順行政書士 当たる！直前予想模試　27

【付録】2022年度行政書士試験　問題

問題38　特別支配株主の株式売渡請求に関する次の記述のうち、会社法の規定に照らし、誤っているものはどれか。

1　特別支配株主は、株式売渡請求に係る株式を発行している対象会社の他の株主（当該対象会社を除く。）の全員に対し、その有する当該対象会社の株式の全部を当該特別支配株主に売り渡すことを請求することができる。

2　株式売渡請求をしようとする特別支配株主は、株式売渡請求に係る株式を発行している対象会社に対し、株式売渡請求をする旨および対価として交付する金銭の額や売渡株式を取得する日等の一定の事項について通知し、当該対象会社の株主総会の承認を受けなければならない。

3　株式売渡請求をした特別支配株主は、株式売渡請求において定めた取得日に、株式売渡請求に係る株式を発行している対象会社の株主が有する売渡株式の全部を取得する。

4　売渡株主は、株式売渡請求が法令に違反する場合であって、売渡株主が不利益を受けるおそれがあるときは、特別支配株主に対し、売渡株式の全部の取得をやめることを請求することができる。

5　株式売渡請求において定めた取得日において公開会社の売渡株主であった者は、当該取得日から6か月以内に、訴えをもってのみ当該株式売渡請求に係る売渡株式の全部の取得の無効を主張することができる。

【付録】2022 年度行政書士試験　問題

問題 39　公開会社における株主総会に関する次の記述のうち、会社法の規定に照らし、誤っているものはどれか。なお、定款に別段の定めはなく、かつ、株主総会の目的である事項の全部または一部について議決権を有しない株主はいないものとする。

1　総株主の議決権の 100 分の 3 以上の議決権を 6 か月前から引き続き有する株主は、取締役に対し、株主総会の目的である事項および招集の理由を示して、株主総会の招集を請求することができる。

2　総株主の議決権の 100 分の 1 以上の議決権または 300 個以上の議決権を 6 か月前から引き続き有する株主は、取締役に対し、株主総会の日の 8 週間前までに、一定の事項を株主総会の目的とすることを請求することができる。

3　株主は、株主総会において、当該株主総会の目的である事項につき議案を提出することができる。ただし、当該議案が法令もしくは定款に違反する場合または実質的に同一の議案につき株主総会において総株主の議決権の 10 分の 1 以上の賛成を得られなかった日から 3 年を経過していない場合は、この限りでない。

4　総株主の議決権の 100 分の 1 以上の議決権を 6 か月前から引き続き有する株主は、株主総会に係る招集の手続および決議の方法を調査させるため、当該株主総会に先立ち、取締役に対し、検査役を選任すべきことを請求することができる。

5　取締役、会計参与、監査役および執行役は、株主総会において、株主から特定の事項について説明を求められた場合には、当該事項について必要な説明をしなければならない。ただし、当該事項が株主総会の目的である事項に関しないものである場合、その説明をすることにより株主の共同の利益を著しく害する場合その他正当な理由があるとして法務省令で定める場合は、この限りでない。

問題 40　会計参与に関する次のア〜オの記述のうち、会社法の規定に照らし、正しいものの組合せはどれか。

ア　公開会社である大会社は、会計参与を置いてはならない。

イ　公開会社ではない大会社は、会計監査人に代えて、会計参与を置くことができる。

ウ　会計参与は、株主総会の決議によって選任する。

エ　会計参与は、公認会計士もしくは監査法人または税理士もしくは税理士法人でなければならない。

オ　会計参与は、すべての取締役会に出席し、必要があると認めるときは、意見を述べなければならない。

　　1　ア・イ
　　2　ア・エ
　　3　イ・オ
　　4　ウ・エ
　　5　ウ・オ

LEC東京リーガルマインド　2023 年版 出る順行政書士 当たる！直前予想模試　29

【付録】2022年度行政書士試験　問題

[問題41〜問題43は択一式（多肢選択式）]

問題41　次の文章の空欄　ア　〜　エ　に当てはまる語句を、枠内の選択肢（1〜20）から
　　　　選びなさい。

　　　ア　の争訟は、①当事者間の具体的な権利義務ないし法律関係の存否に関する紛争
であって、かつ、②それが法令の適用により終局的に解決することができるものに
限られるとする当審の判例（引用略）に照らし、地方議会議員に対する出席停止の
懲罰の取消しを求める訴えが、①②の要件を満たす以上、　ア　の争訟に当たることは
明らかであると思われる。
　　　ア　の争訟については、憲法32条により国民に裁判を受ける権利が保障されて
おり、また、　ア　の争訟について裁判を行うことは、憲法76条1項により司法権に
課せられた義務であるから、本来、司法権を行使しないことは許されないはずであり、
司法権に対する　イ　制約があるとして司法審査の対象外とするのは、かかる例外を
正当化する　ウ　の根拠がある場合に厳格に限定される必要がある。
　　　国会については、国権の最高機関（憲法41条）としての　エ　を憲法が尊重してい
ることは明確であり、憲法自身が議員の資格争訟の裁判権を議院に付与し（憲法55条）、
議員が議院で行った演説、討論又は表決についての院外での免責規定を設けている（憲法
51条）。しかし、地方議会については、憲法55条や51条のような規定は設けられて
おらず、憲法は、　エ　の点において、国会と地方議会を同視していないことは明らかで
ある。
　　　　　　（最大判令和2年11月25日民集74巻8号2229頁、宇賀克也裁判官補足意見）

1　法令上	2　一般的	3　公法上	4　地位
5　自律性	6　訴訟法上	7　外在的	8　必然的
9　公益上	10　法律上	11　独立性	12　社会的
13　慣習法上	14　権能	15　私法上	16　公共性
17　偶然的	18　実体法上	19　判例法上	20　憲法上

【付録】2022 年度行政書士試験　問題

問題 42　次の文章の空欄　ア　～　エ　に当てはまる語句を、枠内の選択肢（1～20）から
選びなさい。

　　行政機関の保有する情報の公開に関する法律（行政機関情報公開法）に基づき、行政
機関の長に対して、当該行政機関が保有する　ア　の開示が請求された場合、当該
行政機関の長は、当該　ア　の開示又は不開示の決定（開示決定等）をしなければ
ならない。

　　開示決定等は、行政手続法上の　イ　であるから、同法の定めによれば、当該行政
機関の長は、不開示決定（部分開示決定を含む。）をする場合、原則として、開示請求者に
対し、同時に、当該決定の　ウ　を示さなければならない。

　　開示決定等に不服がある者は、行政不服審査法に基づく審査請求をすることができる。
審査請求に対する裁決をすべき行政機関の長は、原則として、　エ　に諮問しなければ
ならない（当該行政機関の長が会計検査院長である場合を除く）。　エ　は、必要があると
認めるときは、諮問をした行政機関の長（諮問庁）に対し、　ア　の提示を求めることが
でき、諮問庁は、これを拒むことができない。この審査請求においては、処分庁は、
当初に示された　ウ　と異なる　ウ　を主張することもできる。

1　届出に対する処分	2　個人情報保護委員会		
3　情報公開・個人情報保護審査会			
4　裁量処分	5　公文書	6　理由	
7　行政情報	8　行政不服審査会	9　解釈基準	
10　不利益処分	11　申請に対する処分	12　裁量基準	
13　国地方係争処理委員会	14　行政文書ファイル	15　審査基準	
16　公情報	17　授益的処分	18　処分基準	
19　行政文書	20　情報公開委員会		

LEC東京リーガルマインド　2023 年版 出る順行政書士 当たる！直前予想模試　31

【付録】2022年度行政書士試験　問題

問題43　次の文章の空欄　ア　～　エ　に当てはまる語句を、枠内の選択肢（1～20）から
選びなさい。

　　国家補償制度は、国家賠償と損失補償によって構成されるが、両者のいずれによっても
救済されない問題が存在する。公務員の　ア　の違法行為による被害は、国家賠償法の
救済の対象とはならず、他方、憲法29条3項によって求められる損失補償は、　イ　以外の
権利利益についての被害には及ばないと考えられるからである。この救済の空白地帯
は「国家補償の谷間」と呼ばれている。

　　「国家補償の谷間」の典型事例は予防接種による副反応被害である。この事例を損失
補償により救済するアプローチは、　イ　よりも重要な利益である生命・身体の利益は、
当然に憲法29条3項に規定する損失補償の対象となるとする　ウ　解釈によって、
救済を図ろうとする。

　　これに対して、国家賠償による救済のアプローチをとる場合、予防接種の性質上、
予診を尽くしたとしても、接種を受けることが適切でない者（禁忌者）を完全に見分ける
ことが困難であり、医師による予診を初めとする公務員の行為は　ア　とされる可能性が
残る。この点について、最高裁判所昭和51年9月30日判決は、予防接種により重篤な
副反応が発生した場合に、担当医師がこうした結果を予見しえたのに、過誤により
予見しなかったものと　エ　することで、実質的に、自らが　ア　であることの立証
責任を国側に負わせることで救済を図った。

1	自由裁量	2	合憲限定	3	生存権	4	無過失
5	正当な補償	6	文理	7	証明	8	緊急避難
9	重過失	10	特別の犠牲	11	推定	12	職務外
13	決定	14	事実行為	15	財産権	16	確定
17	反対	18	憲法上の権利	19	償うことのできない損害	20	勿論

32　　LEC東京リーガルマインド　2023年版 出る順行政書士 当たる！直前予想模試

【付録】2022 年度行政書士試験 問題

[問題 44〜問題 46 は記述式] 解答は、必ず答案用紙裏面の解答欄（マス目）に記述すること。なお、字数には、句読点も含む。

問題 44 開発事業者であるAは、建築基準法に基づき、B市建築主事から建築確認を受けて、マンションの建築工事を行い、工事完成後、Aは当該マンションの建物につき、検査の上、検査済証の交付を受けた。これに対して、当該マンションの隣地に居住するXらは、当該マンションの建築計画は建築基準法令に適合せず、建築確認は違法であり、当該マンションも、そのような建築計画に沿って建てられたものであるから違法であって、当該マンションの建物に火災その他の災害が発生した場合、建物が倒壊、炎上することにより、Xらの身体の安全や家屋に甚大な被害が生ずるおそれがあるとして、建築基準法に基づき違反建築物の是正命令を発出するよう、特定行政庁であるB市長に申し入れた。しかしながら、B市長は、当該建築確認および当該マンションの建物に違法な点はないとして、これを拒否することとし、その旨を通知した。

　このようなB市長の対応を受け、Xらは、行政事件訴訟法の定める抗告訴訟を提起することにした。この場合において、①誰を被告として、②前記のような被害を受けるおそれがあることにつき、同法の定める訴訟要件として、当該是正命令がなされないことにより、どのような影響を生ずるおそれがあるものと主張し（同法の条文の表現を踏まえて記すこと。）、③どのような訴訟を起こすことが適切か。40字程度で記述しなさい。

（参照条文）

建築基準法

（違反建築物に対する措置）

第9条 特定行政庁は、建築基準法令の規定又はこの法律の規定に基づく許可に付した条件に違反した建築物又は建築物の敷地については、当該建築物の建築主、当該建築物に関する工事の請負人（請負工事の下請人を含む。）若しくは現場管理者又は当該建築物若しくは建築物の敷地の所有者、管理者若しくは占有者に対して、当該工事の施工の停止を命じ、又は、相当の猶予期限を付けて、当該建築物の除却、移転、改築、増築、修繕、模様替、使用禁止、使用制限その他これらの規定又は条件に対する違反を是正するために必要な措置をとることを命ずることができる。

（下書用）

【付録】2022 年度行政書士試験　問題

問題 45　Aが所有する甲不動産について、Aの配偶者であるBが、Aから何ら代理権を与
えられていないにもかかわらず、Aの代理人と称して甲不動産をCに売却する旨の
本件売買契約を締結した後、Bが死亡してAが単独で相続するに至った。CがAに
対して、売主として本件売買契約を履行するよう求めた場合に、Aは、これを拒み
たいと考えているが、認められるか。民法の規定および判例に照らし、その許否に
つき理由を付して 40 字程度で記述しなさい。

（下書用）

									10					15

【付録】2022 年度行政書士試験　問題

問題 46　Aは、工場を建設するために、Bから、Bが所有する甲土地（更地）を、賃貸借契約締結の日から賃借期間 30 年と定めて賃借した。ただし、甲土地の賃借権の登記は、現在に至るまでされていない。ところが、甲土地がBからAに引き渡される前に、甲土地に何らの権利も有しないCが、AおよびBに無断で、甲土地に塀を設置したため、Aは、甲土地に立ち入って工場の建設工事を開始することができなくなった。そこで、Aは、Bに対応を求めたが、Bは何らの対応もしないまま現在に至っている。Aが甲土地に工場の建設工事を開始するために、Aは、Cに対し、どのような請求をすることができるか。民法の規定および判例に照らし、40 字程度で記述しなさい。

（下書用）

Aは、Cに対し、

									10					15

LEC東京リーガルマインド　2023 年版 出る順行政書士 当たる！直前予想模試　35

【付録】2022 年度行政書士試験　問題

一 般 知 識 等 [問題 47〜問題 60 は択一式（5 肢択一式）]

問題 47　ロシア・旧ソ連の外交・軍事に関する次の記述のうち、妥当なものはどれか。

1　1853 年にロシアはオスマン朝トルコとウクライナ戦争を起こし、イギリス・フランスがトルコ側に参戦して、ウィーン体制に基づくヨーロッパの平和は崩壊した。

2　第一次世界大戦の末期の 1917 年に、ロシアでいわゆる名誉革命が生じ、革命政権は「平和に関する布告」を出し、社会主義インターナショナルの原則による和平を求めた。

3　独ソ不可侵条約・日ソ中立条約を締結してから、ソ連は 1939 年にポーランドに侵攻して東半分を占領し、さらにフィンランドとバルト三国とスウェーデンも占領した。

4　1962 年にキューバにソ連のミサイル基地が建設されていることが分かり、アメリカがこれを空爆したため、キューバ戦争が起こった。

5　1980 年代前半は新冷戦が進行したが、ソ連の最高指導者ゴルバチョフは新思考外交を展開し、1989 年の米ソ両首脳のマルタ会談において、東西冷戦の終結が宣言された。

【付録】2022 年度行政書士試験　問題

問題 48　ヨーロッパの国際組織に関する次のア〜オの記述のうち、妥当なものの組合せは
　　　　どれか。

ア　1960 年にイギリスが中心となって設立されたヨーロッパの経済統合を目指す国際
　　機関を欧州経済共同体（ＥＥＣ）という。
イ　国際連合の下部組織としてヨーロッパの一部の国際連合加盟国が参加して形成さ
　　れた国際機関を欧州連合（ＥＵ）という。
ウ　ヨーロッパにおける人権保障、民主主義、法の支配の実現を目的とした国際機関
　　を欧州評議会（Council of Europe）という。
エ　ヨーロッパがヨーロッパ外部からの攻撃に対して防衛するためアメリカとヨーロッパ
　　各国が結んだ西欧条約に基づいて設立された集団防衛システムを西欧同盟（ＷＥＵ）と
　　いう。
オ　欧州自由貿易連合（ＥＦＴＡ）加盟国が欧州連合（ＥＵ）に加盟せずにヨーロッ
　　パの市場に参入することができるよう作られた仕組みを欧州経済領域（ＥＥＡ）と
　　いう。

　　1　ア・ウ
　　2　ア・エ
　　3　イ・エ
　　4　イ・オ
　　5　ウ・オ

【付録】2022 年度行政書士試験　問題

問題 49　軍備縮小（軍縮）に関する次のア～オの記述のうち、妥当でないものの組合せは
どれか。

ア　コスタリカは軍隊を持たないことを憲法に明記し、フィリピンは非核政策を憲法に
明記している。

イ　対人地雷禁止条約＊では、対人地雷の使用や開発が全面的に禁止されている。

ウ　核拡散防止条約（ＮＰＴ）では、すべての国の核兵器保有が禁止されているが、
アメリカ、ロシア、イギリス、フランス、中国の５か国は批准していない。

エ　佐藤栄作は、生物・化学兵器禁止に尽力したことが評価され、2004 年にノーベル
平和賞を受賞した。

オ　中距離核戦力（ＩＮＦ）全廃条約は、アメリカとソ連との間に結ばれた条約で、
2019 年に失効した。

（注）　＊　対人地雷の使用、貯蔵、生産及び移譲の禁止並びに廃棄に関する条約

1　ア・イ
2　ア・オ
3　イ・ウ
4　ウ・エ
5　エ・オ

【付録】2022 年度行政書士試験　問題

問題 50　郵便局に関する次のア～オの記述のうち、妥当でないものの組合せはどれか。

ア　郵便局は全国で 2 万か所以上あり、その数は全国のコンビニエンスストアの店舗数より多い。

イ　郵便局は郵便葉書などの信書の送達を全国一般で行っているが、一般信書便事業について許可を受けた民間事業者はいない。

ウ　郵便局では、農産物や地元特産品などの販売を行うことは、認められていない。

エ　郵便局では、簡易保険のほか、民間他社の保険も取り扱っている。

オ　郵便局内にあるゆうちょ銀行の現金自動預払機（ＡＴＭ）では、硬貨による預金の預入れ・引出しの際に手数料を徴収している。

1　ア・ウ
2　ア・オ
3　イ・エ
4　イ・オ
5　ウ・エ

問題 51　次の文章の空欄　ア　～　カ　に当てはまる国名の組合せとして、正しいものはどれか。

　「国内総生産（ＧＤＰ）」は、国の経済規模を表す指標である。ＧＤＰは一国内で一定期間に生産された付加価値の合計であり、その国の経済力を表す。それに対し、その国の人々の生活水準を知るためには、ＧＤＰの値を人口で割った「1 人当たりＧＤＰ」が用いられる。

　2022 年 4 月段階での国際通貨基金（ＩＭＦ）の推計資料によれば、世界のなかでＧＤＰの水準が高い上位 6 か国をあげると、　ア　、　イ　、　ウ　、　エ　、　オ　、　カ　の順となる。ところが、これら 6 か国を「1 人当たりＧＤＰ」の高い順に並びかえると、アメリカ、ドイツ、イギリス、日本、中国、インドの順となる。

	ア	イ	ウ	エ	オ	カ
1	アメリカ	日本	中国	インド	イギリス	ドイツ
2	中国	アメリカ	日本	イギリス	インド	ドイツ
3	アメリカ	中国	日本	ドイツ	インド	イギリス
4	中国	アメリカ	インド	イギリス	ドイツ	日本
5	アメリカ	中国	インド	日本	ドイツ	イギリス

LEC東京リーガルマインド　2023 年版 出る順行政書士 当たる！直前予想模試

【付録】2022 年度行政書士試験　問題

問題 52　日本の森林・林業に関する次のア〜オの記述のうち、妥当なものの組合せはどれか。

　　ア　日本の森林率は中国の森林率より高い。
　　イ　日本の森林には、国が所有する国有林と、それ以外の民有林があるが、国有林面積は森林面積全体の半分以上を占めている。
　　ウ　日本では、21 世紀に入ってから、環境破壊に伴って木材価格の上昇が続き、2020 年代に入ってもさらに急上昇している。
　　エ　荒廃する森林の保全のための財源確保に向けて、新たに森林環境税が国税として導入されることが決まった。
　　オ　日本は木材の多くを輸入に依存しており、木材自給率は年々低下する傾向にある。

　　　1　ア・イ
　　　2　ア・エ
　　　3　イ・オ
　　　4　ウ・エ
　　　5　ウ・オ

問題 53　アメリカ合衆国における平等と差別に関する次の記述のうち、妥当でないものはどれか。

　　　1　黒人差別に抗議する公民権運動において中心的な役割を担ったキング牧師は、1963 年に 20 万人以上の支持者による「ワシントン大行進」を指導した。
　　　2　2017 年に、ヒラリー・クリントンは、女性として初めてアメリカ合衆国大統領に就任した。
　　　3　2020 年にミネアポリスで黒人男性が警察官によって殺害された後、人種差別に対する抗議運動が各地に広がった。
　　　4　人種差別に基づくリンチを連邦法の憎悪犯罪とする反リンチ法が、2022 年に成立した。
　　　5　2022 年に、ケタンジ・ブラウン・ジャクソンは、黒人女性として初めて連邦最高裁判所判事に就任した。

【付録】2022 年度行政書士試験　問題

問題 54　次の文章の空欄　ア　～　オ　に当てはまる語句の組合せとして、妥当なものは
どれか。

　地球環境問題を解決するためには、国際的な協力体制が不可欠である。1971 年には
特に水鳥の生息地として国際的に重要な湿地に関して、　ア　が採択された。1972 年
に国連人間環境会議がスウェーデンのストックホルムで開催され、国際的に環境問題
に取り組むための　イ　が決定された。しかし、石油危機後の世界経済の落ち込みに
より、環境対策より経済政策が各国で優先され、解決に向けた歩みは進まなかった。
　それでも、1992 年にブラジルのリオデジャネイロで国連環境開発会議（地球サミット）
が開催され、「持続可能な開発」をスローガンに掲げたリオ宣言が採択された。同時に、
環境保全に向けての行動計画であるアジェンダ 21、地球温暖化対策に関する　ウ　や、
生物多様性条約なども採択された。その後、1997 年の第 3 回　ウ　締約国会議（ＣＯＰ３）
で　エ　が採択され、さらに、2015 年の第 21 回　ウ　締約国会議（ＣＯＰ21）で　オ　が
採択されるなど、取組が続けられている。

	ア	イ	ウ	エ	オ
1	国連環境計画	パリ協定	京都議定書	ラムサール条約	気候変動枠組条約
2	国連環境計画	京都議定書	パリ協定	気候変動枠組条約	ラムサール条約
3	ラムサール条約	パリ協定	国連環境計画	京都議定書	気候変動枠組条約
4	ラムサール条約	国連環境計画	気候変動枠組条約	京都議定書	パリ協定
5	京都議定書	気候変動枠組条約	ラムサール条約	国連環境計画	パリ協定

【付録】2022 年度行政書士試験　問題

問題 55　次の文章の空欄　Ⅰ　～　Ⅴ　には、それぞれあとのア～コのいずれかの語句が入る。その組合せとして妥当なものはどれか。

　　人工知能（ＡＩ）という言葉は定義が難しく、定まった見解はない。しかしながら、人間が従来担ってきた知的生産作業を代替する機能を有するコンピュータを指していると考えたい。例えば、　Ⅰ　や　Ⅱ　、翻訳や文章生成、さまざまなゲームのプレイ、各種の予測作業においてＡＩが利用されていることはよく知られている。すでに、社会生活のさまざまな場面でＡＩ技術の応用が見られており、　Ⅰ　技術を用いた例として文字起こしサービスが、　Ⅱ　技術を用いた例として生体認証がある。

　　ＡＩの発展の第一の背景として、コンピュータが予測を行うために利用する　Ⅲ　が収集できるようになってきたことが挙げられる。第二に、コンピュータの高速処理を可能にする中央処理装置（ＣＰＵ）の開発がある。第三に、新しいテクノロジーである　Ⅳ　の登場がある。従来の学習機能とは異なって、コンピュータ自身が膨大なデータを読み解いて、その中からルールや相関関係などの特徴を発見する技術である。これは人間と同じ　Ⅴ　をコンピュータが行うことに特徴がある。さらに、この　Ⅳ　が優れているのは、コンピュータ自身が何度もデータを読み解く作業を継続して学習を続け、進化できる点にある。

ア　音声認識　　　　　　　イ　声紋鑑定　　　　　　　ウ　画像認識
エ　ＤＮＡ鑑定　　　　　　オ　ビッグデータ　　　　　カ　デバイス
キ　ディープラーニング　　ク　スマートラーニング　　ケ　帰納的推論
コ　演繹的推論

	Ⅰ	Ⅱ	Ⅲ	Ⅳ	Ⅴ
1	ア	ウ	オ	キ	ケ
2	ア	ウ	カ	ク	ケ
3	ア	エ	オ	キ	コ
4	イ	ウ	カ	ク	コ
5	イ	エ	オ	キ	ケ

【付録】2022年度行政書士試験　問題

問題 56　情報通信に関する用語を説明した次のア〜オの記述のうち、妥当なものの組合せはどれか。

ア　自らに関する情報が利用される際に、ユーザ本人の許可を事前に得ておくシステム上の手続を「オプトイン」という。

イ　インターネット上で情報発信したりサービスを提供したりするための基盤を提供する事業者を「プラットフォーム事業者」という。

ウ　情報技術を用いて業務の電子化を進めるために政治体制を専制主義化することを「デジタルトランスフォーメーション」という。

エ　テレビ電話を使って離れた話者を繋ぐ情報システムのことを「テレワーク」という。

オ　ユーザが自身の好みのウェブページをブラウザに登録することを「ベース・レジストリ」という。

1　ア・イ
2　ア・ウ
3　イ・エ
4　ウ・オ
5　エ・オ

問題 57　個人情報保護制度に関する次の記述のうち、正しいものはどれか。

1　個人情報保護に関しては、一部の地方公共団体が先行して制度を整備した情報公開とは異なり、国の制度がすべての地方公共団体に先行して整備された。

2　個人情報保護委員会は、個人情報保護条例を制定していない地方公共団体に対して、個人情報保護法違反を理由とした是正命令を発出しなければならない。

3　個人番号カードは、個人情報保護法に基づいて、各都道府県が交付している。

4　個人情報保護委員会は、内閣総理大臣に対して、地方公共団体への指揮監督権限の行使を求める意見を具申することができる。

5　個人情報保護委員会は、認定個人情報保護団体に関する事務をつかさどる。

LEC東京リーガルマインド　2023年版 出る順行政書士 当たる！直前予想模試　43

【付録】2022 年度行政書士試験　問題

問題 58　本文中の空欄 □□□ に入る文章を、あとのア〜オを並べ替えて作る場合、その
　　　　順序として妥当なものはどれか。

　　教育を他人からあたえられるもの、とかんがえる立場はとりもなおさず情報に使わ
れる立場の原型である。あたえられた教科書を暗記し、先生からあたえられた宿題は
する。しかし、指示のなかったことはなにもしない。そとからの入力がなくなったら、
うごきをとめてしまう──そうした若ものたちにこそわたしはまず情報を使うことを
おぼえてほしいと思う。ほんとうの教育とは、自発性にもとづいてみずからの力で情
報を使うことだ。学校だの教師だのというのは、そういう主体的な努力を手つだう補
助的な装置だ、とわたしはかんがえている。（中略）
　　わたしは、学生たちに、どんなことでもよいから、「なぜ」ではじまる具体的な問
いを毎日ひとつつくり、それを何日もつづけることを課題としてあたえてみたことが
あった。
　　ずいぶんふしぎな「なぜ」がたくさんあつまった。

　　　　　　　　　　　　　　　　　　　　　　　　　　　　　　　　なにが必要なの
かをはっきりさせること──それが問題発見ということであり、問題意識をもつとい
うことなのだ。

　　　　　　　　　　　　　　　　　　　　　　（出典　加藤秀俊「取材学」から）

ア　じぶんはなにを知りたいのか、なにを知ろうとしているのか、それがわかったと
　　きにはじめてどんな情報をじぶんが必要としているのかがはっきりしてくるのだ。
イ　やみくもに、いろんな情報と行きあたりばったりに接触するのでなく、必要な情
　　報だけをじょうずに手にいれるためには、なにをじぶんが必要としているのかを知
　　らねばならぬ。
ウ　しかし、そのさまざまな「なぜ」をつぎつぎに提出しながら、この学生たちは問
　　題発見ということへの第一歩をふみ出したのである。
エ　みんなで持ちよって読みあわせてみると、珍妙な「なぜ」が続出して大笑いにな
　　ったりもした。
オ　情報を使うというのは、べつなことばでいえば、必要な情報だけをえらび出す、
　　ということである。

　　1　ア　→　イ　→　ウ　→　オ　→　エ
　　2　イ　→　ア　→　エ　→　ウ　→　オ
　　3　イ　→　エ　→　ア　→　オ　→　ウ
　　4　エ　→　ウ　→　ア　→　イ　→　オ
　　5　エ　→　オ　→　ア　→　ウ　→　イ

【付録】2022 年度行政書士試験　問題

問題 59　本文中の空欄 [　] に入る文章として、妥当なものはどれか。

　戦後、日本軍の組織的特性は、まったく消滅してしまったのであろうか。それは連続的に今日の日本の組織のなかに生きているのか、それとも非連続的に進化された形で生きているのだろうか。この問いに明確に答えるためには、新たなプロジェクトを起こし、実証研究を積み上げなければなるまい。しかしながらわれわれは、現段階では、日本軍の特性は、連続的に今日の組織に生きている面と非連続的に革新している面との両面があると考えている。

　日本の政治組織についていえば、日本軍の戦略性の欠如はそのまま継承されているようである。[　　] 原則に固執しなかったことが、環境変化の激しい国際環境下では、逆にフレキシブルな微調整的適応を意図せざる結果としてもたらしてきたのである。しかし、経済大国に成長してきた今日、日本がこれまでのような無原則性でこれからの国際環境を乗り切れる保証はなく、近年とみに国家としての戦略性を持つことが要請されるようになってきていると思われる。

（出典　戸部良一・寺本義也・鎌田伸一・杉之尾孝生・村井友秀・野中郁次郎「失敗の本質」から）

1　しかしながら、日本政府の無原則性は、逆説的ではあるが、少なくともこれまでは国際社会において臨機応変な対応を可能にしてきた。

2　このようにして、日本政府の無原則性は、普遍的ではあるが、少なくともこれまでは国際社会において当意即妙な対応を可能にしてきた。

3　しかしながら、日本政府の無原則性は、自虐的ではあるが、少なくともこれまでは国際社会において優柔不断な対応を可能にしてきた。

4　このようにして、日本政府の無原則性は、抜本的ではあるが、少なくともこれまでは国際社会において融通無碍な対応を可能にしてきた。

5　しかしながら、日本政府の無原則性は、真説的ではあるが、少なくともこれまでは国際社会において孤立無援な対応を可能にしてきた。

【付録】2022 年度行政書士試験　問題

問題60　本文中の空欄　ア　～　オ　に入る語句の組合せとして、妥当なものはどれか。

　　一九九五年のＮＨＫ国民生活調査によれば、日本人が一日にテレビを見る時間は平均三時間二八分。仮に七五年間このペースで過ごせば、人生のまる一〇年間以上をテレビだけ見て過ごす計算になる。それに加えて、新聞・雑誌、映画、ラジオはもちろん、インターネットのホームページをチェックする時間などを加えれば、私たちは人生の大半をメディアとともに過ごしている、と言っても過言ではない。情報社会への移行が加速するなか、私たちは、時間や空間を軽々と飛び越えて、地球の裏側で起こっていることを見聞したり、数世紀前の歴史上の出来事や人物についてさえ知ることができる。　ア　たっぷりのライブ中継を目にすることは、それがテレビカメラを通したものであることを忘れさせ、あたかも自分がその場に立ち会っているかのような　イ　を覚えさせるほどだ。実際に経験したことよりも、メディアが伝えるリアリティの方が、現実味を帯びていると感じることも少なくない。メディアが　ウ　する情報は、世の中を理解する上での中心的な役割を果たし、私たちの考え方や価値観の形成、ものごとを選択する上でもますます大きな影響力を発揮するようになっている。

　　ところが、メディアが送り出す情報は、現実そのものではなく、送り手の観点からとらえられたものの見方のひとつにしかすぎない。事実を切り取るためにはつねに主観が必要であり、また、何かを伝えるということは、裏返せば何かを伝えないということでもある。メディアが伝える情報は、　エ　の連続によって現実を再構成した　オ　なものであり、特別な意図がなくても、制作者の思惑や価値判断が入り込まざるを得ないのだ。

（出典　菅谷明子「メディア・リテラシー」から）

	ア	イ	ウ	エ	オ
1	緊迫感	錯覚	斡旋	取捨選択	作為的
2	切迫感	錯綜	斡旋	換骨奪胎	虚偽的
3	切迫感	錯綜	仲介	実事求是	作為的
4	臨場感	幻滅	仲介	換骨奪胎	恣意的
5	臨場感	錯覚	媒介	取捨選択	恣意的

第1回　解答・解説

2023年版 出る順行政書士 当たる！直前予想模試【第1回】解答一覧

【法令等（5肢択一式／一問4点）】

問題	正解	問題	正解	問題	正解
1	3	15	4	29	5
2	4	16	5	30	5
3	5	17	2	31	4
4	2	18	5	32	2
5	5	19	2	33	5
6	5	20	2	34	3
7	4	21	4	35	3
8	2	22	2	36	5
9	4	23	4	37	3
10	4	24	1	38	3
11	4	25	2	39	2
12	4	26	5	40	1
13	5	27	4	合計	／160
14	3	28	3		

【法令等（多肢選択式／一問8点／各2点）】

問	ア		イ		ウ		エ	
41	ア	3	イ	6	ウ	20	エ	11
42	ア	2	イ	16	ウ	13	エ	7
43	ア	12	イ	19	ウ	6	エ	9
							合計	／24

【法令等（記述式／一問20点）】

44

本	件	取	消	し	が	さ	れ	た	場	合	に	自	己	の	利	益	を	害	さ
れ	る	こ	と	と	な	る	と	き	に	、	聴	聞	が	終	結	す	る	時	ま
で	の	間	。																

45

A	が	あ	ら	か	じ	め	許	諾	し	た	場	合	を	除	き	、	代	理	権
を	有	し	な	い	者	が	し	た	行	為	と	み	な	さ	れ	る	。		

46

A	、	B	が	C	に	対	し	て	甲	建	物	の	返	還	を	請	求	し	た
時	に	す	る	。	C	に	対	す	る	甲	建	物	の	返	還	債	務	の	履
行	不	能	に	よ	り	終	了												

合計 ／60

【一般知識等（5肢択一式／一問4点）】

問題	正解	問題	正解	問題	正解
47	2	52	5	57	4
48	3	53	5	58	3
49	4	54	2	59	5
50	3	55	4	60	3
51	2	56	5	合計	／56

合計	／300

【第1回】 解答・解説

問題	テーマ（分野）	正解	重要度	正答率
1	**法の分類（基礎法学）**	**3**	**B**	80%

（類題）ウォーク問過去問題集①法令編　問 381

1　妥当でない 　基礎　　『合格基本書』p. 651

　　権利義務を実現させる手続を定める法は「手続法」であり、民事訴訟法や刑事訴訟法は手続法に分類される。

2　妥当でない 　基礎　　『合格基本書』p. 650

　　「不文法」とは、文章化されていないが、慣習や伝統により法としての効力を有するものをいう。国際法の法源となる不文法として、国際慣習法が挙げられる。国際司法裁判所規程は、「法として認められた一般慣行の証拠としての国際慣習」を裁判の準則としている。

3　妥当である 　基礎　　『合格基本書』p. 651

　　そのとおり。「公法」とは、国家のしくみや国家と個人との関係について定めた法をいう。公法には、日本国憲法、刑法、行政法、内閣法などが含まれる。これに対し、「私法」とは、私人相互の関係を定めた法をいい、民法、商法などが「私法」に含まれる。

4　妥当でない 　基礎　　『合格基本書』p. 651

　　「実定法」とは、自然法に対して人間の行為によって作り出された法をいう。したがって、実定法には、成文法や不文法のうち判例法、慣習法のいずれも含まれる。

5　妥当でない 　基礎　　『合格基本書』p. 651

　　「社会法」とは、市民法と対比される分類であり、社会権の思想を基礎とする法である。これには、労働法、経済法、生活保護法などの社会保障法が含まれるが、刑法は含まれない。

━━━━━━━━━━━━━━━━ **ワンポイントアドバイス** ━━━━━━━━━━━━━━━━

【実体法】

　　「実体法」は、権利義務などの法律関係の内容を定める法をいい、民法や刑法などがこれに分類されます。

【第1回】 解答・解説

問題	テーマ（分野）	正解	重要度	正答率
2	法の解釈（基礎法学）	4	A	40%

1 妥当である 基礎 『合格基本書』p. 656

そのとおり。縮小解釈とは、法文の意味を厳格に制限し、通常の意味より狭く解釈することをいう。相手方と通じてした虚偽の意思表示（虚偽表示）の無効は善意の第三者に対抗することができないという規定（民法94条2項）について、第三者とは「虚偽の意思表示の当事者またはその一般承継人以外の者であつて、その表示の目的につき法律上利害関係を有するに至つた者」（大判大 9.7.23、最判昭 45.7.24）を指すとして、当事者（またはその一般承継人）以外の者という普通の意味より狭く解釈するのは、縮小解釈である。

2 妥当である 基礎 『合格基本書』p. 656

そのとおり。拡張解釈とは、法文の意味を日常一般に用いられる意味より拡張する解釈をいう。過失により汽車を転覆させた者に刑罰を科す規定（刑法129条）について、汽車にはガソリンエンジンを動力とする鉄道車両も含まれると解釈するのは、拡張解釈である。

3 妥当である 基礎 『合格基本書』p. 657

そのとおり。反対解釈とは、法規の定めた事項の反面から、定めていない事項について反対の結果を引き出す解釈をいう。詐欺または強迫による意思表示は取り消すことができるという規定（民法 96 条 1 項）と、詐欺による意思表示の取消しは善意でかつ過失がない第三者に対抗することができないという規定（民法 96 条 3 項）から、96 条 3 項で定めていない「強迫」による意思表示の取消しは善意でかつ過失がない第三者にも対抗することができると解するのは、反対解釈である。

4 妥当でない

満 20 歳に満たない者の飲酒を禁止した規定から、満 20 歳に達した者は飲酒をすることができると解釈するのは、反対解釈である。

5 妥当である 基礎 『合格基本書』p. 656

そのとおり。類推解釈とは、法規の定めた事項を超えて類似の事項にも推し及ぼす解釈をいう。夫婦間の婚姻費用の分担を定めている規定を、婚姻届を提出していない内縁の夫婦に対して適用しようとするのは、類推解釈である。

【第1回】 解答・解説

問題	テーマ（分野）	正解	重要度	正答率
3	**外国人の人権享有主体性（憲法）**	**5**	**A**	**85%**

（類題）ウォーク問過去問題集①法令編　問4

1　妥当でない　基礎　『合格基本書』p.14

　判例は、「憲法第3章の諸規定による基本的人権の保障は、権利の性質上日本国民のみをその対象としていると解されるものを除き、わが国に在留する外国人に対しても等しく及ぶものと解すべきであり、政治活動の自由についても、わが国の政治的意思決定又はその実施に影響を及ぼす活動等外国人の地位にかんがみこれを認めることが相当でないと解されるものを除き、その保障が及ぶ」としている（マクリーン事件／最大判昭53.10.4）。よって、外国人は、国の政治的意思決定に影響を及ぼすものについては、政治活動の自由を保障されていない。

2　妥当でない　基礎　『合格基本書』p.14

　判例は、「地方公務員のうち、住民の権利義務を直接形成し、その範囲を確定するなどの公権力の行使に当たる行為を行い、若しくは普通地方公共団体の重要な施策に関する決定を行い、又はこれらに参画することを職務とするもの（以下「公権力行使等地方公務員」という。）については、……原則として日本の国籍を有する者が公権力行使等地方公務員に就任することが想定されているとみるべきであり、我が国以外の国家に帰属し、その国家との間でその国民としての権利義務を有する外国人が公権力行使等地方公務員に就任することは、本来我が国の法体系の想定するところではない」としている（東京都保健婦管理職選考受験資格確認等請求事件／最大判平17.1.26）。

3　妥当でない

　判例は、「我が国に在留する外国人は、憲法上、外国へ一時旅行する自由を保障されているものでない」として、再入国の自由は保障されていないとしている（森川キャサリーン事件／最判平4.11.16）。

4　妥当でない　基礎　『合格基本書』p.14

　判例は、「公務員を選定罷免する権利を保障した憲法15条1項の規定は、権利の性質上日本国民のみをその対象とし、右規定による権利の保障は、我が国に在留する外国人には及ばない」としたうえで、「国民主権の原理及びこれに基づく憲法15条1項の規定の趣旨に鑑み、地方公共団体が我が国の統治機構の不可欠の要素を成すものであることをも併せ考えると、憲法93条2項にいう『住民』とは、地方公共団体の区域内に住所を有する日本国民を意味するものと解するのが相当であり、右規定は、我が国に在留する外国人に対して、地方公共団体の長、その議会の議員等の選挙の権利を保障したものということはできない」としている（外国人地方参政権事件／最判平7.2.28）。

5　妥当である　基礎　『合格基本書』p.15

　そのとおり。判例は、「社会保障上の施策において在留外国人をどのように処遇するかについては、国は、特別の条約の存しない限り、……その政治的判断によりこれを決定することができるのであり、その限られた財源の下で福祉的給付を行うに当たり、自国民を在留外国人より優先的に扱うことも、許される」としている（塩見訴訟／最判平元.3.2）。

LEC東京リーガルマインド　2023年版 出る順行政書士 当たる！直前予想模試　　5

【第1回】 解答・解説

問題	テーマ（分野）	正解	重要度	正答率
4	**報道の自由・取材の自由（憲法）**	**2**	**A**	45%

1 妥当である

　そのとおり。判例は、「少年法61条に違反する推知報道かどうかは、その記事等により、不特定多数の一般人がその者を当該事件の本人であると推知することができるかどうかを基準にして判断すべき」であるとしている（長良川事件報道訴訟／最判平15.3.14）。

2 妥当でない

　判例は、捜査機関による報道機関の取材ビデオテープに対する差押処分がなされた事案について、博多駅事件「決定は、付審判請求事件を審理する裁判所の提出命令に関する事案であるのに対し、本件は、検察官の請求によつて発付された裁判官の差押許可状に基づき検察事務官が行つた差押処分に関する事案であるが、国家の基本的要請である公正な刑事裁判を実現するためには、適正迅速な捜査が不可欠の前提であり、報道の自由ないし取材の自由に対する制約の許否に関しては両者の間に本質的な差異がないことは多言を要しないところである。」としている（日本テレビ事件／最決平元.1.30）。

3 妥当である　基礎　『合格基本書』p.34

　そのとおり。判例は、民事事件において証人となった報道関係者が民事訴訟197条1項3号に規定する「職業の秘密」に該当することを理由に取材源に係る証言を拒絶することを認めており、「取材源の秘密は、取材の自由を確保するために必要なものとして、重要な社会的価値を有するというべきである。そうすると、当該報道が公共の利益に関するものであって、その取材の手段、方法が一般の刑罰法令に触れるとか、取材源となった者が取材源の秘密の開示を承諾しているなどの事情がなく、しかも、当該民事事件が社会的意義や影響のある重大な民事事件であるため、当該取材源の秘密の社会的価値を考慮してもなお公正な裁判を実現すべき必要性が高く、そのために当該証言を得ることが必要不可欠であるといった事情が認められない場合には、当該取材源の秘密は保護に値すると解すべきであり、証人は、原則として、当該取材源に係る証言を拒絶することができると解するのが相当である。」としている（ＮＨＫ記者証言拒否事件／最決平18.10.3）。

4 妥当である　基礎　『合格基本書』p.33

　そのとおり。判例は、「思想の表明の自由とならんで、事実の報道の自由は、表現の自由を規定した憲法21条の保障のもとにあることはいうまでもない。また、このような報道機関の報道が正しい内容をもつためには、報道の自由とともに、報道のための取材の自由も、憲法21条の精神に照らし、十分尊重に値いするものといわなければならない。」としたうえで、「しかし、取材の自由といつても、もとより何らの制約を受けないものではなく、たとえば公正な裁判の実現というような憲法上の要請があるときは、ある程度の制約を受けることのあることも否定することができない。」としている（博多駅事件／最大決昭44.11.26）。

5 妥当である　基礎　『合格基本書』p.35

　そのとおり。判例は、「報道機関といえども、取材に関し他人の権利・自由を不当に侵害することのできる特権を有するものでないことはいうまでもなく、取材の手段・方法が贈賄、脅迫、強要等の一般の刑罰法令に触れる行為を伴う場合は勿論、その手段・方法が一般の刑罰法令に触れないものであつても、取材対象者の個人としての人格の尊厳を著しく蹂躙する等法秩序全体の精神に照らし社会観念上是認することのできない態様のものである場合にも、正当な取材活動の範囲を逸脱し違法性を帯びるものといわなければならない。」としている（西山記者事件／最決昭53.5.31）。

【第1回】 解答・解説

問題	テーマ（分野）	正解	重要度	正答率
5	労働基本権（憲法）	5	A	60%

ア　妥当でない　基礎　『合格基本書』p. 20

　勤労者の団結する権利および団体交渉その他の団体行動をする権利は、これを保障する（労働基本権／28条）。労働基本権は、使用者との対抗関係において労働者に認められる権利であって、本来的に私人との関係においても妥当するものであるから、憲法28条の規定は、私人間に直接適用されると解されている。

イ　妥当でない

　憲法28条にいう「勤労者」とは、労働者（職業の種類を問わず、賃金、給料その他これに準ずる収入によって生活する者／労働組合法3条）のことであり、労働力を提供して対価を得て生活する者のことである。自営業者は、憲法28条にいう「勤労者」には含まれない。

ウ　妥当でない　基礎　『合格基本書』p. 16

　判例は、「公務員は、私企業の労働者とは異なり、使用者との合意によつて賃金その他の労働条件が決定される立場にないとはいえ、勤労者として、自己の労務を提供することにより生活の資を得ているものである点において一般の勤労者と異なるところはないから、憲法28条の労働基本権の保障は公務員に対しても及ぶ」としている（全農林警職法事件／最大判昭48.4.25）。

エ　妥当である　基礎　『合格基本書』p. 69

　そのとおり。判例は、労働組合が、地方議会議員の選挙にあたり、「統一候補以外の組合員であえて立候補しようとするものに対し、組合の所期の目的を達成するため、立候補を思いとどまるよう勧告または説得することも、それが単に勧告または説得にとどまるかぎり、組合の組合員に対する妥当な範囲の統制権の行使にほかならず、別段、法の禁ずるところとはいえない」としている（三井美唄炭鉱事件／最大判昭43.12.4）。なお、同判例は、「勧告または説得の域を超え、立候補を取りやめることを要求し、これに従わないことを理由に当該組合員を統制違反者として処分するがごときは、組合の統制権の限界を超えるものとして、違法といわなければならない」としている。

オ　妥当である

　そのとおり。判例は、「いわゆる安保反対闘争のような活動は、究極的にはなんらかの意味において労働者の生活利益の維持向上と無縁ではないとしても、直接的には国の安全や外交等の国民的関心事に関する政策上の問題を対象とする活動であり、このような政治的要求に賛成するか反対するかは、本来、各人が国民の一人としての立場において自己の個人的かつ自主的な思想、見解、判断等に基づいて決定すべきことであるから、それについて組合の多数決をもつて組合員を拘束し、その協力を強制することを認めるべきではない」としている（国労広島地本事件／最判昭50.11.28）。

　以上より、妥当なものはエ・オであり、正解は肢5となる。

LEC東京リーガルマインド　2023年版 出る順行政書士 当たる！直前予想模試　**7**

【第1回】 解答・解説

問題	テーマ（分野）	正解	重要度	正答率
6	**国会の構成（憲法）**	**5**	**A**	**75%**

1 妥当である 基礎 『合格基本書』p.78

そのとおり。衆議院議員の任期は、4年とする（45条本文）。ただし、衆議院解散の場合には、その期間満了前に終了する（45条但書）。

2 妥当である 基礎 『合格基本書』p.78

そのとおり。参議院議員の任期は、6年とし、3年ごとに議員の半数を改選する（46条）。

3 妥当である 基礎 『合格基本書』p.81

そのとおり。参議院が、衆議院の可決した法律案を受け取った後、国会休会中の期間を除いて60日以内に、議決しないときは、衆議院は、参議院がその法律案を否決したものとみなすことができる（59条4項）。

4 妥当である 基礎 『合格基本書』p.81

そのとおり。予算について、参議院で衆議院と異なった議決をした場合に、法律の定めるところにより、両議院の協議会を開いても意見が一致しないとき、または参議院が、衆議院の可決した予算を受け取った後、国会休会中の期間を除いて30日以内に、議決しないときは、衆議院の議決を国会の議決とする（60条2項）。

5 妥当でない 基礎 『合格基本書』p.81

内閣総理大臣の指名について、衆議院と参議院とが異なった指名の議決をした場合に、法律の定めるところにより、両議院の協議会を開いても意見が一致しないとき、または衆議院が指名の議決をした後、国会休会中の期間を除いて10日以内に、参議院が、指名の議決をしないときは、衆議院の議決を国会の議決とする（67条2項）。

ワンポイントアドバイス

【国会の構成】

国会は、衆議院および参議院の両議院でこれを構成します（42条）。両議院は、全国民を代表する選挙された議員でこれを組織します（43条1項）。

【第1回】 解答・解説

問題	テーマ（分野）	正解	重要度	正答率
7	憲法改正・最高法規性（憲法）	4	A	70%

1 妥当でない 基礎 『合格基本書』p.112

　憲法の改正は、各議院の<u>総議員</u>の3分の2以上の賛成で、国会が、これを発議し、国民に提案してその承認を経なければならない（96条1項前段）。

2 妥当でない 基礎 『合格基本書』p.112

　憲法の改正についての国民の承認には、特別の国民投票または国会の定める選挙の際行われる投票において、その<u>過半数</u>の賛成を必要とする（96条1項後段）。

3 妥当でない 基礎 『合格基本書』p.112

　憲法改正について国民の承認を経たときは、<u>天皇は</u>、国民の名で、憲法と一体を成すものとして、直ちにこれを公布する（96条2項）。

4 妥当である 基礎 『合格基本書』p.113

　そのとおり。憲法は、国の最高法規であって、その条規に反する法律、命令、詔勅および国務に関するその他の行為の全部または一部は、その効力を有しない（98条1項）。

5 妥当でない 基礎 『合格基本書』p.113

　<u>憲法には、このような規定は存在しない</u>。なお、天皇または摂政および国務大臣、国会議員、裁判官その他の公務員は、憲法を尊重し擁護する義務を負う（99条）。

ワンポイントアドバイス

【憲法改正】

　憲法の改正についての国民の承認には、特別の国民投票または<u>国会の定める選挙</u>の際行われる投票において、その過半数の賛成を必要とします（96条1項後段）。<u>国会の定める選挙</u>とは、衆議院議員の総選挙または参議院議員の通常選挙を指します。

LEC東京リーガルマインド　2023年版 出る順行政書士 当たる！直前予想模試　9

【第1回】 解答・解説

問題	テーマ（分野）	正解	重要度	正答率
8	食品衛生法（行政法総論）	2	A	40%

1 妥当でない 基礎 『合格基本書』p.387

食品衛生法 55 条 1 項の『許可』は、本来誰でも享受できる個人の自由を、公共の福祉の観点からあらかじめ一般的に禁止しておき、個別の申請に基づき禁止を解除する行政行為であるから、行政法学上の「許可」に当たる。

2 妥当である 基礎 『合格基本書』p.411

そのとおり。食品衛生法 55 条 2 項の『基準』は、行政手続法上の審査基準であり、行政法学上の「行政規則」に当たる。

3 妥当でない 基礎 『合格基本書』p.399

食品衛生法 55 条 3 項の『条件』は附款に当たる。附款は、法律に違反しない限度であれば、行政庁の判断により、個別具体的な事情に応じて付すことができる。すなわち、附款を付すのに、必ずしも法律の根拠を要しない。

4 妥当でない 基礎 『合格基本書』p.422

行政庁は、許認可等を取り消す不利益処分をしようとするときには、当該不利益処分の名あて人となるべき者について、聴聞の手続を執らなければならない（行政手続法 13 条 1 項 1 号イ）。食品衛生法 61 条に基づき、都道府県知事が営業許可の取消しをするには、聴聞の手続を執らなければならない。

5 妥当でない 基礎 『合格基本書』p.390

法律が、行政庁に独自の判断の余地を与え、一定の活動の自由を認める場合を、行政裁量という。行政裁量を、①法律の要件の解釈・あてはめの段階の裁量（要件裁量）と、②要件が充足された場合にどの行政行為をするかという権限発動段階の裁量（効果裁量）とに分けた場合、食品衛生法 61 条に基づく営業停止処分の期間に関する決定は、効果裁量に当たる。

【第1回】 解答・解説

問題	テーマ（分野）	正解	重要度	正答率
9	**行政行為の附款（行政法総論）**	**4**	**B**	65%

ア　妥当である 基礎 『合格基本書』p.399

　そのとおり。行政行為の附款に瑕疵があり、その附款がなければその行政行為が行われなかったと客観的にいえる場合には、その行政行為全体が瑕疵を帯びることから、その附款だけを対象とする取消訴訟を提起することは許されないと一般に解されている。

イ　妥当でない 基礎 『合格基本書』p.399

　撤回権の留保とは、特定の場合に行政行為を撤回する権利を留保する附款をいう。行政庁は、撤回権の留保を付さなかったからといって撤回することができなくなるわけではなく、また、撤回権の留保を付した場合であっても、行政庁がその撤回権を行使するためには合理的な理由が必要である。

ウ　妥当である 基礎 『合格基本書』p.398

　そのとおり。期限とは、行政行為の効果の発生または消滅を、将来発生することが確実な事実にかからせる附款をいう。将来発生することが確実であるがその発生時期が確定していない事実にかからせる附款（不確定期限）を付すこともできる。

エ　妥当である 基礎 『合格基本書』p.399

　そのとおり。法律効果の一部除外とは、行政行為に際し、法令が一般に付与している効果の一部を特に発生させないとする附款をいう。法律効果の一部除外は、法律が認める効果を行政庁の意思により排除するものであるため、法律の根拠がある場合に限り、付すことができる。

オ　妥当でない 基礎 『合格基本書』p.398

　負担とは、行政行為の相手方に対して、当該行政行為に伴う特別の義務を命ずる附款をいう。相手方がその義務を履行しない場合でも、本体たる行政行為の効果が当然に失われるものではない。

　以上より、妥当でないものはイ・オであり、正解は肢4となる。

━━━━━━━━━━ **ワンポイントアドバイス** ━━━━━━━━━━

【条件】

　条件とは、行政行為の効果の発生または消滅を将来発生するかどうかが不確実な事実にかからせる附款をいい、「停止条件」と「解除条件」の2種類があります。このうち、条件の成就により行政行為の効力が生ずるものを「停止条件」といいます。これに対し、条件の成就により行政行為の効力が消滅するものを「解除条件」といいます。

【第1回】 解答・解説

問題	テーマ（分野）	正解	重要度	正答率
10	**行政計画（行政法総論）**	**4**	**B**	**65%**

ア 妥当でない 基礎 『合格基本書』p. 402

行政計画について一義的に定義することは難しいが、行政活動の目標およびその目標達成の総合的手段を定めたものを指すとするのが一般的な理解である。行政計画において、①具体的な法的効果を企図する場合には法律の根拠が必要であり、②事実行為にとどまる場合には法律の根拠は不要である。

イ 妥当である

そのとおり。行政計画に関する事前手続については、行政手続法によってルール化されていない（同法1条1項参照）。

ウ 妥当でない

判例は、都市計画区域内において工業地域を指定する「決定が、当該地域内の土地所有者等に建築基準法上新たな制約を課し、その限度で一定の法状態の変動を生ぜしめるものであることは否定できないが、かかる効果は、あたかも新たに右のような制約を課する法令が制定された場合におけると同様の当該地域内の不特定多数の者に対する一般的抽象的なそれにすぎず、このような効果を生ずるということだけから直ちに右地域内の個人に対する具体的な権利侵害を伴う処分があつたものとして、これに対する抗告訴訟を肯定することはできない。」としている（盛岡用途地域指定事件／最判昭57.4.22）。

エ 妥当でない

判例は、「都市施設の規模、配置等に関する事項を定めるに当たっては、当該都市施設に関する諸般の事情を総合的に考慮した上で、政策的、技術的な見地から判断することが不可欠であるといわざるを得ない。そうすると、このような判断は、これを決定する行政庁の広範な裁量にゆだねられているというべきであって、裁判所が都市施設に関する都市計画の決定又は変更の内容の適否を審査するに当たっては、当該決定又は変更が裁量権の行使としてされたことを前提として、その基礎とされた重要な事実に誤認があること等により重要な事実の基礎を欠くこととなる場合、又は、事実に対する評価が明らかに合理性を欠くこと、判断の過程において考慮すべき事情を考慮しないこと等によりその内容が社会通念に照らし著しく妥当性を欠くものと認められる場合に限り、裁量権の範囲を逸脱し又はこれを濫用したものとして違法となるとすべきものと解するのが相当である」としている（小田急高架訴訟（本案）／最判平18.11.2）。

オ 妥当である

そのとおり。判例は、都市計画法における「都市施設は、その性質上、土地利用、交通等の現状及び将来の見通しを勘案して、適切な規模で必要な位置に配置することにより、円滑な都市活動を確保し、良好な都市環境を保持するように定めなければならないものであるから、都市施設の区域は、当該都市施設が適切な規模で必要な位置に配置されたものとなるような合理性をもって定められるべきものである。この場合において、民有地に代えて公有地を利用することができるときには、そのことも上記の合理性を判断する一つの考慮要素となり得る」としている（林試の森事件／最判平18.9.4）。

以上より、妥当なものはイ・オであり、正解は肢4となる。

【第1回】 解答・解説

問題	テーマ（分野）	正解	重要度	正答率
11	適用除外（行政手続法）	4	A	65%

ア 妥当でない 基礎 『合格基本書』p.412

　① 地方公共団体の機関がする処分（その根拠となる規定が条例または規則に置かれているものに限る。）および ② 行政指導、③ 地方公共団体の機関に対する届出（2条7号の通知の根拠となる規定が条例または規則に置かれているものに限る。）ならびに ④ 地方公共団体の機関が命令等を定める行為については、行政手続法第2章～第6章の規定は適用されない（3条3項）。これに対し、地方公共団体の機関がする処分のうち、その根拠となる規定が法律に置かれているものは、適用除外とはされていない。

イ 妥当でない 基礎 『合格基本書』p.413

　(1) 国の機関または地方公共団体もしくはその機関に対する処分（これらの機関または団体がその固有の資格において当該処分の名あて人となるものに限る。）、(2) これらの機関または団体に対する行政指導、(3) これらの機関または団体がする届出（これらの機関または団体がその固有の資格においてすべきこととされているものに限る。）については、行政手続法の規定は適用されない（4条1項）。なお、ここにいう「固有の資格」とは、国の機関等であるからこそ立つことができる（一般私人では立つことができない）特有の立場を意味する。

ウ 妥当である 基礎 『合格基本書』p.412

　そのとおり。地方公共団体の機関に対する届出のうち、通知の根拠となる規定が条例または規則に置かれているものについては、行政手続法の届出に関する規定（第5章）は適用されない（3条3項）。

エ 妥当でない 基礎 『合格基本書』p.412

　地方公共団体の機関が命令等を定める行為については、行政手続法の意見公募手続等に関する規定（第6章）は適用されない（3条3項）。

オ 妥当である 基礎 『合格基本書』p.412～p.413

　そのとおり。地方公共団体の機関がする行政指導については、行政手続法の行政指導に関する規定（第4章、第4章の2）は適用されない（3条3項）。また、地方公共団体の機関に対する行政指導についても、行政手続法の行政指導に関する規定（第4章、第4章の2）は適用されない（4条1項）。

　以上より、妥当なものはウ・オであり、正解は肢4となる。

LEC東京リーガルマインド　2023年版 出る順行政書士 当たる！直前予想模試　13

【第１回】 解答・解説

問題	テーマ（分野）	正解	重要度	正答率
12	弁明の機会の付与（行政手続法）	4	A	80%

ア 正 基礎 『合格基本書』p. 426

　　そのとおり。弁明は、行政庁が口頭ですることを認めたときを除き、弁明を記載した書面（「弁明書」）を提出してするものとする（29条１項）。

イ 正 基礎 『合格基本書』p. 426

　　そのとおり。弁明をするときは、証拠書類等を提出することができる（29条２項）。

ウ 誤 基礎 『合格基本書』p. 426

　　行政庁は、弁明の機会の付与を行うにあたっては、弁明書の提出期限（口頭による弁明の機会の付与を行う場合には、その日時）までに相当な期間をおいて、不利益処分の名あて人となるべき者に対し、①「予定される不利益処分の内容及び根拠となる法令の条項」、②「不利益処分の原因となる事実」、③「弁明書の提出先及び提出期限（口頭による弁明の機会の付与を行う場合には、その旨並びに出頭すべき日時及び場所）」を書面により通知しなければならない（30条）。

エ 誤 基礎 『合格基本書』p. 426

　　行政庁は、弁明の機会の付与を行うにあたって、不利益処分の名あて人となるべき者の所在が判明しない場合においては、弁明の機会の付与の通知を、その者の氏名、弁明書の提出先および提出期限ならびに当該行政庁が通知事項を記載した書面をいつでもその者に交付する旨を当該行政庁の事務所の掲示場に掲示すること（公示送達）によって行うことができる（31条・15条３項）。

オ 正 基礎 『合格基本書』p. 426

　　そのとおり。弁明の機会の付与の通知を受けた者（当事者）は、代理人を選任することができる（31条・16条）。

以上より、誤っているものはウ・エであり、正解は肢４となる。

ワンポイントアドバイス

【弁明の機会の付与】

　弁明の機会の付与については、聴聞の手続における公示送達に関する規定（15条３項）と、代理人に関する規定（16条）が準用されています（31条）。

【第1回】 解答・解説

問題	テーマ（分野）	正解	重要度	正答率
13	用語（行政手続法）	5	A	50%

（類題）ウォーク問過去問題集①法令編　問176

1　誤　基礎　『合格基本書』p. 428

「行政指導」とは、行政機関がその任務または所掌事務の範囲内において一定の行政目的を実現するため特定の者に一定の作為または不作為を求める指導、勧告、助言その他の行為であって処分に該当しないものをいう（2条6号）。「処分」に該当するものは「行政指導」には含まれない。

2　誤　基礎　『合格基本書』p. 410

「命令等」とは、内閣または行政機関が定める ① 法律に基づく命令（処分の要件を定める告示を含む。）または規則、② 審査基準、③ 処分基準、④ 行政指導指針をいう（2条8号イ～ニ）。

3　誤　基礎　『合格基本書』p. 415

「標準処理期間」とは、申請が行政庁の事務所に到達してから当該申請に対する処分をするまでに通常要すべき標準的な期間をいう（6条参照）。行政庁が受理したことは不要である。

4　誤　基礎　『合格基本書』p. 411

「審査基準」とは、申請により求められた許認可等をするかどうかをその法令の定めに従って判断するために必要とされる基準をいう（2条8号ロ）。なお、「処分基準」とは、不利益処分をするかどうか、またはどのような不利益処分とするかについてその法令の定めに従って判断するために必要とされる基準をいう（2条8号ハ）。

5　正

そのとおり。「処分」とは、行政庁の処分その他公権力の行使に当たる行為をいう（2条2号）。

ワンポイントアドバイス

【申請・届出】

「申請」とは、法令に基づき、行政庁の許可、認可、免許その他の自己に対し何らかの利益を付与する処分（「許認可等」）を求める行為であって、当該行為に対して行政庁が諾否の応答をすべきこととされているものをいいます（2条3号）。

「届出」とは、行政庁に対し一定の事項の通知をする行為（申請に該当するものを除く。）であって、法令により直接に当該通知が義務付けられているもの（自己の期待する一定の法律上の効果を発生させるためには当該通知をすべきこととされているものを含む。）をいいます（2条7号）。

LEC東京リーガルマインド　2023年版 出る順行政書士 当たる！直前予想模試　15

【第1回】　解答・解説

問題	テーマ（分野）	正解	重要度	正答率
14	**不作為についての審査請求（行政不服審査法）**	**3**	**A**	60%

（類題）ウォーク問過去問題集①法令編　問225

1　妥当でない　基礎　『合格基本書』p. 441

　<u>不作為についての審査請求には、審査請求期間の制限はなく</u>、不作為が続く限り審査請求をすることができる。

2　妥当でない　基礎　『合格基本書』p. 436

　不作為についての審査請求は、当該不作為に係る行政庁（不作為庁）に上級行政庁がある場合には、原則として、<u>不作為庁の最上級行政庁に対して</u>することになる（4条4号）。

3　妥当である　基礎　『合格基本書』p. 442

　そのとおり。不作為についての審査請求書には、① 審査請求人の氏名または名称および住所または居所、② 当該不作為に係る処分についての申請の内容および年月日、③ 審査請求の年月日を記載しなければならない（19条3項）。

4　妥当でない　基礎　『合格基本書』p. 445、p. 447

　不作為についての審査請求についても、審理員による審理（9条）および行政不服審査会等への諮問（43条）が<u>必要</u>である。

5　妥当でない　基礎　『合格基本書』p. 451

　不作為についての審査請求が理由がない場合には、審査庁は、<u>裁決で、当該審査請求を棄却する</u>（49条2項）。なお、不作為についての審査請求が当該不作為に係る処分についての申請から相当の期間が経過しないでされたものである場合その他不適法である場合には、審査庁は、裁決で、当該審査請求を却下する（49条1項）。

ワンポイントアドバイス

【不作為についての審査請求】

　法令に基づき行政庁に対して処分についての申請をした者は、当該申請から相当の期間が経過したにもかかわらず、行政庁の不作為（<u>法令に基づく申請に対して何らの処分をもしないこと</u>をいう。）がある場合には、当該不作為についての審査請求をすることができます（3条）。

【第1回】 解答・解説

問題	テーマ（分野）	正解	重要度	正答率
15	**審査請求の審理手続（行政不服審査法）**	**4**	**A**	**80%**

1　妥当でない　基礎　『合格基本書』p.442

　審査庁となるべき行政庁は、審査請求がその事務所に到達してから当該審査請求に対する裁決をするまでに通常要すべき標準的な期間（標準審理期間）を<u>定めるよう努める</u>とともに、これを定めたときは、当該審査庁となるべき行政庁および関係処分庁の事務所における備付けその他の適当な方法により公にしておかなければならない（16条）。よって、<u>標準審理期間を定めることは、努力義務である</u>。

2　妥当でない　基礎　『合格基本書』p.443

　審査請求をすべき行政庁が処分庁等と異なる場合における審査請求は、<u>処分庁等を経由してすることができる</u>（21条1項前段）。

3　妥当でない　基礎　『合格基本書』p.444

　多数人が共同して審査請求をしようとするときは、3人を超えない総代を互選することができる（11条1項）。総代は、各自、他の共同審査請求人のために、<u>審査請求の取下げを除き</u>、当該審査請求に関する一切の行為をすることができる（11条3項）。

4　妥当である　基礎　『合格基本書』p.444

　そのとおり。審査請求は、代理人によってすることができる（12条1項）。その代理人は、各自、審査請求人のために、当該審査請求に関する一切の行為をすることができる（12条2項本文）。ただし、審査請求の取下げは、特別の委任を受けた場合に限り、することができる（12条2項ただし書）。

5　妥当でない　基礎　『合格基本書』p.444

　審査請求書が行政不服審査法19条（審査請求書の提出）の規定に違反する場合には、審査庁は、相当の期間を定め、その期間内に不備を補正すべきことを命じなければならない（23条）。そして、審査請求人が<u>期間内に不備を補正しないときは、審査庁は、審理手続を経ないで、裁決で、当該審査請求を却下することができる</u>（24条1項）。

ワンポイントアドバイス

【審査請求書の提出】

　審査請求は、他の法律（条例に基づく処分については、条例）に口頭ですることができる旨の定めがある場合を除き、政令で定めるところにより、<u>審査請求書を提出して</u>しなければなりません（19条1項）。

LEC東京リーガルマインド　2023年版 出る順行政書士 当たる！直前予想模試　**17**

【第1回】 解答・解説

問題	テーマ（分野）	正解	重要度	正答率
16	総合（行政不服審査法・行政事件訴訟法）	5	A	70%

1 妥当でない 基礎 『合格基本書』p. 435

① 審査請求においては、処分の違法性および不当性が審理の対象となる。② 取消訴訟においては、<u>処分の違法性</u>だけが審理の対象となり、<u>処分の不当性については審理の対象とはならない</u>。

2 妥当でない

① 審査請求については、<u>不服申立適格に関する明文の規定は置かれていない</u>。② 取消訴訟については、原告適格に関する明文の規定が置かれている（行政事件訴訟法9条）。

3 妥当でない

① 処分についての審査請求は、処分があったことを知った日の翌日から起算して3カ月（当該処分について再調査の請求をしたときは、当該再調査の請求についての決定があったことを知った日の翌日から起算して1カ月）を経過したときは、することができない（主観的審査請求期間／行政不服審査法18条1項本文）。ただし、<u>正当な理由があるときは、この限りでない</u>（行政不服審査法18条1項ただし書）。② 取消訴訟は、処分または裁決があったことを知った日から6カ月を経過したときは、提起することができない（主観的出訴期間／行政事件訴訟法14条1項本文）。ただし、正当な理由があるときは、この限りでない（行政事件訴訟法14条1項ただし書）。

4 妥当でない

① 審査請求については、処分庁の上級行政庁または処分庁である審査庁が裁決で処分（事実上の行為を除く。）を変更する場合（行政不服審査法46条1項）において、審査庁は、審査請求人の不利益に当該処分を変更することはできない（行政不服審査法48条）。② 取消訴訟については、<u>裁判所は、判決で原告の不利益に処分を変更することはできない</u>（行政事件訴訟法7条・民事訴訟法246条）。

5 妥当である

そのとおり。① 行政不服審査法は、利害関係人は、審理員の許可を得て、当該審査請求に参加することができるとしており（行政不服審査法13条1項）、利害関係人の審査請求への参加を認めている。② 行政事件訴訟法は、裁判所は、訴訟の結果により権利を害される第三者があるときは、当事者もしくはその第三者の申立てによりまたは職権で、決定をもって、その第三者を訴訟に参加させることができるとしており（行政事件訴訟法22条1項）、訴訟の結果により権利を害される第三者の訴訟参加を認めている。

18　　LEC東京リーガルマインド　2023年版 出る順行政書士 当たる！直前予想模試

【第1回】 解答・解説

問題	テーマ（分野）	正解	重要度	正答率
17	訴えの利益（行政事件訴訟法）	2	A	65%

（類題）ウォーク問過去問題集①法令編　問236〜問237

1　妥当である 基礎 『合格基本書』p.464

そのとおり。判例は、「建築確認は、それを受けなければ……工事をすることができないという法的効果を付与されているにすぎないものというべきであるから、当該工事が完了した場合においては、建築確認の取消しを求める訴えの利益は失われるものといわざるを得ない。」としている（仙台市建築確認取消請求事件／最判昭59.10.26）。

2　妥当でない 基礎 『合格基本書』p.464

判例は、自動車運転免許「取消処分の係争中の免許については、その取消処分の取消しが確定して免許証を行使しうる状態に復帰した際に、その適性検査の時期に至つたものとして取り扱うのが相当であり、道交法上もそのような取扱いを許されないとする根拠は認められない。」として、自動車運転免許取消処分の取消訴訟の係属中に免許証の有効期間が経過しても訴えの利益は失われないとしている（最判昭40.8.2）。

3　妥当である 基礎 『合格基本書』p.464

そのとおり。判例は、「市街化調整区域〔＝ 市街化を抑制すべき区域〕内にある土地を開発区域とする開発行為ひいては当該開発行為に係る予定建築物等の建築等が制限されるべきであるとして開発許可の取消しを求める者は、当該開発行為に関する工事が完了し、当該工事の検査済証が交付された後においても、当該開発許可の取消しによって、その効力を前提とする上記予定建築物等の建築等が可能となるという法的効果を排除することができる。」として、「市街化調整区域内にある土地を開発区域とする開発許可に関する工事が完了し、当該工事の検査済証が交付された後においても、当該開発許可の取消しを求める訴えの利益は失われないと解するのが相当である。」としている（鎌倉市開発許可処分取消請求事件／最判平27.12.14）。

4　妥当である

そのとおり。判例は、市町村の設置する保育所において保育を受けている児童および保護者が、当該保育所を廃止する条例の制定行為の取消しを求める訴えについて、当該児童に係る「保育の実施期間がすべて満了していることが明らかであるから、本件改正条例の制定行為の取消しを求める訴えの利益は失われたものというべきである。」としている（横浜市保育所廃止条例事件／最判平21.11.26）。

5　妥当である

そのとおり。免職された公務員が免職処分の取消訴訟の係属中に死亡した場合には、その取消判決によって回復される当該公務員の給料請求権等を相続する者が訴訟を承継する（旭丘中学事件／最判昭49.12.10）。

LEC東京リーガルマインド　2023年版 出る順行政書士 当たる！直前予想模試　19

【第1回】　解答・解説

問題	テーマ（分野）	正解	重要度	正答率
18	義務付けの訴え・差止めの訴え（行政事件訴訟法）	5	A	50%

ア　誤

　義務付けの訴えについても、差止めの訴えについても、取消判決の拘束力に関する規定（33条）が準用されている（38条1項）。

イ　誤

　義務付けの訴えについても、差止めの訴えについても、取消判決の「第三者効」に関する規定（32条1項）は準用されていない（38条参照）。

ウ　正　[基礎]　『合格基本書』p. 478

　そのとおり。申請型の義務付けの訴えのうち、法令に基づく申請または審査請求を却下しまたは棄却する旨の処分または裁決がされた場合に提起するもの（拒否処分型）については、当該処分または裁決の取消しの訴えまたは無効等確認の訴えを併合して提起しなければならない（37条の3第3項2号）。なお、申請型の義務付けの訴えのうち、法令に基づく申請または審査請求に対し相当の期間内に何らの処分または裁決がされない場合に提起するもの（不作為型）については、当該処分または裁決に係る不作為の違法確認の訴えを併合して提起しなければならない（37条の3第3項1号）。

エ　誤

　非申請型の義務付けの訴えは、行政庁が一定の処分をすべき旨を命ずることを求めるにつき「法律上の利益」を有する者に限り、提起することができる（37条の2第3項）。この「法律上の利益」の有無の判断については、取消訴訟の原告適格の判断基準に関する規定（9条2項）が準用されている（37条の2第4項）。

オ　正

　そのとおり。差止めの訴えは、行政庁が一定の処分または裁決をしてはならない旨を命ずることを求めるにつき「法律上の利益」を有する者に限り、提起することができる（37条の4第3項）。この「法律上の利益」の有無については、取消訴訟の原告適格の判断基準に関する規定（9条2項）が準用されている（37条の4第4項）。

以上より、正しいものはウ・オであり、正解は肢5となる。

ワンポイントアドバイス

【義務付けの訴え】

　申請型の義務付けの訴え（2号義務付け訴訟）は、行政庁に対し一定の処分または裁決を求める旨の法令に基づく申請または審査請求がされた場合において、当該行政庁がその処分または裁決をすべきであるにかかわらずこれがされないときに、行政庁がその処分または裁決をすべき旨を命ずることを求める訴訟です（3条6項2号）。

　非申請型の義務付けの訴え（1号義務付け訴訟）は、行政庁が一定の処分をすべきであるにかかわらずこれがされないとき（3条6項2号に掲げる場合を除く。）に、行政庁がその処分をすべき旨を命ずることを求める訴訟です（3条6項1号）。

　差止めの訴えとは、行政庁が一定の処分または裁決をすべきでないにかかわらずこれがされようとしている場合において、行政庁がその処分または裁決をしてはならない旨を命ずることを求める訴訟をいいます（3条7項）。

LEC東京リーガルマインド　2023年版 出る順行政書士 当たる！直前予想模試

【第1回】 解答・解説

問題	テーマ（分野）	正解	重要度	正答率
19	裁判管轄（行政事件訴訟法）	2	B	55%

ア 正 基礎 『合格基本書』p.465

そのとおり。取消訴訟は、被告の普通裁判籍の所在地を管轄する裁判所または処分もしくは裁決をした行政庁の所在地を管轄する裁判所の管轄に属する（12条1項）。

イ 正 基礎 『合格基本書』p.474

そのとおり。無効確認訴訟は、当該処分または裁決に関し事務の処理に当たった下級行政機関の所在地の裁判所にも、提起することができる（38条1項・12条3項）。

ウ 誤

行政事件訴訟法には、本記述のような規定はない。なお、不作為の違法確認訴訟は、被告の普通裁判籍の所在地を管轄する裁判所または処分もしくは裁決をすべきであるにもかかわらず、これをしない行政庁の所在地を管轄する裁判所の管轄に属する（38条1項・12条1項）。

エ 正 基礎 『合格基本書』p.465

そのとおり。国を被告とする非申請型義務付け訴訟は、原告の普通裁判籍の所在地を管轄する高等裁判所の所在地を管轄する地方裁判所（特定管轄裁判所）にも提起することができる（38条1項・12条4項）。

オ 誤

処分取消訴訟は、被告の普通裁判籍の所在地を管轄する裁判所または一定の処分をすべきであるにかかわらずこれをしない行政庁の所在地を管轄する裁判所の管轄に属する（12条1項）。そして、土地の収用、鉱業権の設定その他不動産または特定の場所に係る処分についての取消訴訟は、その不動産または場所の所在地の裁判所にも、提起することができる（12条2項）。

以上より、誤っているものはウ、オの2つであり、正解は肢2となる。

◆◆◆◆◆◆◆◆◆◆◆◆◆◆ ワンポイントアドバイス ◆◆◆◆◆◆◆◆◆◆◆◆◆◆

【特定管轄裁判所】

取消訴訟は、被告の普通裁判籍の所在地を管轄する裁判所または処分もしくは裁決をした行政庁の所在地を管轄する裁判所の管轄に属します（12条1項）が、国を被告とする取消訴訟は、原告の普通裁判籍の所在地を管轄する高等裁判所の所在地を管轄する地方裁判所（「特定管轄裁判所」）にも、提起することができます（12条4項）。

国を被告とする取消訴訟は、被告〔国〕の普通裁判籍の所在地〔東京都千代田区〕を管轄する地方裁判所である東京地方裁判所の管轄に属しますが、たとえば原告の住所が青森県八戸市である場合には、原告の普通裁判籍の所在地〔青森県八戸市〕を管轄する高等裁判所〔仙台高等裁判所〕の所在地〔宮城県仙台市〕を管轄する地方裁判所である仙台地方裁判所が「特定管轄裁判所」になります。

LEC東京リーガルマインド 2023年版 出る順行政書士 当たる！直前予想模試 21

【第1回】 解答・解説

問題	テーマ（分野）	正解	重要度	正答率
20	総合（損失補償）	2	B	60%

（類題）ウォーク問過去問題集①法令編　問285

ア　妥当である

　そのとおり。判例は、「火災の際の消防活動により損害を受けた者がその損失の補償を請求しうるためには、当該処分等が、火災が発生しようとし、もしくは発生し、または延焼のおそれがある消防対象物およびこれらのもののある土地以外の消防対象物および土地に対しなされたものであり、かつ右処分等が消火もしくは延焼の防止または人命の救助のために緊急の必要のあるときになされたものであることを要する」としている（最判昭47.5.30）。

イ　妥当でない

　判例は、「警察法規が一定の危険物の保管場所等につき保安物件との間に一定の離隔距離を保持すべきことなどを内容とする技術上の基準を定めている場合において、道路工事の施行の結果、警察違反の状態を生じ、危険物保有者が右技術上の基準に適合するように工作物の移転等を余儀なくされ、これによつて損失を被つたとしても、それは道路工事の施行によつて警察規制に基づく損失がたまたま現実化するに至つたものにすぎず、このような損失は、道路法70条1項の定める補償の対象には属しない」としている（高松ガソリンスタンド地下タンク移設事件／最判昭58.2.18）。

ウ　妥当である

　そのとおり。判例は、「鉱業法64条の定める制限は、鉄道、河川、公園、学校、病院、図書館等の公共施設及び建物の管理運営上支障ある事態の発生を未然に防止するため、これらの近傍において鉱物を掘採する場合には管理庁又は管理人の承諾を得ることが必要であることを定めたものにすぎず、この種の制限は、公共の福祉のためにする一般的な最小限度の制限であり、何人もこれをやむを得ないものとして当然受忍しなければならないものであつて、特定の人に対し特別の財産上の犠牲を強いるものとはいえないから、同条の規定によつて損失を被つたとしても、憲法29条3項を根拠にして補償請求をすることができないものと解するのが相当である」としている（最判昭57.2.5）。

エ　妥当でない

　判例は、「私有財産の収用が正当な補償のもとに行なわれた場合においてその後にいたり収用目的が消滅したとしても、法律上当然に、これを被収用者に返還しなければならないものではない。」としている（最判昭46.1.20）。

　以上より、妥当なものはア・ウであり、正解は肢2となる。

【第1回】 解答・解説

問題	テーマ（分野）	正解	重要度	正答率
21	**宅建業者事件（国家賠償）**	**4**	**A**	75%

本問は、宅建業者事件最高裁判決（最判平元.11.24）を素材としたものである。

1 判決の内容と矛盾しない

判決は、「法がかかる免許制度を設けた趣旨は、<u>直接的には、宅地建物取引の安全を害するおそれのある宅建業者の関与を未然に排除することにより取引の公正を確保し、宅地建物の円滑な流通を図るところにあ</u>」るとしている。よって、この記述は判決の内容と矛盾しない。

2 判決の内容と矛盾しない

判決は、「法は、その目的の一つとして購入者等の利益の保護を掲げ（一条）、……取引関係者の利益の保護を顧慮した規定を置いており、免許制度も、<u>究極的には取引関係者の利益の保護に資するものではある</u>」としている。よって、この記述は、判決の内容と矛盾しない。

3 判決の内容と矛盾しない

判決は、「免許を付与した宅建業者の人格・資質等を一般的に保証し、ひいては<u>当該業者の不正な行為により個々の取引関係者が被る具体的な損害の防止、救済を制度の直接的な目的とするものとはにわかに解し難く、かかる損害の救済は一般の不法行為規範等に委ねられている</u>」としている。よって、この記述は、判決の内容と矛盾しない。

4 判決の内容と明らかに矛盾する

判決は、「知事等による免許の付与ないし更新それ自体は、法所定の免許基準に適合しない場合であっても、当該業者との個々の取引関係者に対する関係において<u>直ちに国家賠償法一条一項にいう違法な行為に当たるものではない</u>」としており、<u>違法な行為に当たる余地を認めている</u>。よって、この記述は、<u>判決の内容と明らかに矛盾する</u>。

5 判決の内容と矛盾しない

判決は、「当該業者の不正な行為により個々の取引関係者が損害を被った場合であっても、具体的事情の下において、知事等に監督処分権限が付与された趣旨・目的に照らし、<u>その不行使が著しく不合理と認められるときでない限り、右権限の不行使は、当該取引関係者に対する関係で国家賠償法一条一項の適用上違法の評価を受けるものではない</u>といわなければならない。」としている。よって、この記述は、判決の内容と矛盾しない。

【第1回】 解答・解説

問題	テーマ（分野）	正解	重要度	正答率
22	住民（地方自治法）	2	A	65%

（類題）ウォーク問過去問題集①法令編　問297

1　妥当でない 基礎 『合格基本書』p.522

市町村の区域内に住所を有する者は、当該市町村およびこれを包括する都道府県の住民とする（10条1項）。当該市町村の区域内に住所を有する者であれば、その国籍にかかわりなく、かつ、自然人であるか法人であるかにもかかわりなく、当該市町村の住民とする。

2　妥当である

そのとおり。地方公共団体は、住民の福祉の増進を図ることを基本として、地域における行政を自主的かつ総合的に実施する役割を広く担うものとする（1条の2第1項）。

3　妥当でない 基礎 『合格基本書』p.523

① 日本国民で年齢満30年以上のものは、別に法律の定めるところにより、都道府県知事の被選挙権を有する（19条2項）。② 日本国民で年齢満25年以上のものは、別に法律の定めるところにより、市町村長の被選挙権を有する（19条3項）。普通地方公共団体の長（都道府県知事・市町村長）の被選挙権については、住所要件は定められていない。

4　妥当でない 基礎 『合格基本書』p.525

日本国民たる普通地方公共団体（都道府県・市町村）の住民は、地方自治法の定めるところにより、その属する普通地方公共団体の議会の議員、長（都道府県知事・市町村長）、副知事もしくは副市町村長、指定都市の総合区長、選挙管理委員もしくは監査委員または公安委員会の委員の解職を請求する権利を有する（13条2項）。これに対し、会計管理者の解職の請求をすることはできない。

5　妥当でない 基礎 『合格基本書』p.504

町村は、条例で、議会を置かず、選挙権を有する者の総会（町村総会）を設けることができる（94条）。これに対し、市は、選挙権を有する者の総会を設けることはできない。

ワンポイントアドバイス

【住民に関する記録】

市町村は、別に法律の定めるところにより、その住民につき、住民たる地位に関する正確な記録を常に整備しておかなければなりません（13条の2）。この規定を受けて、住民基本台帳法という法律が定められています。

【第1回】 解答・解説

問題	テーマ（分野）	正解	重要度	正答率
23	執行機関（地方自治法）	4	B	35%

ア　正　基礎　『合格基本書』p.520

　そのとおり。普通地方公共団体にその執行機関として普通地方公共団体の長の外、法律の定めるところにより、委員会または委員を置く（執行機関法定主義／138条の4第1項）。設置される執行機関としての委員会・委員については、180条の5第1項～3項に列挙されている。

イ　正　基礎　『合格基本書』p.512

　そのとおり。普通地方公共団体の執行機関は、普通地方公共団体の長の所轄の下に、執行機関相互の連絡を図り、すべて、一体として、行政機能を発揮するようにしなければならない（138条の3第2項）。　なお、「所轄」とは、一方が上級機関であることを認めながらも、他方が相当程度、上級機関から独立してその権限を行使する関係をいう。

ウ　誤　基礎　『合格基本書』p.512

　普通地方公共団体の長は、当該普通地方公共団体の執行機関相互の間にその権限につき疑義が生じたときは、これを調整するように努めなければならない（138条の3第3項）。

エ　誤

　普通地方公共団体の委員会は、法律の定めるところにより、法令または普通地方公共団体の条例もしくは規則に違反しない限りにおいて、その権限に属する事務に関し、規則その他の規程を定めることができる（138条の4第2項）。すなわち、委員会の規則その他の規程制定権には、個別法による授権が必要となる。他方、委員には、規則その他の規程制定権は認められていない。なお、長の規則制定権は15条1項により認められ、個別法による授権は不要である。

オ　正

　そのとおり。普通地方公共団体の長は、各執行機関を通じて組織および運営の合理化を図り、その相互の間に権衡を保持するため、必要があると認めるときは、当該普通地方公共団体の委員会もしくは委員の事務局または委員会もしくは委員の管理に属する事務を掌る機関（以下「事務局等」という。）の組織、事務局等に属する職員の定数またはこれらの職員の身分取扱について、委員会または委員に必要な措置を講ずべきことを勧告することができる（180条の4第1項）。

　以上より、誤っているものはウ・エであり、正解は肢4となる。

【第1回】 解答・解説

問題	テーマ（分野）	正解	重要度	正答率
24	**大都市制度（地方自治法）**	**1**	**A**	65%

ア　正

　　そのとおり。指定都市は、市長の権限に属する事務を分掌させるため、条例で、その区域を分けて区を設け、区の事務所または必要があると認めるときはその出張所を置くものとする（252条の20第1項）。指定都市に置かれる区は、行政区であって、法人格を有しない。

イ　誤　基礎　『合格基本書』p.499

　　指定都市は、都道府県が法律または政令の定めるところにより処理することとされているものの全部または一部で政令で定めるものを、政令で定めるところにより、処理することができる（252条の19第1項）。

ウ　正

　　そのとおり。指定都市は、必要と認めるときは、条例で、区ごとに区地域協議会を置くことができる（252条の20第7項前段）。

エ　誤

　　中核市の指定に係る手続は、指定都市の場合と異なり、明確に規定されている。すなわち、総務大臣は、中核市の指定に係る政令の立案をしようとするときは、関係市からの申出に基づき、これを行うものとする（252条の24第1項）。関係市が中核市の指定の申出をしようとするときは、関係市は、あらかじめ当該市の議会の議決を経て、都道府県の同意を得なければならない（252条の24第2項）。都道府県の同意については、当該都道府県の議会の議決を経なければならない（252条の24第3項）。

オ　誤　基礎　『合格基本書』p.499

　　指定都市の場合（252条の20）とは異なり、中核市には、区・総合区を置くことができない。

　　以上より、正しいものはア・ウであり、正解は肢1となる。

ワンポイントアドバイス

【指定都市・中核市】

　　指定都市は、人口50万以上の市のうちから、政令で指定されます（252条の19第1項）。

　　中核市は、人口20万以上の市の申出に基づき、政令で指定されます（252条の22第1項、252条の24第1項）。

【第1回】 解答・解説

問題	テーマ（分野）	正解	重要度	正答率
25	国の行政組織（行政法）	2	B	60%

（類題）ウォーク問過去問題集①法令編 問148

ア 誤

内閣は、国会の指名に基づいて任命された首長たる内閣総理大臣および内閣総理大臣により任命された国務大臣をもって、これを組織する（内閣法2条1項）。各大臣は、別に法律の定めるところにより、主任の大臣として、行政事務を分担管理する（内閣法3条1項）。<u>内閣法3条1項の規定は、行政事務を分担管理しない大臣の存することを妨げるものではない</u>（内閣法3条2項）。

イ 正

そのとおり。内閣に、内閣官房を置く（内閣法12条1項）。内閣官房に内閣官房長官1人を置き（内閣法13条1項）、内閣官房長官は、国務大臣をもって充てる（内閣法13条2項）。内閣官房長官は、内閣官房の事務を統轄し、所部の職員の服務につき、これを統督する（内閣法13条3項）。

ウ 正

そのとおり。内閣府は、内閣の重要政策に関する内閣の事務を助けることを任務とする（内閣府設置法3条1項）。内閣府の長は、内閣総理大臣とする（内閣府設置法6条1項）。内閣総理大臣は、内閣府に係る事項についての内閣法にいう主任の大臣とし、内閣府の所掌事務を分担管理する（内閣府設置法6条2項）。

エ 誤

<u>国家公務員法</u>に基づき、<u>内閣の所轄の下に人事院を置く</u>（<u>国家公務員法</u>3条1項前段）。人事院は、その内部機構を管理する（国家公務員法4条4項前段）。国家行政組織法は、人事院には適用されない（国家公務員法4条4項後段）。

オ 正

そのとおり。主任の大臣の間における権限についての疑義は、内閣総理大臣が、閣議にかけて、これを裁定する（内閣法7条）。

以上より、誤っているものはア・エであり、正解は肢2となる。

LEC東京リーガルマインド 2023年版 出る順行政書士 当たる！直前予想模試 27

【第1回】 解答・解説

問題	テーマ（分野）	正解	重要度	正答率
26	水道（行政法）	5	A	60%

（類題）ウォーク問過去問題集①法令編　問327～問328

1　妥当である

　そのとおり。水道事業者は、事業計画に定める給水区域内の需要者から給水契約の申込みを受けたときは、「正当の理由」がなければ、これを拒んではならない（水道法15条1項）。判例は、水道法15条1項にいう「正当の理由」とは、「水道事業者の正常な企業努力にもかかわらず給水契約の締結を拒まざるを得ない理由を指す」としたうえで、「社会的条件としては著しい給水人口の増加が見込まれるため、近い将来において需要量が給水量を上回り水不足が生ずることが確実に予見されるという地域にあっては……需要の抑制施策の1つとして、新たな給水申込みのうち、需要量が特に大きく、現に居住している住民の生活用水を得るためではなく住宅を供給する事業を営む者が住宅分譲目的でしたものについて、給水契約の締結を拒むことにより、急激な需要の増加を抑制することには、法15条1項にいう『正当の理由』がある」としている（福岡県志免町給水拒否事件／最判平11.1.21）。

2　妥当である

　そのとおり。判例は、「一般的に、水道事業においては、様々な要因により水道使用量が変動し得る中で最大使用量に耐え得る水源と施設を確保する必要があるのであるから、夏季等の一時期に水道使用が集中する別荘給水契約者に対し年間を通じて平均して相応な水道料金を負担させるために、別荘給水契約者の基本料金を別荘以外の給水契約者の基本料金よりも高額に設定すること自体は、水道事業者の裁量として許されないものではない。」としている（旧高根町給水条例無効等確認請求事件／最判平18.7.14）。

3　妥当である

　そのとおり。判例は、「被上告人市の水道局給水課長が上告人の本件建物についての給水装置新設工事申込の受理を事実上拒絶し、申込書を返戻した措置は、右申込の受理を最終的に拒否する旨の意思表示をしたものではなく、上告人に対し、右建物につき存する建築基準法違反の状態を是正して建築確認を受けたうえ申込をするよう一応の勧告をしたものにすぎないと認められるところ、これに対し上告人は、その後1年半余を経過したのち改めて右工事の申込をして受理されるまでの間右工事申込に関してなんらの措置を講じないままこれを放置していたのであるから、右の事実関係の下においては、前記被上告人市の水道局給水課長の当初の措置のみによつては、未だ、被上告人市の職員が上告人の給水装置工事申込の受理を違法に拒否したものとして、被上告人市において上告人に対し不法行為法上の損害賠償の責任を負うものとするには当たらないと解するのが相当である。」としている（最判昭56.7.16）。

4　妥当である　基礎　『合格基本書』p.428

　そのとおり。判例は、マンションの建設業者が「市の宅地開発に関する指導要綱に基づく行政指導には従わない意思を明確に表明し、マンションの購入者も、入居に当たり給水を現実に必要としていた」という場合について、「このような時期に至ったときは、水道法上給水契約の締結を義務づけられている水道事業者としては、たとえ右の指導要綱を事業主に順守させるため行政指導を継続する必要があったとしても、これを理由として事業主らとの給水契約の締結を留保することは許されない」としている（武蔵野市水道法違反事件／最決平元.11.8）。

5　妥当でない　基礎　『合格基本書』p.401

　判例は、事業主に対して指導要綱に基づいて教育施設負担金の納付を求める行為について、それが「水道の給水契約の締結の拒否等の制裁措置を背景として、指導要綱を遵守させようとしていた」という場合には、「<u>本来任意に寄付金の納付を求めるべき行政指導の限度を超えるものであり、違法な公権力の行使である</u>」としている（武蔵野市教育施設負担金事件／最判平5.2.18）。

28　　LEC東京リーガルマインド　2023年版 出る順行政書士 当たる！直前予想模試

【第1回】 解答・解説

問題	テーマ（分野）	正解	重要度	正答率
27	権利能力なき社団（民法）	4	B	60%

1 妥当である

そのとおり。判例は、「権利能力のない社団というためには、団体としての組織をそなえ、そこには多数決の原則が行なわれ、構成員の変更にもかかわらず団体そのものが存続し、しかしてその組織によって代表の方法、総会の運営、財産の管理その他団体としての主要な点が確定しているものでなければならない」としている（最判昭39.10.15）。

2 妥当である

そのとおり。判例は、「権利能力なき社団の資産はその社団の構成員全員に総有的に帰属しているのであつて、社団自身が私法上の権利義務の主体となることはないから、社団の資産たる不動産についても、社団はその権利主体となり得るものではなく、したがって、登記請求権を有するものではないと解すべきである。」としている（最判昭47.6.2）。

3 妥当である 基礎 『合格基本書』p.129

そのとおり。判例は、「権利能力なき社団の代表者が社団の名においてした取引上の債務は、その社団の構成員全員に、一個の義務として総有的に帰属するとともに、社団の総有財産だけがその責任財産となり、構成員各自は、取引の相手方に対し、直接には個人的債務ないし責任を負わない」としている（最判昭48.10.9）。

4 妥当でない

判例は、「権利能力なき社団の財産は、実質的には社団を構成する総社員の……総有に属するものであるから、総社員の同意をもって、総有の廃止その他右財産の処分に関する定めのなされない限り、<u>現社員及び元社員は、当然には、右財産に関し、共有の持分権又は分割請求権を有するものではない</u>と解するのが相当である。」としている（最判昭32.11.14）。

5 妥当である

そのとおり。判例は、「本来、社団構成員の総有に属する不動産は、右構成員全員のために信託的に社団代表者個人の所有とされるものであるから、代表者は、右の趣旨における受託者たるの地位において右不動産につき自己の名義をもつて登記をすることができる」が、社団の代表者である旨の肩書を付した登記をすることは許されないとしている（最判昭47.6.2）。

【第1回】 解答・解説

問題	テーマ（分野）	正解	重要度	正答率
28	消滅時効（民法）	3	A	35%

ア 妥当でない 基礎 『合格基本書』p.162

　時効は、当事者（消滅時効にあっては、保証人、物上保証人、第三取得者その他権利の消滅について正当な利益を有する者を含む。）が援用しなければ、裁判所がこれによって裁判をすることができない（時効の援用／145条）。これに対し、連帯債務者は、時効の援用権者には含まれない（民法の改正によって「消滅時効の完成」が連帯債務の相対的効力事由に改められた）ことから、連帯債務者の1人は、他の連帯債務者の債務の消滅時効を援用することはできない。

イ 妥当である 基礎 『合格基本書』p.167

　そのとおり。① 裁判上の請求、② 支払督促、③ 和解または調停、④ 破産手続参加、再生手続参加または更生手続参加という事由がある場合には、その事由が終了する（確定判決または確定判決と同一の効力を有するものによって権利が確定することなくその事由が終了した場合にあっては、その終了の時から6カ月を経過する）までの間は、時効は、完成しない（裁判上の催告／147条1項）。訴えの取下げによって「権利が確定することなくその事由が終了した」ときは、その終了の時から6カ月を経過するまでの間は、時効は完成しない。

ウ 妥当でない

　権利についての協議を行う旨の合意が書面でされたこと（151条1項）により時効の完成が猶予されている間にされた再度の合意は、時効の完成猶予の効力を有する（151条2項本文）。ただし、その効力は、時効の完成が猶予されなかったとすれば時効が完成すべき時から通じて5年を超えることができない（151条2項ただし書）。

エ 妥当である

　そのとおり。時効は、権利の承認があったときは、その時から新たにその進行を始める（152条1項）。その承認をするには、相手方の権利についての処分につき行為能力の制限を受けていないことまたは権限があることを要しない（152条2項）。

オ 妥当でない 基礎 『合格基本書』p.167

　時効の期間の満了の時に当たり、天災その他避けることのできない事変のため裁判上の請求等（147条1項各号）または強制執行等（148条1項各号）に係る手続を行うことができないときは、その障害が消滅した時から3カ月を経過するまでの間は、時効は、完成しない（161条）。

　以上より、妥当なものはイ・エであり、正解は肢3となる。

30　　LEC東京リーガルマインド　2023年版 出る順行政書士 当たる！直前予想模試

【第1回】 解答・解説

問題	テーマ（分野）	正解	重要度	正答率
29	質権（民法）	5	A	60%

ア 妥当である 基礎 『合格基本書』p.207

そのとおり。質権の設定は、債権者にその目的物を引き渡すことによって、その効力を生ずる（344条）。もっとも、質権者は、質権設定者に、自己に代わって質物の占有をさせることができない（質権設定者による代理占有の禁止／345条）。すなわち、344条の「引き渡す」には、占有改定（183条）の方法は含まれない。よって、Aが宝石を以後Bのために占有する意思を表示しても、それだけでは質権設定の効力を生じない。

イ 妥当である 基礎 『合格基本書』p.208

そのとおり。動産質権者は、継続して質物を占有しなければ、その質権をもって第三者（債務者・質権設定者以外の者）に対抗することができない（352条）。動産質権者は、質物の占有を奪われたときは、占有回収の訴え（200条1項）によってのみ、その質物を回復することができる（353条）。よって、第三者Cが宝石を盗んだときは、質権者Bは、第三者Cに対して、占有回収の訴えによってのみ、宝石の返還を請求することができる（質権に基づく返還請求をすることはできない）。

ウ 妥当でない 基礎 『合格基本書』p.209

質権設定者は、設定行為または<u>債務の弁済期前の契約</u>において、質権者に弁済として質物の所有権を取得させ、その他法律に定める方法によらないで質物を処分させることを約することができない（弁済期前の流質契約の禁止／349条）。よって、AのBに対する債務の<u>弁済期前</u>には、<u>弁済として宝石の所有権を取得させることを約することができない</u>。

エ 妥当でない 基礎 『合格基本書』p.207

① 質権者は、質権設定者の承諾を得て、質物について、転質をすることができる（承諾転質／350条・298条2項本文）。さらに、② 質権者は、その権利の存続期間内において、<u>自己の責任で</u>、質物について、転質をすることができる（責任転質／348条）。よって、<u>質権者Bは、質権設定者Aの承諾を得なくても、自己の責任で転質をすることができる</u>。

オ 妥当である

そのとおり。質権の行使は、債権の消滅時効の進行を妨げない（350条・300条）。よって、質権者Bが質権を行使して宝石の占有を継続していたとしても、そのことによってBのAに対する債権の消滅時効の進行は妨げられない。

以上より、妥当でないものはウ・エであり、正解は肢5となる。

――――――――――― ワンポイントアドバイス ―――――――――――

【質権】

質権者は、その債権の担保として債務者または第三者から受け取った物を占有し、かつ、その物について<u>他の債権者に先立って</u>自己の債権の弁済を受ける権利を有します（342条）。

【第1回】 解答・解説

問題	テーマ（分野）	正解	重要度	正答率
30	不動産物権変動（民法）	5	A	80%

1 妥当でない 基礎 『合格基本書』p. 176

　不動産に関する物権の得喪および変更は、その登記をしなければ、第三者に対抗することができない（177条）。判例は、177条の第三者とは、当事者もしくはその包括承継人以外の者で、登記の欠缺を主張することについて正当な利益を有する者をいうとしている（大判明41.12.15）。Cは、Aの相続人であり、Aの包括承継人である（896条本文）。したがって、Cは、177条の第三者に当たらない。よって、Bは、登記がなくても、Cに対して、売買契約による甲土地の所有権の取得を対抗することができる。

2 妥当でない 基礎 『合格基本書』p. 177

　判例は、所有者AからBが不動産を買い受け、その登記が未了の間に、Cが当該不動産をAから二重に買い受け、更にCから転得者Dが買い受けて登記を完了した場合に、たといCが背信的悪意者に当たるとしても、D（背信的悪意者からの譲受人）は、Bに対する関係でD自身が背信的悪意者と評価されるのでない限り、当該不動産の所有権取得をもってBに対抗することができるとしている（最判平8.10.29）。よって、D自身に背信性がない限り、Bは、登記がなければ、Dに対して、甲土地の所有権の取得を対抗することができない。

3 妥当でない 基礎 『合格基本書』p. 179

　判例は、取消後の第三者との関係について、売買契約の取消しによる土地所有権の復帰的物権変動は、民法177条により登記をしなければ、取消後の第三者に対抗することができないとしている（大判昭17.9.30）。

4 妥当でない 基礎 『合格基本書』p. 181

　判例は、解除後の第三者との関係について、「不動産を目的とする売買契約に基き買主のため所有権移転登記があつた後、右売買契約が解除せられ、不動産の所有権が買主に復帰した場合でも、売主は、その所有権取得の登記を了しなければ、右契約解除後において買主から不動産を取得した第三者に対し、所有権の復帰を以つて対抗し得ない」としている（最判昭35.11.29）。

5 妥当である 基礎 『合格基本書』p. 182

　そのとおり。Bは、Cの最初の取得時効との関係では、時効完成後の第三者であり、その関係では、Cは、登記がなければ時効による所有権の取得をBに対抗することができない（最判昭33.8.28）。もっとも、判例は、第三者の登記後も占有者がなお引き続き時効取得に要する期間占有を継続した場合には、その第三者に対し、登記を経由しなくても時効取得をもって対抗することができるとしている（最判昭36.7.20）。よって、CがBの登記後も引き続き甲土地を占有し、時効取得に必要な期間が経過したときは、Cは、登記がなくても、Bに対して、甲土地の時効取得を対抗することができる。

32　　LEC東京リーガルマインド　2023年版 出る順行政書士 当たる！直前予想模試

【第1回】 解答・解説

問題	テーマ（分野）	正解	重要度	正答率
31	**保証（民法）**	**4**	**A**	**40%**

ア　妥当である

　そのとおり。連帯債務者または不可分債務者の1人のために保証をした者は、他の債務者に対し、その負担部分のみについて求償権を有する（464条）。連帯債務者の1人のために保証をした者は、委託をした連帯債務者に対しては、全額の求償をすることができる。

イ　妥当でない

　保証人が主たる債務者の委託を受けて保証をした場合において、主たる債務の弁済期前に債務の消滅行為をしたときは、その保証人は、主たる債務者に対し、主たる債務者がその当時（＝債務の消滅行為をした時点で）利益を受けた限度において求償権を有する（459条の2第1項前段）。

ウ　妥当である　基礎　『合格基本書』p.251

　そのとおり。保証人は、主たる債務者の委託を受けて保証をした場合において、保証人が過失なく債権者に弁済をすべき旨の裁判の言渡しを受けたときは、主たる債務者に対して、あらかじめ、求償権を行使することができる（460条3号）。

エ　妥当である

　そのとおり。保証人が主たる債務者の委託を受けて保証をした場合において、主たる債務者にあらかじめ通知しないで債務の消滅行為をしたときは、主たる債務者は、債権者に対抗することができた事由をもってその保証人に対抗することができる（463条1項前段）。

オ　妥当でない

　主たる債務者の委託を受けないで保証をした者が債務の消滅行為（＝主たる債務者に代わって弁済その他自己の財産をもって債務を消滅させる行為／459条1項参照）をした場合には、その保証人は、主たる債務者に対し、主たる債務者がその当時（＝債務の消滅行為をした時点で）利益を受けた限度において求償権を有する（462条1項・459条の2第1項前段）。

　以上より、妥当でないものはイ・オであり、正解は肢4となる。

━━━━━━━━━━━━━━ **ワンポイントアドバイス** ━━━━━━━━━━━━━━

【保証】

　保証人は、主たる債務者がその債務を履行しないときに、その履行をする責任を負います（446条1項）。

　保証債務は、主たる債務に関する利息、違約金、損害賠償その他その債務に従たるすべてのものを包含します（447条1項）。保証人は、その保証債務についてのみ、違約金または損害賠償の額を約定することができます（447条2項）。

LEC東京リーガルマインド　2023年版　出る順行政書士　当たる！直前予想模試

【第1回】 解答・解説

問題	テーマ（分野）	正解	重要度	正答率
32	相殺（民法）	2	A	70%

ア　妥当である

　　そのとおり。相殺は、双方の債務の履行地が異なるときであっても、することができる（507条前段）。なお、この場合において、相殺をする当事者は、相手方に対し、これによって生じた損害を賠償しなければならない（507条後段）。

イ　妥当でない　基礎　『合格基本書』p.265

　　自働債権に同時履行の抗弁権（533条）が付着している場合には、相殺は許されない（大判昭13.3.1）。

ウ　妥当でない　基礎　『合格基本書』p.266

　　① 悪意による不法行為に基づく損害賠償の債務、② 人の生命または身体の侵害による損害賠償の債務の債務者は、相殺をもって債権者に対抗することができない（509条本文）。ただし、その債権者がその債務に係る債権を他人から譲り受けたときは、この限りでない（509条ただし書）。

エ　妥当でない　基礎　『合格基本書』p.266

　　債権が差押えを禁じたものであるときは、その債務者は、相殺をもって債権者に対抗することができない（510条）。

オ　妥当である　基礎　『合格基本書』p.267

　　そのとおり。差押えを受けた債権の第三債務者は、差押え後に取得した債権による相殺をもって差押債権者に対抗することはできないが、差押え前に取得した債権による相殺をもって対抗することができる（511条1項）。もっとも、差押え後に取得した債権が差押え前の原因に基づいて生じたものであるときは、その第三債務者は、その債権による相殺をもって差押債権者に対抗することができる（511条2項本文）。ただし、第三債務者が差押え後に他人の債権を取得したときは、この限りでない（511条2項ただし書）。Bの債権は、Aの債権の差押え前の原因に基づいて発生した、他人から取得したものではない自己の債権であるから、Bは、差押債権者Cに対して相殺を対抗することができる。

以上より、妥当なものはア・オであり、正解は肢2となる。

```
ワンポイントアドバイス
```

【相殺】

　　2人が互いに同種の目的を有する債務を負担する場合において、双方の債務が弁済期にあるときは、各債務者は、その対当額について相殺によってその債務を免れることができます（505条1項本文）。

　　判例は、「既に弁済期にある自働債権と弁済期の定めのある受働債権とが相殺適状にあるというためには、受働債権につき、期限の利益を放棄することができるというだけではなく、期限の利益の放棄又は喪失等により、その弁済期が現実に到来していることを要するというべきである。」としています（最判平25.2.28）。

【第1回】 解答・解説

問題	テーマ（分野）	正解	重要度	正答率
33	請負（民法）	5	A	55%

1　妥当でない 基礎 『合格基本書』p. 301

　請負において、報酬は、仕事の目的物の引渡しと同時に支払わなければならない（633条本文）。ただし、物の引渡しを要しないときは、請負人は、その約した仕事を完成した後でなければ、報酬を請求することができない（633条ただし書・624条1項）。

2　妥当でない 基礎 『合格基本書』p. 302

　請負人が種類または品質に関して契約の内容に適合しない仕事の目的物を注文者に引き渡したとき（その引渡しを要しない場合にあっては、仕事が終了した時に仕事の目的物が種類または品質に関して契約の内容に適合しないとき）は、注文者は、注文者の供した材料の性質または注文者の与えた指図によって生じた不適合を理由として、履行の追完の請求、報酬の減額の請求、損害賠償の請求および契約の解除をすることができない（636条本文）。ただし、請負人がその材料または指図が不適当であることを知りながら告げなかったときは、この限りでない（636条ただし書）。

3　妥当でない 基礎 『合格基本書』p. 303

　注文者が破産手続開始の決定を受けたときは、請負人または破産管財人は、契約の解除をすることができる（642条1項本文）。ただし、請負人による契約の解除については、仕事を完成した後は、この限りでない（642条1項ただし書）。よって、当然に終了するわけではない。

4　妥当でない 基礎 『合格基本書』p. 301

　①「注文者の責めに帰することができない事由によって仕事を完成することができなくなったとき」、②「請負が仕事の完成前に解除されたとき」において、請負人が既にした仕事の結果のうち可分な部分の給付によって注文者が利益を受けるときは、その部分が仕事の完成とみなされる（634条前段）。この場合において、請負人は、注文者が受ける利益の割合に応じて報酬を請求することができる（634条後段）。

5　妥当である 基礎 『合格基本書』p. 302

　そのとおり。請負人が種類または品質に関して契約の内容に適合しない仕事の目的物を注文者に引き渡したとき（その引渡しを要しない場合にあっては、仕事が終了した時に仕事の目的物が種類または品質に関して契約の内容に適合しないとき）において、注文者がその不適合を知った時から1年以内にその旨を請負人に通知しないときは、注文者は、その不適合を理由として、履行の追完の請求、報酬の減額の請求、損害賠償の請求および契約の解除をすることができない（637条1項）。もっとも、この規定は、仕事の目的物を注文者に引き渡した時（その引渡しを要しない場合にあっては、仕事が終了した時）において、請負人が不適合を知り、または重大な過失によって知らなかったときは、適用されない（637条2項）。

――――――――――― ワンポイントアドバイス ―――――――――――

【請負】

　請負は、当事者の一方〔請負人〕がある仕事を完成することを約し、相手方〔注文者〕がその仕事の結果に対してその報酬を支払うことを約することによって、その効力を生じます（632条）。

LEC東京リーガルマインド　2023年版 出る順行政書士 当たる！直前予想模試　35

【第1回】 解答・解説

問題	テーマ（分野）	正解	重要度	正答率
34	不法行為（民法）	3	A	70%

（類題）ウォーク問過去問題集①法令編　問127

1　妥当でない　基礎　『合格基本書』p.321

　判例は、被用者が使用者の事業の執行について第三者に損害を加え、その損害を賠償した場合には、被用者は、使用者の事業の性格、規模、施設の状況、被用者の業務の内容、労働条件、勤務態度、加害行為の態様、加害行為の予防または損失の分散についての使用者の配慮の程度その他諸般の事情に照らし、<u>損害の公平な分担という見地から相当と認められる額について、使用者に対して求償（逆求償）することができる</u>としている（最判令2.2.28）。

2　妥当でない

　責任を弁識する能力のない未成年者の蹴ったサッカーボールが道路に転がり出て、これを避けようとした自動二輪車の運転者が転倒して負傷し、その後死亡した場合において、①その未成年者が、放課後児童らのために開放されていた小学校の校庭において、使用可能な状態で設置されていたサッカーゴールに向けてフリーキックの練習をしていたのであり、殊更に道路に向けてボールを蹴ったなどの事情がないこと、②サッカーゴールに向けて蹴ったとしても、ボールが道路上に出ることが常態であったものとは見られないこと、③その未成年者の親権者は、危険な行為に及ばないよう日頃から通常の躾をしており、このような<u>当該未成年者の行為について具体的に予見可能であったなどの特別の事情があったことも窺われない</u>ことなどの事情の下では、<u>当該未成年者の親権者は、民法714条の監督義務者としての責任を免れる</u>とした判例がある（サッカーボール事件／最判平27.4.9）。

3　妥当である

　そのとおり。判例は、「責任を弁識する能力のない未成年者の行為により火災が発生した場合においては、民法714条1項に基づき、未成年者の監督義務者が右火災による損害を賠償すべき義務を負うが、右監督義務者に未成年者の監督について重大な過失がなかったときは、これを免れるものと解するのが相当というべきであ」るとしている（最判平7.1.24）。

4　妥当でない　基礎　『合格基本書』p.317

　他人の生命を侵害した者は、被害者の父母、配偶者および子に対しては、その財産権が侵害されなかった場合においても、損害を賠償しなければならない（711条）。判例は、「民法711条が生命を害された者の近親者の慰籍料請求につき明文をもつて規定しているとの一事をもつて、<u>直ちに生命侵害以外の場合はいかなる事情があつてもその近親者の慰籍料請求権がすべて否定されていると解しなければならないものではなく</u>」、不法行為により身体に傷害を受けた者の母は、そのために「<u>その子の死亡したときにも比肩しうべき精神上の苦痛を受けたと認められる</u>」場合には、「709条、710条に基いて、<u>自己の権利として慰籍料を請求しうる</u>ものと解するのが相当である」としている（最判昭33.8.5）。

5　妥当でない　基礎　『合格基本書』p.317

　判例は、「ある者が他人の故意過失によつて財産以外の損害を被つた場合には、その者は、財産上の損害を被つた場合と同様、損害の発生と同時にその賠償を請求する権利すなわち慰籍料請求権を取得し、右請求権を放棄したものと解しうる特別の事情がないかぎり、これを行使することができ、<u>その損害の賠償を請求する意思を表明するなど格別の行為をすることを必要とするものではない</u>。そして、当該被害者が死亡したときは、<u>その相続人は当然に慰籍料請求権を相続する</u>ものと解するのが相当である。」としている（最判昭42.11.1）。

36　LEC東京リーガルマインド　2023年版 出る順行政書士 当たる！直前予想模試

【第1回】 解答・解説

問題	テーマ（分野）	正解	重要度	正答率
35	相続の承認・放棄（民法）	3	A	65%

ア 妥当でない 基礎 『合格基本書』p.356

相続人は、自己のために相続の開始があったことを<u>知った時から</u>3カ月以内（熟慮期間内）に、相続について、単純もしくは限定の承認または放棄をしなければならない（915条1項本文）。

イ 妥当である

そのとおり。相続人は、相続の承認または放棄をする前に、相続財産の調査をすることができる（915条2項）。

ウ 妥当でない 基礎 『合格基本書』p.357

相続人が915条1項の期間（熟慮期間）内に<u>限定承認または相続の放棄をしなかったときは、単純承認をしたものとみなされる</u>（法定単純承認／921条2号）。

エ 妥当である 基礎 『合格基本書』p.357

そのとおり。相続人は、相続によって得た財産の限度においてのみ被相続人の債務および遺贈を弁済すべきことを留保して、相続の承認をすることができる（限定承認／922条）。相続人が数人あるときは、限定承認は、共同相続人の全員が共同してのみこれをすることができる（923条）。

オ 妥当でない

相続の放棄をした者は、その相続に関しては、初めから相続人とならなかったものとみなされる（939条）。相続の放棄をした者は、その放棄の時に相続財産に属する財産を現に占有しているときは、相続人または952条1項の（相続人のあることが明らかでない場合の）相続財産の清算人に対して当該財産を引き渡すまでの間、<u>自己の財産におけるのと同一の注意をもって</u>、その財産を保存しなければならない（940条1項）。

以上より、妥当なものはイ・エであり、正解は肢3となる。

ワンポイントアドバイス

【相続人の不存在】

相続人のあることが明らかでないときは、相続財産は、法人〔相続財産法人〕とします（951条）。この場合には、家庭裁判所は、利害関係人または検察官の請求によって、相続財産の<u>清算人</u>を選任しなければなりません（952条1項）。

2021年の民法改正により、相続人のあることが明らかでない場合における「相続財産の管理人」の名称が「相続財産の清算人」に改められました。なお、「相続財産の管理人」は、相続財産の保存（897条の2）について選任される者の名称として用いられています。

【第1回】 解答・解説

問題	テーマ（分野）	正解	重要度	正答率
36	商人（商法）	5	B	60%

1 妥当である 基礎 『合格基本書』p.554

そのとおり。商法において「商人」とは、自己の名をもって商行為をすることを業とする者をいう（固有の商人／商法4条1項）。

2 妥当である 基礎 『合格基本書』p.555

そのとおり。会社は、設立の登記（会社法49条、579条）をした時に「商人」の資格を取得する（会社がその事業としてする行為およびその事業のためにする行為は、商行為とする／会社法5条）。

3 妥当である 基礎 『合格基本書』p.554

そのとおり。商法において「商人」とは、自己の名をもって商行為をすることを業とする者をいう（固有の商人／商法4条1項）。「業とする」とは、営利の目的で同種の業務を反復継続して行うことをいう。よって、営利の目的がなければ「商人」とはならない。

4 妥当である 基礎 『合格基本書』p.555

そのとおり。後見人が被後見人のために「商人」として営業を行うときは、その登記をしなければならない（商法6条1項）。

5 妥当でない 基礎 『合格基本書』p.554

①「店舗その他これに類似する設備によって物品を販売することを業とする者」または ②「鉱業を営む者」は、商行為を行うことを業としない者であっても「商人」とみなされる（擬制商人／商法4条2項）。

ワンポイントアドバイス

【未成年者の営業】

民法によれば、一種または数種の営業を許された未成年者は、その営業に関しては、成年者と同一の行為能力を有します（民法6条1項）。

これを受けて、未成年者が商法4条の「営業」を行うときは、その登記をしなければなりません（商法5条）。

38　　LEC東京リーガルマインド　2023年版 出る順行政書士 当たる！直前予想模試

【第1回】 解答・解説

問題	テーマ（分野）	正解	重要度	正答率
37	設立（会社法）	3	A	45%

ア 妥当である 基礎 『合格基本書』p.576

そのとおり。①「発起設立」においても、②「募集設立」においても、各発起人は、設立時発行株式を1株以上引き受けなければならない（25条2項）。

イ 妥当でない 基礎 『合格基本書』p.578〜p.579

①「発起設立」においては、発起人は、出資の履行が完了した後、遅滞なく、設立時取締役を選任しなければならない（38条1項）。設立時取締役の選任は、<u>発起人の議決権の過半数をもって</u>決定する（40条1項）。定款で設立時取締役として定められた者は、出資の履行が完了した時に、設立時取締役に選任されたものとみなされる（38条4項）。②「募集設立」においては、設立時取締役の選任は、<u>創立総会の決議によって</u>行わなければならない（88条1項、57条1項）。

ウ 妥当である 基礎 『合格基本書』p.579

そのとおり。①「発起設立」においては、設立時取締役は、その選任後遅滞なく、「株式会社の設立の手続が法令又は定款に違反していないこと」等を調査しなければならず（46条1項）、その調査により、法令もしくは定款に違反し、または不当な事項があると認めるときは、発起人にその旨を通知しなければならない（46条2項）。②「募集設立」においては、設立時取締役は、その選任後遅滞なく、「株式会社の設立の手続が法令又は定款に違反していないこと」等を調査しなければならず（93条1項）、その調査の結果を創立総会に報告しなければならない（93条2項）。

エ 妥当でない 基礎 『合格基本書』p.579

<u>①「発起設立」においては、払込みの取扱いをした銀行等は、金銭の保管に関する証明義務を負わない。</u>②「募集設立」においては、発起人は、払込みの取扱いをした銀行等に対し、払い込まれた金額に相当する金銭の保管に関する証明書の交付を請求することができ（64条1項）、証明書を交付した銀行等は、当該証明書の記載が事実と異なることまたは払い込まれた金銭の返還に関する制限があることをもって成立後の株式会社に対抗することができない（64条2項）。

オ 妥当である 基礎 『合格基本書』p.581

そのとおり。①「発起設立」においても、②「募集設立」においても、会社の設立の無効は、会社の成立の日から2年以内に、訴えをもってのみ主張することができる（828条1項1号）。なお、株式会社の設立の無効は、設立する株式会社の株主等（株主、取締役または清算人（監査役設置会社にあっては株主、取締役、監査役または清算人、指名委員会等設置会社にあっては株主、取締役、執行役または清算人）をいう。）に限り、提起することができる（828条2項1号）。

以上より、妥当でないものはイ・エであり、正解は肢3となる。

LEC東京リーガルマインド 2023年版 出る順行政書士 当たる！直前予想模試 39

【第1回】 解答・解説

問題	テーマ（分野）	正解	重要度	正答率
38	株主の権利（会社法）	3	B	60%

ア 誤

株主および債権者は、株式会社の営業時間内は、いつでも、株主名簿の閲覧または謄写の請求をすることができる（125条2項前段）。この場合においては、当該請求の理由を明らかにしてしなければならない（125条2項後段）。

イ 正 基礎 『合格基本書』p.593

そのとおり。株式会社は、その発行する株式について、一定の数の株式をもって株主が株主総会または種類株主総会において一個の議決権を行使することができる一単元の株式とする旨を定款で定めることができる（単元株制度／188条1項）。単元未満株主（単元株式数に満たない数の株式を有する株主／189条1項かっこ書参照）は、株式会社に対し、自己の有する単元未満株式を買い取ることを請求することができる（192条1項）。

ウ 誤 基礎 『合格基本書』p.586

株式会社は、株主を、その有する株式の内容および数に応じて、平等に取り扱わなければならない（株主平等の原則／109条1項）。もっとも、この規定にかかわらず、公開会社でない株式会社（非公開会社）は、①「剰余金の配当を受ける権利」、②「残余財産の分配を受ける権利」、③「株主総会における議決権」に関する事項について、株主ごとに異なる取扱いを行う旨を定款で定めることができる（109条2項）。

エ 正

そのとおり。株式会社が特定の株主に対して無償で財産上の利益を供与したときは、当該株式会社は、株主の権利の行使に関し、財産上の利益を供与したものと推定される（120条2項前段）。

オ 誤 基礎 『合格基本書』p.584

株式が2以上の者の共有に属するときは、共有者は、当該株式についての権利を行使する者1人を定め、株式会社に対し、その者の氏名または名称を通知しなければ、当該株式についての権利を行使することができない（106条本文）。ただし、株式会社が当該権利を行使することに同意した場合は、この限りでない（106条ただし書）。株式の共有者以外の第三者を「当該株式についての権利を行使する者」と定めることはできない。

以上より、正しいものはイ・エであり、正解は肢3となる。

ワンポイントアドバイス

【株主】

株式会社の社員を「株主」といいます。株主の責任は、その有する株式の引受価額を限度とします（104条）。

株式会社では、所有と経営の制度的分離が図られており、株主は業務執行権を有しません。

【第1回】 解答・解説

問題	テーマ（分野）	正解	重要度	正答率
39	監査等委員会設置会社（会社法）	2	C	40%

ア　正

　そのとおり。監査等委員である取締役は、監査等委員会設置会社もしくはその子会社の業務執行取締役もしくは支配人その他の使用人または当該子会社の会計参与（会計参与が法人であるときは、その職務を行うべき社員）もしくは執行役を兼ねることができない（331条3項）。そして、代表取締役は「業務執行取締役」に当たる（2条15号イ、363条1項1号参照）。

イ　誤　基礎　『合格基本書』p.613

　取締役の報酬等のうち額が確定しているものについては、定款にその額を定めていないときは、株主総会普通決議によって定める（361条1項1号、309条1項）。もっとも、監査等委員会設置会社においては、監査等委員である取締役とそれ以外の取締役とを区別して定めなければならない（361条2項）。そうすると、監査等委員会設置会社においては、取締役の報酬等のうち額が確定しているものにつき、定款または株主総会の決議によって取締役全員に支給する報酬額の総額のみを定め、各取締役の報酬等の決定を取締役会に委ねることは認められない。

ウ　誤　基礎　『合格基本書』p.616

　監査等委員会設置会社は、取締役会設置会社である（327条1項3号）。取締役会設置会社において、取締役が自己または第三者のために当該会社と取引をしようとするとき（利益相反取引のうちの直接取引）は、取締役会において、取締役は、当該取引につき重要な事実を開示し、その承認を受けなければならない（365条1項、356条1項2号）。利益相反取引によって会社に損害が生じたときは、当該取引をした取締役については、その任務を怠ったものと推定される（任務懈怠の推定／423条3項1号）が、損害額の推定はされない（423条2項参照）。

エ　誤

　監査等委員会設置会社では、監査等委員でない取締役が利益相反取引をする場合にその取引につき監査等委員会の承認を受けたときは、任務懈怠の推定の規定（423条3項）は、適用されない（423条4項）。

オ　正　基礎　『合格基本書』p.613

　そのとおり。監査等委員会が選定する監査等委員は、株主総会において、監査等委員である取締役以外の取締役の選任もしくは解任または辞任について監査等委員会の意見を述べることができる（342条の2第4項）。

以上より、正しいものはア・オであり、正解は肢2となる。

━━━━━━ ワンポイントアドバイス ━━━━━━

【監査等委員会設置会社】

　監査等委員会設置会社とは、監査等委員会を置く株式会社をいいます（2条11号の2）。
　監査等委員会は、すべての監査等委員で組織します（399条の2第1項）。監査等委員は、取締役でなければなりません（399条の2第2項）。

LEC東京リーガルマインド　2023年版 出る順行政書士 当たる！直前予想模試　41

【第1回】 解答・解説

問題	テーマ（分野）	正解	重要度	正答率
40	事業譲渡（会社法）	1	C	30%

1 正 基礎 『合格基本書』p.636

そのとおり。株式会社が、「事業の全部の譲渡」をする場合には、効力発生日の前日までに株主総会の特別決議による契約の承認が必要である（467条1項1号、309条2項11号）。もっとも、「事業の全部の譲渡」に係る契約の相手方が当該事業譲渡をする株式会社の特別支配会社である場合には、株主総会決議を要しない（468条1項）。

2 誤

「事業の全部の譲渡」は、解散事由に挙げられていない（471条参照）。また、会社法は、事業の全部の譲渡を承認する決議と解散決議が同時に株主総会によりなされることを前提としている（469条1項ただし書）。これらのことから、事業の全部の譲渡をしても、当該譲渡をした会社は、当然には消滅しないとされる。

3 誤

会社法には、事業譲渡につき差止請求権に関する規定は置かれていない。

4 誤

会社法には、事業譲渡につき債権者異議手続に関する規定は置かれていない。

5 誤

事業譲渡は、取引法上の行為であるから、吸収合併などと異なり、会社法上特別の訴えの制度（828条）が設けられていない。事業譲渡の無効は、訴えによらなくても主張することができる。

ワンポイントアドバイス

【特別支配会社】

特別支配会社とは、ある株式会社の総株主の議決権の10分の9（これを上回る割合を当該株式会社の定款で定めた場合にあっては、その割合）以上を他の会社および当該他の会社が発行済株式の全部を有する株式会社その他これに準ずるものとして法務省令で定める法人が有している場合における当該他の会社をいいます（468条1項かっこ書）。

【第1回】 解答・解説

問題	テーマ（分野）	重要度	正答率
41	**森林法事件（憲法・多肢）**	**A**	70%

『合格基本書』p. 53

ア	3（私有財産制度）	イ	6（公共の福祉）
ウ	20（経済的弱者）	エ	11（比較考量）

　本問は、森林法事件最高裁判決（最大判昭 62.4.22）を素材としたものである。

　「憲法 29 条は、…… (ア) 私有財産制度を保障しているのみでなく、社会的経済的活動の基礎をなす国民の個々の財産権につきこれを基本的人権として保障するとともに、社会全体の利益を考慮して財産権に対し制約を加える必要性が増大するに至つたため、立法府は (イ) 公共の福祉に適合する限り財産権について規制を加えることができる、としているのである。

　財産権は、それ自体に内在する制約があるほか、右のとおり立法府が社会全体の利益を図るために加える規制により制約を受けるものであるが、この規制は、財産権の種類、性質等が多種多様であり、また、財産権に対し規制を要求する社会的理由ないし目的も、社会公共の便宜の促進、(ウ) 経済的弱者の保護等の社会政策及び経済政策上の積極的なものから、社会生活における安全の保障や秩序の維持等の消極的なものに至るまで多岐にわたるため、種々様々でありうるのである。したがつて、財産権に対して加えられる規制が憲法 29 条 2 項にいう (イ) 公共の福祉に適合するものとして是認されるべきものであるかどうかは、規制の目的、必要性、内容、その規制によつて制限される財産権の種類、性質及び制限の程度等を (エ) 比較考量して決すべきものであるが、裁判所としては、立法府がした右 (エ) 比較考量に基づく判断を尊重すべきものであるから、立法の規制目的が前示のような社会的理由ないし目的に出たとはいえないものとして (イ) 公共の福祉に合致しないことが明らかであるか、又は規制目的が (イ) 公共の福祉に合致するものであつても規制手段が右目的を達成するための手段として必要性若しくは合理性に欠けていることが明らかであつて、そのため立法府の判断が合理的裁量の範囲を超えるものとなる場合に限り、当該規制立法が憲法 29 条 2 項に違背するものとして、その効力を否定することができるものと解するのが相当である……。」

LEC東京リーガルマインド　2023 年版 出る順行政書士 当たる！直前予想模試　**43**

【第1回】 解答・解説

問題	テーマ（分野）	重要度	正答率
42	ストックオプション課税事件（行政法・多肢）	A	60%

ア	2 （解釈）	イ	16 （改正）
ウ	13 （通達）	エ	7 （正当な理由）

本問は、ストックオプション課税事件（最判平18.10.24）を素材としたものである。

「外国法人である親会社から日本法人である子会社の従業員等に付与されたストックオプションに係る課税上の取扱いに関しては、現在に至るまで法令上特別の定めは置かれていないところ、課税庁においては、上記ストックオプションの権利行使益の所得税法上の所得区分に関して、かつてはこれを一時所得として取り扱い、課税庁の職員が監修等をした公刊物でもその旨の見解が述べられていたが、平成10年分の所得税の確定申告の時期以降、その取扱いを変更し、給与所得として統一的に取り扱うようになったものである。この所得区分に関する所得税法の (ア)解釈問題については、一時所得とする見解にも相応の論拠があり、最高裁平成16年（行ヒ）第141号同17年1月25日第三小法廷判決・民集59巻1号64頁によってこれを給与所得とする当審の判断が示されるまでは、下級審の裁判例においてその判断が分かれていたのである。このような問題について、課税庁が従来の取扱いを変更しようとする場合には、法令の (イ)改正によることが望ましく、仮に法令の (イ)改正によらないとしても、(ウ)通達を発するなどして変更後の取扱いを納税者に周知させ、これが定着するよう必要な措置を講ずべきものである。ところが、前記事実関係等によれば、課税庁は、上記のとおり課税上の取扱いを変更したにもかかわらず、その変更をした時点では (ウ)通達によりこれを明示することなく、平成14年6月の所得税基本 (ウ)通達の (イ)改正によって初めて変更後の取扱いを (ウ)通達に明記したというのである。そうであるとすれば、少なくともそれまでの間は、納税者において、外国法人である親会社から日本法人である子会社の従業員等に付与されたストックオプションの権利行使益が一時所得に当たるものと解し、その見解に従って上記権利行使益を一時所得として申告したとしても、それには無理からぬ面があり、それをもって納税者の主観的な事情に基づく単なる法律 (ア)解釈の誤りにすぎないものということはできない。

以上のような事情の下においては、上告人が平成11年分の所得税の確定申告をする前に同8年分ないし同10年分の所得税についてストックオプションの権利行使益が給与所得に当たるとして増額更正を受けていたことを考慮しても、上記確定申告において、上告人が本件権利行使益を一時所得として申告し、本件権利行使益が給与所得に当たるものとしては税額の計算の基礎とされていなかったことについて、真に上告人の責めに帰することのできない客観的な事情があり、過少申告加算税の趣旨に照らしてもなお上告人に過少申告加算税を賦課することは不当又は酷になるというのが相当であるから、国税通則法65条4項にいう『(エ)正当な理由』があるものというべきである。」

44　LEC東京リーガルマインド　2023年版 出る順行政書士 当たる！直前予想模試

【第1回】 解答・解説

問題	テーマ（分野）	重要度	正答率
43	**辺野古訴訟（行政法・多肢）**	**B**	50%

ア	12（各大臣）	イ	19（法定受託事務）
ウ	6（指示）	エ	9（不作為）

本問は、辺野古訴訟（最判平28.12.20）を素材としたものである。

「地方自治法245条の7第1項は、(ア) 各大臣……は、所管する法律又はこれに基づく政令に係る都道府県の (イ) 法定受託事務の処理が法令の規定に違反していると認める場合に是正の (ウ) 指示をすることができる旨を定めるところ、その趣旨は当該 (イ) 法定受託事務の適正な処理を確保することにあると解される。このことに加えて、当該 (イ) 法定受託事務の処理が法令の規定に違反しているにもかかわらず (ア) 各大臣において是正の (ウ) 指示をすることが制限される場合がある旨の法令の定めはないことを考慮すると、(ア) 各大臣は、その所管する法律又はこれに基づく政令に係る都道府県の (イ) 法定受託事務の処理が法令の規定に違反していると認める場合には、当然に地方自治法245条の7第1項に基づいて是正の (ウ) 指示をすることができる。

……地方自治法251条の7第1項は、同項に定める違法の確認の対象となる (エ) 不作為につき、是正の (ウ) 指示を受けた普通地方公共団体の行政庁が、相当の期間内に是正の (ウ) 指示に係る措置を講じなければならないにもかかわらず、これを講じないことをいう旨を定めている。そして、本件 (ウ) 指示の対象とされた (イ) 法定受託事務の処理は、上告人が本件埋立承認を職権で取り消したことであり、また、本件 (ウ) 指示に係る措置の内容は本件埋立承認取消しを取り消すという上告人の意思表示を求めるものである。これに加え、被上告人が平成27年11月に提起した前件訴訟においても本件埋立承認取消しの適否が問題とされていたことなど本件の事実経過を勘案すると、本件 (ウ) 指示がされた日の1週間後である同28年3月23日の経過により、同項にいう相当の期間が経過したものと認められる。

また、本件において、上記の期間が経過したにもかかわらず上告人が本件 (ウ) 指示に係る措置を講じないことが許容される根拠は見いだし難いから、上告人が本件埋立承認取消しを取り消さないことは違法であるといわざるを得ない。

したがって、上告人が本件 (ウ) 指示に係る措置として本件埋立承認取消しを取り消さないことは、地方自治法251条の7第1項にいう (エ) 不作為の違法に当たる。」

LEC東京リーガルマインド 2023年版 出る順行政書士 当たる！直前予想模試 **45**

【第1回】 解答・解説

問題	テーマ（分野）	重要度	正答率
44	**聴聞（行政法・記述）**	**A**	**—**

『合格基本書』p. 423

≪正解例≫

Dが

本	件	取	消	し	が	さ	れ	た	場	合	に	自	己	の
利	益	を	害	さ	れ	る	こ	と	と	な	る	と	き	に
、	聴	聞	が	終	結	す	る	時	ま	で	の	間	。	

(44字)

　本問は、行政手続法における聴聞に関する知識を問うものである。

　当事者および当該不利益処分がされた場合に自己の利益を害されることとなる参加人（「当事者等」）は、聴聞の通知があった時から聴聞が終結する時までの間、行政庁に対し、当該事案についてした調査の結果に係る調書その他の当該不利益処分の原因となる事実を証する資料の閲覧を求めることができる（行政手続法18条1項前段）。この場合において、行政庁は、第三者の利益を害するおそれがあるときその他正当な理由があるときでなければ、その閲覧を拒むことができない（18条1項後段）。

　行政庁は、閲覧について日時および場所を指定することができる（18条3項）。

　以上より、解答にあたっては、正解例のように記述すべきである。

ワンポイントアドバイス

【採点の目安】

①	本件取消しがされた場合に自己の**利益を害される**こととなる …………………	**10点**
②	**聴聞が終結**する時までの間 ………………………………………………………	**10点**

【第1回】 解答・解説

問題	テーマ（分野）	重要度	正答率
45	**代理（民法・記述）**	**A**	**—**

『合格基本書』p. 151

≪正解例≫

Bが本件抵当権設定契約を締結した行為は、

A	が	あ	ら	か	じ	め	許	諾	し	た	場	合	を	除
き	、	代	理	権	を	有	し	な	い	者	が	し	た	行
為	と	み	な	さ	れ	る	。							

(38字)

　本問は、代理に関する知識を問うものである。

　民法108条1項本文に規定するもの（自己契約および双方代理）のほか、代理人（B）と本人（A）との利益が相反する行為（利益相反行為）については、<u>代理権を有しない者がした行為（無権代理行為）とみなされる</u>（108条2項本文）。ただし、<u>本人（A）があらかじめ許諾した行為については、この限りでない</u>（108条2項ただし書）。

　これを本問についてみると、Aの代理人Bが、B自身のCに対する借金の担保として、Aを代理してCとの間でAの所有する土地に抵当権を設定する旨の契約を締結した行為は、代理人Bと本人Aとの利益が相反する行為に該当する。よって、代理人Bが本件抵当権設定契約を締結した行為は、<u>本人Aがあらかじめ許諾した場合を除き、代理権を有しない者がした行為（無権代理行為）とみなされる</u>。

　以上より、解答にあたっては、正解例のように記述すべきである。

ワンポイントアドバイス

【採点の目安】

①	**A**があらかじめ**許諾**した場合 ·································	**10点**
②	**代理権を有しない者**がした行為（**無権代理行為**） ··············	**10点**

LEC東京リーガルマインド　2023年版 出る順行政書士 当たる！直前予想模試　47

【第1回】 解答・解説

問題	テーマ（分野）	重要度	正答率
46	転貸の終了（民法・記述）	A	—

『合格基本書』p.297

≪正解例≫

A	が	C	に	対	し	て	甲	建	物	の	返	還	を	請
求	し	た	時	に	、	B	の	C	に	対	す	る	債	務
の	履	行	不	能	に	よ	り	終	了	す	る	。		

(43字)

本問は、転貸の終了に関する知識を問うものである。

賃借人（B）は、賃貸人（A）の承諾を得て、賃借物を転貸することができる（612条1項）。

判例は、「賃貸借契約が転貸人（賃借人B）の債務不履行を理由とする解除により終了した場合、賃貸人（A）の承諾のある転貸借は、原則として、賃貸人（A）が転借人（C）に対して目的物の返還を請求した時に、転貸人（賃借人B）の転借人（C）に対する債務の履行不能により終了する」としている（最判平9.2.25）。

以上より、解答にあたっては、正解例のように記述すべきである。

ワンポイントアドバイス

【採点の目安】

①	AがCに対して返還を請求した時に	………	10点
②	BのCに対する債務の履行不能により	………	10点

【第1回】 解答・解説

問題	テーマ（分野）	正解	重要度	正答率
47	行政改革（政治）	2	A	75%

ア 妥当でない 基礎 『合格基本書』p. 677

　1990年に神奈川県川崎市において、市民の苦情に基づいて行政を監察して必要があると認めるときは勧告をする「オンブズマン」の制度が全国で初めて導入された。その後、1995年に沖縄県において「オンブズマン」の制度が都道府県で初めて導入されたが、国では「オンブズマン」の制度は導入されていない。

イ 妥当である

　そのとおり。「スーパーシティ」とは、ＡＩやビッグデータなど、第四次産業革命における最先端の技術を活用し、未来の暮らしを先行実現する「まるごと未来都市」であり、個別分野ごとの技術の実証実験ではなく、キャッシュレス化、行政手続ワンスオンリー化、遠隔教育・医療、自動走行など、複数分野にわたるスマート化の取組を同時に暮らしに実装し、社会的課題の解決を図る生活実装実験を行うものである。2020年6月の国家戦略特別区域法の改正により、「スーパーシティ」構想の実現に向けた制度が整備された（2020年9月施行）。2022年4月に、つくば市・大阪市が「スーパーシティ型国家戦略特区」に、吉備中央町・茅野市・加賀市が「デジタル田園健康特区」に、それぞれ指定された。

ウ 妥当である 基礎 『合格基本書』p. 676

　そのとおり。指定管理者制度は、住民の福祉を増進する目的をもってその利用に供するための施設である「公の施設」の管理主体を、民間事業者やＮＰＯ法人等に開放する制度として、2003年の地方自治法の改正によって導入された。

エ 妥当でない

　独立行政法人は、原則として国が出資して、公共業務の効率を上げるために民間企業の経営手法を取り入れた行政法人である。独立行政法人通則法によれば、政府は、その業務を確実に実施させるために必要があると認めるときは、個別法で定めるところにより、各独立行政法人に出資することができる（独立行政法人通則法8条2項）。

オ 妥当である 基礎 『合格基本書』p. 677

　そのとおり。国家戦略特区（国家戦略特別区域）において、対象施設が一定の要件に該当することについて都道府県知事が認定することで、旅館業法の適用が除外される「特区民泊」（国家戦略特別区域外国人滞在施設経営事業）の取組みが、2016年1月に全国で初めて東京都大田区で開始した。

　以上より、妥当でないものはア・エであり、正解は肢2となる。

ＬＥＣ東京リーガルマインド　2023年版 出る順行政書士 当たる！直前予想模試　　49

【第1回】 解答・解説

問題	テーマ（分野）	正解	重要度	正答率
48	**政党・圧力団体（政治）**	**3**	**A**	60%

ア　妥当でない　基礎　『合格基本書』p. 679

　　政治資金規正法によれば、政治団体を除く会社・労働組合等の団体は、政党・政党の支部および政治資金団体以外の者に対しては、政治活動に関する寄附をしてはならない（政治資金規正法21条1項）。これに対し、政治資金団体に対して寄附をすることは禁止されていない。

イ　妥当である　基礎　『合格基本書』p. 679

　　そのとおり。圧力団体（利益集団）は、特定の利益の増進のために政党や政府、各省庁に働きかけて政治的決定に影響力を及ぼそうとする団体である。圧力団体がその影響力を行使する活動をロビイングといい、ロビイングを行う人物をロビイストという。日本では、自民党政権下の国会議員が、圧力団体と密接な繋がりのある「族議員」として、行政に対するロビイスト的な役割を果たしていた。

ウ　妥当でない

　　ドイツの法学者ハインリヒ・トリーペル（1868年～1946年）は、「憲法と政党」という論文の中で、国法の政党に対する歴史的変遷について、① 敵視、② 無視、③ 承認および法制化、④ 憲法的編入の4段階を区別している。日本国憲法の政党に対する態度は、承認および法制化（③）の段階にあると解されている。なお、判例は、「憲法は政党について規定するところがなく、これに特別の地位を与えてはいないのであるが、憲法の定める議会制民主主義は政党を無視しては到底その円滑な運用を期待することはできないのであるから、憲法は、政党の存在を当然に予定しているものというべきであり、政党は議会制民主主義を支える不可欠の要素なのである」としている（八幡製鉄政治献金事件／最大判昭45.6.24）。

エ　妥当でない　基礎　『合格基本書』p. 679

　　政党助成法によれば、政党交付金の交付の対象となる政党は、① 国会議員5人以上を有する政治団体、または、② 国会議員を有し、かつ、前回の衆議院議員総選挙の小選挙区選挙もしくは比例代表選挙または前回もしくは前々回の参議院議員通常選挙の選挙区選挙もしくは比例代表選挙で得票率が2％以上の政治団体のいずれかに該当することが必要である（政党助成法2条1項）。また、国は、政党助成法の定めるところにより、法人格付与法（「政党交付金の交付を受ける政党等に対する法人格の付与に関する法律」）4条1項の規定による法人である政党に対して、政党交付金を交付する（政党助成法3条1項）。

オ　妥当である

　　そのとおり。圧力団体は、政党とは異なり、① 政権の獲得を目的とするものではない、② 国民的利益よりも自己の特殊利益を目指す、③ 政策決定に影響を与えたとしても政治責任が問われないという特徴を有する。

　　以上より、妥当なものはイ・オであり、正解は肢3となる。

50　　LEC東京リーガルマインド　2023年版 出る順行政書士 当たる！直前予想模試

【第1回】 解答・解説

問題	テーマ（分野）	正解	重要度	正答率
49	**政治思想（政治）**	**4**	**B**	**40%**

ア　妥当である　基礎　『合格基本書』p.671

　　そのとおり。C.モンテスキュー（1689年～1755年）は、著書『法の精神』において、国家権力を三権に分立させる「三権分立」を説くとともに、共和政、君主政および専制政を代表的な社会類型としてとらえて、政体の本性（政体の性格）と原理（政体を動かす情念）の関係性がその盛衰を決定づけると主張した。

イ　妥当でない　基礎　『合格基本書』p.671

　　これは、J.ロック（1632年～1704年）に関する記述である。T.ホッブズ（1588年～1679年）は、著書『リヴァイアサン』において、自然状態を戦争状態ととらえ、これを克服するため個人相互の契約に基づき絶大な主権をもつ国家を作り上げることを主張した。

ウ　妥当である

　　そのとおり。E.コーク（1552年～1634年）は、王権神授説に立つイギリス国王ジェームス1世と対立し、王権に対する慣習法（コモン・ロー）の優位を主張した。

エ　妥当である　基礎　『合格基本書』p.671

　　そのとおり。『社会契約論』を著したJ.J.ルソー（1712年～1778年）は、自然状態を人が自由・平等な形で存在するものととらえたが、現実は人が鉄鎖につながれた状態であり、これを克服するため、全員一致の同意による（一般意思に基づく）社会を形成すべきであることを説いた。

オ　妥当でない　基礎　『合格基本書』p.671

　　これは、T.ホッブズ（1588年～1679年）に関する記述である。J.ロック（1632年～1704年）は、自然状態を比較的平和なものととらえたが、不安定・不確実な状態であるため、これを解消するための契約等が必要であると主張した。なお、ロックは、名誉革命を擁護する『市民政府二論（統治二論）』を著している。

　　以上より、妥当でないものはイ・オであり、正解は肢4となる。

LEC東京リーガルマインド　2023年版 出る順行政書士 当たる！直前予想模試　51

【第1回】 解答・解説

問題	テーマ（分野）	正解	重要度	正答率
50	高度経済成長期の日本経済（経済）	3	A	45%

ア 妥当でない

「神武景気」や「岩戸景気」のもとでは、好況により輸入が増えると国際収支が悪化し、そのために金融を引き締めると景気が後退するという「国際収支の天井」による景気変動がみられた。

イ 妥当である

そのとおり。「神武景気」の時期に、家庭電化ブームが始まり、白黒テレビ・電気冷蔵庫・電気洗濯機という3種類の家電製品が「三種の神器」と呼ばれた。「いざなぎ景気」の時期に、カラーテレビ（color TV）・クーラー（cooler）・自動車（car）という3種類の耐久消費財が「3C」（新・三種の神器）と呼ばれた。

ウ 妥当である

そのとおり。「岩戸景気」の時期に、金属、電機、機械、化学工業などの重化学工業が著しく発展して、石炭から石油へのエネルギー革命が進展した。

エ 妥当である

そのとおり。「神武景気」の後の不況は、不況の状態が、平たいなべの底のような波型をとって進んだことから「なべ底不況」と呼ばれた。

オ 妥当でない

1971年に為替の固定相場制が崩れると、円高が進行した。1973年、第4次中東戦争をきっかけとする「第1次石油ショック」によって石油価格が4倍になり、重化学工業と石油関連事業が打撃を受けた。不況とインフレが同時進行する「スタグフレーション」が発生して、戦後初のマイナス成長となった。これによって、高度経済成長は終わり、1970年代後半からは年率4～5％程度の経済成長率となった。

以上より、妥当なものはイ、ウ、エの3つであり、正解は肢3となる。

52　　LEC東京リーガルマインド　2023年版 出る順行政書士 当たる！直前予想模試

【第1回】 解答・解説

問題	テーマ（分野）	正解	重要度	正答率
51	地域経済統合（経済）	2	B	40%

ア 妥当でない 基礎 『合格基本書』p.700

2017年1月にアメリカがTPP（環太平洋パートナーシップ）協定からの離脱を表明したことを受けて、アメリカ以外の11カ国（オーストラリア、ブルネイ、カナダ、チリ、日本、マレーシア、メキシコ、ニュージーランド、ペルー、シンガポール、ベトナム）の間で協定の早期発効を目指して協議が行われ、2018年3月に11カ国によるCPTPP（TPP11協定／環太平洋パートナーシップに関する包括的及び先進的な協定）が署名された（2018年12月発効）。2021年2月、イギリスが、発足11カ国以外では初めて加盟を申請した。2021年9月、中国、台湾が相次いで加盟を申請した。2021年12月、韓国が加盟する方針を表明し、エクアドルが加盟を申請した。

イ 妥当である 基礎 『合格基本書』p.700

そのとおり。RCEP（地域的な包括的経済連携）協定は、ASEAN（東南アジア諸国連合）10カ国および日本、中国、韓国、オーストラリア、ニュージーランドの5カ国が参加する経済連携協定として、2020年11月15日に署名された。2022年4月1日現在、12カ国で発効している（2022年1月にブルネイ、カンボジア、ラオス、シンガポール、タイ、ベトナム、日本、中国、オーストラリア、ニュージーランドの10カ国で発効、2022年2月に韓国で発効、2022年3月にマレーシアで発効）。インドは、交渉の立上げからの7年間は交渉に参加していたが、その後の交渉には参加していない。

ウ 妥当でない

2018年12月のTPP11協定の発効などを背景にして、日本とアメリカの貿易に関する協定の交渉が妥結に至り、日米貿易協定（日本国とアメリカ合衆国との間の貿易協定）および日米デジタル貿易協定（デジタル貿易に関する日本国とアメリカ合衆国との間の協定）が2019年10月に署名された（2020年1月1日発効）。

エ 妥当である 基礎 『合格基本書』p.700

そのとおり。日本と欧州連合（EU）との間の経済連携協定（日EU・EPA）は、日本の工業製品のEU市場へのアクセスについて 100％の関税撤廃を実現するなどの貿易・投資の枠組みを規定するものとして、2018年7月に署名された（2019年2月1日発効）。

オ 妥当である 基礎 『合格基本書』p.700

そのとおり。日英EPA（日英包括的経済連携協定）は、日本とEU離脱後のイギリスとの間の、日EU・EPAに代わる新たな貿易・投資の枠組みを規定するものとして、2020年10月23日に署名された（2021年1月1日発効）。イギリス産品の日本市場へのアクセスについては、基本的に日EU・EPAの内容を維持するものとされた。

以上より、妥当でないものはア・ウであり、正解は肢2となる。

LEC東京リーガルマインド 2023年版 出る順行政書士 当たる！直前予想模試 53

【第1回】 解答・解説

問題	テーマ（分野）	正解	重要度	正答率
52	ノーベル平和賞（政治）	5	C	45%

ア 妥当でない

核兵器廃絶国際キャンペーン（ICAN）は、2017年に、核兵器禁止条約（TPNW）を締結させた努力を評価されて、ノーベル平和賞を受賞した。

イ 妥当でない

国境なき医師団（MSF）は、1999年に、国境や政治情勢に影響されることのない先駆的人道援助活動を評価されて、ノーベル平和賞を受賞した。

ウ 妥当である

そのとおり。国際原子力機関（IAEA）は、2005年に、エルバラダイ事務局長とともに、原子力が軍事目的に利用されることを防止し、平和目的のための原子力が可能な限り安全な方法で利用されることを確保するために努力を払ったことを評価されて、ノーベル平和賞を受賞した。

エ 妥当でない

気候変動に関する政府間パネル（IPCC）は、2007年に、アル・ゴア前アメリカ副大統領（当時）とともに、人為的に起こる地球温暖化の認知を高めたことを評価されて、ノーベル平和賞を受賞した。

オ 妥当である

そのとおり。国連世界食糧計画（WFP）は、飢餓との闘いに尽力してきたこと、紛争地域で平和に向けた状況改善に貢献し、飢餓が戦争や紛争の武器として利用されることを阻止する原動力となったことを評価されて、2020年に、ノーベル平和賞を受賞した。

以上より、妥当なものはウ・オであり、正解は肢5となる。

LEC東京リーガルマインド　2023年版 出る順行政書士 当たる！直前予想模試

【第1回】 解答・解説

問題	テーマ（分野）	正解	重要度	正答率
53	イギリス・アメリカ・日本の政治制度（政治）	5	C	30%

1 妥当でない 基礎 『合格基本書』p.672

イギリスの議会では、下院（庶民院）の上院（貴族院）に対する優越が認められている。アメリカの連邦議会では、上院（元老院）と下院（代議院）は、原則として対等である。日本の国会では、衆議院の参議院に対する優越が認められている。

2 妥当でない 基礎 『合格基本書』p.672

イギリスでは、下院（庶民院）の多数党の党首を、国王が首相に任命する。よって、議員の中から多数決で指名するわけではない。アメリカでは、有権者の選出した大統領選挙人が大統領候補に投票して大統領を選出する（間接選挙）。日本では、国会が議員の中から指名した者を、天皇が首相に任命する。

3 妥当でない 基礎 『合格基本書』p.673

イギリスの内閣は、議会に対して法案を提出する権限を有している。アメリカの大統領は、連邦議会に対して法案を提出する権限を有していないが、連邦議会で可決された法案を拒否する権限を有している。日本の内閣は、国会に対して法案を提出する権限を有している。

4 妥当でない 基礎 『合格基本書』p.672

イギリスでは、下院（庶民院）は内閣に対する不信任決議権を有しているが、上院（貴族院）は不信任決議権を有していない。アメリカでは、連邦議会は大統領に対する不信任決議権を有していない。日本では、衆議院は内閣に対する不信任決議権を有している。

5 妥当である 基礎 『合格基本書』p.673

そのとおり。イギリスの裁判所は、議会の制定した法律に対する違憲審査権を有していない。アメリカおよび日本の裁判所は、議会の制定した法律に対する違憲審査権を有している。

LEC東京リーガルマインド　2023年版 出る順行政書士 当たる！直前予想模試　55

【第1回】 解答・解説

問題	テーマ（分野）	正解	重要度	正答率
54	災害対策（社会）	2	B	40%

ア　妥当である

そのとおり。河川・水道等の管理者が主体となって行う従来の治水対策に加えて、氾濫域も含めて一つの流域として捉えて、あらゆる関係者が協働して流域全体で水害を軽減させる治水対策「流域治水」への転換を進めるために、2021年3月30日に、全国109の一級水系全て、12の二級水系において「流域治水プロジェクト」が公表された。

イ　妥当でない

1995年の阪神・淡路大震災をきっかけとして1998年に制定された「被災者生活再建支援法」に基づいて、自然災害で住宅に被害を受けた被災者に対し、生活再建を支援するための支援金が支給されている。支援金には使途の制限はなく、事後の報告も不要である。

ウ　妥当でない

2019年の大型台風（令和元年台風19号）などにより多くの高齢者や障害者等が被害に遭っている状況を踏まえて、2021年の災害対策基本法の改正により、災害時にみずから避難することが困難な高齢者や障害者等の「避難行動要支援者」について、個別避難計画を作成することが市町村の努力義務とされた。

エ　妥当でない

災害時における円滑かつ迅速な避難の確保のために、2021年の災害対策基本法の改正により、避難勧告・避難指示が「避難指示」に一本化されて、土砂災害警戒情報が発表された場合は「避難指示」を発令することが基本となった。

オ　妥当である

そのとおり。災害対策の実施体制の強化のために、2021年の災害対策基本法の改正により、非常災害対策本部の本部長が、国務大臣（通常は防災担当大臣）から内閣総理大臣に変更された。

以上より、妥当なものはア・オであり、正解は肢2となる。

56　　LEC東京リーガルマインド　2023年版 出る順行政書士 当たる！直前予想模試

【第1回】 解答・解説

問題	テーマ（分野）	正解	重要度	正答率
55	個人情報保護法（個人情報保護）	4	A	40%

1 妥当でない 基礎 『合格基本書』p. 767

「個人関連情報」とは、生存する個人に関する情報であって、個人情報、仮名加工情報および匿名加工情報のいずれにも該当しないものをいう（個人情報保護法2条7項）。

2 妥当でない 基礎 『合格基本書』p. 767

「要配慮個人情報」とは、本人の人種、信条、社会的身分、病歴、犯罪の経歴、犯罪により害を被った事実その他本人に対する不当な差別、偏見その他の不利益が生じないようにその取扱いに特に配慮を要するものとして政令で定める記述等が含まれる個人情報をいう（2条3項）。単なる職業的地位や学歴は、「社会的身分」には当たらない。

3 妥当でない 基礎 『合格基本書』p. 767

「仮名加工情報」とは、個人情報保護法2条5項1号2号に掲げる個人情報の区分に応じて当該各号に定める措置を講じて他の情報と照合しない限り特定の個人を識別することができないように個人情報を加工して得られる個人に関する情報をいう（個人情報保護法2条5項）。

4 妥当である

そのとおり。「個人情報」とは、生存する個人に関する情報であって、①「当該情報に含まれる氏名、生年月日その他の記述等……により特定の個人を識別することができるもの（他の情報と容易に照合することができ、それにより特定の個人を識別することができることとなるものを含む。）」、②「個人識別符号が含まれるもの」のいずれかに該当するものをいう（個人情報保護法2条1項）。判例は、「相続財産についての情報が被相続人に関するものとしてその生前に法2条1項にいう『個人に関する情報』に当たるものであったとしても、そのことから直ちに、当該情報が当該相続財産を取得した相続人等に関するものとして上記『個人に関する情報』に当たるということはできない。」としている（最判平31.3.18）。

5 妥当でない 基礎 『合格基本書』p. 767

「匿名加工情報」とは、個人情報保護法2条6項1号2号に掲げる個人情報の区分に応じて当該各号に定める措置を講じて特定の個人を識別することができないように個人情報を加工して得られる個人に関する情報であって、当該個人情報を復元することができないようにしたものをいう（個人情報保護法2条6項）。

【第1回】 解答・解説

問題	テーマ（分野）	正解	重要度	正答率
56	**インターネット（情報・通信）**	**5**	**A**	75%

ア　妥当でない

　インターネットの歴史は、1969年に<u>アメリカ合衆国において</u>国防用に構築されたＡＲＰＡＮＥＴ（アーパネット）にさかのぼる。

イ　妥当でない　基礎　、『合格基本書』p. 756

　コンピュータをネットワークで接続するために、それぞれのコンピュータに割り振られた識別番号のことを、<u>ＩＰアドレス</u>という。これに対し、ドメインとは、ＩＰアドレスを<u>文字に置き換えたもの</u>で、インターネット上で接続しているネットワークに設定される<u>名前</u>のことをいう。ＩＰアドレスは数字のみで表記されて覚えにくいため、"soumu. go. jp."のようにドメインネーム（ドメイン名）という文字列で表記できるようになっている。

ウ　妥当である　基礎　『合格基本書』p. 758

　そのとおり。ウイルス（コンピュータウイルス）とは、第三者のプログラムやデータベースに対して意図的に何らかの被害を及ぼすように作られたプログラムのことをいう。

エ　妥当でない　基礎　『合格基本書』p. 756

　検索エンジンやリンク集など、インターネットの入口（ポータル）となるウェブサイトのことを、<u>ポータルサイト</u>という。これに対し、デジタルサイネージとは、店頭や交通機関などの<u>公共の場における</u><u>電子化された看板やポスターなどのシステム</u>の総称である。

オ　妥当である　基礎　『合格基本書』p. 757

　そのとおり。サーバは、ネットワーク上で、ユーザーからの要求に対して情報やサービスを提供するコンピュータのことをいう。インターネットでは、Ｗｅｂサーバ、メールサーバ、ＤＮＳサーバなどが使用されている。

以上より、妥当なものはウ・オであり、正解は肢5となる。

【第1回】 解答・解説

問題	テーマ（分野）	正解	重要度	正答率
57	電子商取引（情報・通信）	4	B	50%

ア 妥当でない 基礎 『合格基本書』p.740

① 企業間の電子商取引を「ＢtoＢ」という。② オンラインショッピングのように企業と消費者との間の電子商取引を「ＢtoＣ」という。③ ネットオークションのように消費者間の電子商取引を「ＣtoＣ」という。

イ 妥当である 基礎 『合格基本書』p.741

そのとおり。電子消費者契約法は、消費者が行う電子消費者契約の申込みまたはその承諾の意思表示について特定の錯誤があった場合に関して、民法95条3項の「錯誤が表意者の重大な過失によるものであった場合」の規定に対する特例を定めている（電子消費者契約法1条、3条）。

ウ 妥当でない

隔地者間の契約において電子承諾通知を発する場合に関して民法の隔地者間の契約の成立時期に関する規定（発信主義）に対する特例（到達主義）を定めていた電子消費者契約法の規定は、2017年の民法改正（2020年4月施行）により発信主義の規定が削除されたことを受けて削除された。

エ 妥当でない 基礎 『合格基本書』p.741

特定電子メール送信適正化法〔迷惑メール防止法〕は、原則として事前に送信に同意した相手に対してのみ、広告、宣伝または勧誘等を目的とした電子メールの送信を許可する「オプトイン方式」を採用している（特定電子メール送信適正化法〔迷惑メール防止法〕3条1項）。

オ 妥当である 基礎 『合格基本書』p.753

そのとおり。e－文書通則法は、法令の規定により民間事業者等が行う書面の保存等（保存、作成、縦覧等または交付等）に関し、電子情報処理組織を使用する方法その他の情報通信の技術を利用する方法（「電磁的方法」）により行うことができるようにするための共通する事項を定めている（e－文書通則法1条、2条10号）。

以上より、妥当なものはイ・オであり、正解は肢4となる。

【第1回】 解答・解説

問題	テーマ（分野）	正解	重要度	正答率
58	並べ替え（文章理解）	3	A	75%

　まず、指示語の「こうした」で始まるオに注目する。「こうした行為に対して、畿内近国を中心とする西国の百姓はヨコに連携し、訴訟や実力行使に訴えて抵抗」とあるから、オの前には百姓に対する行為について書いた文がくるはずである。百姓についての記述はオの他にはアのみであり、アは東国武士団が西国で村預けや方違えによって百姓を支配するという内容で、これがオの百姓に対する「こうした行為」であるから、アーオと続くことが確定する。

　次に、イの「そのような例」であるが、イの第二文に「農民層の抵抗は表にあらわれない」とあるから、「そのような」は「農民層の抵抗」を指すことになる。これはまさにオの「西国の百姓はヨコに連携し、訴訟や実力行使に訴えて抵抗」のことであるから、イはオのすぐ後に続く文であることがわかる。したがって、アーオーイと続くことが確定する。

　残ったウとエの文中には指示語や接続詞で他の文とつながる部分がないため、選択肢と照合して絞り込んでいく。アーオーイの並びは肢2と肢3だけであるから、この2つを検討する。まず、肢2では、エの後にウが続いているが、ウは鹿児島（南九州）が東国的なタテ社会であり、西国の中でも異質だと述べ、なぜそのようになったのかと疑問を投げかけている。しかし、エは南九州にタテ社会が構築された原因を説明したものであり、説明の後に同じ内容の疑問を提示するウがくるのは、文脈が不自然である。これに対し、肢3ではウが文章全体の導入部分とされており、ウで投げかけられた疑問に対して、アーオーイで説明し、最後のエで疑問に対する回答を結びの文としていることは、最も自然な流れである。よって、ウーアーオーイーエが妥当な順序となる。

以上より、妥当な順序はウーアーオーイーエであり、正解は肢3となる。

（出典　野口実「武家の棟梁の条件」から）

60　　LEC東京リーガルマインド　2023年版 出る順行政書士 当たる！直前予想模試

【第1回】 解答・解説

問題	テーマ（分野）	正解	重要度	正答率
59	空欄補充（文章理解）	5	A	80%

Ⅰの後には、「ほかの動物で、これほど目の動きが頻繁な動物はいない。」としており、Ⅰの空欄には、動物以外の内容が入ることがわかる。そして、第二段落では、「ヒトの目では」とあるから、Ⅰにはエが入ることがわかる。

Ⅱについては、Ⅱの空欄の直後に「同様に、相手の目の向きを気にしないでいるのも難しい。」とあるから、この考え方と同じような考えを述べた内容が空欄に入ることがわかる。さらに、この第三段落の最後の文章で「目の向きや動きは、相手の関心や注意を知るための重要な手がかりになる。」としているから、関心や気になるものなどの内容を含むものが空欄に入ると予想することができ、Ⅱの空欄にはウが適切であると判断できる。

Ⅲについては、Ⅲの直後の文章で、「たとえばニホンザルなどの場合」として、この第四段落全体で比較する形で動物の話をしている。さらに、第四段落の内容は、動物では、目の向きや動きが理解できないという内容である。したがって、第四段落の冒頭の内容としては、イが適切であると判断できる。

最後に、Ⅳには、残ったアが入る。第六段落の最後に「私たちはこれを相手の関心や興味を知る手がかりとして利用している」との文章があり、また、Ⅳの直後の文章に「も」とある。そうすると、第三段落で「目の向きや動き」について述べており、さらに、第六段落で「目の瞳孔の微妙な変化も感じとる。」としており、それを「相手の関心や興味を知る手がかりとして利用している。」と受けているので、Ⅳにはアが入り、内容も合致する。

以上より、Ⅰにはエ、Ⅱにはウ、Ⅲにはイ、Ⅳにはアが入り、正解は肢5となる。

（出典　鈴木光太郎「ヒトの心はどう進化したのか」から）

【第1回】 解答・解説

問題	テーマ（分野）	正解	重要度	正答率
60	空欄補充（文章理解）	3	A	60%

　まず、Ⅰを含む文章の直前の文章は「それゆえ、思い出は過去の出来事のありのままの再現ではない。」とし、この文章に続けて「<u>それ</u>は経験の遠近法による濾過と選別とを通じて一種の『解釈学的 Ⅰ 』を被った出来事である。」としている。この「<u>それ</u>」とは思い出のことを指すので、Ⅰには、その直前の文章で思い出について述べた「過去の出来事の<u>ありのままの再現ではない</u>」と同じ内容の語句が入る。よって、Ⅰには、「<u>変形</u>」が入る。解釈学的「<u>複写</u>」では、「ありのままの再現」の意味になってしまうので妥当でない。

　次に、Ⅱを含む文章は「…… Ⅱ の結構をしつらえることによって一枚の布にあえかな文様を浮かび上がらせることこそ、<u>物語行為の役目にほかならない</u>。」としているので、Ⅱには、筆者の考える「物語行為」あるいは「物語る」ことの内容ないし方法を表す語句が入る。それは、Ⅱの直前の「それらの断片を織り合わせ、因果の糸を張りめぐらし……」との表現からすると、単に「渾然一体」の混ざり合ったものをしつらえることではなく、<u>スートリーのある物語としての「起承転結」</u>をしつらえることと考えることができる。よって、Ⅱには、「渾然一体」ではなく、「起承転結」が入る。

　最後に、ⅢとⅣに入る語句を検討する。ⅢとⅣの後の文章は「……思い出の<u>構造化と共同化</u>こそが、ほかならぬ<u>歴史的事実の成立条件</u>」、第2段落第2文は「……<u>思い出……個人的感懐</u>」として、また、第2段落第4文は「<u>思い出は断片的であり……</u>」としている。これらの記述からすると、筆者は、思い出は「断片的」かつ「個人的感懐」であり、「構造化」および「共同化」によりはじめて間主観的（＝ 複数人で同意が成り立っているという意味）な歴史となるとしている。そこで、選択肢を検討すると、ⅢとⅣには「<u>断片的</u>」または「個人的感懐」から連想される「<u>個人的</u>」が入ることになる。そして、Ⅲを含んだ文章は「 Ⅲ な思い出は『<u>構造化</u>』され」としており、「構造化」とは様々な要素を組み上げてある物を作ることを意味するから、「構造化」の前の段階は単なる「断片」であり、Ⅲには「断片的」が入る。Ⅳを含んだ文章は「 Ⅳ な思い出は『<u>共同化</u>』される」としており、「共同化」とは一人または個人の活動等を複数人のそれとすることを意味するから、「共同化」の反対のことを意味するのは「個人的」であり、Ⅳには「個人的」が入る。

　以上より、Ⅰには「変形」、Ⅱには「起承転結」、Ⅲには「断片的」、Ⅳには「個人的」が入り、正解は肢3となる。

（出典　野家啓一「物語の哲学」から）

62　　LEC東京リーガルマインド　2023年版 出る順行政書士 当たる！直前予想模試

第2回　解答・解説

2023年版　出る順行政書士　当たる！直前予想模試【第2回】解答一覧

【法令等（5肢択一式／一問4点）】

問題	正解	問題	正解	問題	正解
1	3	15	5	29	2
2	5	16	5	30	4
3	2	17	3	31	3
4	5	18	5	32	4
5	2	19	5	33	4
6	2	20	5	34	4
7	4	21	3	35	2
8	4	22	4	36	1
9	5	23	3	37	4
10	3	24	4	38	2
11	5	25	3	39	5
12	5	26	5	40	4
13	4	27	3	合計	／160
14	5	28	2		

【法令等（多肢選択式／一問8点／各2点）】

	ア		イ		ウ		エ	
41	ア	19	イ	1	ウ	6	エ	8
42	ア	5	イ	10	ウ	17	エ	14
43	ア	6	イ	16	ウ	13	エ	4
					合計		／24	

【法令等（記述式／一問20点）】

44	義務者のなすべき行為をなし、または第三者か
	らをしてこれをなさしめ、その費用を義務者か
	ら徴収する
45	善意であり、かつ、所有の意思がある場合に
	、現に利益を受けている範囲で賠償する義務
	を負う。
46	やむを得ない事由があった場合を除き、本件
	契約の解除によるＣの損害を賠償する責任を
	負う。

合計　／60

【一般知識等（5肢択一式／一問4点）】

問題	正解	問題	正解	問題	正解
47	3	52	4	57	3
48	5	53	5	58	4
49	1	54	2	59	3
50	2	55	4	60	2
51	2	56	4	合計	／56

合計	／300

【第2回】 解答・解説

問題	テーマ（分野）	正解	重要度	正答率
1	法格言（基礎法学）	3	B	75%

A 「被告人」が入る

「疑わしきは被告人の利益に」とは、刑事裁判において有罪とするためには検察官が犯罪事実を証明しなければならず、その証明がなされず裁判所が犯罪事実の存在について確信を得られなかったときは被告人に有利な判断をすべきとする法格言である。

B 「眠る」が入る　基礎　『合格基本書』p.665

「権利の上に眠るものは保護に値せず」という法格言は、民法の規定する消滅時効の制度などに具体化されている。

C 「家庭」が入る

「法は家庭に入らず」とは、家庭の内部における紛争はその中での解決を図ることを第一として法規範を適用すべきでないとする法格言である。これは、民事法だけでなく刑事法の領域においても採用されており、例えば、刑法244条1項において「配偶者、直系血族又は同居の親族との間で第235条〔窃盗〕の罪、第235条の2〔不動産侵奪〕の罪又はこれらの罪の未遂罪を犯した者は、その刑を免除する。」と規定されている。

D 「法律」が入る　基礎　『合格基本書』p.665

「法律なければ刑罰なし」とは、犯罪と刑罰は、法律（議会が定めた法規）によってあらかじめ規定しておかなければ法的に成立しないという原則である罪刑法定主義の一内容を言い表す法格言である。

E 「不知」が入る

「事実の不知は許されるが、法の不知は許されない」とは、刑事法上の責任主義の原則と関連して、たとえ法律について「不知」、すなわち「法律を知らないとき」であっても違法な行為をした者は処罰を免れないことを意味する法格言である。ただし、現在の刑法の解釈では、責任主義の観点からこの法格言がそのまま通用するものではない。

　以上より、Aには「被告人」、Bには「眠る」、Cには「家庭」、Dには「法律」、Eには「不知」が入り、正解は肢3となる。

LEC東京リーガルマインド　2023年版 出る順行政書士 当たる！直前予想模試　65

【第2回】 解答・解説

問題	テーマ（分野）	正解	重要度	正答率
2	検察制度（基礎法学）	5	B	35%

1 妥当でない

検察官は、刑事について、公訴を行い、裁判所に法の正当な適用を請求し、その他公益の代表者として他の法令がその権限に属させた事務を行う（検察庁法4条）。検察庁法は検察官に公益の代表者たる地位を与えており、警察および検察機関の代表者とは規定していない。

2 妥当でない

検察官は、いかなる犯罪についても捜査をすることができる（検察庁法6条）。検察官の捜査権は、捜査が困難な一部の犯罪に限定されているわけではない。

3 妥当でない

検事総長、検事長、検事正等はそれぞれ管下の検察官を指揮監督するなど（検察庁法7条以下）、検察官の職務は検事総長をトップとして組織的な統制の下で行われる。その意味で、検察官は検事総長以下一体をなすといわれ、検察官同一体の原則が肯定されている。たしかに検察権は各検察官が単独で行使する（独任制の官庁）が、裁判官のような職権の独立性は認められていない。

4 妥当でない

公訴権の実行に関し民意を反映させてその適正を図るため、政令で定める地方裁判所および地方裁判所支部の所在地に検察審査会が置かれる（検察審査会法1条本文）。そして、検察審査会は、① 検察官の公訴を提起しない処分（不起訴処分）の当否の審査に関する事項、② 検察事務の改善に関する建議又は勧告に関する事項をつかさどる（検察審査会法2条1項）。検察官の不起訴処分の当否は審査等の対象となるが、起訴処分の当否は対象とならない。

5 妥当である

そのとおり。不起訴処分について検察審査会が「起訴相当の議決」をしたが、検察官から不起訴処分をした旨の通知を受けた場合または定められた期間内にこの議決に対する処分の通知がなかった場合、検察審査会は再度の審査（第二段階の審査）をする（検察審査会法41条の2）。そして、検察審査会はさらに起訴を相当と認めるときは「起訴議決」（起訴をすべき旨の議決）をする（検察審査会法41条の6第1項前段）。この「起訴議決」がなされた後は、裁判所が検察官の職務を行う弁護士を指定し、この指定弁護士が検察官に代わって公訴を提起する（検察審査会法41条の9以下）。

【第2回】 解答・解説

問題	テーマ（分野）	正解	重要度	正答率
3	**集会の自由（憲法）**	**2**	**A**	80%

ア 妥当である

そのとおり。判例は、「集会は、国民が様々な意見や情報等に接することにより自己の思想や人格を形成、発展させ、また、相互に意見や情報等を伝達、交流する場として必要であり、さらに、対外的に意見を表明するための有効な手段であるから、憲法21条1項の保障する集会の自由は、民主主義社会における重要な基本的人権の1つとして特に尊重されなければならないものである。しかしながら、集会の自由といえどもあらゆる場合に無制限に保障されなければならないものではなく、公共の福祉による必要かつ合理的な制限を受けることがあるのはいうまでもない。そして、このような自由に対する制限が必要かつ合理的なものとして是認されるかどうかは、制限が必要とされる程度と、制限される自由の内容及び性質、これに加えられる具体的制限の態様及び程度等を較量して決めるのが相当である」としている（成田新法事件／最大判平4.7.1）。

イ 妥当でない 基礎 『合格基本書』p.31

判例は、「本件条例〔市立泉佐野市民会館条例〕7条1号は、『公の秩序をみだすおそれがある場合』を本件会館の使用を許可してはならない事由として規定しているが、同号は、広義の表現を採っているとはいえ、……本件会館における集会の自由を保障することの重要性よりも、本件会館で集会が開かれることによって、人の生命、身体又は財産が侵害され、公共の安全が損なわれる危険を回避し、防止することの必要性が優越する場合をいうものと限定して解すべきであり、<u>その危険性の程度としては、……単に危険な事態を生ずる蓋然性があるというだけでは足りず、明らかな差し迫った危険の発生が具体的に予見されることが必要である</u>と解するのが相当である」としている（泉佐野市民会館事件／最判平7.3.7）。

ウ 妥当でない

判例は、「主催者が集会を平穏に行おうとしているのに、その集会の目的や主催者の思想、信条等に反対する者らが、これを実力で阻止し、妨害しようとして紛争を起こすおそれがあることを理由に公の施設の利用を拒むことができるのは、……<u>公の施設の利用関係の性質に照らせば、警察の警備等によってもなお混乱を防止することができないなど特別な事情がある場合に限られる</u>ものというべきである。」としている（上尾市福祉会館事件／最判平8.3.15）。

エ 妥当でない

判例は、①「ある刑罰法規があいまい不明確のゆえに憲法31条に違反するものと認めるべきかどうかは、通常の判断能力を有する一般人の理解において、具体的場合に当該行為がその適用を受けるものかどうかの判断を可能ならしめるような基準が読みとれるかどうかによってこれを決定すべきである。」としたうえで、② 集団行進等の際に「交通秩序を維持すること」を遵守事項とする規定は、「確かにその文言が抽象的であるとのそしりを免れないとはいえ、<u>集団行進等における道路交通の秩序遵守についての基準を読みとることが可能であり、犯罪構成要件の内容をなすものとして明確性を欠き憲法31条に違反するものとはいえない</u>」としている（徳島市公安条例事件／最大判昭50.9.10）。

オ 妥当である 基礎 『合格基本書』p.47

そのとおり。判例は、「大学における学生の集会も、右の範囲において自由と自治を認められるものであつて、大学の公認した学内団体であるとか、大学の許可した学内集会であるとかいうことのみによつて、特別な自由と自治を享有するものではない。学生の集会が真に学問的な研究またはその結果の発表のためのものでなく、実社会の政治的社会的活動に当る行為をする場合には、大学の有する特別の学問の自由と自治は享有しないといわなければならない。」としている（東大ポポロ事件／最大判昭38.5.22）。

以上より、妥当なものはア・オであり、正解は肢2となる。

LEC 東京リーガルマインド　2023年版 出る順行政書士 当たる！直前予想模試　67

【第2回】 解答・解説

問題	テーマ（分野）	正解	重要度	正答率
4	**公権力と特殊な関係にある者の人権（憲法）**	**5**	**B**	80%

1 妥当でない 基礎 『合格基本書』p. 18

　判例は、「喫煙の自由は、憲法13条の保障する基本的人権の一に含まれるとしても、あらゆる時、所において保障されなければならないものではない。したがつて、このような拘禁の目的と制限される基本的人権の内容、制限の必要性などの関係を総合考察すると、……<u>喫煙禁止という程度の自由の制限は、必要かつ合理的なものであると解するのが相当であり、……未決勾留により拘禁された者に対し喫煙を禁止する規定が憲法13条に違反するものといえないことは明らかである</u>」としている（禁煙処分事件／最大判昭45.9.16）。

2 妥当でない 基礎 『合格基本書』p. 18

　判例は、「未決勾留により監獄〔刑事施設〕に拘禁されている者の新聞紙、図書等の閲読の自由についても、逃亡及び罪証隠滅の防止という勾留の目的のためのほか、……監獄〔刑事施設〕内の規律及び秩序の維持のために必要とされる場合にも、一定の制限を加えられることはやむをえないものとして承認しなければならない。しかしながら、……右の制限が許されるためには、<u>当該閲読を許すことにより右の規律及び秩序が害される一般的、抽象的なおそれがあるというだけでは足りず</u>、被拘禁者の性向、行状、監獄〔刑事施設〕内の管理、保安の状況、当該新聞紙、図書等の内容その他の<u>具体的事情のもとにおいて、その閲読を許すことにより監獄〔刑事施設〕内の規律及び秩序の維持上放置することのできない程度の障害が生ずる相当の蓋然性があると認められることが必要であり</u>、かつ、その場合においても、右の制限の程度は、右の障害発生の防止のために必要かつ合理的な範囲にとどまるべきものと解するのが相当である。」としている（よど号ハイジャック新聞記事抹消事件／最大判昭58.6.22）。

3 妥当でない

　判例は、受刑者の信書の発受について、「<u>監獄〔刑事施設〕内の規律及び秩序の維持、受刑者の身柄の確保、受刑者の改善、更生の点において放置することのできない程度の障害が生ずる相当のがい然性があると認められる場合に限って、これを制限することが許される</u>」としている（最判平18.3.23）。

4 妥当でない 基礎 『合格基本書』p. 16

　判例は、「公務員の地位の特殊性と職務の公共性にかんがみるときは、これを根拠として公務員の労働基本権に対し必要やむをえない限度の制限を加えることは、十分合理的な理由があるというべきである。」としたうえで、<u>公務員の争議行為の遂行を共謀し、そそのかし、もしくはあおり、またはこれらの行為を企てた者について「とくに処罰の必要性を認めて罰則を設けることは、十分に合理性があるものということができる。」</u>としている（全農林警職法事件／最大判昭48.4.25）。よって、制限違反に対して<u>刑事罰を科すことも許される</u>。

5 妥当である 基礎 『合格基本書』p. 17

　そのとおり。判例は、国家公務員法102条1項にいう「政治的行為」とは、「公務員の職務の遂行の政治的中立性を損なうおそれが、観念的なものにとどまらず、現実的に起こり得るものとして実質的に認められるもの」を指すとしたうえで、「公務員の職務の遂行の政治的中立性を損なうおそれが実質的に認められるかどうかは、当該公務員の地位、その職務の内容や権限等、当該公務員がした行為の性質、態様、目的、内容等の諸般の事情を総合して判断するのが相当である」としている（目黒事件／最判平24.12.7）。

【第2回】 解答・解説

問題	テーマ（分野）	正解	重要度	正答率
5	生存権（憲法）	2	A	75%

（類題）ウォーク問過去問題集①法令編　問31

ア　妥当である 基礎 『合格基本書』p.65

そのとおり。判例は、憲法25条「1項は、……積極主義の政治として、すべての国民が健康で文化的な最低限度の生活を営み得るよう国政を運営すべきことを国家の責務として宣言したものである。それは、主として社会的立法の制定及びその実施によるべきであるが、かかる生活水準の確保向上もまた国家の任務の一つとせられたのである。すなわち、国家は、国民一般に対して概括的にかかる責務を負担しこれを国政上の任務としたのであるけれども、個々の国民に対して具体的、現実的にかかる義務を有するのではない。言い換えれば、この規定により直接に個々の国民は、国家に対して具体的、現実的にかかる権利を有するものではない。」としている（食糧管理法違反事件／最大判昭23.9.29）。

イ　妥当でない 基礎 『合格基本書』p.15

判例は、「社会保障上の施策において在留外国人をどのように処遇するかについては、国は、特別の条約の存しない限り、……その政治的判断によりこれを決定することができるのであり、その限られた財源の下で福祉的給付を行うに当たり、自国民を在留外国人より優先的に扱うことも、許される」としたうえで、「障害福祉年金の支給対象者から在留外国人を除外することは、立法府の裁量の範囲に属する事柄と見るべき」であり、憲法25条の規定に違反するものではないとしている（塩見訴訟／最判平元.3.2）。

ウ　妥当でない 基礎 『合格基本書』p.65

判例は、「一般に、社会保障法制上、同一人に同一の性格を有する2以上の公的年金が支給されることとなるべき、いわゆる複数事故において、……社会保障給付の全般的公平を図るため公的年金相互間における併給調整を行うかどうかは、……立法府の裁量の範囲に属する事柄と見るべきである。また、この種の立法における給付額の決定も、立法政策上の裁量事項であり、それが低額であるからといって当然に憲法25条違反に結びつくものということはできない。」としている（堀木訴訟／最大判昭57.7.7）。

エ　妥当である

そのとおり。判例は、「憲法25条の規定の趣旨にこたえて具体的にどのような立法措置を講ずるかの選択決定は、立法府の広い裁量にゆだねられており、それが著しく合理性を欠き明らかに裁量の逸脱・濫用と見ざるをえないような場合を除き、裁判所が審査判断するのに適しない事柄であるといわなければならない……。そうだとすると、Xらは、前記所得税法中の給与所得に係る課税関係規定が著しく合理性を欠き明らかに裁量の逸脱・濫用と見ざるをえないゆえんを具体的に主張しなければならないというべきである。」としている（総評サラリーマン税金訴訟／最判平元.2.7）。

オ　妥当でない

判例は、「20歳以上の学生を国民年金の強制加入被保険者として一律に保険料納付義務を課すのではなく、任意加入を認めて国民年金に加入するかどうかを20歳以上の学生の意思にゆだねることとした措置は、著しく合理性を欠くということはできず」、憲法25条に違反しないとしている（最判平19.9.28）。

以上より、妥当なものはア・エであり、正解は肢2となる。

LEC東京リーガルマインド 2023年版 出る順行政書士 当たる！直前予想模試　69

【第2回】 解答・解説

問題	テーマ（分野）	正解	重要度	正答率
6	司法権（憲法）	2	A	35%

ア　妥当である

　　そのとおり。判例は、「国家試験における合格、不合格の判定も学問または技術上の知識、能力、意見等の優劣、当否の判断を内容とする行為であるから、その試験実施機関の最終判断に委せられるべきものであって、その判断の当否を審査し具体的に法令を適用して、その争を解決調整できるものとはいえない。」として、法律上の争訟に当たらないとしている（技術士国家試験事件／最判昭41.2.8）。

イ　妥当でない　基礎　『合格基本書』p. 95

　　判例は、普通地方公共団体の議会の議員に対する「出席停止の懲罰は、議会の自律的な権能に基づいてされたものとして、議会に一定の裁量が認められるべきであるものの、裁判所は、常にその適否を判断することができるというべきである。」として、「出席停止の懲罰の適否は、司法審査の対象となるというべきである。」としている（岩沼市議会議員出席停止処分事件／最大判令2.11.25）。

ウ　妥当でない　基礎　『合格基本書』p. 95

　　判例は、「政党の結社としての自主性にかんがみると、政党の内部的自律権に属する行為は、法律に特別の定めのない限り尊重すべきであるから、政党が組織内の自律的運営として党員に対してした除名その他の処分の当否については、原則として自律的な解決に委ねるのを相当とし、したがつて、政党が党員に対してした処分が一般市民法秩序と直接の関係を有しない内部的な問題にとどまる限り、裁判所の審判権は及ばないというべきであり、他方、右処分が一般市民としての権利利益を侵害する場合であつても、右処分の当否は、当該政党の自律的に定めた規範が公序良俗に反するなどの特段の事情のない限り右規範に照らし、右規範を有しないときは条理に基づき、適正な手続に則つてされたか否かによって決すべきであり、その審理も右の点に限られるものといわなければならない。」としている（共産党袴田事件／最判昭63.12.20）。

エ　妥当でない　基礎　『合格基本書』p. 95

　　判例は、「衆議院の解散は、極めて政治性の高い国家統治の基本に関する行為であつて、かくのごとき行為について、その法律上の有効無効を審査することは司法裁判所の権限の外にありと解すべき」であるとしている（苫米地事件／最大判昭35.6.8）。

オ　妥当である　基礎　『合格基本書』p. 95

　　そのとおり。判例は、警察「法は両院において議決を経たものとされ適法な手続によって公布されている以上、裁判所は両院の自主性を尊重すべく同法制定の議事手続に関する……事実を審理してその有効無効を判断すべきでない。」としている（警察法改正無効事件／最大判昭37.3.7）。

　　以上より、妥当なものはア、オの２つであり、正解は肢２となる。

【第2回】 解答・解説

問題	テーマ（分野）	正解	重要度	正答率
7	**財政（憲法）**	**4**	**B**	50%

（類題）ウォーク問過去問題集①法令編　問48

ア　妥当でない　基礎　『合格基本書』p.89

　内閣は、予算を作成して国会に提出する（73条5号）。内閣は、毎会計年度の予算を作成し、国会に提出して、その審議を受け、議決を経なければならない（86条）。これに対し、議員が予算を作成することはできない。なお、国会法によれば、議員が予算を伴う法律案を発議するには、衆議院においては議員50人以上、参議院においては議員20人以上の賛成を要する（国会法56条1項但書）。

イ　妥当である　基礎　『合格基本書』p.106

　そのとおり。予見し難い予算の不足に充てるため、国会の議決に基づいて予備費を設け、内閣の責任でこれを支出することができる（87条1項）。すべて予備費の支出については、内閣は、事後に国会の承諾を得なければならない（87条2項）。

ウ　妥当でない　基礎　『合格基本書』p.106

　すべて皇室の費用は、予算に計上して、国会の議決を経なければならない（88条後段）。なお、「皇室の費用」とは、天皇および皇族の生活費ならびに宮廷事務に要する費用をいう。

エ　妥当でない　基礎　『合格基本書』p.106

　国の収入支出の決算は、すべて毎年会計検査院がこれを検査し、内閣は、次の年度に、その検査報告とともに、これを国会に提出しなければならない（90条1項）。

オ　妥当である　基礎　『合格基本書』p.106

　そのとおり。内閣は、国会および国民に対し、定期に、少なくとも毎年1回、国の財政状況について報告しなければならない（91条）。

**　以上より、妥当なものはイ・オであり、正解は肢4となる。**

ワンポイントアドバイス

【財政】

　国の財政を処理する権限は、国会の議決に基づいて、これを行使しなければなりません（83条）。

　あらたに租税を課し、または現行の租税を変更するには、法律または法律の定める条件によることを必要とします（84条）。

　国費を支出し、または国が債務を負担するには、国会の議決に基づくことを必要とします（85条）。

【第2回】 解答・解説

問題	テーマ（分野）	正解	重要度	正答率
8	**国家公務員（行政法総論）**	**4**	**B**	**50%**

（類題）ウォーク問過去問題集①法令編　問151

ア　正

　そのとおり。国家公務員の職は、これを一般職と特別職とに分ける（国家公務員法2条1項）。一般職は、特別職に属する職以外の国家公務員の一切の職を包含する（2条2項）。

イ　誤

　① 国家公務員法の規定は、一般職に属するすべての職に適用される（国家公務員法2条4項前段）。② 国家公務員法の規定は、同法の改正法律により、別段の定がなされない限り、特別職に属する職（内閣総理大臣、国務大臣、<u>裁判官</u>、国会職員など／国家公務員法2条3項参照）<u>には適用されない</u>（2条5項）。よって、<u>裁判官には、国家公務員法の規定は適用されない</u>。

ウ　正

　そのとおり。内閣の所轄の下に人事院を置く（国家公務員法3条1項前段）。人事院は、法律の定めるところに従い、給与その他の勤務条件の改善および人事行政の改善に関する勧告、採用試験および任免（標準職務遂行能力および採用昇任等基本方針に関する事項を除く。）、給与、研修、分限、懲戒、苦情の処理、職務に係る倫理の保持その他職員に関する人事行政の公正の確保および職員の利益の保護等に関する事務をつかさどる（3条2項）。

エ　正

　そのとおり。職員が、①「この法律若しくは国家公務員倫理法又はこれらの法律に基づく命令……に違反した場合」、②「職務上の義務に違反し、又は職務を怠つた場合」、③「国民全体の奉仕者たるにふさわしくない非行のあつた場合」のいずれかに該当する場合においては、これに対し懲戒処分として、免職、停職、減給または戒告の処分をすることができる（国家公務員法82条1項）。

オ　誤

　公務員本人の意思によって職を離れることを「辞職」という。公務員が辞職の申出をしても、民間において労働者が退職の意思表示を行う場合と異なり、自動的に辞職の効果を生ずるわけではなく、<u>任命権者による承認が必要となる</u>。もっとも、任命権者は、職員から書面をもって辞職の申出があったときは、特に支障のない限り、これを承認するものとしている（人事院規則8-12第51条）。なお、この承認は、依願免職処分といわれる。

　以上より、誤っているものはイ・オであり、正解は肢4である。

【第2回】 解答・解説

問題	テーマ（分野）	正解	重要度	正答率
9	行政行為の分類（行政法総論）	5	A	65%

1 妥当でない 基礎 『合格基本書』p.387

　「許可」とは、すでに法令によって課されている一般的禁止を特定の場合に解除する行為で、本来各人が有している自由を回復させるものをいい、自動車運転の免許や医師の免許がこれに当たる。公有水面埋立の免許は「特許」の例である。

2 妥当でない 基礎 『合格基本書』p.387

　「確認」とは、特定の事実または法律関係の存否について公の権威をもって判断する行為であり、当選人の決定や恩給の裁定がこれに当たる。なお、選挙人名簿への登録や戸籍への記載は「公証」の例である。

3 妥当でない 基礎 『合格基本書』p.387

　「特許」とは、人が生まれながらには有していない新たな権利その他法律上の力ないし地位を特定人に付与する行為をいい、鉱業権の設定の許可や公有水面埋立の免許がこれに当たる。医師の免許は「許可」の例である。

4 妥当でない 基礎 『合格基本書』p.387

　「公証」は、特定の事実または法律関係の存在を公に証明する行為であり、選挙人名簿への登録や戸籍への記載がこれに当たる。なお、当選人の決定や恩給の裁定は、「確認」の例である。

5 妥当である 基礎、『合格基本書』p.387

　そのとおり。「認可」とは、第三者の行為を補充して、その法律上の効果を完成させる行為をいい、農地の権利移転の許可や河川占用権の譲渡の承認がこれに当たる。

ワンポイントアドバイス

【行政行為の分類】

　農地法によれば、農地または採草放牧地について所有権を移転し、または地上権、永小作権、質権、使用貸借による権利、賃借権もしくはその他の使用および収益を目的とする権利を設定し、もしくは移転する場合には、政令で定めるところにより、当事者が農業委員会の許可を受けなければなりません（農地法3条1項本文）。この許可を受けないでした行為は、その効力を生じない（農地法3条6項）とされており、この許可〔農地の権利移転の許可〕は、行政行為の分類における「認可」に当たります。

LEC東京リーガルマインド　2023年版 出る順行政書士 当たる！直前予想模試　73

【第2回】 解答・解説

問題	テーマ（分野）	正解	重要度	正答率
10	即時強制（行政法総論）	3	A	60%

1 妥当でない 基礎 『合格基本書』p. 406

即時強制には、① 身体に対する強制（例：警察官職務執行法上の人の保護・避難等の措置）のほかに、② 財産に対する強制（例：消防法による消火・延焼防止のための土地物件の使用・処分）も含まれる。

2 妥当でない

即時強制は、実力行使を伴うものであるが、実際に広く利用されている。

3 妥当である

そのとおり。即時強制は、典型的な公権力の発動であるから、比例原則（目的と手段の均衡）や権限濫用禁止の原則などの法の一般原則にも適合するものでなければならない。

4 妥当でない

感染症患者の強制入院などのように、即時強制による実力行使が継続的である場合には、その状態の除去を求めて、事実行為に対する取消訴訟を提起することができる。

5 妥当でない 基礎 『合格基本書』p. 406

即時強制は、法律の定めのほかに、条例の定めによっても導入することができる。

ワンポイントアドバイス

【即時強制】

即時強制とは、あらかじめ義務を課す余裕のない緊急の必要がある場合、または事柄の性質上義務を課す方法では目的を達しがたい場合に、直接国民の身体または財産に実力を加えて行政上必要な状態を実現することをいいます。

【第2回】 解答・解説

問題	テーマ（分野）	正解	重要度	正答率
11	不利益処分（行政手続法）	5	A	75%

1　妥当でない　基礎　『合格基本書』p.420

　行政庁は、処分基準を定め、かつ、これを公にしておくよう努めなければならない（12条1項）。すなわち、処分基準の設定・公表は、行政庁の努力義務である。本記述の場合、Y県知事が処分基準を定めないまま設置許可を取り消しても、違法事由とはならない。

2　妥当でない　基礎　『合格基本書』p.422

　行政庁は、許認可等を取り消す不利益処分をしようとする場合には、当該不利益処分の名あて人となるべき者について、聴聞手続を執らなければならない（13条1項1号イ）。行政庁は、聴聞を行うに当たっては、聴聞を行うべき期日までに相当な期間をおいて、不利益処分の名あて人となるべき者に対し、聴聞の期日・場所など一定事項を書面により通知しなければならない（15条1項）。

3　妥当でない　基礎　『合格基本書』p.423

　聴聞は、行政庁が指名する職員その他政令で定める者が主宰する（19条1項）。本記述の場合、Y県知事が指名するY県の職員は、聴聞手続を主宰することができる。

4　妥当でない

　行政庁は、許認可等を取り消す不利益処分をしようとする場合には、当該不利益処分の名あて人となるべき者について、聴聞手続を執らなければならない（13条1項1号イ）。もっとも、公益上、緊急に不利益処分をする必要があるため、意見陳述のための手続（聴聞、弁明の機会の付与）を執ることができないときは、13条1項は適用されない（13条2項1号）。

5　妥当である　基礎　『合格基本書』p.421

　そのとおり。行政庁は、不利益処分をする場合には、その名あて人に対し、同時に、当該不利益処分の理由を示さなければならない（14条1項本文）。ただし、当該理由を示さないで処分をすべき差し迫った必要がある場合は、この限りでない（14条1項ただし書）。

〰〰〰〰〰〰〰〰〰〰〰〰　**ワンポイントアドバイス**　〰〰〰〰〰〰〰〰〰〰〰〰

【処分基準】

　「処分基準」とは、不利益処分をするかどうかまたはどのような不利益処分とするかについてその法令の定めに従って判断するために必要とされる基準をいいます（2条8号ハ）。

　行政庁は、処分基準を定め、かつ、これを公にしておくよう努めなければなりません（12条1項）。

　行政庁は、処分基準を定めるにあたっては、不利益処分の性質に照らしてできる限り具体的なものとしなければなりません（12条2項）。

LEC東京リーガルマインド　2023年版 出る順行政書士 当たる！直前予想模試　75

【第2回】 解答・解説

問題	テーマ（分野）	正解	重要度	正答率
12	**申請に対する処分（行政手続法）**	**5**	**A**	**60%**

（類題）ウォーク問過去問題集①法令編　問179

1　誤　基礎　『合格基本書』p.415

　行政庁は、申請がその事務所に到達してから当該申請に対する処分をするまでに通常要すべき標準的な期間（法令により当該行政庁と異なる機関が当該申請の提出先とされている場合は、併せて、当該申請が当該提出先とされている機関の事務所に到達してから当該行政庁の事務所に到達するまでに通常要すべき標準的な期間）を定めるよう努めるとともに、これを定めたときは、これらの当該申請の提出先とされている機関の事務所における備付けその他の適当な方法により<u>公にしておかなければならない</u>（標準処理期間／6条）。標準処理期間を定めることは努力義務であるが、それを定めた場合に<u>公にしておくことは法的義務である</u>。

2　誤　基礎　『合格基本書』p.419

　行政庁は、申請に対する処分であって、申請者以外の者の利害を考慮すべきことが当該法令において許認可等の要件とされているものを行う場合には、必要に応じ、公聴会の開催その他の適当な方法により当該申請者以外の者の意見を聴く機会を設けるよう<u>努めなければならない</u>（10条）。これは、<u>努力義務である</u>。

3　誤　基礎　『合格基本書』p.419

　一の申請または同一の申請者からされた相互に関連する複数の申請に対する処分について複数の行政庁が関与する場合においては、当該複数の行政庁は、必要に応じ、相互に連絡をとり、当該申請者からの説明の聴取を共同して行う等により審査の促進に<u>努めるものとする</u>（11条2項）。これは、<u>努力義務である</u>。

4　誤　基礎　『合格基本書』p.416

　行政庁は、申請がその事務所に到達したときは遅滞なく当該申請の審査を<u>開始しなければならず</u>、かつ、申請書の記載事項に不備がないこと、申請書に必要な書類が添付されていること、申請をすることができる期間内にされたものであることその他の法令に定められた申請の形式上の要件に適合しない申請については、速やかに、申請をした者（「申請者」）に対し相当の期間を定めて当該申請の補正を求め、または当該申請により求められた許認可等を拒否しなければならない（7条）。これらは、<u>法的義務である</u>。

5　正　基礎　『合格基本書』p.419

　そのとおり。行政庁は、申請をしようとする者または申請者の求めに応じ、申請書の記載および添付書類に関する事項その他の申請に必要な情報の提供に努めなければならない（9条2項）。これは、努力義務である。

【第2回】 解答・解説

問題	テーマ（分野）	正解	重要度	正答率
13	処分等の求め（行政手続法）	4	A	65%

ア 正 基礎 『合格基本書』p.430

そのとおり。何人も、法令に違反する事実がある場合において、その是正のためにされるべき処分または行政指導（その根拠となる規定が法律に置かれているものに限る。）がされていないと思料するときは、当該処分をする権限を有する行政庁または当該行政指導をする権限を有する行政機関に対し、その旨を申し出て、当該処分または行政指導をすることを求めることができる（36条の3第1項）。

イ 誤 基礎 『合格基本書』p.430

何人も、法令に違反する事実がある場合において、その是正のためにされるべき処分または行政指導（その根拠となる規定が法律に置かれているものに限る。）がされていないと思料するときは、当該処分をする権限を有する行政庁または当該行政指導をする権限を有する行政機関に対し、その旨を申し出て、当該処分または行政指導をすることを求めることができる（36条の3第1項）。すなわち、当該事実につき利害関係を有するものと認められるときに限らず、何人も求めることができる。

ウ 正 基礎 『合格基本書』p.431

そのとおり。36条の3第1項の申出は、①「申出をする者の氏名又は名称及び住所又は居所」、②「法令に違反する事実の内容」、③「当該処分又は行政指導の内容」、④「当該処分又は行政指導の根拠となる法令の条項」、⑤「当該処分又は行政指導がされるべきであると思料する理由」、⑥「その他参考となる事項」を記載した申出書を提出してしなければならない（36条の3第2項）。

エ 正

そのとおり。当該行政庁または行政機関は、36条の3第1項の規定による申出があったときは、必要な調査を行い、その結果に基づき必要があると認めるときは、当該処分または行政指導をしなければならない（36条の3第3項）。

オ 誤

当該行政庁または行政機関は、36条の3第1項の規定による申出があったときは、必要な調査を行い、その結果に基づき必要があると認めるときは、当該処分または行政指導をしなければならない（36条の3第3項）。申出に対して応答する義務はなく、要件に適合しない申出について申出の補正を求めるものとはされていない。

以上より、誤っているものはイ・オであり、正解は肢4となる。

【第2回】 解答・解説

問題	テーマ（分野）	正解	重要度	正答率
14	不服申立期間（行政不服審査法）	5	B	65%

ア 妥当でない 基礎 『合格基本書』p.441

　　処分についての審査請求は、処分があったことを知った日の翌日から起算して<u>3カ月</u>（当該処分について再調査の請求をしたときは、当該再調査の請求についての決定があったことを知った日の翌日から起算して1カ月）を経過したときは、することができない（主観的審査請求期間／18条1項本文）。ただし、正当な理由があるときは、この限りでない（18条1項ただし書）。

イ 妥当でない

　　審査請求書を郵便（または民間事業者による信書の送達に関する法律2条6項に規定する一般信書郵便事業者もしくは2条9項に規定する特定信書郵便事業者による2条2項に規定する信書便）で提出した場合における審査請求期間の計算については、<u>送付に要した日数は、算入しない</u>（18条3項）。

ウ 妥当である 基礎 『合格基本書』p.441

　　そのとおり。処分についての審査請求は、処分があったことを知った日の翌日から起算して3カ月（<u>当該処分について再調査の請求をしたときは、当該再調査の請求についての決定があったことを知った日の翌日から起算して1カ月</u>）を経過したときは、することができない（主観的審査請求期間／18条1項本文）。ただし、正当な理由があるときは、この限りでない（18条1項ただし書）。

エ 妥当でない

　　再調査の請求は、処分があったことを知った日の翌日から起算して<u>3カ月</u>を経過した時は、することができない（主観的再調査の請求期間／54条1項本文）。ただし、正当な理由があるときは、この限りでない（54条1項ただし書）。

オ 妥当である 基礎 『合格基本書』p.441

　　そのとおり。再審査請求は、原裁決があったことを知った日の翌日から起算して1カ月を経過したときは、することができない（主観的再審査請求期間／62条1項本文）。ただし、正当な理由があるときは、この限りでない（62条1項ただし書）。

　　以上より、妥当なものはウ・オであり、正解は肢5となる。

━━━━━━━━━━━━ **ワンポイントアドバイス** ━━━━━━━━━━━━

【客観的審査請求期間】

　　処分についての審査請求は、<u>処分</u>（当該処分について再調査の請求をしたときは、当該再調査の請求についての決定）<u>があった日の翌日から起算して1年</u>を経過したときは、することができません（18条2項本文）。ただし、正当な理由があるときは、この限りでない（18条2項ただし書）とされています。

【第2回】 解答・解説

問題	テーマ（分野）	正解	重要度	正答率
15	口頭意見陳述（行政不服審査法）	5	A	85%

ア　妥当である 基礎 『合格基本書』p. 446

　そのとおり。審査請求人または参加人の申立てがあった場合には、審理員は、当該申立てをした者（「申立人」）に口頭で審査請求に係る事件に関する意見を述べる機会を与えなければならない（31条1項本文）。ただし、当該申立人の所在その他の事情により当該意見を述べる機会を与えることが困難であると認められる場合には、この限りでない（31条1項ただし書）。この規定による意見の陳述を「口頭意見陳述」という（31条2項かっこ書）。

イ　妥当である

　そのとおり。口頭意見陳述は、審理員が期日および場所を指定し、すべての審理関係人を招集してさせるものとする（31条2項）。審理関係人とは、審査請求人、参加人および処分庁等をいう（28条かっこ書参照）。

ウ　妥当である 基礎 『合格基本書』p. 446

　そのとおり。「申立人が、正当な理由なく、口頭意見陳述に出頭しないとき」は、審理員は、審理手続を終結することができる（41条2項2号）。

エ　妥当でない

　口頭意見陳述において、審理員は、申立人のする陳述が事件に関係のない事項にわたる場合その他相当でない場合には、これを制限することができる（31条4項）。

オ　妥当でない 基礎 『合格基本書』p. 446

　口頭意見陳述に際し、申立人は、審理員の許可を得て、審査請求に係る事件に関し、処分庁等に対して、質問を発することができる（31条5項）。よって、審理員の許可を得る必要がある。

　以上より、妥当でないものはエ・オであり、正解は肢5となる。

ワンポイントアドバイス

【口頭意見陳述】

　口頭意見陳述において、申立人は、審理員の許可を得て、補佐人とともに出頭することができます（31条3項）。

LEC東京リーガルマインド　2023年版 出る順行政書士 当たる！直前予想模試　79

【第2回】 解答・解説

問題	テーマ（分野）	正解	重要度	正答率
16	行政不服審査会への諮問（行政不服審査法）	5	B	35%

1 妥当である 基礎 『合格基本書』p. 447

そのとおり。審査庁は、審理員意見書の提出を受けたときは、一定の場合を除き、① 審査庁が主任の大臣または宮内庁長官もしくは内閣府設置法 49 条1項2項もしくは国家行政組織法3条2項に規定する庁の長である場合にあっては行政不服審査会に、② 審査庁が地方公共団体の長（地方公共団体の組合にあっては、長、管理者または理事会）である場合にあっては 81 条1項2項の機関（地方公共団体の行政不服審査機関）に、それぞれ諮問しなければならない（43 条1項）。

2 妥当である

そのとおり。「審査請求が不適法であり、却下する場合」には、行政不服審査会等への諮問をする必要はない（43 条1項6号）。

3 妥当である

そのとおり。行政不服審査会等への諮問は、審理員意見書および事件記録の写しを添えてしなければならない（43 条2項）。

4 妥当である

そのとおり。行政不服審査会等への諮問をした審査庁は、審理関係人（処分庁等が審査庁である場合にあっては、審査請求人および参加人）に対し、当該諮問をした旨を通知するとともに、審理員意見書の写しを送付しなければならない（43 条3項）。審理関係人とは、審査請求人、参加人および処分庁等をいう（28 条かっこ書）。

5 妥当でない

総務省に、行政不服審査会を置く（67 条1項）。行政不服審査会は、委員9人をもって組織する（68 条1項）。行政不服審査会は、委員のうちから、審査会が指名する者3人をもって構成する合議体で、審査請求に係る事件について調査審議する（72 条1項）。この規定にかかわらず、行政不服審査会が定める場合においては、委員の全員をもって構成する合議体で、審査請求に係る事件について調査審議する（72 条2項）。

▰▰▰▰▰▰▰▰▰▰▰ ワンポイントアドバイス ▰▰▰▰▰▰▰▰▰▰▰

【行政不服審査会】

行政不服審査会の委員は、行政不服審査会の権限に属する事項に関し公正な判断をすることができ、かつ、法律または行政に関して優れた識見を有する者のうちから、両議院の同意を得て、総務大臣が任命します（69 条1項）。

【第2回】 解答・解説

問題	テーマ（分野）	正解	重要度	正答率
17	教示（行政事件訴訟法）	3	A	50%

ア　妥当でない　基礎　『合格基本書』p. 484

　行政庁は、取消訴訟を提起することができる処分または裁決をする場合には、当該処分または裁決の相手方に対し、①「当該処分又は裁決に係る取消訴訟の被告とすべき者」、②「当該処分又は裁決に係る取消訴訟の出訴期間」、③「法律に当該処分についての審査請求に対する裁決を経た後でなければ処分の取消しの訴えを提起することができない旨〔＝ 審査請求前置主義〕の定めがあるときは、その旨」を書面で教示しなければならない（46条1項本文）。ただし、当該処分を口頭でする場合は、この限りでない（46条1項ただし書）。これに対し、管轄裁判所を教示する必要はない。なお、取消訴訟は、被告の普通裁判籍の所在地を管轄する地方裁判所、または処分もしくは裁決をした行政庁の所在地を管轄する地方裁判所の管轄に属する（普通裁判籍／12条1項）ことから、相手方は、被告とすべき者の教示によって管轄裁判所を知ることができる。

イ　妥当である　基礎　『合格基本書』p. 484

　そのとおり。行政庁は、法律に処分についての審査請求に対する裁決に対してのみ取消訴訟を提起することができる旨〔＝ 裁決主義〕の定めがある場合において、当該処分をするときは、当該処分の相手方に対し、法律にその定めがある旨を書面で教示しなければならない（46条2項本文）。ただし、当該処分を口頭でする場合は、この限りでない（46条2項ただし書）。

ウ　妥当でない　基礎　『合格基本書』p. 484

　行政事件訴訟法においては、処分の相手方以外の者からの求めによる教示の制度は定められていない。なお、行政不服審査法においては、利害関係人からの求めによる教示の制度が定められている（行政不服審査法82条2項参照）。

エ　妥当である　基礎　『合格基本書』p. 485

　そのとおり。行政庁は、当事者間の法律関係を確認しまたは形成する処分または裁決に関する訴訟で法令の規定によりその法律関係の当事者の一方を被告とするもの〔＝ 形式的当事者訴訟〕を提起することができる処分または裁決をする場合には、当該処分または裁決の相手方に対し、①「当該訴訟の被告とすべき者」、②「当該訴訟の出訴期間」を書面で教示しなければならない（46条3項本文）。ただし、当該処分を口頭でする場合は、この限りでない（46条3項ただし書）。

オ　妥当でない　基礎　『合格基本書』p. 484

　行政庁は、取消訴訟を提起することができる処分または裁決をする場合には、当該処分または裁決の相手方に対し、①「当該処分又は裁決に係る取消訴訟の被告とすべき者」、②「当該処分又は裁決に係る取消訴訟の出訴期間」、③「法律に当該処分についての審査請求に対する裁決を経た後でなければ処分の取消しの訴えを提起することができない旨〔＝ 審査請求前置主義〕の定めがあるときは、その旨」を書面で教示しなければならない（46条1項本文）。ただし、当該処分を口頭でする場合は、この限りでない（46条1項ただし書）。よって、処分を口頭でする場合には、教示をする必要はない。

以上より、妥当なものはイ・エであり、正解は肢3となる。

【第2回】 解答・解説

問題	テーマ（分野）	正解	重要度	正答率
18	原告適格（行政事件訴訟法）	5	A	70%

（類題）ウォーク問過去問題集①法令編　問234〜問235

1　妥当でない

　判例は、風営法（「風俗営業等の規制及び業務の適正化等に関する法律」）の「目的規定から、法の風俗営業の許可に関する規定が一般的公益の保護に加えて個々人の個別的利益をも保護すべきものとする趣旨を含むことを読み取ることは、困難である」などとして、風営法に基づく風俗営業制限地域に「居住する者は、風俗営業の許可の取消しを求める原告適格を有するとはいえない。」としている（国分寺市パチンコ店営業許可事件／最判平10.12.17）。

2　妥当でない

　判例は、那覇市情報公開条例に基づき、市長が国の建築物（海上自衛隊庁舎）の建築工事に関する文書を公開する旨の決定をしたところ、国がこれを違法であるとしてその一部取消しを求めた訴えについて、当該条例には、国の「主張に係る利益を個別的利益として保護する趣旨を含むことをうかがわせる規定」は見当たらないから、国が「本件各処分の取消しを求める原告適格を有するということはできない」としている（那覇市自衛隊基地情報公開事件／最判平13.7.13）。

3　妥当でない　基礎　『合格基本書』p.462

　判例は、建築基準法による「総合設計許可に係る建築物の倒壊、炎上等により直接的な被害を受けることが予想される範囲の地域に存する建築物に居住し又はこれを所有する者は、総合設計許可の取消しを求めるにつき法律上の利益を有する者として、その取消訴訟における原告適格を有する」としている（千代田生命総合設計許可事件／最判平14.1.22）。よって、居住していなくても、所有していれば原告適格を有する。

4　妥当でない

　判例は、医療法の規定による病院の開設許可の取消訴訟について、許可の要件を定める同法の規定は、「病院開設の許否の判断に当たり、当該病院の開設地の付近で医療施設を開設している者等（以下『他施設開設者』という。）の利益を考慮することを予定していないことが明らかである。」などとして、他施設開設者は、「本件開設許可の取消しを求める原告適格を有しないというべきである。」としている（最判平19.10.19）。

5　妥当である　基礎　『合格基本書』p.463

　そのとおり。判例は、自転車競技法に基づく場外車券発売施設設置許可の取消訴訟について、① 周辺住民または事業（文教施設または医療施設に係る事業を除く。）を営む者や周辺に所在する文教施設または医療施設の利用者は、同法施行規則所定の位置基準を根拠として原告適格を有するとはいえない、② 当該施設の設置、運営に伴い著しい業務上の支障が生ずるおそれがあると位置的に認められる区域に文教施設または医療施設を開設する者は、上記位置基準を根拠として原告適格を有する、③ 周辺住民または事業者は、同法施行規則所定の周辺環境調和基準を根拠として原告適格を有するとはいえないとしている（サテライト大阪事件／最判平21.10.15）。

LEC東京リーガルマインド　2023年版 出る順行政書士 当たる！直前予想模試

【第2回】 解答・解説

問題	テーマ（分野）	正解	重要度	正答率
19	**執行停止（行政事件訴訟法）**	**5**	**A**	55%

（類題）ウォーク問過去問題集①法令編　問 246〜問 247

1　誤　基礎　『合格基本書』p.470

　処分の取消しの訴えの提起があった場合において、処分、処分の執行または手続の続行により生ずる重大な損害を避けるため緊急の必要があるときは、裁判所は、申立てにより、決定をもって、執行停止をすることができる（25条2項本文）。執行停止の申立ての管轄裁判所は、本案の係属する裁判所とする（28条）。

2　誤　基礎　『合格基本書』p.470

　執行停止は、公共の福祉に重大な影響を及ぼすおそれがあるとき、または本案について理由がないとみえるときは、することができない（25条4項）。すなわち、「本案について理由がないとみえる」ことが消極要件として規定されている。本記述のように「本案について理由があるとみえる」ことが積極要件として規定されているわけではない。

3　誤　基礎　『合格基本書』p.470

　執行停止の決定は、口頭弁論を経ないですることができる（25条6項本文）。ただし、あらかじめ、当事者の意見をきかなければならない（25条6項ただし書）。

4　誤　基礎　『合格基本書』p.471

　執行停止の申立てがあった場合には、内閣総理大臣は、裁判所に対し、異議を述べることができる（27条1項前段）。内閣総理大臣の異議があったときは、裁判所は、執行停止をすることができず、また、すでに執行停止の決定をしているときは、これを取り消さなければならない（27条4項）。

5　正　基礎　『合格基本書』p.471

　そのとおり。執行停止の決定が確定した後に、その理由が消滅し、その他事情が変更したときは、裁判所は、相手方の申立てにより、決定をもって、執行停止の決定を取り消すことができる（26条1項）。

ワンポイントアドバイス

【執行停止】

　執行停止の決定は、その事件について、処分をした行政庁その他の関係行政庁を拘束します（33条4項・1項）。

　執行停止の決定またはこれを取り消す決定は、第三者に対しても効力を有します（32条2項・1項）。

【第2回】 解答・解説

問題	テーマ（分野）	正解	重要度	正答率
20	**国家賠償法1条（国家賠償）**	**5**	**A**	**60%**

（類題）ウォーク問過去問題集①法令編　問267～問269

1　妥当でない　**基礎**　『合格基本書』p.488、p.490

　判例は、国家賠償法1条は「公務員が主観的に権限行使の意思をもつてする場合にかぎらず自己の利をはかる意図をもつてする場合でも、客観的に職務執行の外形をそなえる行為をしてこれによつて、他人に損害を加えた場合には、国又は公共団体に損害賠償の責を負わしめて、ひろく国民の権益を擁護することをもつて、その立法の趣旨とするものと解すべきである」としている（川崎駅前非番警察官強盗殺人事件／最判昭31.11.30）。

2　妥当でない　**基礎**　『合格基本書』p.490

　判例は、「医薬品の副作用による被害が発生した場合であつても、厚生大臣〔当時〕が当該医薬品の副作用による被害の発生を防止するために……各権限を行使しなかつたことが直ちに国家賠償法1条1項の適用上違法と評価されるものではなく、副作用を含めた当該医薬品に関するその時点における医学的、薬学的知見の下において、……薬事法〔当時〕の目的及び厚生大臣〔当時〕に付与された権限の性質等に照らし、右権限の不行使がその許容される限度を逸脱して著しく合理性を欠くと認められるときは、その不行使は、副作用による被害を受けた者との関係において同項の適用上違法となるものと解するのが相当である。」としている（クロロキン薬害訴訟／最判平7.6.23）。

3　妥当でない

　判例は、「都道府県警察の警察官がいわゆる交通犯罪の捜査を行うにつき故意又は過失によつて違法に他人に損害を加えた場合において国家賠償法1条1項によりその損害の賠償の責めに任ずるのは、原則として当該都道府県であり、国は原則としてその責めを負うものではない、と解するのが相当である。けだし、警察法及び地方自治法は、都道府県に都道府県警察を置き、警察の管理及び運営に関することを都道府県の処理すべき事務と定めている……ものと解されるから、都道府県警察の警察官が警察の責務の範囲に属する交通犯罪の捜査を行うこと……は、検察官が自ら行う犯罪の捜査の補助に係るものであるとき……のような例外的な場合を除いて、当該都道府県の公権力の行使にほかならないものとみるべきであるからである。」としている（最判昭54.7.10）。

4　妥当でない　**基礎**　『合格基本書』p.491

　判例は、「裁判官がした争訟の裁判に上訴等の訴訟法上の救済方法によつて是正されるべき瑕疵が存在したとしても、これによつて当然に国家賠償法1条1項の規定にいう違法な行為があつたものとして国の損害賠償責任の問題が生ずるわけのものではなく、右責任が肯定されるためには、当該裁判官が違法又は不当な目的をもつて裁判をしたなど、裁判官がその付与された権限の趣旨に明らかに背いてこれを行使したものと認めうるような特別の事情があることを必要とすると解するのが相当である。」としている（最判昭57.3.12）。

5　妥当である

　そのとおり。判例は、「犯罪の捜査及び検察官による公訴権の行使は、国家及び社会の秩序維持という公益を図るために行われるものであって、犯罪の被害者の被侵害利益ないし損害の回復を目的とするものではなく、また、告訴は、捜査機関に犯罪捜査の端緒を与え、検察官の職権発動を促すものにすぎないから、被害者又は告訴人が捜査又は公訴提起によって受ける利益は、公益上の見地に立って行われる捜査又は公訴の提起によって反射的にもたらされる事実上の利益にすぎず、法律上保護された利益ではないというべきである。したがって、被害者ないし告訴人は、捜査機関による捜査が適正を欠くこと又は検察官の不起訴処分の違法を理由として、国家賠償法の規定に基づく損害賠償請求をすることはできないというべきである」としている（最判平2.2.20）。

84　LEC東京リーガルマインド　2023年版 出る順行政書士 当たる！直前予想模試

【第２回】 解答・解説

問題	テーマ（分野）	正解	重要度	正答率
21	国家賠償法３条以下（国家賠償）	3	A	80%

ア 妥当である 基礎 『合格基本書』p.495

　そのとおり。国家賠償法４条は、「国又は公共団体の損害賠償の責任については、前三条〔１条〜３条〕の規定によるの外、民法の規定による。」としている。判例は、「国家賠償法４条にいわゆる民法の規定によるとは損害賠償の範囲、過失相殺時効等につき民法の規定によるとの意味であ」るとしている（最判昭34.1.22）。

イ 妥当でない 基礎 『合格基本書』p.494

　国家賠償法１条の規定によって国または公共団体が損害を賠償する責任を負う場合において、① 公務員の選任もしくは監督にあたる者と、② 公務員の俸給、給与その他の費用を負担する者とが異なるときは、<u>費用を負担する者（②）もまた、その損害を賠償する責任を負う</u>（３条１項）。よって、被害者は、<u>公務員の選任もしくは監督にあたる者（①）に対しても、費用を負担する者（②）に対しても</u>、損害賠償を請求することができる。

ウ 妥当である 基礎 『合格基本書』p.494

　そのとおり。国家賠償法に基づいて損害を賠償した者は、内部関係でその損害を賠償する責任ある者に対して求償権を有する（３条２項）。

エ 妥当である 基礎 『合格基本書』p.495

　そのとおり。国家賠償法５条は、「国又は公共団体の損害賠償の責任について民法以外の他の法律に別段の定があるときは、その定めるところによる。」としている。よって、公務員の不法行為による国または公共団体の損害賠償責任を加重する規定が民法以外の法律にあるときは、その規定が国家賠償法および民法に優先して適用される。

オ 妥当でない 基礎 『合格基本書』p.495

　国家賠償法６条は、「この法律は、外国人が被害者である場合には、<u>相互の保証があるときに限り</u>、これを適用する。」としている。よって、被害者である外国人は、<u>その外国人の本国において日本国民が同様の損害賠償を請求することができるときに限り</u>、国家賠償法に基づく損害賠償を請求することができる。

　以上より、妥当でないものはイ・オであり、正解は肢３となる。

LEC東京リーガルマインド　2023年版 出る順行政書士 当たる！直前予想模試　85

【第2回】 解答・解説

問題	テーマ（分野）	正解	重要度	正答率
22	事務監査請求・住民監査請求（地方自治法）	4	A	60%

（類題）ウォーク問過去問題集①法令編　問300

1　**妥当でない**　基礎　『合格基本書』p.524、p.526

①　事務監査請求は、<u>日本国民たる</u>当該普通地方公共団体の住民でなければ、することができない（75条1項参照）。②　住民監査請求は、当該普通地方公共団体の住民であれば、<u>外国人でもすることができる</u>（242条1項参照）。

2　**妥当でない**　基礎　『合格基本書』p.524、p.526

①　事務監査請求は、<u>選挙権を有する者の50分の1以上の連署を要する</u>（75条1項参照）。②　住民監査請求は、当該普通地方公共団体の住民であれば、<u>1人でもすることができる</u>。

3　**妥当でない**　基礎　『合格基本書』p.524、p.526

①　事務監査請求の対象は、当該普通地方公共団体の事務の執行全般に及ぶ（75条1項参照）。<u>事務監査請求の対象から、住民監査請求の対象となる財務会計上の行為を除外する旨の規定は置かれていない</u>。②　住民監査請求の対象は、違法または不当な財務会計上の行為または怠る事実である（242条1項参照）。

4　**妥当である**　基礎　『合格基本書』p.526

そのとおり。①　事務監査請求には、期間の制限はない（75条参照）。②　財務会計上の行為（作為）についての住民監査請求は、当該行為のあった日または終わった日から1年を経過したときは、これをすることができない（242条2項本文）。ただし、正当な理由があるときは、この限りでない（242条2項ただし書）。なお、財務会計上の怠る事実（不作為）についての住民監査請求には、期間の制限はない。

5　**妥当でない**　基礎　『合格基本書』p.524、p.527

①　事務監査請求については、監査委員は、監査の結果に関する報告を決定し、これを代表者に送付し、かつ、公表する（75条3項）。②　住民監査請求についても、監査委員は、監査を行い、(1)　請求に理由がないと認めるときは、理由を付してその旨を書面により請求人に通知するとともに、<u>これを公表し</u>、(2)　請求に理由があると認めるときは、議会・長等に対して期間を示して必要な措置を講ずべきことを勧告するとともに、当該勧告の内容を請求人に通知し、かつ、<u>これを公表しなければならない</u>（242条4項）。

【第2回】 解答・解説

問題	テーマ（分野）	正解	重要度	正答率
23	議会（地方自治法）	3	A	75%

（類題）ウォーク問過去問題集①法令編　問292

1　妥当でない　基礎　『合格基本書』p.506

　普通地方公共団体の議会は、地方自治法96条1項1号～15号に掲げる事件を議決しなければならない（96条1項）。地方自治法96条1項に定めるものを除くほか、普通地方公共団体は、条例で普通地方公共団体に関する事件につき議会の議決すべきものを定めることができる（96条2項）。すなわち、条例によって議決事件を追加することもできる。

2　妥当でない　基礎　『合格基本書』p.507

　普通地方公共団体の議会は、当該普通地方公共団体の事務に関する調査を行うことができる（100条1項前段）。この場合において、当該調査を行うため特に必要があると認めるときは、選挙人その他の関係人の出頭および証言ならびに記録の提出を請求することができる（100条1項後段）。

3　妥当である　基礎　『合格基本書』p.510

　そのとおり。普通地方公共団体の議会は、定例会および臨時会とする（102条1項）。もっとも、普通地方公共団体の議会は、条例で定めるところにより、定例会および臨時会とせず、毎年、条例で定める日から翌年の当該日の前日までを会期（通年の会期）とすることができる（102条の2第1項）。

4　妥当でない

　普通地方公共団体の議会の議員は、議会の議決すべき事件につき、議会に議案を提出することができる（112条1項本文）。ただし、予算については、この限りでない（112条1項ただし書）。なお、議員が議案を提出するに当たっては、議員の定数の12分の1以上の者の賛成がなければならない（112条2項）。

5　妥当でない

　普通地方公共団体の長は、議会の審議に必要な説明のため議長から出席を求められたときは、議場に出席しなければならない（121条1項本文）。ただし、出席すべき日時に議場に出席できないことについて正当な理由がある場合において、その旨を議長に届け出たときは、この限りでない（121条1項ただし書）。

ワンポイントアドバイス

【定例会・臨時会】

　定例会は、毎年、条例で定める回数これを招集しなければなりません（102条2項）。

　臨時会は、必要がある場合において、その事件に限りこれを招集します（102条3項）。臨時会に付議すべき事件は、普通地方公共団体の長があらかじめこれを告示しなければなりません（102条4項）。もっとも、臨時会の開会中に緊急を要する事件があるときは、直ちにこれを会議に付議することができます（102条6項）。

【第 2 回】 解答・解説

問題	テーマ（分野）	正解	重要度	正答率
24	委員会・委員（地方自治法）	4	B	75%

『合格基本書』p.520

1 誤
　　収用委員会は、<u>都道府県</u>に置かなければならない（180 条の 5 第 2 項 3 号）。
2 誤
　　農業委員会は、<u>市町村</u>に置かなければならない（180 条の 5 第 3 項 1 号）。
3 誤
　　固定資産評価審査委員会は、<u>市町村</u>に置かなければならない（180 条の 5 第 3 項 2 号）。
4 正
　　そのとおり。監査委員は、普通地方公共団体（都道府県・市町村）に置かなければならない（180 条の 5 第 1 項 4 号）。
5 誤
　　公安委員会は、<u>都道府県</u>に置かなければならない（180 条の 5 第 2 項 1 号）。

ワンポイントアドバイス

【委員会・委員】

　普通地方公共団体にその執行機関として普通地方公共団体の長の外、法律の定めるところにより、委員会または委員を置きます（138 条の 4 第 1 項）。

　執行機関として法律の定めるところにより普通地方公共団体（都道府県・市町村）に置かなければならない委員会および委員は、① 教育委員会、② 選挙管理委員会、③ 人事委員会（人事委員会を置かない普通地方公共団体にあっては公平委員会）、④ <u>監査委員</u>です（180 条の 5 第 1 項）。

　執行機関として法律の定めるところにより都道府県に置かなければならない委員会は、① <u>公安委員会</u>、② 労働委員会、③ <u>収用委員会</u>、④ 海区漁業調整委員会、⑤ 内水面漁場管理委員会です（180 条の 5 第 2 項）。

　執行機関として法律の定めるところにより市町村に置かなければならない委員会は、① <u>農業委員会</u>、② <u>固定資産評価審査委員会</u>です（180 条の 5 第 3 項）。

【第2回】 解答・解説

問題	テーマ（分野）	正解	重要度	正答率
25	法規命令（行政法）	3	B	60%

1 正 基礎 『合格基本書』p.384

そのとおり。内閣は、憲法および法律の規定を実施するために、政令を制定する（憲法73条6号本文）。

2 正 基礎 『合格基本書』p.384

そのとおり。内閣総理大臣は、内閣府に係る主任の行政事務について、法律もしくは政令を施行するため、または法律もしくは政令の特別の委任に基づいて、内閣府の命令として内閣府令を発することができる（内閣府設置法7条3項）。

3 誤 基礎 『合格基本書』p.384

各省大臣は、主任の行政事務について、法律もしくは政令を施行するため、または法律もしくは政令の特別の委任に基づいて、それぞれの機関の命令として省令を発することができる（国家行政組織法12条1項）。これに対し、省の外局として置かれる各委員会および各庁の長官は、別に法律の定めるところにより、政令および省令以外の規則その他の特別の命令をみずから発することができる（国家行政組織法13条1項）。各庁の長官は、省令を発することはできない。

4 正

そのとおり。人事院は、その所掌事務について、法律を実施するため、または法律の委任に基づいて、人事院規則を制定し、人事院指令を発し、および手続を定める（国家公務員法16条1項前段）。

5 正

そのとおり。会計検査院法に定めるもののほか、会計検査に関し必要な規則は、会計検査院がこれを定める（会計検査院法38条）。

LEC東京リーガルマインド　2023年版 出る順行政書士 当たる！直前予想模試

【第2回】 解答・解説

問題	テーマ（分野）	正解	重要度	正答率
26	行政行為の瑕疵（行政法）	5	A	65%

『合格基本書』p.389

ア　B（事実上の公務員の理論）が問題となっている

　　正当な権限を有しない者が外観上公務員として行政行為を行った場合に、相手方の信頼を保護するために、これを有効なものと扱う考え方を、<u>事実上の公務員の理論</u>という。判例は、解職請求手続に基づく村長の解職賛否投票が無効とされても、それが有効であることを前提としてそれまでの間になされた後任村長の行政処分は無効となるものではないとしている（最判昭35.12.7）。

イ　A（瑕疵の治癒）が問題となっている

　　行政行為がなされた時点では要件を欠いていたが、その後、要件をみたした場合に、当初の瑕疵がなかったものとして、これを有効なものと扱うことを、<u>瑕疵の治癒</u>という。判例は、更正処分における付記理由不備の瑕疵は、後日これに対する審査請求の裁決において処分の具体的根拠が明らかにされたとしても、それにより治癒されないとしている（最判昭47.12.5）。

ウ　D（違法性の承継）が問題となっている

　　先行する行政行為の瑕疵が、それを前提とする後続の行政行為の違法事由となることを、<u>違法性の承継</u>という。これは、先行する行政行為の取消訴訟の出訴期間が経過した後に、後続の行政行為の取消訴訟において、先行する行政行為に瑕疵があることを理由として後続の行政行為も違法であると主張することができるかという問題である。判例は、建築安全条例に基づく「安全認定」とそれに続く「建築確認」について、異なる機関がそれぞれの権限に基づき行うものとされているが、もともとは一体的に行われていたものであり、同一の目的を達成するために行われ、両者が結合して初めて効果を発揮すること、安全認定の適否を争うための手続的保障が十分に与えられていないことなどから、「建築確認」の取消訴訟において「安全認定」が違法であるために「建築確認」も違法であると主張することは許されるとしている（最判平21.12.17）。

エ　E（違法行為の転換）が問題となっている

　　ある行政行為が、本来の行政行為としては要件を欠いているが、別個の行政行為とみれば要件をみたす場合に、これを別個の行政行為とみて有効なものと扱うことを、<u>違法行為の転換</u>という。判例は、旧自作農創設特別措置法施行令43条等に基づいて定められた買収計画を、同施行令45条等に基づく買収計画と読みかえることで、瑕疵ある行政行為を適法としている（最判昭29.7.19）。

オ　C（理由の差替え）が問題となっている

　　ある行政行為について、当初に付された理由とは別個の理由によるものとすることで、有効であると主張することを、<u>理由の差替え</u>という。これは、処分時に示された理由を、訴訟の段階で変更することができるかという問題である。判例は、逗子市情報公開条例の定める非公開事由に該当することを理由として付記してされた公文書の非公開決定の取消訴訟において、実施機関が、決定が適法であることの根拠として、当該条例の定める他の非公開事由に該当すると主張することは許されるとしている（最判平11.11.19）。

　　以上より、正解は肢5となる。

【第2回】 解答・解説

問題	テーマ（分野）	正解	重要度	正答率
27	未成年者（民法）	3	A	75%

ア　妥当でない　基礎　『合格基本書』p.331

　満18年をもって、成年とする（4条）。婚姻は、18歳にならなければ、することができない（731条）。2018年6月の民法改正（2022年4月1日施行）により、成年年齢が18歳に引き下げられたのと同時に、男女の婚姻開始年齢が18歳に統一されたことから、未成年者は婚姻をすることができない。未成年者の婚姻についての父母の同意を定めていた改正前737条も削除された。なお、未成年者の婚姻による成年擬制の制度（改正前753条）も廃止された。

イ　妥当である　基礎　『合格基本書』p.130〜p.131

　そのとおり。未成年者が法律行為をするには、その法定代理人の同意を得なければならない（5条1項本文）。ただし、単に権利を得、または義務を免れる法律行為については、この限りでない（5条1項ただし書）。債権について弁済を受けることは、金銭などの給付を受けるという利益もあるが、その元本である債権という権利が消滅するという不利益もあることから、「単に権利を得」る法律行為ではなく、法定代理人の同意を得なければならない。

ウ　妥当でない

　未成年者が法定代理人の同意を要する法律行為をその同意を得ないでしたときは、その法律行為は、取り消すことができる（5条2項）。行為の時に制限行為能力者であった者は、その行為によって現に利益を受ける限度において、返還の義務を負う（121条の2第3項後段）。受領した金銭を、本来は支出する必要のなかった「遊興費」として費消してしまった場合には、現に受けている利益がないから、返還の義務を負わない（大判昭14.10.26）。なお、「生活費」として支出した場合には、それによって支出するはずであった金銭の支出を免れており、その者の財産を全体としてみると現に受けている利益があるから、返還の義務を負う（大判昭7.10.26）。

エ　妥当である　基礎　『合格基本書』p.135

　そのとおり。制限行為能力者が行為能力者であることを信じさせるため詐術を用いたときは、その行為を取り消すことができない（21条）。ここにいう「詐術」には、法定代理人の同意を得たと信じさせる場合も含まれる。

オ　妥当でない　基礎　『合格基本書』p.320

　判例は、「未成年者が責任能力を有する場合であつても監督義務者の義務違反と当該未成年者の不法行為によつて生じた結果との間に相当因果関係を認めうるときは、監督義務者につき民法709条に基づく不法行為が成立するものと解するのが相当であつて、民法714条の規定が右解釈の妨げとなるものではない。」としている（最判昭49.3.22）。

　以上より、妥当なものはイ・エであり、正解は肢3となる。

LEC東京リーガルマインド　2023年版 出る順行政書士 当たる！直前予想模試　91

【第2回】 解答・解説

問題	テーマ（分野）	正解	重要度	正答率
28	錯誤（民法）	2	A	65%

ア 妥当でない 基礎 『合格基本書』p. 146

　　意思表示は、①「意思表示に対応する意思を欠く錯誤」、②「表意者が法律行為の基礎とした事情についてのその認識が真実に反する錯誤」に基づくものであって、その錯誤が法律行為の目的および取引上の社会通念に照らして重要なものであるときは、取り消すことができる（95条1項）。錯誤、詐欺または強迫によって取り消すことができる行為は、<u>瑕疵ある意思表示をした者またはその代理人もしくは承継人に限り</u>、取り消すことができる（120条2項）。これに対し、<u>相手方は、錯誤による意思表示を取り消すことはできない</u>。

イ 妥当である 基礎 『合格基本書』p. 146～p. 147

　　そのとおり。「表意者が法律行為の基礎とした事情についてのその認識が真実に反する錯誤」による意思表示の取消しは、その事情が法律行為の基礎とされていることが表示されていたときに限り、することができる（95条2項）。

ウ 妥当である 基礎 『合格基本書』p. 147

　　そのとおり。錯誤が表意者の重大な過失によるものであった場合には、①「相手方が表意者に錯誤があることを知り、又は重大な過失によって知らなかったとき」、②「相手方が表意者と同一の錯誤に陥っていたとき」を除き、錯誤による意思表示の取消しをすることができない（95条3項）。よって、「相手方が表意者と同一の錯誤に陥っていたとき」は、表意者は、錯誤による意思表示の取消しをすることができる。

エ 妥当でない 基礎 『合格基本書』p. 147

　　錯誤が表意者の重大な過失によるものであった場合には、①<u>「相手方が表意者に錯誤があることを知り、又は重大な過失によって知らなかったとき」</u>、②「相手方が表意者と同一の錯誤に陥っていたとき」（※ この場合を「共通錯誤」という。）を除き、錯誤による意思表示の取消しをすることができない（95条3項）。よって、<u>相手方が表意者に錯誤があることを重大な過失によって知らなかったときは、表意者は、錯誤による意思表示の取消しをすることができる</u>。

オ 妥当である 基礎 『合格基本書』p. 147

　　そのとおり。錯誤による意思表示の取消しは、善意でかつ過失がない第三者に対抗することができない（95条4項）。ここにいう「第三者」とは、取消し前に利害関係を有するに至った善意でかつ過失がない第三者のことであると解される。

　　以上より、妥当でないものはア・エであり、正解は肢2となる。

92 　　**LEC**東京リーガルマインド　2023年版 出る順行政書士 当たる！直前予想模試

【第2回】 解答・解説

問題	テーマ（分野）	正解	重要度	正答率
29	相隣関係（民法）	2	B	65%

ア 妥当である 基礎 『合格基本書』p.195

そのとおり。土地の所有者は、他の土地に設備を設置し、または他人が所有する設備を使用しなければ電気、ガスまたは水道水の供給その他これらに類する継続的給付を受けることができないときは、継続的給付を受けるため必要な範囲内で、他の土地に設備を設置し、または他人が所有する設備を使用することができる（213条の2第1項）。2021年の民法改正により、他の土地にライフラインの設備を設置する権利が明確化された。

イ 妥当でない 基礎 『合格基本書』p.195

土地の所有者は、所定の目的（① 境界またはその付近における障壁、建物その他の工作物の築造、収去または修繕、② 境界標の調査または境界に関する測量、③ 233条3項による越境した枝の切取り）のため必要な範囲内で、隣地を使用することができる（209条1項本文）。ただし、住家（住居）については、その居住者の承諾がなければ、立ち入ることはできない（209条1項ただし書）。2021年の民法改正により、隣地使用の目的が拡充・明確化された。

ウ 妥当である 基礎 『合格基本書』p.195

そのとおり。隣地の竹木の枝が境界線を越える場合において、① 「竹木の所有者に枝を切除するよう催告したにもかかわらず、竹木の所有者が相当の期間内に切除しないとき」、② 「竹木の所有者を知ることができず、又はその所在を知ることができないとき」、③ 「急迫の事情があるとき」は、土地の所有者は、〔みずから〕その枝を切り取ることができる（233条3項）。2021年の民法改正により、これらの要件のもとで土地の所有者による枝の切取りが認められた。

エ 妥当でない 基礎 『合格基本書』p.195

土地の所有者は、直接に雨水を隣地に注ぐ構造の屋根その他の工作物を設けてはならない（218条）。

オ 妥当でない

他の土地に囲まれて公道に通じない土地の所有者は、公道に至るため、その土地を囲んでいる他の土地を通行することができる（210条1項）。この規定による通行権を有する者は、その通行する他の土地の損害に対して償金を支払わなければならない（212条本文）。

以上より、妥当なものはア・ウであり、正解は肢2となる。

ワンポイントアドバイス

【越境した竹林の枝の切取り】

土地の所有者は、隣地の竹木の枝が境界線を越えるときは、その竹木の所有者に、その枝を切除させることができます（233条1項）。この場合において、竹木が数人の共有に属するときは、各共有者は、その枝を切り取ることができます（233条2項）。2021年の民法改正により、竹林の共有者各自による切取りが認められました。

LEC東京リーガルマインド 2023年版 出る順行政書士 当たる！直前予想模試

【第2回】 解答・解説

問題	テーマ（分野）	正解	重要度	正答率
30	譲渡担保（民法）	4	B	35%

ア　妥当でない

　判例は、「譲渡担保権設定者は、譲渡担保権者が清算金の支払又は提供をせず、清算金がない旨の通知もしない間に譲渡担保の目的物の受戻権を放棄しても、譲渡担保権者に対して清算金の支払を請求することはできないものと解すべきである。」としている（最判平8.11.22）。

イ　妥当である　　基礎　　『合格基本書』p.222

　そのとおり。判例は、「債権者と債務者との間に、……集合物を目的とする譲渡担保権設定契約が締結され、債務者がその構成部分である動産の占有を取得したときは債権者が占有改定の方法によつてその占有権を取得する旨の合意に基づき、債務者が右集合物の構成部分として現に存在する動産の占有を取得した場合には、債権者は、当該集合物を目的とする譲渡担保につき対抗要件を具備するに至つたものということができ、この対抗要件具備の効力は、その後構成部分が変動したとしても、集合物としての同一性が損なわれない限り、新たにその構成部分となつた動産を包含する集合物について及ぶものと解すべきである。」としている（最判昭62.11.10）。

ウ　妥当でない

　判例は、「構成部分の変動する集合動産を目的とする集合物譲渡担保権は、譲渡担保権者において譲渡担保の目的である集合動産を構成するに至った動産（以下「目的動産」という。）の価値を担保として把握するものであるから、その効力は、目的動産が滅失した場合にその損害をてん補するために譲渡担保権設定者に対して支払われる損害保険金に係る請求権に及ぶと解するのが相当である。もっとも、構成部分の変動する集合動産を目的とする集合物譲渡担保契約は、譲渡担保権設定者が目的動産を販売して営業を継続することを前提とするものであるから、譲渡担保権設定者が通常の営業を継続している場合には、目的動産の滅失により上記請求権が発生したとしても、これに対して直ちに物上代位権を行使することができる旨が合意されているなどの特段の事情がない限り、譲渡担保権者が当該請求権に対して物上代位権を行使することは許されないというべきである。」としている（最決平22.12.2）。

エ　妥当である

　そのとおり。判例は、「貸金債権担保のため債務者所有の不動産につき譲渡担保形式の契約を締結し、債務者が弁済期に債務を弁済すれば不動産は債務者に返還するが、弁済をしないときは右不動産を債務の弁済の代わりに確定的に自己の所有に帰せしめるとの合意のもとに、自己のため所有権移転登記を経由した債権者は、債務者が弁済期に債務の弁済をしない場合においては、目的不動産を換価処分し、またはこれを適正に評価することによって具体化する右物件の価額から、自己の債権額を差し引き、なお残額があるときは、これに相当する金銭を清算金として債務者に支払うことを要するのである。そして、この担保目的実現の手段として、債務者に対し右不動産の引渡ないし明渡を求める訴を提起した場合に、債務者が右清算金の支払と引換えにその履行をなすべき旨を主張したときは、特段の事情のある場合を除き、債権者の右請求は、債務者への清算金の支払と引換えにのみ認容されるべきものと解するのが相当である」としている（最判昭46.3.25）。

オ　妥当でない

　判例は、「不動産を目的とする譲渡担保権が設定されている場合において、譲渡担保権者が譲渡担保権の実行として目的不動産を第三者に譲渡したときは、譲渡担保権設定者は、右第三者又は同人から更に右不動産の譲渡を受けた者からの明渡請求に対し、譲渡担保権者に対する清算金支払請求権を被担保債権とする留置権を主張することができる」としている（最判平9.4.11）。

**　以上より、妥当なものはイ・エであり、正解は肢4となる。**

94　　　　　LEC東京リーガルマインド　2023年版 出る順行政書士 当たる！直前予想模試

【第2回】 解答・解説

問題	テーマ（分野）	正解	重要度	正答率
31	債権の消滅（民法）	3	B	65%

ア 妥当でない 基礎 『合格基本書』p. 265

時効によって消滅した債権がその消滅以前に相殺に適するようになっていた場合には、その債権者は、相殺をすることができる（508条）。

イ 妥当である 『合格基本書』p. 257

そのとおり。当事者が従前の債務に代えて、新たな債務であって、①「従前の給付の内容について重要な変更をするもの」、②「従前の債務者が第三者と交替するもの」、③「従前の債権者が第三者と交替するもの」を発生させる契約をしたときは、従前の債務は、更改によって消滅する（513条）。

ウ 妥当でない 基礎 『合格基本書』p. 256

弁済をすることができる者（「弁済者」）が、債権者との間で、債務者の負担した給付に代えて他の給付をすることにより債務を消滅させる旨の契約をした場合において、その弁済者が当該他の給付をしたときは、その給付は、弁済と同一の効力を有する（代物弁済／482条）。よって、債権者との合意（契約）が必要である。

エ 妥当である 基礎 『合格基本書』p. 257

そのとおり。債権および債務が同一人に帰属したときは、その債権は、消滅する（520条本文）。ただし、その債権が第三者の権利の目的であるときは、この限りでない（520条ただし書）。よって、その債権が第三者の権利の目的であるときは、その債権は、消滅しない。

オ 妥当でない 基礎 『合格基本書』p. 257

債権者が債務者に対して債務を免除する意思を表示したときは、その債権は、消滅する（519条）。これについて、債務者の同意を得る必要はない。

以上より、妥当なものはイ・エであり、正解は肢3となる。

━━━━━━━━ ワンポイントアドバイス ━━━━━━━━

【弁済の目的物の供託】

弁済者は、①「弁済の提供をした場合において、債権者がその受領を拒んだとき」、②「債権者が弁済を受領することができないとき」は、債権者のために弁済の目的物を供託することができます（494条1項前段）。この場合においては、弁済者が供託をした時に、その債権は、消滅します（494条1項後段）。

弁済者が債権者を確知することができないときも、494条1項と同様とします（494条2項本文）。ただし、弁済者に過失があるときは、この限りでない（494条2項ただし書）とされています。

【第2回】 解答・解説

問題	テーマ（分野）	正解	重要度	正答率
32	契約の成立（民法）	4	A	60%

1　正　基礎　『合格基本書』p.269

　　そのとおり。申込者は、遅延した承諾を新たな申込みとみなすことができる（524条）。

2　正　基礎　『合格基本書』p.268

　　そのとおり。申込者が、承諾の期間を定めてした申込みに対してその期間内に承諾の通知を受けなかったときは、その申込みは、その効力を失う（523条2項）。

3　正　基礎　『合格基本書』p.268

　　そのとおり。承諾の期間を定めないでした対話者に対する申込みは、その対話が継続している間は、いつでも撤回することができる（525条2項）。

4　誤　基礎　『合格基本書』p.268

　　承諾の期間を定めないでした申込みは、申込者が承諾の通知を受けるのに相当な期間を経過するまでは、撤回することができない（525条1項本文）。ただし、<u>申込者が撤回をする権利を留保したときは、この限りでない</u>（525条1項ただし書）。

5　正　基礎　『合格基本書』p.269

　　そのとおり。承諾者が、申込みに条件を付し、その他変更を加えてこれを承諾したときは、その申込みの拒絶とともに新たな申込みをしたものとみなされる（528条）。

ワンポイントアドバイス

【契約の成立】

　　契約は、契約の内容を示してその締結を申し入れる意思表示〔申込み〕に対して相手方が承諾をしたときに成立します（522条1項）。

　　もっとも、申込者の意思表示または取引上の慣習により承諾の通知を必要としない場合には、契約は、承諾の意思表示と認めるべき事実があった時に成立します（527条）。

【第2回】 解答・解説

問題	テーマ（分野）	正解	重要度	正答率
33	消費貸借・使用貸借（民法）	4	B	45%

ア　妥当である 基礎 『合格基本書』p. 289、p. 291

そのとおり。① 消費貸借は、貸主または借主の死亡によっては、その効力を失わない（貸主または借主の相続人に承継される）。② 使用貸借は、借主の死亡によって、その効力を失う（597条3項）。なお、貸主の死亡によっては、その効力を失わない（貸主の相続人に承継される）。

イ　妥当でない 基礎 『合格基本書』p. 289

消費貸借においては、借主は、返還の時期の定めの有無にかかわらず、いつでも返還をすることができる（591条2項）。なお、当事者が返還の時期を定めた場合において、貸主は、借主がその時期の前に返還をしたことによって損害を受けたときは、借主に対し、その賠償を請求することができる（591条3項）。

ウ　妥当である 基礎 『合格基本書』p. 291

そのとおり。使用貸借においては、① 当事者が使用貸借の期間を定めたときは、使用貸借は、その期間が満了することによって終了する（597条1項）。② 当事者が使用貸借の期間を定めなかった場合において、使用および収益の目的を定めたときは、使用貸借は、借主がその目的に従い使用および収益を終えることによって終了する（597条2項）。

エ　妥当である 基礎 『合格基本書』p. 288

そのとおり。書面でする消費貸借の借主は、貸主から金銭その他の物を受け取るまで、契約の解除をすることができる（587条の2第2項前段）。なお、この場合において、貸主は、その契約の解除によって損害を受けたときは、借主に対し、その賠償を請求することができる（587条の2第2項後段）。

オ　妥当でない 基礎 『合格基本書』p. 290

使用貸借においては、貸主は、借主が借用物を受け取るまで、契約の解除をすることができる（593条の2本文）。ただし、書面による使用貸借については、この限りでない（593条の2ただし書）。

以上より、妥当でないものはイ・オであり、正解は肢4となる。

━━━━━━━━━━ **ワンポイントアドバイス** ━━━━━━━━━━

【消費貸借・使用貸借】

要物契約としての消費貸借は、原則として、当事者の一方〔借主〕が種類、品質および数量の同じ物をもって返還をすることを約して相手方〔貸主〕から金銭その他の物を受け取ることによって、その効力を生じます（587条）。

書面でする消費貸借は、当事者の一方〔貸主〕が金銭その他の物を引き渡すことを約し、相手方〔借主〕がその受け取った物と種類、品質および数量の同じ物をもって返還をすることを約することによって、その効力を生じます（587条の2第1項）。

使用貸借は、当事者の一方〔貸主〕がある物を引き渡すことを約し、相手方〔借主〕がその受け取った物について無償で使用および収益をして契約が終了したときに返還をすることを約することによって、その効力を生じます（593条）。

LEC東京リーガルマインド　2023年版 出る順行政書士 当たる！直前予想模試

【第2回】 解答・解説

問題	テーマ（分野）	正解	重要度	正答率
34	不法原因給付（民法）	4	A	60%

ア　妥当でない　基礎　『合格基本書』p.315

　判例は、民法708条が「不法の原因のため給付をした者にその給付したものの返還を請求することを得ないものとしたのは、かかる給付者の返還請求に法律上の保護を与えないというだけであつて、受領者をしてその給付を受けたものを法律上正当の原因があつたものとして保留せしめる趣旨ではない。従つて、受領者においてその給付を受けたものをその給付を為した者に対し任意返還することは勿論、<u>先に給付を受けた不法原因契約を合意の上解除してその給付を返還する特約をすることは、同条の禁ずるところでないもの</u>と解するを相当とする。」としている（最判昭28.1.22）。

イ　妥当である　基礎　『合格基本書』p.315

　そのとおり。判例は、「本件贈与の目的である建物は未登記のものであつて、その引渡しにより贈与者の債務は履行を完了したものと解されるから、右引渡しが民法708条本文にいわゆる給付に当たる」としている（最判昭45.10.21）。

ウ　妥当でない　基礎　『合格基本書』p.315

　判例は、給付をした者の不法性が甚だ微弱なものであって相手方の「不法に比すれば問題にならぬ程度のものである。」という場合には、「既に交付された物の返還請求に関する限り<u>民法第90条も第708条もその適用なきもの</u>と解するを相当とする。」として、<u>その給付したものの返還を請求することができる</u>としている（最判昭29.8.31）。

エ　妥当でない　基礎　『合格基本書』p.315

　判例は、「贈与が不法の原因に基づくものであり、同条〔708条〕にいう給付があったとして贈与者の返還請求を拒みうるとするためには、……<u>既登記の建物にあつては、その占有の移転のみでは足らず、所有権移転登記手続が履践されていることをも要する</u>」としている（最判昭46.10.28）。

オ　妥当である　基礎　『合格基本書』p.315

　そのとおり。判例は、民法708条は、「みずから反社会的な行為をした者に対しては、その行為の結果の復旧を訴求することを許さない趣旨を規定したものと認められるから、給付者は、不当利得に基づく返還請求をすることが許されないばかりでなく、目的物の所有権が自己にあることを理由として、給付した物の返還を請求することも許されない筋合であるというべきである。かように、贈与者において給付した物の返還を請求できなくなつたときは、その反射的効果として、目的物の所有権は贈与者の手を離れて受贈者に帰属するにいたつたものと解するのが、最も事柄の実質に適合し、かつ、法律関係を明確ならしめる所以と考えられるからである。」としている（最判昭45.10.21）。

　以上より、妥当なものはイ・オであり、正解は肢4となる。

```
ワンポイントアドバイス
```

【不法原因給付】

　不法な原因のために給付をした者は、その給付したものの返還を請求することができません（708条本文）。ただし、不法な原因が受益者〔相手方〕についてのみ存したときは、この限りでない（708条ただし書）とされています。

98　　　**LEC**東京リーガルマインド　2023年版 出る順行政書士 当たる！直前予想模試

【第 2 回】 解答・解説

問題	テーマ（分野）	正解	重要度	正答率
35	遺言（民法）	2	A	50%

（類題）ウォーク問過去問題集①法令編　問 139

ア　妥当である　基礎　『合格基本書』p. 359

　そのとおり。自筆証書によって遺言をするには、遺言者が、その全文、日付および氏名を自書し、これに印を押さなければならない（968 条 1 項）。もっとも、自筆証書にこれと一体のものとして相続財産の全部または一部の目録（相続財産目録）を添付する場合には、その目録については、自書することを要しない（968 条 2 項前段）。なお、この場合において、遺言者は、その目録の毎葉（自書によらない記載がその両面にある場合にあっては、その両面）に署名し、印を押さなければならない（968 条 2 項後段）。

イ　妥当でない

　遺言書の保管者は、相続の開始を知った後、遅滞なく、これを家庭裁判所に提出して、その検認を請求しなければならない（1004 条 1 項前段）。<u>この規定は、公正証書による遺言については、適用されない</u>（1004 条 2 項）。

ウ　妥当でない

　遺言者は、遺言で、一人または数人の遺言執行者を指定し、またはその指定を第三者に委託することができる（1006 条 1 項）。<u>遺言執行者は、自己の責任で第三者にその任務を行わせることができる</u>（1016 条 1 項本文）。ただし、遺言者がその遺言に別段の意思を表示したときは、その意思に従う（1016 条 1 項ただし書）。

エ　妥当でない

　遺言者は、いつでも、遺言の方式に従って、その遺言の全部または一部を撤回することができる（1022 条）。この規定により撤回された遺言は、その撤回の行為が、撤回され、取り消され、または効力を生じなくなるに至ったときであっても、その効力を回復しない（1025 条本文）。ただし、<u>その行為が錯誤、詐欺または強迫による場合は、この限りでない</u>（1025 条ただし書）。

オ　妥当である　基礎　『合格基本書』p. 359

　そのとおり。遺言は、遺言者の死亡の時からその効力を生ずる（985 条 1 項）。もっとも、遺言に停止条件を付した場合において、その条件が遺言者の死亡後に成就したときは、遺言は、条件が成就した時からその効力を生ずる（985 条 2 項）。

以上より、妥当なものはア・オであり、正解は肢 2 となる。

ワンポイントアドバイス

【遺言】

　<u>15 歳に達した者は、遺言をすることができます（961 条）。</u>行為能力の制限に関する規定（5 条、9 条、13 条、17 条）は、遺言については適用されません（962 条）。遺言者は、遺言をする時においてその能力を有しなければなりません（963 条）。

LEC東京リーガルマインド　2023 年版 出る順行政書士 当たる！直前予想模試　99

【第２回】 解答・解説

問題	テーマ（分野）	正解	重要度	正答率
36	商号（商法）	1	A	55%

ア　妥当でない 基礎 『合格基本書』p.561

　　個人商人の場合、複数の営業を行うときは、それぞれの営業につきそれぞれ別の商号を用いることができる。なお、会社の商号は常に１個に限られる。会社にとってその商号は当該会社の名称であって（会社法６条１項）、会社が複数の営業を行っても、会社自体が１個の企業主体だからである。

イ　妥当でない

　　商人は、その氏、氏名その他の名称をもってその商号とすることができる（11条１項）。商人は、その商号の登記をすることができる（商号登記の自由／11条２項）。

ウ　妥当である 基礎 『合格基本書』p.562

　　そのとおり。自己の商号を使用して営業または事業を行うことを他人に許諾した商人は、当該商人が当該営業を行うものと誤認して当該他人と取引をした者に対し、当該他人と連帯して、当該取引によって生じた債務を弁済する責任を負う（14条）。これは、権利外観法理または禁反言の法理に基づくものである。

エ　妥当である 基礎 『合格基本書』p.561

　　そのとおり。商人の商号は、営業とともにする場合または営業を廃止する場合に限り、譲渡することができる（15条１項）。これらの場合には、取引の相手方が混乱するおそれがないからである。なお、15条１項による商号の譲渡は、登記をしなければ、第三者に対抗することができない（15条２項）。

オ　妥当である 基礎 『合格基本書』p.561

　　そのとおり。何人も、不正の目的をもって、他の商人であると誤認されるおそれのある名称または商号を使用してはならない（12条１項）。この規定に違反する名称または商号の使用によって営業上の利益を侵害され、または侵害されるおそれがある商人は、その営業上の利益を侵害する者または侵害するおそれがある者に対し、その侵害の停止または予防を請求することができる（12条２項）。なお、これは、当該商人が商号の登記をしていない場合であっても認められる。

　　以上より、妥当でないものはア・イであり、正解は肢１となる。

ワンポイントアドバイス

【小商人】

　　小商人とは、商人のうち、営業の用に供する財産につき最終の営業年度（それがないときは開業時）の貸借対照表に計上した額が50万円を超えないものをいいます（７条かっこ書、商法施行規則３条）。

　　小商人には、① 未成年者登記（５条）、② 後見人登記（６条）、③ 商業登記（８条～10条）、④ 商号の登記（11条２項）、⑤ 商号譲渡の登記（15条２項）、⑥ 営業譲受人の免責登記（17条２項前段）、⑦ 商業帳簿（19条）、⑧ 支配人の登記（22条）の規定は適用されません（７条）。

【第2回】 解答・解説

問題	テーマ（分野）	正解	重要度	正答率
37	定款（会社法）	4	A	30%

1 誤 基礎 『合格基本書』p.577

　<u>株式会社の公告方法は、定款に記載し、または記録しなければならないものではない</u>（27条各号参照）。なお、会社は、公告方法として、①官報に掲載する方法、②時事に関する事項を掲載する日刊新聞紙に掲載する方法、③電子公告のいずれかを定款で定めることができる（939条1項）。定款にこの定めを置かない会社では、官報に掲載する方法（①）が公告方法となる（939条4項）。

2 誤 基礎 『合格基本書』p.577

　株式会社を設立する場合には、「株式会社の負担する設立に関する費用（<u>定款の認証の手数料その他株式会社に損害を与えるおそれがないものとして法務省令で定めるものを除く。</u>）」は、発起人が作成する定款に記載し、記録しなければ、その効力を生じない（28条4号）。

3 誤 基礎 『合格基本書』p.577

　<u>株式会社の支店の所在地は、定款に記載し、または記録しなければならないものではない</u>（27条各号参照）。なお、株式会社の定款には、①目的、②商号、③本店の所在地、④設立に際して出資される財産の価額またはその最低額、⑤発起人の氏名または名称および住所、⑥発行可能株式総数を記載し、記録しなければならない（27条各号、37条1項2項）。①〜⑤は定款の認証に先立って定めておく必要がある（30条1項参照）のに対し、⑥は定款認証時には必要なく、発起人全員の同意によって株式会社が成立するまでに定款を変更して定めればよい（37条1項2項）。ただし、募集設立の場合、設立時募集株式についての払込期日または払込期間の初日以後は、創立総会の決議によって定款を変更して定めればよい（95条、96条、98条）。

4 正

　そのとおり。発起人（株式会社の成立後にあっては、当該株式会社）は、定款を発起人が定めた場所（株式会社の成立後にあっては、その本店および支店）に備え置かなければならない（31条1項）。発起人（株式会社の成立後にあっては、その株主および債権者）は、発起人が定めた時間（株式会社の成立後にあっては、その営業時間）内は、いつでも、書面をもって作成された定款の謄本または抄本の交付を請求することができる（31条2項2号）。

5 誤

　<u>会社法には、本記述のような規定は置かれていない</u>。変態設立事項（28条各号）に関する検査役の選任の申立てがあった場合には、裁判所は、これを不適法として却下する場合を除き、検査役を選任しなければならない（33条2項）。<u>裁判所は、検査役を選任した場合には、成立後の株式会社が当該検査役に対して支払う報酬の額を定めることができる</u>（33条3項）。

【第2回】 解答・解説

問題	テーマ（分野）	正解	重要度	正答率
38	種類株式（会社法）	2	B	40%

ア 誤 基礎 『合格基本書』p.587

株主に「剰余金の配当を受ける権利」および「残余財産の分配を受ける権利」の全部を与えない旨の定款の定めは、その効力を有しない（105条2項）。株式会社という組織形態は、対外的経済活動で利益を上げ、それを構成員である株主に分配することを目的として利用されるものだからである。

イ 正 基礎 『合格基本書』p.587

そのとおり。種類株式発行会社が公開会社である場合において、株主総会において議決権制限株式の数が発行済株式の総数の2分の1を超えるに至ったときは、株式会社は、直ちに、議決権制限株式の数を発行済株式の総数の2分の1以下にするための必要な措置をとらなければならない（115条）。多数の投資家が株主となる公開会社において、経営者が議決権制限株式を利用して、少額の出資で会社を支配することを防止するためである。

ウ 正

そのとおり。種類株式発行会社は、取得請求権付株式を発行する場合に、取得の対価を当該株式会社の他の種類の株式とすることができる（108条2項5号ロ参照）。

エ 誤 基礎 『合格基本書』p.587

会社法には、本記述のような規定は置かれていない。なお、全部取得条項付種類株式は、株主総会特別決議により会社がその種類の株式の全部を取得することができるという内容の種類株式をいう（108条1項7号参照）。全部取得条項付種類株式は、倒産に瀕した株式会社が、株主総会特別決議により100％減資をし、これにより会社の円滑な事業再建を可能にすることを意図したものであるが、多数派株主による少数派株主の締め出し（キャッシュ・アウト）に使われることもある。

オ 正 基礎 『合格基本書』p.587

そのとおり。指名委員会等設置会社は、ある種類の株式の種類株主を構成員とする種類株主総会において取締役を選任することを内容とする種類株式を発行することができない（108条1項ただし書、同条1項9号）。指名委員会等設置会社では、指名委員会が取締役選任に関する議案の内容を決定することと矛盾するからである。

以上より、誤っているものはア・エであり、正解は肢2となる。

【第2回】 解答・解説

問題	テーマ（分野）	正解	重要度	正答率
39	指名委員会等設置会社（会社法）	5	B	25%

ア　誤　基礎　『合格基本書』p.614

　　指名委員会等設置会社の取締役は、当該指名委員会等設置会社の支配人その他の使用人を兼ねることができない（331条4項）。

イ　誤

　　会社法には、指名委員会等設置会社について、本記述のような規定は置かれていない。なお、監査等委員会設置会社においては、取締役の選任は、監査等委員である取締役とそれ以外の取締役とを区別してしなければならない（329条2項）。

ウ　誤　基礎　『合格基本書』p.614

　　執行役は、取締役会の決議によって選任する（402条2項）。

エ　正

　　そのとおり。指名委員会等設置会社においては、招集権者の定めがある場合であっても、指名委員会等がその委員の中から選定する者は、取締役会を招集することができる（417条1項）。

オ　正

　　そのとおり。指名委員会等設置会社の取締役会は、その決議によって、株主総会の招集事項の決定を執行役に委任することができない（416条4項ただし書4号）。

**　以上より、正しいものはエ・オであり、正解は肢5となる。**

◆◆◆◆◆◆◆◆◆◆◆◆◆◆◆◆◆◆◆◆◆◆◆◆◆◆◆◆　ワンポイントアドバイス　◆◆◆◆◆◆◆◆◆◆◆◆◆◆◆◆◆◆◆◆◆◆◆◆◆◆◆◆

【指名委員会等設置会社】

　指名委員会等設置会社とは、指名委員会、監査委員会および報酬委員会を置く株式会社をいいます（2条12号）。

　指名委員会、監査委員会または報酬委員会の各委員会は、委員3人以上で組織します（400条1項）。

　各委員会の委員は、取締役の中から、取締役会の決議によって選定します（400条2項）。

　各委員会の委員の過半数は、社外取締役でなければなりません（400条3項）。

LEC東京リーガルマインド　2023年版 出る順行政書士 当たる！直前予想模試　103

【第2回】 解答・解説

問題	テーマ（分野）	正解	重要度	正答率
40	社債（会社法）	4	C	25%

ア 正 [基礎] 『合格基本書』p.625

そのとおり。社債とは、会社法の規定により会社が行う割当てにより発生する当該会社を債務者とする金銭債権であって、676条各号に掲げる事項（募集社債に関する事項）についての定めに従い償還されるものをいう（2条23号）。ここにいう「会社」とは、株式会社、合名会社、合資会社または合同会社をいう（2条1号）。よって、合名会社は、社債を発行することができる。

イ 誤

<u>会社法には、社債権者集会の決議の取消しの訴えといった制度は置かれていない。</u>社債権者集会の決議に裁判所が関与しているので（734条1項参照）、その必要がないからである。

ウ 正 [基礎] 『合格基本書』p.625

そのとおり。会社は、社債を発行する場合には、社債管理者を定め、社債権者のために、弁済の受領、債権の保全その他の社債の管理を行うことを委託しなければならない（702条本文）。ただし、①各社債の金額が1億円以上である場合、②ある種類の社債を当該種類の各社債の金額の最低額で除して得た数が50を下回る場合は、この限りでない（702条ただし書、会社法施行規則169条）。①②の場合、社債権者がみずから社債の管理を行うことを期待できるからである。

エ 正

そのとおり。社債管理補助者は、社債権者のために、公平かつ誠実に社債の管理の補助を行わなければならない（714条の7・704条1項）。社債管理補助者は、社債権者に対し、善良な管理者の注意をもって社債の管理の補助を行わなければならない（714条の7・704条2項）。

オ 誤

会社は、社債原簿管理人（＝会社に代わって社債原簿の作成および備置きその他の社債原簿に関する事務を行う者）を定め、当該事務を行うことを<u>委託することができる</u>（683条）。

以上より、誤っているものはイ・オであり、正解は肢4となる。

【第2回】 解答・解説

問題	テーマ（分野）	重要度	正答率
41	**外国人地方参政権事件（憲法・多肢）**	**A**	**65%**

『合格基本書』p.14

ア	19（密接）	イ	1（法律）
ウ	6（禁止）	エ	8（立法政策）

　本問は、外国人地方参政権事件（最判平7.2.28）を素材としたものである。

　「憲法93条2項は、我が国に在留する外国人に対して地方公共団体における選挙の権利を保障したものとはいえないが、憲法第8章の地方自治に関する規定は、民主主義社会における地方自治の重要性に鑑み、住民の日常生活に (ア) 密接な関連を有する公共的事務は、その地方の住民の意思に基づきその区域の地方公共団体が処理するという政治形態を憲法上の制度として保障しようとする趣旨に出たものと解されるから、我が国に在留する外国人のうちでも永住者等であってその居住する区域の地方公共団体と特段に緊密な関係を持つに至ったと認められるものについて、その意思を日常生活に (ア) 密接な関連を有する地方公共団体の公共的事務の処理に反映させるべく、(イ) 法律をもって、地方公共団体の長、その議会の議員等に対する選挙権を付与する措置を講ずることは、憲法上 (ウ) 禁止されているものではないと解するのが相当である。しかしながら、右のような措置を講ずるか否かは、専ら国の (エ) 立法政策にかかわる事柄であって、このような措置を講じないからといって違憲の問題を生ずるものではない。」

LEC東京リーガルマインド　2023年版 出る順行政書士 当たる！直前予想模試　　**105**

【第2回】 解答・解説

問題	テーマ（分野）		重要度	正答率
42	**養護施設入所児童暴行事件（行政法・多肢）**		**A**	60%

ア	5（公権力の行使）	イ	10（職務）
ウ	17（国又は公共団体以外の者）	エ	14（被用者）

本問は、養護施設入所児童暴行事件（最判平19.1.25）を素材としたものである。

「都道府県による3号措置に基づき社会福祉法人の設置運営する児童養護施設に入所した児童に対する当該施設の職員等による養育監護行為は、都道府県の _(ア) 公権力の行使に当たる公務員の _(イ) 職務行為と解するのが相当である。……国家賠償法1条1項は、国又は公共団体の _(ア) 公権力の行使に当たる公務員が、その _(イ) 職務を行うについて、故意又は過失によって違法に他人に損害を与えた場合には、国又は公共団体がその被害者に対して賠償の責めに任ずることとし、公務員個人は民事上の損害賠償責任を負わないこととしたものと解される……。この趣旨からすれば、_(ウ) 国又は公共団体以外の者の _(エ) 被用者が第三者に損害を加えた場合であっても、当該 _(エ) 被用者の行為が国又は公共団体の _(ア) 公権力の行使に当たるとして国又は公共団体が被害者に対して同項に基づく損害賠償責任を負う場合には、_(エ) 被用者個人が民法709条に基づく損害賠償責任を負わないのみならず、使用者も同法715条に基づく損害賠償責任を負わないと解するのが相当である。

これを本件についてみるに、3号措置に基づき入所した児童に対するA学園の職員等による養育監護行為が被告県の _(ア) 公権力の行使に当たり、本件職員の養育監護上の過失によって原告が被った損害につき被告県が国家賠償法1条1項に基づく損害賠償責任を負うことは前記判示のとおりであるから、本件職員の使用者である被告（社会福祉法人）は、原告に対し、民法715条に基づく損害賠償責任を負わないというべきである。」

【第2回】 解答・解説

問題	テーマ（分野）	重要度	正答率
43	**青色申告承認申請懈怠事件（行政法・多肢）**	**A**	60%

ア	6 （信義則）	イ	16 （租税法律）
ウ	13 （平等、公平）	エ	4 （公的見解）

　本問は、青色申告承認申請懈怠事件（最判昭62.10.30）を素材としたものである。

　「青色申告の承認は、課税手続上及び実体上種々の特典（租税優遇措置）を伴う特別の青色申告書により申告することのできる法的地位ないし資格を納税者に付与する設権的処分の性質を有することが明らかである。そのうえ、所得税法は、税務署長が青色申告の承認申請を却下するについては申請者につき一定の事実がある場合に限られるものとし……、かつ、みなし承認の規定を設け……、同法所定の要件を具備する納税者が青色申告の承認申請書を提出するならば、遅滞なく青色申告の承認を受けられる仕組みを設けている。このような制度のもとにおいては、たとえ納税者が青色申告の承認を受けていた被相続人の営む事業にその生前から従事し、右事業を継承した場合であつても、青色申告の承認申請書を提出せず、税務署長の承認を受けていないときは、納税者が青色申告書を提出したからといつて、その申告に青色申告としての効力を認める余地はないものといわなければならない。……

　租税法規に適合する課税処分について、法の一般原理である (ア)信義則の法理の適用により、右課税処分を違法なものとして取り消すことができる場合があるとしても、法律による行政の原理なかんずく (イ)租税法律主義の原則が貫かれるべき (イ)租税法律関係においては、右法理の適用については慎重でなければならず、租税法規の適用における納税者間の (ウ)平等、公平という要請を犠牲にしてもなお当該課税処分に係る課税を免れしめて納税者の信頼を保護しなければ正義に反するといえるような特別の事情が存する場合に、初めて右法理の適用の是非を考えるべきものである。そして、右特別の事情が存するかどうかの判断に当たつては、少なくとも、税務官庁が納税者に対し信頼の対象となる (エ)公的見解を表示したことにより、納税者がその表示を信頼しその信頼に基づいて行動したところ、のちに右表示に反する課税処分が行われ、そのために納税者が経済的不利益を受けることになつたものであるかどうか、また、納税者が税務官庁の右表示を信頼しその信頼に基づいて行動したことについて納税者の責めに帰すべき事由がないかどうかという点の考慮は不可欠のものであるといわなければならない。」

LEC東京リーガルマインド　2023年版 出る順行政書士 当たる！直前予想模試　107

【第2回】 解答・解説

問題	テーマ（分野）	重要度	正答率
44	**代執行（行政法・記述）**	**A**	—

『合格基本書』p.404～p.405

≪正解例≫

義	務	者	の	な	す	べ	き	行	為	を	な	し	、	ま
た	は	第	三	者	を	し	て	こ	れ	を	な	さ	し	め
、	そ	の	費	用	を	義	務	者	か	ら	徴	収	す	る

(45字)

　本問は、代執行に関する知識を問うものである。

　法律（法律の委任に基づく命令、規則および条例を含む。以下同じ。）により直接に命ぜられ、または法律に基き行政庁により命ぜられた行為（他人が代わってなすことのできる行為に限る。）について、義務者がこれを履行しない場合、他の手段によってその履行を確保することが困難であり、かつ、その不履行を放置することが著しく公益に反すると認められるときは、当該行政庁は、みずから<u>義務者のなすべき行為をなし、または第三者をしてこれをなさしめ、その費用を義務者から徴収することができる</u>（行政代執行法2条）。

　以上より、解答にあたっては、正解例のように記述すべきである。

ワンポイントアドバイス

【採点の目安】

①	**義務者のなすべき行為をなし、または第三者をしてこれをなさしめ** ………………	10点
②	**費用を義務者から徴収** ………………………………………………………………	10点

108　　LEC東京リーガルマインド　2023年版 出る順行政書士 当たる！直前予想模試

【第2回】 解答・解説

問題	テーマ（分野）	重要度	正答率
45	**占有（民法・記述）**	**A**	**—**

≪正解例≫

占有者は、

善	意	で	あ	り	、	か	つ	、	所	有	の	意	思	が
あ	る	場	合	に	、	現	に	利	益	を	受	け	て	い
る	範	囲	で	賠	償	す	る	義	務	を	負	う	。	

(44字)

本問は、占有に関する知識を問うものである。

占有物が占有者の責めに帰すべき事由によって滅失し、または損傷したときは、その回復者に対し、悪意の占有者はその損害の全部の賠償をする義務を負い、<u>善意の占有者はその滅失または損傷によって現に利益を受けている限度において賠償をする義務を負う</u>（191条本文）。ただし、<u>所有の意思</u>のない占有者は、善意であるときであっても、全部の賠償をしなければならない（191条ただし書）。

よって、占有者は、<u>善意であり</u>、かつ、<u>所有の意思がある</u>場合に、<u>現に利益を受けている範囲</u>で賠償する義務を負う。

以上より、解答にあたっては、正解例のように記述すべきである。

ワンポイントアドバイス

【採点の目安】

① 善意であり、かつ、所有の意思がある …………………………………………	10点
② 現に利益を受けている ………………………………………………………………	10点

2023年版 出る順行政書士 当たる！直前予想模試　109

【第2回】 解答・解説

問題	テーマ（分野）	重要度	正答率
46	委任（民法・記述）	A	—

『合格基本書』p.305

≪正解例≫

Aは、

や	む	を	得	な	い	事	由	が	あ	っ	た	場	合	を
除	き	、	本	件	契	約	の	解	除	に	よ	る	C	の
損	害	を	賠	償	す	る	責	任	を	負	う	。		

(43字)

　本問は、委任に関する知識を問うものである。

　委任は、当事者の一方（委任者）が法律行為をすることを相手方に委託し、相手方（受任者）がこれを承諾することによって、その効力を生ずる（643条）。

　委任は、各当事者がいつでもその解除をすることができる（651条1項）。この規定により委任の解除をした者は、①「相手方に不利な時期に委任を解除したとき」、②「委任者が受任者の利益（専ら報酬を得ることによるものを除く。）をも目的とする委任を解除したとき」は、相手方の損害を賠償しなければならない（651条2項本文）。ただし、やむを得ない事由があったときは、この限りでない（651条2項ただし書）。

　AC間の委任契約は、受任者CがBから取り立てる金銭の一部を委任者Aの受任者Cに対する債務の弁済に充てられることになっていたことから、受任者の利益をも目的とする委任に当たる。よって、委任者Aは、やむを得ない事由があった場合を除き、本件契約の解除による受任者Cの損害を賠償する責任を負う。

　以上より、解答にあたっては、正解例のように記述すべきである。

ワンポイントアドバイス

【採点の目安】

① やむを得ない事由があった場合を除き ··································	10点
② 解除によるCの損害を賠償 ··	10点

110　　LEC東京リーガルマインド　2023年版 出る順行政書士 当たる！直前予想模試

【第2回】 解答・解説

問題	テーマ（分野）	正解	重要度	正答率
47	**選挙制度（政治）**	**3**	**A**	**65%**

1 妥当でない 基礎 『合格基本書』p.680

　大選挙区制は、1つの選挙区から複数の代表者を選出する制度である。大選挙区制では、小選挙区制に比べて選挙費用が多額になる。

2 妥当でない 基礎 『合格基本書』p.680

　小選挙区制は、1つの選挙区から1人を選出する制度である。小選挙区制では、社会の多様な意見を反映しにくい。

3 妥当である 基礎 『合格基本書』p.680

　そのとおり。比例代表制は、候補者が所属する政党を単位にして、選挙区ごとに得票総数に比例して当選者の数を割り振る制度である。比例代表制では、他の選挙制度（小選挙区制・大選挙区制）に比べて死票を少なくすることができる。

4 妥当でない 基礎 『合格基本書』p.680

　日本の衆議院議員選挙については、小選挙区比例代表並立制が採用されている。衆議院議員選挙の比例代表選挙は、拘束名簿式で、政党名のみを記載して投票する。なお、衆議院議員選挙では、小選挙区と比例代表の重複立候補も認められている。

5 妥当でない 基礎 『合格基本書』p.681

　日本の参議院議員選挙については、選挙区比例代表並立制が採用されている。参議院議員選挙では、選挙区と比例代表の重複立候補は認められていない。なお、参議院議員選挙の比例代表選挙は、非拘束名簿式で、政党名のほかに候補者名を記載して投票することもできる。

LEC東京リーガルマインド　2023年版 出る順行政書士 当たる！直前予想模試　111

【第2回】 解答・解説

問題	テーマ（分野）	正解	重要度	正答率
48	行政国家（政治）	5	A	50%

1 妥当でない 基礎 『合格基本書』p.674

行政国家は、法の執行機関である行政府が国の基本政策の形成決定において事実上中心的な役割を営むものである。なお、議会を名実ともに政治権力の中枢に置くのは、立法国家である。

2 妥当でない

国家の任務が国民の生命と財産の保護に限定されるのは、夜警国家である。夜警国家は、近代市民国家における国家観である。

3 妥当でない

政府の取り組むべき領域が拡大するにつれて、その内容も専門化・複雑化する。しかし、専門的・技術的知識を有していない立法府は、こうした状況に迅速に対応することができず、政策形成の主導権が立法府から行政府へ移ると、議会政治が本来目指していた法律による行政の原理（立法府による行政府のコントロール）の実現が困難になる。

4 妥当でない

行政国家では、行政が膨大なサービスを提供することになるが、ナショナル・ミニマム（健康で文化的な最低限度の生活水準）の保障という責務から、統一的基準作成の必要性により中央集権化が進むことになる。

5 妥当である

そのとおり。夜警国家から職能国家へと変遷するにつれて、行政の専門化・複雑化が進んで、政策形成の主導権が立法府から行政府へ移る（立法権に対する行政権の優位）。議会では、複雑な政策課題を解決するため、行政への委任立法が増加する。また、政策の執行においても、行政の自由裁量が拡大する。

【第2回】 解答・解説

問題	テーマ（分野）	正解	重要度	正答率
49	安全保障・外交政策（政治）	1	B	30%

ア 妥当でない

1950年に連合国軍最高司令官総司令部（GHQ）の指令によってつくられた<u>警察予備隊</u>が、1952年に<u>保安隊</u>となり、その後、1954年に自衛隊となった。

イ 妥当である

そのとおり。1970年代後半からアメリカ軍駐留経費の一部は日本側が負担するようになっている。この負担分の経費は、一般に「思いやり予算」と呼ばれる。

ウ 妥当でない

日米地位協定は、<u>日米安全保障条約に基づき、アメリカ軍が日本において使用する施設・区域・軍隊の地位について規定した協定</u>である。日本の領域への武力攻撃に対する日本とアメリカとの共同防衛について定めているのは、<u>日米安全保障条約</u>である。

エ 妥当である

そのとおり。日本は、1992年に成立したPKO協力法（国際連合平和維持活動等に対する協力に関する法律）に基づく初めての国際平和協力として、第2次国連アンゴラ監視団に選挙監視要員を3名派遣した（1992年9月～10月）。さらに、同法に基づく初めての自衛隊派遣として、国連カンボジア暫定統治機構に施設部隊等を約600名派遣した（1992年9月～1993年9月）。

オ 妥当である

そのとおり。アメリカで起きた同時多発テロ事件を受けて、テロ対策特別措置法が成立した。これにより、自衛隊によるアメリカ軍への後方支援活動が可能となった。

以上より、妥当でないものはア・ウであり、正解は肢1となる。

LEC東京リーガルマインド　2023年版 出る順行政書士 当たる！直前予想模試　113

【第2回】 解答・解説

問題	テーマ（分野）	正解	重要度	正答率
50	国債（経済）	2	A	25%

ア 妥当でない 基礎 『合格基本書』p.714

　建設国債は、財政法4条1項ただし書に基づいて、国の資産を形成するものとして公共事業費、出資金および貸付金の財源に充てるために発行される国債である。

イ 妥当である 基礎 『合格基本書』p.715

　そのとおり。赤字国債（特例国債）は、建設国債を発行してもなお歳入が不足すると見込まれる場合に、政府が歳出に充てる資金を調達することを目的として、各年度における特例法に基づいて発行される国債である。

ウ 妥当である

　そのとおり。復興債は、東日本大震災からの復興のために実施する施策に必要な財源を確保するために、2011年度から発行されている国債である。

エ 妥当でない 基礎 『合格基本書』p.709

　これは、財投債（財政投融資特別会計国債）に関する記述である。財投債（財政投融資特別会計国債）は、特別会計に関する法律62条1項に基づいて、財政融資資金において運用の財源に充てるために発行される国債である。これに対し、財投機関債は、特殊法人等の財政投融資機関（財投機関）が民間の金融市場において個別に発行する債券のうち、政府が元本や利子の支払いを保証していない公募債券である（国債ではない）。

オ 妥当である

　そのとおり。借換国債は、特別会計に関する法律46条1項および47条1項に基づいて、各年度の国債の整理または償還のための借換えに必要な資金を確保するために発行される国債である。

　以上より、妥当でないものはア・エであり、正解は肢2となる。

114　　LEC東京リーガルマインド　2023年版 出る順行政書士 当たる！直前予想模試

【第2回】 解答・解説

問題	テーマ（分野）	正解	重要度	正答率
51	労働問題（社会）	2	A	55%

ア　妥当である

　そのとおり。2018年の働き方改革関連法における労働時間等設定改善法の改正により、事業主に対し、前日の終業時刻と翌日の始業時刻との間に一定時間の休息を確保する「勤務間インターバル制度」を導入する努力義務が課された。

イ　妥当でない 　基礎　『合格基本書』p. 727

　2020年3月の高年齢者雇用安定法の改正により、65歳までの雇用確保（義務）に加えて、70歳までの就業確保措置として、① 70歳までの定年の引上げ、② 70歳までの継続雇用制度の導入、③ 定年の定めの廃止、④ 労使で同意した上で70歳まで継続的に業務委託契約を締結する制度の導入、⑤ 労使で同意した上で70歳まで継続的に社会貢献活動に従事できる制度の導入のいずれかを講ずることが事業主の努力義務とされた（2021年4月施行）。これは、70歳までの定年の引上げ（①）を法的義務とするものではない。

ウ　妥当でない 　基礎　『合格基本書』p. 726

　1997年の男女雇用機会均等法の改正に伴う労働基準法の改正により、女性労働者についての時間外、休日労働および深夜業の規制が撤廃された。

エ　妥当である

　そのとおり。2019年6月の男女雇用機会均等法の改正により、職場におけるセクシュアルハラスメントについて事業主に相談したことを理由とする不利益な取扱いが禁止された（2020年6月施行）。

オ　妥当でない 　基礎　『合格基本書』p. 726

　2015年に制定された女性活躍推進法により、女性の活躍推進に向けた数値目標を盛り込んだ行動計画の策定・公表や、女性の職業選択に資する情報の公表の一部が、国および地方公共団体のほか、常時雇用する労働者が101人以上（2019年の法改正により2022年4月から）の民間企業にも義務づけられているが、それに満たない民間企業については努力義務とされている。

　以上より、妥当なものはア・エであり、正解は肢2となる。

東京リーガルマインド　2023年版 出る順行政書士 当たる！直前予想模試

【第2回】 解答・解説

問題	テーマ（分野）	正解	重要度	正答率
52	異常気象（社会）	4	B	25%

ア　妥当でない

　2007年6月、気象庁に「異常気象分析検討会」が設置された。異常気象分析検討会は、社会経済に大きな影響を与える異常気象が発生した場合に、大学・研究機関等の専門家の協力を得て、異常気象に関する最新の科学的知見に基づく分析検討を行い、その発生要因等に関する見解を迅速に発表することを目的としている。

イ　妥当である

　そのとおり。異常気象とは、一般に気象や気候がその平均的状態から大きくずれて、その地点・地域、時期（週、月、季節等）として出現度数が小さく平常的には現れない現象または状態のことである。具体的には30年間に1回程度しか発生しないものをいうことが多い。

ウ　妥当でない

　ラニーニャ現象とは、太平洋赤道域の中部から東部にかけての海域の海面水温が平年よりも低い状態が1年程度続く現象をいう。これに対し、太平洋赤道域の中部から東部にかけての海域で、海面水温が平年よりも高い状態が1年程度続く現象を、エルニーニョ現象という。

エ　妥当である

　そのとおり。気象庁は、大雨、地震、津波、高潮などにより重大な災害の起こるおそれがある時に、警報を発表して警戒を呼びかけるが、これに加え、警報の発表基準をはるかに超える大雨や大津波等が予想され、重大な災害の起こるおそれが著しく高まっている場合、「特別警報」を発表し最大級の警戒を呼びかける。

　以上より、妥当なものはイ・エであり、正解は肢4となる。

【第2回】 解答・解説

問題	テーマ（分野）	正解	重要度	正答率
53	領土問題（政治）	5	B	20%

1　妥当でない

　① 衆議院には、「沖縄及び北方問題に関する特別委員会」が設置されている。② 参議院には、「政府開発援助等及び沖縄・北方問題に関する特別委員会」が設置されている。

2　妥当でない

　竹島に関しては、韓国による占拠が継続していることから、日本政府は「領土問題が存在している」という立場をとり、国際司法裁判所への付託を提案している。

3　妥当でない

　北方四島（択捉島、国後島、 色丹島および歯舞群島）に関しては、ロシアによる占拠が継続していることから、日本政府は「領土問題が存在している」という立場をとり、領土問題を解決して平和条約を締結するための交渉をロシア連邦に働きかけてきた。これに対し、千島列島については対象としていない。

4　妥当でない

　尖閣諸島に関しては、中国が領有権を主張して周辺海域における領海侵入を繰り返しているが、日本政府は「解決すべき領土問題はそもそも存在しない」という立場をとっている。

5　妥当である

　そのとおり。北方領土問題についての国民世論の啓発に関しては、内閣府設置法によって、特命担当大臣を設置することが義務付けられている（内閣府設置法 10 条、4 条 3 項 23 号参照）。

LEC東京リーガルマインド　2023 年版 出る順行政書士 当たる！直前予想模試　117

【第2回】 解答・解説

問題	テーマ（分野）	正解	重要度	正答率
54	廃棄物処理法（社会）	2	A	60%

ア 妥当である

　そのとおり。産業廃棄物（特別管理産業廃棄物を除く。）の収集または運搬を業として行おうとする者は、当該業を行おうとする区域（運搬のみを業として行う場合にあっては、産業廃棄物の積卸しを行う区域に限る。）を管轄する都道府県知事の許可を受けなければならない（廃棄物処理法14条1項本文）。

イ 妥当でない

　産業廃棄物（特別管理産業廃棄物を除く。）の収集または運搬を業として行おうとする者は、当該業を行おうとする区域（運搬のみを業として行う場合にあっては、産業廃棄物の積卸しを行う区域に限る。）を管轄する都道府県知事の許可を受けなければならない（廃棄物処理法14条1項本文）。ただし、事業者（みずからその産業廃棄物を運搬する場合に限る。）、もっぱら再生利用の目的となる産業廃棄物のみの収集または運搬を業として行う者その他環境省令で定める者については、この限りでない（14条1項ただし書）。

ウ 妥当でない

　産業廃棄物（特別管理産業廃棄物を除く。）の処分を業として行おうとする者は、当該業を行おうとする区域を管轄する都道府県知事の許可を受けなければならない（廃棄物処理法14条6項本文）。ただし、事業者（自らその産業廃棄物を処分する場合に限る。）、専ら再生利用の目的となる産業廃棄物のみの処分を業として行う者その他環境省令で定める者については、この限りでない（14条6項ただし書）。国（産業廃棄物の処分をその業務として行う場合に限る。）は、ここにいう「その他環境省令で定める者」に含まれる（廃棄物処理法施行規則10条の3第5号）。

エ 妥当でない

　産業廃棄物収集運搬業者または産業廃棄物処分業者は、その産業廃棄物の収集もしくは運搬または処分の事業の範囲を変更しようとするときは、都道府県知事の許可を受けなければならない（廃棄物処理法14条の2第1項本文）。ただし、その変更が事業の一部の廃止であるときは、この限りでない（廃棄物処理法14条の2第1項ただし書）。

オ 妥当である

　そのとおり。産業廃棄物収集運搬業者および産業廃棄物処分業者は、自己の名義をもって、他人に産業廃棄物の収集もしくは運搬または処分を業として行わせてはならない（廃棄物処理法14条の3の3）。

　以上より、妥当なものはア・オであり、正解は肢2となる。

問題	テーマ（分野）	正解	重要度	正答率
55	個人情報制度（個人情報保護）	4	A	45%

1 妥当である

そのとおり。2020年の個人情報保護法の改正（3年ごと見直し）により、保有個人データの開示方法について、電磁的記録の提供を含め、本人が指示できるようにした（個人情報保護法33条1項2項）。

2 妥当である

そのとおり。2020年の個人情報保護法の改正（3年ごと見直し）により、認定個人情報保護団体の制度について、対象事業者のすべての分野（部門）を認定の対象とする従来の制度に加えて、企業の特定分野（部門）を対象として団体を認定できるようにした（個人情報保護法47条2項）。

3 妥当である

そのとおり。2020年の個人情報保護法の改正（3年ごと見直し）により、個人情報保護委員会からの命令への違反、個人情報保護委員会への虚偽報告等の法定刑を引き上げるとともに、命令違反等の罰金について、法人に対しては行為者に対するよりも罰金刑の最高額を引き上げた（個人情報保護法179条1項）。

4 妥当でない

2021年の個人情報保護法の改正（官民を通じた個人情報保護制度の見直し）により、学術研究分野を含めた欧州データ保護規則（GDPR）の十分性認定への対応を目指し、学術研究に係る適用除外規定について、一律の適用除外ではなく、義務ごとの例外規定として精緻化した（個人情報保護法57条1項、18条3項5号6号、20条2項5号6号、27条1項5号〜7号）。

5 妥当である 基礎 『合格基本書』p. 763

そのとおり。2021年の個人情報保護法の改正（官民を通じた個人情報保護制度の見直し）に際し、個人情報保護法、行政機関個人情報保護法、独立行政法人等個人情報保護法の3本の法律を1本の法律（個人情報保護法）に統合した。

【第2回】 解答・解説

問題	テーマ（分野）	正解	重要度	正答率
56	デジタル庁（情報・通信）	4	B	30%

ア 妥当である

　そのとおり。デジタル庁は、デジタル社会の形成についての基本理念にのっとり、「デジタル社会の形成に関する内閣の事務を内閣官房と共に助けること」および「デジタル社会の形成に関する行政事務の迅速かつ重点的な遂行を図ること」を任務とする（デジタル庁設置法3条1号2号）。

イ 妥当でない [基礎] 『合格基本書』p. 744

　内閣に、デジタル庁を置く（デジタル庁設置法2条）。デジタル庁の長は、<u>内閣総理大臣</u>とする（デジタル庁設置法6条1項）。<u>内閣総理大臣</u>は、デジタル庁の事務を統括し、職員の服務について統督する（デジタル庁設置法7条1項）。なお、デジタル大臣は、内閣総理大臣を助け、デジタル庁の事務を統括し、職員の服務について統督する（デジタル庁設置法8条3項）。

ウ 妥当である

　そのとおり。デジタル大臣は、デジタル庁設置法4条1項に規定する事務の遂行のため特に必要があると認めるときは、関係行政機関の長に対し、勧告することができる（デジタル庁設置法8条5項前段）。なお、この場合において、関係行政機関の長は、当該勧告を十分に尊重しなければならない（デジタル庁設置法8条5項後段）。

エ 妥当である

　そのとおり。デジタル庁に、デジタル監1人を置く（デジタル庁設置法11条1項）。デジタル監は、①「デジタル庁の所掌事務に関する重要事項に関し、デジタル大臣に進言し、及びデジタル大臣の命を受けて、デジタル大臣に意見を具申する」および ②「デジタル大臣を助け、庁務を整理し、デジタル庁の各部局及び機関の事務を監督すること」を職務とする（デジタル庁設置法11条2項1号2号）。デジタル監の任免は、内閣総理大臣の申出により、内閣が行う（デジタル庁設置法11条3項）。

オ 妥当でない [基礎] 『合格基本書』p. 744

　デジタル庁に、<u>デジタル社会推進会議</u>を置く（デジタル庁設置法14条1項）。<u>デジタル社会推進会議</u>は、「全ての国務大臣」等をもって組織する（デジタル庁設置法15条4項参照）。2021年9月1日に、それまで内閣に置かれていた<u>高度情報通信ネットワーク社会推進戦略本部（IT総合戦略本部）</u>が廃止されたのと同時に、デジタル庁に<u>デジタル社会推進会議</u>が置かれた。

**　以上より、妥当でないものはイ・オであり、正解は肢4となる。**

120　　LEC東京リーガルマインド　2023年版 出る順行政書士 当たる！直前予想模試

【第2回】 解答・解説

問題	テーマ（分野）	正解	重要度	正答率
57	情報・通信用語（情報・通信）	3	B	25%

1 妥当でない

これは、侵入防止システム（IPS）に関する記述である。侵入検知システム（IDS）は、外部から送信されるパケットをチェックして、不正アクセスと判断されるパケットが発見された場合には、管理者に連絡する機能をもつシステムである。これに対し、侵入防止システム（IPS）は、侵入検知システム（IDS）の機能に加えて、不正なパケットを自動的に遮断する機能をもつシステムである。

2 妥当でない

共通脆弱性評価システム（CVSS）は、基本評価基準、現状評価基準、環境評価基準という3つの基準によって、情報システムの脆弱性の技術的な深刻度を数字のスコアで表現する評価方法であるが、脆弱性対応の優先度や、リスクアセスメント（リスク特定、リスク分析、リスク評価のプロセス）の指標を直接示すものではない。

3 妥当である　基礎　『合格基本書』p.748

そのとおり。情報提供等記録開示システム（マイナポータル）は、政府が運営するオンラインサービスであり、情報提供ネットワークシステム（行政機関、地方公共団体その他の行政事務を処理する者が迅速に特定個人情報の授受を行うためのシステム）を通じた情報提供等の記録や、行政機関等からのお知らせなどを、自宅のパソコン等から確認することができる。

4 妥当でない　基礎　『合格基本書』p.760

全地球測位システム（GPS）は、アメリカ合衆国が打ち上げた人工衛星を利用して、自分が地球上にいる位置を正確に測定できるシステムである。当初は、軍事用に開発されたシステムであったが、その後、民間の飛行機の安全な航行のためにも利用されるようになり、現在では、カーナビゲーションシステムや携帯電話などに組み込まれて民生利用が広く進んでいる。

5 妥当でない

これは、災害情報共有システム（Lアラート）に関する記述である。災害情報共有システム（Lアラート）は、地方公共団体等が発出した避難指示等の災害関連情報をはじめとする公共情報を放送局等の多様なメディアに対して一斉に送信することで、災害関連情報の迅速かつ効率的な住民への伝達を可能とする共通基盤である。これに対し、全国瞬時警報システム（Jアラート）は、気象庁から送信される気象関係情報や、内閣官房から送信される有事関係情報を、人工衛星を利用して地方公共団体に送信し、市町村の同報系防災行政無線を自動起動するシステムである。

LEC東京リーガルマインド　2023年版 出る順行政書士 当たる！直前予想模試　121

【第2回】 解答・解説

問題	テーマ（分野）	正解	重要度	正答率
58	並べ替え（文章理解）	4	A	60%

　まず、アでは「自己複製」について説明されているが、このキーワードは、オにも登場する。オでは、生物と無生物のちがいは「同化作用ばかりでなく、自己複製にある」とされており、「自己複製」について説明した文がアであるから、<u>オ－アをグループ化することができる。</u>

　次に、イについては、「それはどちらでもよい。」という部分から、イの直前には2つ以上の語句や論点が並列されていて、その2つ以上のものはどちらでもよい、と結論づけていると推測される。一見、アの「自分と同じものを複製するかしないか」という2つの論点がこれに該当するように思われる。しかし、「複製するかしないかが問題なのである。」という文の後に「とにかく、それはどちらでもよい。」とすると、アで述べたことが否定される形となり論理的に結びつかなくなってしまう。そこで、他の文をみると、ウで「生命の起源」と「生物の起源」の2つについて記されており、「生命」と「生物」という語句の使い方が「どちらでもよい」という部分につながっていることがわかる。また、イで「その起源はよくわかっていない」としていることから、<u>ウ－イをグループ化することができる。</u>

　さらに、エの文頭では「同じものを複製するには」という表現が登場しており、これは、アの「同じものを複製するかしないか」につながる表現であるから、<u>オ－ア－エが「自己複製」に関する一連の文章であるとわかる。</u>

　最後に、オ－ア－エとウ－イの関係については、オで「生物とはなにかという定義がはっきりしない。」とされており、これは、ウ－イの「生命の起源」「生物の起源」につながる言葉であるから、<u>ウ－イ－オ－ア－エという順で並べ替えれば、論理的な矛盾なく文章が完結することになる。</u>

以上より、正しい順序はウ－イ－オ－ア－エであり、正解は肢4となる。

（出典　日高敏隆「動物という文化」から）

問題	テーマ（分野）	正解	重要度	正答率
59	**空欄補充（文章理解）**	**3**	**A**	40%

【第2回】 解答・解説

　本問では、文章全体の結論である第4段落の結びの部分が空欄になっている。この空欄は「つまり」という接続詞に続くものであるから、原則的にはその直前の文または第4段落の内容を要約したものと考えられる。

1　最も適当であるとはいえない

　本文中には「過去の体験と現在の体験を重ねてとらえる」というようなことは一切述べられていない。

2　最も適当であるとはいえない

　第4段落の「『ああ今日は暑かった』とふと語るその時移行がなされる」を言い換えたものであるが、それに続く「過去体験がもはやない」という論点について言及しておらず、結びの文としては妥当でない。

3　最も適当である

　直前の文で、体験を過去形でとらえることによって、それが「もはやない」ことを表すとあるから、過去体験の「不在」と現在体験をともに表出させることで移行がなされるという第4段落の結論に沿った文である。

4　最も適当であるとはいえない

　「暑い」から「暑かった」への移行は温度計の数値のような客観的な基準によるものではないとの記述は第3段落にあるものの、第4段落の要約としては妥当でない。

5　最も適当であるとはいえない

　「過去経験がなければ現在体験も存在しない」というような記述は本文中にはなく、また、空欄の直前の文である「昼間の暑い体験を過去形の文章でとらえることによって、それが『もはやない』ことを言い表している」に続く文としては不自然である。

　　　　　（出典　中島義道「『時間』を哲学する──過去はどこへ行ったのか」から）

LEC東京リーガルマインド　2023年版 出る順行政書士 当たる！直前予想模試　123

【第2回】 解答・解説

問題	テーマ（分野）	正解	重要度	正答率
60	空欄補充（文章理解）	2	A	80%

　まず、Aを検討する。「周りにある同類の本の中から、特定の本だけ選ぶという目的で、その手がかりとして色名を言う」、「色そのものの厳密な指定が目的ではない。」とあるから、目的物を見分けるために色を使うことを示す表現がAに入る。したがって、Aには、区別するための用法であるという趣旨の表現である「弁別的用法」が入る。弁別とは、見分けること、区別することを意味するので、意味内容からも趣旨に合致する。

　そうすると、Bには、「専門的用法」が入ることになるが、Bの前に「色そのものを問題とする時の使い方」とあるから、色のみに焦点をあてて、色彩を使っている場合であるので、「専門的用法」は意味内容からもふさわしい。したがって、Bには「専門的用法」が入る。

以上より、Aには「弁別的用法」、Bには「専門的用法」が入り、正解は肢2となる。

（出典　鈴木孝夫「日本語と外国語」から）

第3回　解答・解説

2023年版 出る順行政書士 当たる！直前予想模試【第3回】解答一覧

【法令等（5肢択一式／一問4点）】

問題	正解	問題	正解	問題	正解
1	3	15	4	29	4
2	4	16	3	30	3
3	4	17	4	31	5
4	3	18	3	32	2
5	5	19	2	33	2
6	3	20	5	34	5
7	5	21	4	35	4
8	3	22	3	36	4
9	4	23	2	37	3
10	5	24	4	38	2
11	5	25	2	39	5
12	5	26	4	40	4
13	2	27	3	合計	／160
14	3	28	4		

【法令等（多肢選択式／一問8点／各2点）】

	ア		イ		ウ		エ	
41	ア	17	イ	15	ウ	7	エ	9
42	ア	20	イ	9	ウ	18	エ	4
43	ア	16	イ	7	ウ	18	エ	4

合計 ／24

【法令等（記述式／一問20点）】

44	本	件	消	除	処	分	の	差	止	め	の	訴	え	を	提	起	す	る	と	と
	も	に	、	仮	の	差	止	め	の	申	立	て	を	す	べ	き	で	あ	る	。

45	追	認	を	す	る	こ	と	が	で	き	る	時	か	ら	5	年	間	、	ま	た
	は	行	為	の	時	か	ら	2	0	年	間	、	行	使	し	な	い	と	き	。

46	X	が	本	件	建	物	の	引	渡	時	に	不	適	合	に	つ	い	て	知	り
	、	ま	た	は	重	大	な	過	失	に	よ	っ	て	知	ら	な	か	っ	た	場
	合	。																		

合計 ／60

【一般知識等（5肢択一式／一問4点）】

問題	正解	問題	正解	問題	正解
47	3	52	2	57	2
48	5	53	4	58	5
49	5	54	3	59	3
50	3	55	3	60	4
51	5	56	4	合計	／56

合計	／300

【第3回】 解答・解説

問題	テーマ（分野）	正解	重要度	正答率
1	法令の基本形式（基礎法学）	3	B	30%

1　正

　そのとおり。「章」は、法令を区分する際に用いられるものである。複雑な法令の場合には「章」をさらに細分化して「節」を設け、「節」をさらに細分化するときは「款」を設ける。

2　正　基礎　『合格基本書』p. 664

　そのとおり。「項」は、ひとつの条を内容に応じてさらにいくつかに分ける必要があるときに、それぞれの内容ごとに文章を区切って区分された段落をいう。

3　明らかに誤っている　基礎　『合格基本書』p. 664

　「号」は、文章のなかでいくつかの事項を挙げる必要があるときに漢数字（「一」、「二」、「三」）をつけてそれらの事項を列挙するもので、<u>「号」を細分化するときは、「イ、ロ、ハ」とし、これをさらに細分化するときには、「(1)、(2)、(3)」とする</u>のが通例である。

4　正　基礎　『合格基本書』p. 664

　そのとおり。「見出し」は、条文の内容を簡潔に要約し、その条文の冒頭に丸括弧を用いて表示されるものであり、近年の法令では、原則として「見出し」がつけられている。なお、丸括弧以外の括弧（例えば、〔……〕）を用いた見出しは、六法全書を出版する際に、その編集者が便宜的に付け加えたものである。

5　正

　そのとおり。「別表」は、表の内容が膨大である場合や、表の内容が多数の条に関係する場合に、個々の条から切り離して設けられるものである。

LEC東京リーガルマインド　2023年版 出る順行政書士 当たる！直前予想模試　127

【第3回】 解答・解説

問題	テーマ（分野）	正解	重要度	正答率
2	**最高裁判所（基礎法学）**	**4**	**A**	75%

ア　妥当である

　そのとおり。最高裁判所は、上告および訴訟法で特に定める抗告についての裁判権（裁判所法7条）のほかに、規則制定権（憲法77条1項）、下級裁判所裁判官の指名権（憲法80条1項）、下級裁判所および裁判所職員に対する監督などの司法行政の監督権（裁判所法80条）を有する。

イ　妥当でない　基礎　『合格基本書』p.658

　最高裁判所において、事件を大法廷または小法廷のいずれで取り扱うかについては、最高裁判所の定めるところによる（裁判所法10条本文）。ただし、① 当事者の主張に基いて、法律、命令、規則または処分が憲法に適合するかしないかを判断するとき（意見が前に大法廷でした、その法律、命令、規則または処分が憲法に適合するとの裁判と同じであるときを除く。）、② そのほか、法律、命令、規則または処分が憲法に適合しないと認めるとき、③ <u>憲法その他の法令の解釈適用について、意見が前に最高裁判所のした裁判に反するときは、大法廷で裁判をしなければならない</u>（裁判所法10条ただし書）。<u>過去の小法廷の判例を変更するときも、大法廷で裁判をする必要がある</u>。なお、大法廷は、全員の裁判官の合議体であり、小法廷は、最高裁判所の定める員数（5人）の裁判官の合議体である（裁判所法9条2項、最高裁判所裁判事務処理規則2条1項）。

ウ　妥当である

　そのとおり。最高裁判所の裁判書（判決書、決定書、命令書）には、各裁判官の意見を表示しなければならない（裁判所法11条）。ここにいう意見には、「法廷意見」（多数意見）のほかに、法廷意見の結論に反対する「反対意見」、法廷意見の結論には賛成するが理由づけを異にする「意見」、法廷意見に加わった裁判官が自分だけの意見を付加する「補足意見」も含まれる。

エ　妥当である

　そのとおり。上級審の裁判所の裁判における判断は、その事件について下級審の裁判所を拘束する（裁判所法4条）。よって、最高裁判所の裁判における判断は、その事件について差戻しを受けた下級裁判所を拘束する。

オ　妥当でない

　最高裁判所は、訴訟に関する手続、弁護士、裁判所の内部規律および司法事務処理に関する事項について、規則を定める権限を有する（憲法77条1項）。もっとも、判例は、<u>法律により刑事に関する訴訟手続を規定することは憲法77条に違反しない</u>としている（最判昭30.4.22）。

以上より、妥当でないものはイ・オであり、正解は肢4となる。

【第3回】 解答・解説

問題	テーマ（分野）	正解	重要度	正答率
3	**私人間における人権保障（憲法）**	**4**	**A**	80%

（類題）ウォーク問過去問題集①法令編　問6

1　妥当である　基礎　『合格基本書』p.21

　　そのとおり。判例は、憲法19条、14条は、「その他の自由権的基本権の保障規定と同じく、国または公共団体の統治行動に対して個人の基本的な自由と平等を保障する目的に出たもので、もっぱら国または公共団体と個人との関係を規律するものであり、私人相互の関係を直接規律することを予定するものではない。このことは、基本的人権なる観念の成立および発展の歴史的沿革に徴し、かつ、憲法における基本権規定の形式、内容にかんがみても明らかである」としている（三菱樹脂事件／最大判昭48.12.12）。

2　妥当である　基礎　『合格基本書』p.21

　　そのとおり。判例は、「私人間の関係においても、相互の社会的力関係の相違から、一方が他方に優越し、事実上後者が前者の意思に服従せざるをえない場合があり、このような場合に私的自治の名の下に優位者の支配力を無制限に認めるときは、劣位者の自由や平等を著しく侵害または制限することとなるおそれがあることは否み難い」としたうえで、そのような「私的支配関係においては、……場合によっては、私的自治に対する一般的制限規定である民法1条、90条や不法行為に関する諸規定等の適切な運用によって、一面で私的自治の原則を尊重しながら、他面で社会的許容性の限度を超える侵害に対し基本的な自由や平等の利益を保護し、その間の適切な調整を図る方途も存するのである」としている（三菱樹脂事件／最大判昭48.12.12）。

3　妥当である　基礎　『合格基本書』p.21

　　そのとおり。判例は、男子の定年年齢よりも女子の定年年齢を5歳低く定める就業規則について、「企業経営上の観点から定年年齢において女子を差別しなければならない合理的理由は認められない」としたうえで、「就業規則中女子の定年年齢を男子より低く定めた部分は、専ら女子であることのみを理由として差別したことに帰着するものであり、性別のみによる不合理な差別を定めたものとして民法90条の規定により無効である」としている（日産自動車事件／最判昭56.3.24）。

4　妥当でない　基礎　『合格基本書』p.21

　　判例は、「私立大学のなかでも、学生の勉学専念を特に重視しあるいは比較的保守的な校風を有する大学が、その教育方針に照らし学生の政治的活動はできるだけ制限するのが教育上適当であるとの見地から、学内及び学外における学生の政治的活動につきかなり広範な規律を及ぼすこととしても、これをもって直ちに社会通念上学生の自由に対する不合理な制限であるということはできない」としている（昭和女子大事件／最判昭49.7.19）。

5　妥当である　基礎　『合格基本書』p.21

　　そのとおり。判例は、「国が行政の主体としてでなく私人と対等の立場に立って、私人との間で個々的に締結する私法上の契約は、当該契約がその成立の経緯及び内容において実質的にみて公権力の発動たる行為となんら変わりがないといえるような特段の事情のない限り、憲法9条の直接適用を受けず、私人間の利害関係の公平な調整を目的とする私法の適用を受けるにすぎない」としている（百里基地訴訟／最判平元.6.20）。

LEC東京リーガルマインド　2023年版 出る順行政書士 当たる！直前予想模試　**129**

【第3回】 解答・解説

問題	テーマ（分野）	正解	重要度	正答率
4	受益権・参政権（憲法）	3	B	40%

ア　正　基礎　『合格基本書』p.62

　　そのとおり。憲法15条3項は、「公務員の選挙については、成年者による普通選挙を保障する。」としている。

イ　正　基礎　『合格基本書』p.62

　　そのとおり。憲法15条4項後段は、「選挙人は、その選択に関し公的にも私的にも責任を問はれない。」としている。

ウ　誤　基礎　『合格基本書』p.60

　　憲法16条は、「何人も、損害の救済、公務員の罷免、法律、命令又は規則の制定、廃止又は改正その他の事項に関し、平穏に請願する権利を有し、何人も、かかる請願をしたためにいかなる差別待遇も受けない。」としている。

エ　正　基礎　『合格基本書』p.60

　　そのとおり。憲法32条は、「何人も、裁判所において裁判を受ける権利を奪はれない。」としている。

オ　誤　基礎　『合格基本書』p.61

　　憲法40条は、「何人も、抑留又は拘禁された後、無罪の裁判を受けたときは、法律の定めるところにより、国にその補償を求めることができる。」としている。

　　以上より、正しいものはア、イ、エの3つであり、正解は肢3となる。

―――――――――――――――― ワンポイントアドバイス ――――――――――――――――

【受益権】

　　憲法17条は、「何人も、公務員の不法行為により、損害を受けたときは、法律の定めるところにより、国又は公共団体に、その賠償を求めることができる。」としています。この規定を受けて、国家賠償法が定められています。

　　憲法40条は、「何人も、抑留又は拘禁された後、無罪の裁判を受けたときは、法律の定めるところにより、国にその補償を求めることができる。」としています。この規定を受けて、刑事補償法が定められています。

【第3回】 解答・解説

問題	テーマ（分野）	正解	重要度	正答率
5	**職業選択の自由（憲法）**	**5**	**A**	**75%**

ア　妥当でない 　基礎　『合格基本書』p.51

　判例は、小売市場の許可規制は、小売商相互間の過当競争による小売商の共倒れから小売商を保護するためにとられた積極目的の規制であると認定したうえで、立法目的との関係において一応の合理性が認められ、その規制の手段・態様においても、それが著しく不合理であることが明白であるとは認められないとして、憲法22条1項に違反しないとしている（小売市場距離制限事件／最大判昭47.11.22）。

イ　妥当でない 　基礎　『合格基本書』p.51

　判例は、① 薬局開設の許可制を採用したことは、それ自体としては公共の福祉に適合する目的のための必要かつ合理的措置として肯認することができるが、② 許可条件としての適正配置規制は、薬局間の競争の激化、一部薬局の経営の不安定、経営不安定な薬局による不良医薬品の供給という因果関係は認められず、不合理かつ不必要なものとして違憲であるとしている（薬事法距離制限事件／最大判昭50.4.30）。

ウ　妥当である 　基礎　『合格基本書』p.51

　そのとおり。判例は、「租税法の定立については、国家財政、社会経済、国民所得、国民生活等の実態についての正確な資料を基礎とする立法府の政策的、技術的な判断にゆだねるほかはなく、裁判所は、基本的にはその裁量的判断を尊重せざるを得ない」としたうえで、「租税の適正かつ確実な賦課徴収を図るという国家の財政目的のための職業の許可制による規制については、その必要性と合理性についての立法府の判断が、右の政策的、技術的な裁量の範囲を逸脱するもので、著しく不合理なものでない限り、これを憲法22条1項の規定に違反するものということはできない。」としている（酒類販売免許事件／最判平4.12.15）。

エ　妥当でない 　基礎　『合格基本書』p.51

　判例は、公衆浴場の距離制限について、国民保健および環境の衛生の見地からする弊害防止を公共の福祉の内容と捉え、距離制限規定を合憲としている（最大判昭30.1.26）。また、近年においても自家風呂の普及により、公衆浴場の経営が苦しくなっているので、日常生活に不可欠な公共施設である公衆浴場の経営安定化を図るための距離制限は、積極的・社会経済政策的な目的からする合理的な規制であるとして、これを合憲とした判例がある（最判平元.1.20）。

オ　妥当である

　そのとおり。判例は、「司法書士法の右各規定は、登記制度が国民の権利義務等社会生活上の利益に重大な影響を及ぼすものであることなどにかんがみ、法律に別段の定めがある場合を除き、司法書士及び公共嘱託登記司法書士協会以外の者が、他人の嘱託を受けて、登記に関する手続について代理する業務及び登記申請書類を作成する業務を行うことを禁止し、これに違反した者を処罰することにしたものであって、右規制が公共の福祉に合致した合理的なもので憲法22条1項に違反するものでない」としている（最判平12.2.8）。

　以上より、妥当なものはウ・オであり、正解は肢5となる。

LEC東京リーガルマインド　2023年版 出る順行政書士 当たる！直前予想模試

【第3回】 解答・解説

問題	テーマ（分野）	正解	重要度	正答率
6	**国会の活動（憲法）**	**3**	**A**	70%

ア 妥当でない 基礎 『合格基本書』p. 79

国会の常会は、毎年1回これを召集する（52条）。

イ 妥当である 基礎 『合格基本書』p. 79

そのとおり。内閣は、国会の臨時会の召集を決定することができる（53条前段）。いずれかの議院の総議員の4分の1以上の要求があれば、内閣は、その召集を決定しなければならない（53条後段）。

ウ 妥当でない 基礎 『合格基本書』p. 79

衆議院が解散されたときは、参議院は、同時に閉会となる（54条2項本文）。ただし、内閣は、国に緊急の必要があるときは、参議院の緊急集会を求めることができる（54条2項但書）。緊急集会において採られた措置は、臨時のものであって、次の国会開会の後10日以内に、衆議院の同意がない場合には、その効力を失う（54条3項）。これは、将来に向かって効力を失うものと解されている。

エ 妥当である 基礎 『合格基本書』p. 79

そのとおり。両議院は、各々その総議員の3分の1以上の出席がなければ、議事を開き議決することができない（56条1項）。

オ 妥当でない 基礎 『合格基本書』p. 79

両議院の会議は、公開とする（57条1項本文）。ただし、出席議員の3分の2以上の多数で議決したときは、秘密会を開くことができる（57条1項但書）。

以上より、妥当なものはイ・エであり、正解は肢3となる。

ワンポイントアドバイス

【特別会】

衆議院が解散されたときは、解散の日から40日以内に、衆議院議員の総選挙を行い、その選挙の日から30日以内に、国会〔特別会〕を召集しなければなりません（54条1項）。

132　LEC東京リーガルマインド　2023年版 出る順行政書士 当たる！直前予想模試

【第3回】 解答・解説

問題	テーマ（分野）	正解	重要度	正答率
7	条約（憲法）	5	B	50%

1 妥当でない

条約の締結に必要な国会の承認については、<u>先に衆議院に提出することは義務づけられていない</u>（61条は60条1項を準用していない）。

2 妥当でない

憲法98条2項や前文を根拠として、<u>条約は、直接的に国内法的効力を有する</u>と解される。なお、国内で条約を実施することについては、① そのまま国内法として適用できる条約（自動執行条約）と、② 国内に適用するための法律を制定する必要のある条約がある。

3 妥当でない

日本国が締結した条約および確立された国際法規は、これを誠実に遵守することを必要とする（98条2項）。ここにいう「日本国が締結した条約」とは、日本国と外国との間の文書による合意のことであるが、<u>日本国が外国の国有の土地を賃借する契約のように、両当事者が純然たる私人の立場で結んだものは含まれない</u>。

4 妥当でない　基礎　『合格基本書』p. 113

判例は、条約の国内法的効力が<u>憲法に劣後する</u>ことを前提として、条約についても<u>司法審査の対象となる余地がある</u>ことを認めている（砂川事件／最大判昭 34. 12. 16）。

5 妥当である　基礎　『合格基本書』p. 75、p. 89

そのとおり。条約は、国会による承認（73条3号但書）および内閣による締結（73条3号本文）によって有効に成立する。天皇は、内閣の助言と承認により、条約を公布する（7条1号）が、この公布は、条約が成立するための要件ではない。

ワンポイントアドバイス

【条約】

内閣は、「条約を締結すること」の事務を行います（73条3号本文）。ただし、事前に、時宜によっては事後に、<u>国会の承認</u>を経ることを必要とします（73条3号但書）。

LEC東京リーガルマインド　2023年版 出る順行政書士 当たる！直前予想模試　133

【第3回】 解答・解説

問題	テーマ（分野）	正解	重要度	正答率
8	公物の利用（行政法総論）	3	B	75%

ア　妥当でない

　　判例は、「国有財産の管理権は、……各省各庁の長に属せしめられており、公共福祉用財産をいかなる態様及び程度において国民に利用せしめるかは右管理権の内容であるが、勿論その利用の許否は、その利用が公共福祉用財産の、公共の用に供せられる目的に副うものである限り、管理権者の単なる自由裁量に属するものではなく、……その行使を誤り、国民の利用を妨げるにおいては、違法たるを免れない」としている（最判昭28.12.23）。

イ　妥当である

　　そのとおり。判例は、「公水使用権は、それが慣習によるものであると行政庁の許可によるものであるとを問わず、公共用物たる公水の上に存する権利であることにかんがみ、河川の全水量を独占排他的に利用しうる絶対不可侵の権利ではなく、使用目的を充たすに必要な限度の流水を使用しうるに過ぎない」としている（最判昭37.4.10）。

ウ　妥当でない

　　判例は、地方公共団体の開設している村道に対する村民各自の「通行の自由権は公法関係から由来するものであるけれども、各自が日常生活上諸般の権利を行使するについて欠くことのできない要具であるから、これに対しては民法の保護を与うべきは当然の筋合である。故に一村民がこの権利を妨害されたときは民法上不法行為の問題の生ずるのは当然であり、この妨害が継続するときは、これが排除を求める権利を有する」としている（最判昭39.1.16）。

エ　妥当でない

　　判例は、「当初適法に供用開始行為がなされ、道路として使用が開始された以上、当該道路敷地については公物たる道路の構成部分として道路法所定……の制限が加えられる」としたうえで、「その制限は、当該道路敷地が公の用に供せられた結果発生するものであつて、道路敷地使用の権原に基づくものではないから、その後に至つて、道路管理者が対抗要件を欠くため右道路敷地の使用権原をもつて後に右敷地の所有権を取得した第三者に対抗しえないこととなつても、当該道路の廃止がなされないかぎり、敷地所有権に加えられた右制限は消滅するものではない」としている（最判昭44.12.4）。

オ　妥当である

　　そのとおり。判例は、郵政省庁舎管理規程〔当時〕に定める庁舎管理者による郵便局の庁舎等における広告物等の掲示の許可について、「右許可自体は、許可を受けた者に対し、右行為のために当該場所を使用するなんらかの公法上又は私法上の権利を設定、付与する意味ないし効果を帯有するものではなく……行政財産の目的外使用の許可にも当たらない」としたうえで、「かかる権利を有することを前提とする本件原状回復請求及び右権利に対応する債務の不履行を理由とする損害賠償請求は、いずれも理由がない」としている（最判昭57.10.7）。

　　以上より、妥当なものはイ・オであり、正解は肢3となる。

【第3回】 解答・解説

問題	テーマ（分野）	正解	重要度	正答率
9	**行政上の法律関係（行政法総論）**	**4**	**A**	**75%**

（類題）ウォーク問過去問題集①法令編　問143

1　誤　基礎　『合格基本書』p.377

　判例は、「公営住宅の使用関係については、公営住宅法及びこれに基づく条例が特別法として民法及び借家法に優先して適用されるが、法及び条例に特別の定めがない限り、原則として、一般法である民法及び借家法の適用があり、その契約関係を規律するについては、信頼関係の法理の適用がある」としている（都営住宅増築事件／最判昭59.12.13）。

2　誤　基礎　『合格基本書』p.377

　判例は、「普通地方公共団体の長が当該普通地方公共団体を代表して行う契約締結行為であっても、長が相手方を代表又は代理することにより、私人間における双方代理行為等による契約と同様に、当該普通地方公共団体の利益が害されるおそれがある場合がある。そうすると、普通地方公共団体の長が当該普通地方公共団体を代表して行う契約の締結には、民法108条が類推適用されると解するのが相当である。そして、普通地方公共団体の長が当該普通地方公共団体を代表するとともに相手方を代理ないし代表して契約を締結した場合であっても同法116条が類推適用され、議会が長による上記双方代理行為を追認したときには、同条の類推適用により、議会の意思に沿って本人である普通地方公共団体に法律効果が帰属する」としている（名古屋市世界デザイン博事件／最判平16.7.13）。

3　誤　基礎　『合格基本書』p.377

　判例は、「建築基準法……は、防火地域又は準防火地域内にある外壁が耐火構造の建築物について、その外壁を隣地境界線に接して設けることができる旨規定しているが、これは、……所定の建築物に限り、その建築については民法234条1項の規定の適用が排除される旨を定めたものと解するのが相当である。」としている（最判平元.9.19）。

4　正　基礎　『合格基本書』p.377

　そのとおり。判例は、「滞納者の財産を差し押えた国の地位は、あたかも、民事訴訟法（※現在の「民事執行法」）上の強制執行における差押債権者の地位に類するものであり、租税債権がたまたま公法上のものであることは、この関係において、国が一般私法上の債権者より不利益の取扱を受ける理由となるものではない。それ故、滞納処分による差押の関係においても、民法177条の適用がある」としている（最判昭31.4.24）。

5　誤

　判例は、①「普通地方公共団体の議会……の議員の報酬請求権は、公法上の権利であるが、公法上の権利であっても、それが法律上特定の者に専属する性質のものとされているのではなく、単なる経済的価値として移転性が予定されている場合には、その譲渡性を否定する理由はない」とし、②「地方議会の議員の報酬請求権は、当該普通地方公共団体の条例に譲渡禁止の規定がないかぎり、譲渡することができる」としている（最判昭53.2.23）。

LEC東京リーガルマインド　2023年版 出る順行政書士 当たる！直前予想模試　135

【第3回】 解答・解説

問題	テーマ（分野）	正解	重要度	正答率
10	**行政刑罰・秩序罰（行政法総論）**	**5**	**A**	80%

1 妥当でない 基礎 『合格基本書』p. 406

行政刑罰は、懲役、禁錮、罰金、拘留、科料などが科されるものである。一方、行政上の秩序罰は、過料が科されるものである。

2 妥当でない

行政刑罰と、行政上の秩序罰は、いずれも法律（憲法31条）だけでなく条例（地方自治法14条3項）に基づいても科される。すなわち、条例に基づく行政刑罰も存在するし、法律に基づく秩序罰も存在する。

3 妥当でない

行政刑罰は、刑法総則の適用を受けるが、行政上の秩序罰は、刑法総則の適用を受けない。

4 妥当でない 基礎 『合格基本書』p. 407

行政刑罰については、刑法の定めのある刑罰であり、その執行は刑事訴訟法の定める手続によるのが原則である。これに対し、行政上の秩序罰については、① 法律違反の秩序罰の場合には、その執行は非訟事件手続法の定めるところによる（非訟事件手続法119条）が、② 条例・規則違反の秩序罰の場合には、地方自治法に基づき地方公共団体の長が科す（地方自治法149条3号）。

5 妥当である 基礎 『合格基本書』p. 407

そのとおり。判例は、訴訟上の秩序罰と刑罰の関係（刑事訴訟法160条1項による過料と同法161条による刑罰の併科）につき、「刑訴160条は訴訟手続上の秩序を維持するために秩序違反行為に対して当該手続を主宰する裁判所または裁判官により直接に科される秩序罰としての過料を規定したものであり、同161条は刑事司法に協力しない行為に対して通常の刑事訴訟手続により科せられる刑罰としての罰金、拘留を規定したもの〔当時〕であって、両者は目的、要件及び実現の手続を異にし、必ずしも二者択一の関係にあるものではなく併科を妨げないと解すべきであり、右規定が憲法31条、同39条後段に違反しないことは、……明らかである」としている（最判昭39.6.5）。この論理は、行政上の秩序罰と刑罰の関係についてもあてはまると考えられる。よって、同一の違反行為について行政刑罰と行政上の秩序罰を併科することは、禁止されていない。

【第3回】 解答・解説

問題	テーマ（分野）	正解	重要度	正答率
11	命令等を定める手続（行政手続法）	5	A	80%

（類題）ウォーク問過去問題集①法令編 問 195～問 197

1 妥当でない 基礎 『合格基本書』p.432

命令等制定機関は、命令等を定めようとする場合には、当該命令等の案およびこれに関連する資料をあらかじめ公示し、意見（情報を含む。）の提出先および意見の提出のための期間（「意見提出期間」）を定めて広く一般の意見を求めなければならない（意見公募手続／39 条1項）。意見公募手続において意見を提出することができる者については、特に制限されていない。

2 妥当でない 基礎 『合格基本書』p.432

意見公募手続において意見提出期間は、命令等の案などの公示の日から起算して 30 日以上でなければならない（39 条3項）。もっとも、命令等制定機関は、命令等を定めようとする場合において、30 日以上の意見提出期間を定めることができないやむを得ない理由があるときは、30 日を下回る意見提出期間を定めることができる（40 条1項前段）。この場合においては、当該命令等の案の公示の際その理由を明らかにしなければならない（40 条1項後段）。

3 妥当でない 基礎 『合格基本書』p.433

命令等制定機関は、意見公募手続を実施して命令等を定める場合には、意見提出期間内に当該命令等制定機関に対し提出された当該命令等の案についての意見（「提出意見」）を十分に考慮しなければならない（42 条）とされているが、多数意見を反映しなければならないわけではない。

4 妥当でない

命令等制定機関は、意見公募手続を実施したにもかかわらず命令等を定めないこととした場合には、①「その旨（別の命令等の案について改めて意見公募手続を実施しようとする場合にあっては、その旨を含む。）」ならびに ②「命令等の題名」および ③「命令等の案の公示日」を速やかに公示しなければならない（43 条4項）。よって、意見公募手続を実施した場合でも、命令等を定めないこととすることができる。

5 妥当である

そのとおり。命令等制定機関は、意見公募手続を実施して命令等を定めた場合には、当該命令等の公布と同時期に、①「命令等の題名」、②「命令等の案の公示の日」、③「提出意見（提出意見がなかった場合にあっては、その旨）」、④「提出意見を考慮した結果（意見公募手続を実施した命令等の案と定めた命令等との差異を含む。）及びその理由」を公示しなければならない（43 条1項）。

ワンポイントアドバイス

【意見公募手続の周知等】

命令等制定機関は、意見公募手続を実施して命令等を定めるに当たっては、必要に応じ、当該意見公募手続の実施について周知するよう努めるとともに、当該意見公募手続の実施に関連する情報の提供に努めるものとします（41 条）。

LEC東京リーガルマインド 2023 年版 出る順行政書士 当たる！直前予想模試 137

【第3回】 解答・解説

問題	テーマ（分野）	正解	重要度	正答率
12	審査基準・処分基準（行政手続法）	5	A	65%

ア　妥当でない　基礎　『合格基本書』p.411

　　審査基準とは、申請により求められた許認可等をするかどうかをその法令の定めに従って判断するために必要とされる基準をいう（2条8号ロ）。これに対し、処分基準とは、不利益処分をするかどうかまたはどのような不利益処分とするかについてその法令の定めに従って判断するために必要とされる基準をいう（2条8号ハ）。

イ　妥当でない　基礎　『合格基本書』p.414、p.420～p.421

　　行政庁は、審査基準を定めるものとする（5条1項）。これに対し、行政庁は、処分基準を定め、かつ、これを公にしておくよう努めなければならない（12条1項）。

ウ　妥当である　基礎　『合格基本書』p.414、p.420～p.421

　　そのとおり。行政庁は、審査基準を定めるに当たっては、許認可等の性質に照らしてできる限り具体的なものとしなければならない（5条2項）。これに対し、行政庁は、処分基準を定めるに当たっては、不利益処分の性質に照らしてできる限り具体的なものとしなければならない（12条2項）。

エ　妥当でない　基礎　『合格基本書』p.414、p.420～p.421

　　行政庁は、行政上特別の支障があるときを除き、法令により申請の提出先とされている機関の事務所における備付けその他の適当な方法により審査基準を公にしておかなければならない（5条3項）。これに対し、行政庁は、処分基準を定め、かつ、これを公にしておくよう努めなければならない（12条1項）。

オ　妥当である　基礎　『合格基本書』p.432

　　そのとおり。命令等制定機関は、命令等を定めようとする場合には、当該命令等の案の提出先および意見の提出のための期間（意見公募期間）を定めて、広く一般の意見を求めなければならない（39条1項）。意見公募手続の対象となるのは、「命令等」である。「命令等」とは、内閣または行政機関が定める、① 法律に基づく命令または規則、② 審査基準、③ 処分基準、④ 行政指導指針である（2条8号イ～ニ）。

　　以上より、妥当なものはウ・オであり、正解は肢5となる。

【第3回】 解答・解説

問題	テーマ（分野）	正解	重要度	正答率
13	聴聞（行政手続法）	2	A	55%

ア　主宰者の許可を得る必要はない　基礎　『合格基本書』p.423

　　当事者および当該不利益処分がされた場合に自己の利益を害されることとなる参加人は、聴聞の通知があった時から聴聞が終結する時までの間、行政庁に対し、当該事案についてした調査の結果に係る調書その他の当該不利益処分の原因となる事実を証する資料の閲覧を求めることができる（18条1項前段）。主宰者の許可を得る必要はない。

イ　主宰者の許可を得る必要がある

　　聴聞の期日に出頭する場合において、当事者または参加人は、主宰者の許可を得て、補佐人とともに出頭することができる（20条3項）。

ウ　主宰者の許可を得る必要はない

　　当事者または参加人は、聴聞の期日への出頭に代えて、主宰者に対し、聴聞の期日までに陳述書および証拠書類等を提出することができる（21条1項）。主宰者の許可を得る必要はない。

エ　主宰者の許可を得る必要がある　基礎　『合格基本書』p.424

　　当事者または参加人は、聴聞の期日に出頭して、意見を述べ、および証拠書類等を提出し、ならびに主宰者の許可を得て行政庁の職員に対し質問を発することができる（20条2項）。

オ　主宰者の許可を得る必要はない　基礎　『合格基本書』p.425

　　当事者または参加人は、調書および報告書の閲覧を求めることができる（24条4項）。主宰者の許可を得る必要はない。

　　以上より、主宰者の許可を得る必要があるものはイ、エの2つであり、正解は肢2となる。

ワンポイントアドバイス

【聴聞】

　　聴聞の主宰者は、聴聞の期日において必要があると認めるときは、当事者もしくは参加人に対し質問を発し、意見の陳述もしくは証拠書類等の提出を促し、または行政庁の職員に対し説明を求めることができます（20条4項）。

LEC東京リーガルマインド　2023年版 出る順行政書士 当たる！直前予想模試　139

【第3回】 解答・解説

問題	テーマ（分野）	正解	重要度	正答率
14	適用除外（行政不服審査法）	3	A	60%

『合格基本書』p.439

　本問は、沖縄防衛局に対する公有水面埋立承認取消処分は、国の機関が行政不服審査法7条2項にいう「固有の資格」において相手方となる処分ではないとした最高裁判決（最判令2.3.26）に素材を求めたものである。

　「行政不服審査法は、国民が (ア) 簡易迅速かつ公正な手続の下で広く行政庁に対する不服申立てをすることができるための制度を定めることにより、国民の (イ) 権利利益の救済を図るとともに、行政の (ウ) 適正な運営を確保することを目的とする（1条1項）。そして、同法7条2項は、国の機関等に対する処分のうち、国民の (イ) 権利利益の救済等を図るという上記目的に鑑みて上記制度の対象とするのになじまないものにつき、同法の規定を適用しないこととしているものと解される。このような同項の趣旨に照らすと、同項にいう「(エ) 固有の資格」とは、国の機関等であるからこそ立ち得る特有の立場、すなわち、一般私人（国及び国の機関等を除く者をいう。……）が立ち得ないような立場をいうものと解するのが相当である。」

　以上より、アには「簡易迅速かつ公正」、イには「権利利益」、ウには「適正」、エには「固有の資格」が入り、正解は肢3となる。

ワンポイントアドバイス

【適用除外】

　国の機関または地方公共団体その他の公共団体もしくはその機関に対する処分で、これらの機関または団体がその固有の資格において当該処分の相手方となるものおよびその不作為については、行政不服審査法の規定は適用されません（7条2項）。

140　　LEC東京リーガルマインド　2023年版 出る順行政書士 当たる！直前予想模試

【第3回】 解答・解説

問題	テーマ（分野）	正解	重要度	正答率
15	**再審査請求（行政不服審査法）**	**4**	**A**	50%

（類題）ウォーク問過去問題集①法令編　問210

ア　誤　基礎　『合格基本書』p.437

　再審査請求は、原裁決（再審査請求をすることができる処分についての審査請求の裁決）または当該処分を対象として、法律に定める行政庁に対してするものとする（6条2項）。よって、不作為を対象とすることはできない。

イ　誤

　再審査庁は、原則として、再審査庁に所属する職員のうちから審理手続を行う者（「審理員」）を指名するとともに、その旨を再審査請求人および裁決庁等（裁決庁または処分庁）に通知しなければならない（66条1項・9条1項）。

ウ　正

　そのとおり。再審査請求については、行政不服審査会等への諮問に関する規定（43条）は準用されていない（66条1項参照）ことから、行政不服審査会等（国の行政不服審査会または地方公共団体の行政不服審査機関）への諮問をする必要はない。

エ　正

　そのとおり。処分庁の上級行政庁または処分庁である審査庁がする執行停止（25条2項）については、再審査請求には準用されない（66条1項参照）。処分庁の上級行政庁または処分庁である審査庁が再審査庁となることが一般的には想定されていないからである。

オ　誤

　再審査請求が理由がない場合には、再審査庁は、裁決で、当該再審査請求を棄却する（64条2項）。再審査請求が法定の期間経過後にされたものである場合その他不適法である場合には、再審査庁は、裁決で、当該再審査請求を却下する（64条1項）。

**　以上より、正しいものはウ・エであり、正解は肢4となる。**

ワンポイントアドバイス

【再審査請求】

　行政庁の処分につき法律に再審査請求をすることができる旨の定めがある場合には、当該処分についての審査請求の裁決に不服がある者は、再審査請求をすることができます（6条1項）。

　再審査請求は、原裁決（再審査請求をすることができる処分についての審査請求の裁決）または当該処分を対象として、法律に定める行政庁に対してするものとします（6条2項）。

【第3回】　解答・解説

問題	テーマ（分野）	正解	重要度	正答率
16	審査請求に対する裁決（行政不服審査法）	3	A	65%

（類題）ウォーク問過去問題集①法令編　問220〜問221

1　妥当でない

　　裁決の主文が審理員意見書または行政不服審査会等もしくは審議会等の答申書と異なる内容である場合には、<u>異なることとなった理由を裁決書に記載しなければならない</u>（50条1項4号かっこ書）。

2　妥当でない　基礎　『合格基本書』p.450

　　審査請求に係る処分が違法または不当ではあるが、これを取り消し、または撤廃することにより公の利益に著しい障害を生ずる場合において、審査請求人の受ける損害の程度、その損害の賠償または防止の程度および方法その他一切の事情を考慮した上、処分を取り消し、または撤廃することが公共の福祉に適合しないと認めるときは、審査庁は、裁決で、当該審査請求を棄却することができる（45条3項前段）。この場合には、<u>審査庁は、裁決の主文で、当該処分が違法または不当であることを宣言しなければならない</u>（45条3項後段）。よって、<u>理由中で宣言するものではない</u>。

3　妥当である　基礎　『合格基本書』p.451

　　そのとおり。不作為についての審査請求が理由がある場合には、審査庁は、裁決で、当該不作為が違法または不当である旨を宣言する（49条3項前段）。この場合において、（ⅰ）<u>不作為庁の上級行政庁である審査庁は、当該申請に対して一定の処分をすべきものと認めるときは、当該不作為庁に対し、当該処分をすべきことを命じ</u>、（ⅱ）不作為庁である審査庁は、当該申請に対して一定の処分をすべきものと認めるときは、当該処分をする（49条3項後段各号）。

4　妥当でない　基礎　『合格基本書』p.450

　　事実上の行為についての審査請求が理由がある場合（45条3項の規定の適用がある場合を除く。）には、審査庁は、裁決で、当該事実上の行為が違法または不当である旨を宣言するとともに、（ⅰ）審査庁が処分庁以外の審査庁の場合、当該処分庁に対し、当該事実上の行為の全部もしくは一部を撤廃し、またはこれを変更すべき旨を命じ、（ⅱ）審査庁が処分庁である審査庁の場合、当該事実上の行為の全部もしくは一部を撤廃し、またはこれを変更する（47条本文各号）。ただし、<u>審査庁が処分庁の上級行政庁以外の審査庁である場合には、当該事実上の行為を変更すべき旨を命ずることはできない</u>（47条ただし書）。

5　妥当でない　基礎　『合格基本書』p.451

　　処分（＊事実上の行為を除く。）についての審査請求が理由がある場合（45条3項の規定の適用がある場合を除く。）には、審査庁は、裁決で、当該処分（＊）の全部もしくは一部を取り消し、またはこれを変更する（46条1項本文）。ただし、審査庁が処分庁の上級行政庁または処分庁のいずれでもない場合には、当該処分を変更することはできない（46条1項ただし書）。46条1項本文の場合において、<u>審査庁は、審査請求人の不利益に当該処分を変更することはできない</u>（48条）。よって、<u>審査庁が処分庁の上級行政庁であるときでも、審査請求人の不利益に当該処分を変更することはできない</u>。

142　　LEC東京リーガルマインド　2023年版 出る順行政書士 当たる！直前予想模試

【第3回】 解答・解説

問題	テーマ（分野）	正解	重要度	正答率
17	取消訴訟の審理（行政事件訴訟法）	4	A	65%

ア　妥当でない　基礎　『合格基本書』p.466

　処分の取消しの訴えとその処分についての審査請求を棄却した裁決の取消しの訴えとを提起することができる場合には、裁決の取消しの訴えにおいては、処分の違法を理由として取消しを求めることができない（原処分主義／10条2項）。

イ　妥当である

　そのとおり。裁判所は、処分についての審査請求に対する裁決を経た後に取消訴訟の提起があったときは、「被告である国若しくは公共団体に所属する行政庁又は被告である行政庁に対し、当該審査請求に係る事件の記録であつて当該行政庁が保有するものの全部又は一部の提出を求める」処分をすることができる（釈明処分の特則／23条の2第2項1号）。

ウ　妥当でない　基礎　『合格基本書』p.467

　裁判所は、必要があると認めるときは、職権で証拠調べをすることができる（職権証拠調べ／24条本文）。ただし、その証拠調べの結果について、当事者の意見をきかなければならない（24条ただし書）。証拠調べの前に、あらかじめ当事者の意見をきく必要はない。

エ　妥当でない

　取消訴訟と関連請求に係る訴訟とが各別の裁判所に係属する場合において、相当と認めるときは、関連請求に係る訴訟の係属する裁判所は、申立てによりまたは職権で、その訴訟を取消訴訟の係属する裁判所に移送することができる（13条本文）。ただし、取消訴訟または関連請求に係る訴訟の係属する裁判所が高等裁判所であるときは、この限りでない（13条ただし書）。これは、審級の利益（＝当事者が事件につき三審級において審理を受ける機会を保障されるという利益）を保護するためである。

オ　妥当である　基礎　『合格基本書』p.469

　そのとおり。裁判所は、取消訴訟の目的たる請求を当該処分または裁決にかかる事務の帰属する国または公共団体に対する損害賠償その他の請求に変更することが相当であると認めるときは、請求の基礎に変更がない限り、口頭弁論の終結に至るまで、原告の申立てにより、決定をもって、訴えの変更を許すことができる（21条1項）。

　以上より、妥当なものはイ・オであり、正解は肢4となる。

LEC東京リーガルマインド　2023年版 出る順行政書士 当たる！直前予想模試　143

【第3回】 解答・解説

問題	テーマ（分野）	正解	重要度	正答率
18	**取消訴訟の判決（行政事件訴訟法）**	**3**	**A**	60%

ア　妥当でない　基礎　『合格基本書』p.472

　　取消訴訟については、処分または裁決が<u>違法ではあるが、これを取り消すことにより公</u>の利益に著しい障害を生ずる場合において、原告の受ける損害の程度、その損害の賠償または防止の程度および方法その他一切の事情を考慮したうえ、処分または裁決を<u>取り消すことが公共の福祉に適合しない</u>と認めるときは、裁判所は、請求を棄却することができる（事情判決／31条1項前段）。この場合には、当該判決の主文において、処分または裁決が<u>違法であることを宣言しなければならない</u>（31条1項後段）。よって、<u>事情判決は、処分が違法であることを宣言することを避けるものではない</u>。

イ　妥当である　基礎　『合格基本書』p.473

　　そのとおり。処分を取り消す判決は、（原告および被告以外の）第三者に対しても効力を有する（取消判決の第三者効／32条1項）。

ウ　妥当でない　基礎　『合格基本書』p.473

　　処分の取消しの訴えにおいて、請求認容判決（取消判決）が確定したときは、<u>行政庁による取消しを待つことなく</u>、直ちに処分の効果が失われる（形成力）。

エ　妥当である　基礎　『合格基本書』p.473

　　そのとおり。申請拒否処分の取消訴訟において、請求認容判決（取消判決）が確定したときは、処分庁は、判決の趣旨に従い、改めて申請に対する処分をしなければならない（拘束力の積極的効果／33条2項）。よって、処分庁は、判決の趣旨に従い、適法な手続を経て（適法かつ十分な理由を付して）改めて処分をやり直すことになるが、同一の結論に至れば、再び拒否処分をすることもできる。

オ　妥当でない

　　申請認容処分の取消しの訴えにおいて、手続的違法を理由として請求認容判決（取消判決）が確定したときは、処分庁は、判決の趣旨に従い、改めて申請に対する処分をしなければならない（拘束力の積極的効果／33条3項・2項）。よって、処分庁は、判決の趣旨に従い、<u>適法な手続を経て</u>、改めて処分をやり直すことになるが、<u>同一の結論に至れば、再び認容処分をすることもできる</u>。

　　以上より、妥当なものはイ・エであり、正解は肢3となる。

144　　　**LEC東京リーガルマインド　2023年版 出る順行政書士 当たる！直前予想模試**

【第3回】 解答・解説

問題	テーマ（分野）	正解	重要度	正答率
19	民衆訴訟（行政事件訴訟法）	2	A	75%

ア　妥当でない

　民衆訴訟とは、国または公共団体の機関の法規に適合しない行為の是正を求める訴訟で、<u>選挙人たる資格その他自己の法律上の利益にかかわらない資格</u>で提起するものをいう（5条）。

イ　妥当である

　そのとおり。地方自治法242条の2第1項1号～4号に定める住民訴訟は、民衆訴訟に当たる。

ウ　妥当である

　そのとおり。公職選挙法204条に定める国会議員の選挙の効力に関する訴訟は、民衆訴訟に当たる。

エ　妥当でない

　地方自治法176条に定める地方公共団体の長と議会との間の権限紛争に関する訴訟は、<u>機関訴訟に当たる</u>。

オ　妥当である

　そのとおり。民衆訴訟または機関訴訟で、処分または裁決の取消しを求めるものについては、行政事件訴訟法9条および10条1項の規定を除き、取消訴訟に関する規定が準用される（43条1項）。そのため、処分の取消しを求める民衆訴訟を提起した者は、<u>執行停止の申立て（25条2項）</u>をすることが認められる。

　以上より、妥当でないものはア・エであり、正解は肢2となる。

LEC東京リーガルマインド　2023年版 出る順行政書士 当たる！直前予想模試　145

【第3回】 解答・解説

問題	テーマ（分野）	正解	重要度	正答率
20	国家賠償法1条（国家賠償）	5	A	50%

ア 妥当である

そのとおり。判例は、国家賠償法1条に基づく国家賠償請求については、「国または公共団体が賠償の責に任ずるのであつて、公務員が行政機関としての地位において賠償の責任を負うものではなく、また公務員個人もその責任を負うものではない。」としている（最判昭30.4.19）。

イ 妥当である 基礎 『合格基本書』p. 487

そのとおり。判例は、「国又は公共団体の公権力の行使に当たる複数の公務員が、その職務を行うについて、共同して故意によって違法に他人に加えた損害につき、国又は公共団体がこれを賠償した場合においては、当該公務員らは、国又は公共団体に対し、連帯して国家賠償法1条2項による求償債務を負うものと解すべきである。なぜならば、上記の場合には、当該公務員らは、国又は公共団体に対する関係においても一体を成すものというべきであり、当該他人に対して支払われた損害賠償金に係る求償債務につき、当該公務員らのうち一部の者が無資力等により弁済することができないとしても、国又は公共団体と当該公務員らとの間では、当該公務員らにおいてその危険を負担すべきものとすることが公平の見地から相当であると解されるからである。」としている（最判令2.7.14）。

ウ 妥当でない 基礎 『合格基本書』p. 488、p. 491

判例は、「国又は公共団体の公務員による一連の職務上の行為の過程において他人に被害を生ぜしめた場合において、それが具体的にどの公務員のどのような違法行為によるものであるかを特定することができなくても、<u>右の一連の行為のうちのいずれかに行為者の故意又は過失による違法行為があつたのでなければ右の被害が生ずることはなかつたであろうと認められ、かつ、それがどの行為であるにせよこれによる被害につき行為者の属する国又は公共団体が法律上賠償の責任を負うべき関係が存在するときは、国又は公共団体は、加害行為不特定の故をもつて国家賠償法又は民法上の損害賠償責任を免れることができない</u>と解するのが相当であ」るが、「<u>この法理が肯定されるのは、それらの一連の行為を組成する各行為のいずれもが国又は同一の公共団体の公務員の職務上の行為にあたる場合に限られ、一部にこれに該当しない行為が含まれている場合には、もとより右の法理は妥当しないのである。</u>」としている（岡山税務署健康診断事件／最判昭57.4.1）。

エ 妥当である

そのとおり。判例は、「ある事項に関する法律解釈につき異なる見解が対立し、実務上の取扱いも分かれていて、そのいずれについても相当の根拠が認められる場合に、公務員がその一方の見解を正当と解しこれに立脚して公務を遂行したときは、後にその執行が違法と判断されたからといって、直ちに上記公務員に過失があったものとすることは相当でない」としている（不法滞在外国人国民健康保険被保険者証不交付処分事件／最判平16.1.15）。

オ 妥当でない 基礎 『合格基本書』p. 489

判例は、「行政処分が違法であることを理由として国家賠償の請求をするについては、<u>あらかじめ右行政処分につき取消又は無効確認の判決を得なければならないものではない</u>」としている（最判昭36.4.21）。

以上より、妥当でないものはウ・オであり、正解は肢5となる。

LEC東京リーガルマインド 2023年版 出る順行政書士 当たる！直前予想模試

【第3回】 解答・解説

問題	テーマ（分野）	正解	重要度	正答率
21	**国家賠償法2条（国家賠償）**	**4**	**A**	**75%**

ア　妥当である 基礎 『合格基本書』p.492

　そのとおり。判例は、「国家賠償法2条1項の営造物の設置または管理の瑕疵とは、営造物が通常有すべき安全性を欠いていることをいい、これに基づく国および公共団体の賠償責任については、その過失の存在を必要としないと解するを相当とする。」としている（高知落石事件／最判昭45.8.20）。

イ　妥当である 基礎 『合格基本書』p.492

　そのとおり。判例は、国家賠償法2条にいう「公の営造物の管理者は、必ずしも当該営造物について法律上の管理権ないし所有権、賃借権等の権原を有している者に限られるものではなく、事実上の管理をしているにすぎない国又は公共団体も同条にいう管理者に含まれる」としている（最判昭59.11.29）。

ウ　妥当でない 基礎 『合格基本書』p.493

　判例は、「河川の管理には、……諸制約が内在するため、すべての河川について通常予測し、かつ、回避しうるあらゆる水害を未然に防止するに足りる治水施設を完備するには、相応の期間を必要とし、<u>未改修河川又は改修の不十分な河川の安全性としては、右諸制約のもとで一般に施行されてきた治水事業による河川の改修、整備の過程に対応するいわば過渡的な安全性をもつて足りる</u>ものとせざるをえない」としている（大東水害訴訟／最判昭59.1.26）。

エ　妥当でない

　判例は、「営造物の供用が第三者に対する関係において違法な権利侵害ないし法益侵害となり、営造物の設置・管理者において賠償義務を負うかどうかを判断するに当たっては、侵害行為の態様と侵害の程度、被侵害利益の性質と内容、<u>侵害行為の持つ公共性ないし公益上の必要性の内容と程度等を比較検討する</u>ほか、侵害行為の開始とその後の継続の経過及び状況、その間に採られた被害の防止に関する措置の有無及びその内容、効果等の事情をも考慮し、これらを総合的に考察してこれを決すべきものである」としている（国道43号線訴訟／最判平7.7.7）。

オ　妥当である 基礎 『合格基本書』p.492

　そのとおり。判例は、本記述と同様の事案において、「本件防護柵は、本件道路を通行する人や車が誤つて転落するのを防止するために被上告人によつて設置されたものであり、その材質、高さその他その構造に徴し、通行時における転落防止の目的からみればその安全性に欠けるところがないものというべく、上告人の転落事故は、同人が当時危険性の判断能力に乏しい6歳の幼児であつたとしても、本件道路及び防護柵の設置管理者である被上告人において通常予測することのできない行動に起因するものであつたということができる。したがつて、右営造物につき本来それが具有すべき安全性に欠けるところがあつたとはいえず、上告人のしたような通常の用法に即しない行動の結果生じた事故につき、被上告人はその設置管理者としての責任を負うべき理由はないものというべきである。」としている（最判昭53.7.4）。

　以上より、妥当でないものはウ・エであり、正解は肢4となる。

LEC東京リーガルマインド　2023年版 出る順行政書士 当たる！直前予想模試　147

【第3回】 解答・解説

問題	テーマ（分野）	正解	重要度	正答率
22	**総合区（地方自治法）**	**3**	**C**	**65%**

ア　妥当である 基礎 　『合格基本書』p.499、p.525

　　そのとおり。総合区にその事務所の長として総合区長を置く（252条の20の2第3項）。選挙権を有する者（指定都市の総合区長については当該総合区の区域内において選挙権を有する者、指定都市の区または総合区の選挙管理委員については当該区または総合区の区域内において選挙権を有する者、道の方面公安委員会の委員については、当該方面公安委員会の管理する方面本部の管轄区域内において選挙権を有する者）は、政令の定めるところにより、その総数の3分の1（その総数が40万を超え80万以下の場合にあってはその40万を超える数に6分の1を乗じて得た数と40万に3分の1を乗じて得た数とを合算して得た数、その総数が80万を超える場合にあってはその80万を超える数に8分の1を乗じて得た数と40万に6分の1を乗じて得た数と40万に3分の1を乗じて得た数とを合算して得た数）以上の者の連署をもって、その代表者から、普通地方公共団体の長に対し、副知事もしくは副市町村長、指定都市の総合区長、選挙管理委員もしくは監査委員または公安委員会の委員の解職の請求をすることができる（役員の解職請求／86条1項）。このように、総合区長は、住民による解職請求の対象となる。

イ　妥当でない 基礎 　『合格基本書』p.519

　　総合区長は、市長が議会の同意を得てこれを選任する（252条の20の2第4項）。この議会の同意は、長による専決処分の対象ではない（179条1項ただし書参照）。

ウ　妥当でない

　　総合区長の任期は、4年とする（252条の20の2第5項本文）。ただし、市長は、任期中においてもこれを解職することができる（252条の20の2第5項ただし書）。

エ　妥当である

　　そのとおり。総合区長は、歳入歳出予算のうち総合区長が執行する事務に係る部分に関し必要があると認めるときは、市長に対し意見を述べることができる（252条の20の2第10項）。

オ　妥当である

　　そのとおり。総合区長は、総合区の事務所またはその出張所の職員（政令で定めるものを除く。）を任免する（252条の20の2第9項本文）。ただし、指定都市の規則で定める主要な職員を任免する場合においては、あらかじめ、市長の同意を得なければならない（252条の20の2第9項ただし書）。

　　以上より、妥当でないものはイ・ウであり、正解は肢3となる。

━━━━━━━━━━━ **ワンポイントアドバイス** ━━━━━━━━━━━

【総合区】

　　指定都市は、その行政の円滑な運営を確保するため必要があると認めるときは、市長の権限に属する事務のうち特定の区の区域内に関するものを総合区長に執行させるため、条例で、当該区に代えて総合区を設け、総合区の事務所または必要があると認めるときはその出張所を置くことができます（252条の20の2第1項）。総合区は、指定都市に置かれる区（行政区）と同様に、指定都市が条例で設置する行政区画であり、法人格をもつ地方公共団体ではありません。

LEC東京リーガルマインド　2023年版 出る順行政書士 当たる！直前予想模試

【第3回】 解答・解説

問題	テーマ（分野）	正解	重要度	正答率
23	広域連携（地方自治法）	2	C	55%

1　正

　そのとおり。普通地方公共団体は、協議により規約を定め、共同して、138条1項2項に規定する事務局もしくはその内部組織（議会事務局）、138条の4第1項に規定する委員会もしくは委員、138条の4第3項に規定する附属機関、156条1項に規定する行政機関、158条1項に規定する内部組織、委員会もしくは委員の事務局もしくはその内部組織（委員会事務局）、普通地方公共団体の議会、長、委員会もしくは委員の事務を補助する職員、174条1項に規定する専門委員または200条の2第1項に規定する監査専門委員を置くことができる（<u>機関等の共同設置</u>／252条の7第1項本文）。

2　誤

　普通地方公共団体は、他の普通地方公共団体の求めに応じて、協議により規約を定め、当該他の普通地方公共団体の事務の一部を、<u>当該他の普通地方公共団体または当該他の普通地方公共団体の長もしくは同種の委員会もしくは委員の名において</u>管理し、および執行することができる（<u>事務の代替執行</u>／252条の16の2第1項）。

3　正

　そのとおり。普通地方公共団体は、普通地方公共団体の事務の一部を共同して管理し、および執行し、もしくは普通地方公共団体の事務の管理および執行について連絡調整を図り、または広域にわたる総合的な計画を共同して作成するため、協議により規約を定め、普通地方公共団体の<u>協議会</u>を設けることができる（252条の2の2第1項）。

4　正

　そのとおり。普通地方公共団体は、協議により規約を定め、普通地方公共団体の事務の一部を、他の普通地方公共団体に委託して、当該他の普通地方公共団体の長または同種の委員会もしくは委員をして管理し、および執行させることができる（<u>事務の委託</u>／252条の14第1項）。

5　正

　そのとおり。普通地方公共団体は、当該普通地方公共団体および他の普通地方公共団体の区域における当該普通地方公共団体および当該他の普通地方公共団体の事務の処理に当たっての当該他の普通地方公共団体との連携を図るため、協議により、当該普通地方公共団体および当該他の普通地方公共団体が連携して事務を処理するに当たっての基本的な方針および役割分担を定める協約（<u>連携協約</u>）を当該他の普通地方公共団体と締結することができる（252条の2第1項）。

【第3回】 解答・解説

問題	テーマ（分野）	正解	重要度	正答率
24	財務（地方自治法）	4	B	50%

ア 誤

　　普通地方公共団体の議会の議長は、予算を定める議決があったときは、その日から3日以内にこれを当該普通地方公共団体の長に送付しなければならない（219条1項）。普通地方公共団体の長は、予算の送付を受けた場合において、再議その他の措置を講ずる必要がないと認めるときは、直ちに、その要領を住民に公表しなければならない（219条2項）。よって、都道府県知事に報告する必要はない。

イ 誤 基礎 『合格基本書』p.534

　　予算外の支出または予算超過の支出に充てるため、歳入歳出予算に予備費を計上しなければならない（217条1項本文）。ただし、特別会計にあっては、予備費を計上しないことができる（217条1項ただし書）。予備費は、議会の否決した費途に充てることができない（217条2項）。これは、議会の予算議決権を尊重する趣旨である。

ウ 正 基礎 『合格基本書』p.534

　　そのとおり。普通地方公共団体の長は、政令で定める基準に従って予算の執行に関する手続を定め、これに従って予算を執行しなければならない（220条1項）。

エ 誤 基礎 『合格基本書』p.537

　　金銭の給付を目的とする普通地方公共団体の権利は、時効に関し他の法律に定めがあるものを除くほか、5年間これを行わないときは、時効により消滅する（236条1項前段）。普通地方公共団体に対する権利で、金銭の給付を目的とするものについても、また同様とする（236条1項後段）。

オ 正 基礎 『合格基本書』p.537

　　そのとおり。金銭の給付を目的とする普通地方公共団体の権利の時効による消滅については、法律に特別の定めがある場合を除くほか、時効の援用を要せず、また、その利益を放棄することができないものとする（236条2項前段）。普通地方公共団体に対する権利で、金銭の給付を目的とするものについても、また同様とする（236条2項後段）。

　　以上より、正しいものはウ・オであり、正解は肢4となる。

【第3回】 解答・解説

問題	テーマ（分野）	正解	重要度	正答率
25	通知（行政法）	2	A	40%

1 妥当である 基礎 『合格基本書』p.458

　　そのとおり。判例は、「関税定率法〔当時〕による通知等は、その法律上の性質において……判断の結果の表明、すなわち観念の通知であるとはいうものの、もともと法律の規定に準拠してされたものであり、かつ、これにより……申告にかかる本件貨物を適法に輸入することができなくなるという法律上の効果を及ぼすものというべきである」としている（横浜税関検査事件／最判昭54.12.25）。

2 妥当でない

　　判例は、採用内定を通知した「東京都において正当な理由がなく右採用内定を取り消しても、これによつて、右内定通知を信頼し、東京都職員として採用されることを期待して他の就職の機会を放棄するなど、東京都に就職するための準備を行つた者に対し損害賠償の責任を負うことがあるのは格別、<u>右採用内定の取消し自体は、採用内定を受けた者の法律上の地位ないし権利関係に影響を及ぼすものではない</u>」としている（最判昭57.5.27）。

3 妥当である

　　そのとおり。判例は、「登録免許税法31条2項は、登記等を受けた者に対し、簡易迅速に還付を受けることができる手続を利用することができる地位を保障しているものと解するのが相当である。そして、同項に基づく還付通知をすべき旨の請求に対してされた拒否通知は、登記機関が還付通知を行わず、還付手続を執らないことを明らかにするものであって、これにより、登記等を受けた者は、簡易迅速に還付を受けることができる手続を利用することができなくなる。そうすると、上記の拒否通知は、登記等を受けた者に対して上記の手続上の地位を否定する法的効果を有する」としている（最判平17.4.14）。

4 妥当である

　　そのとおり。判例は、「市長がした本件通知は、上告人〔市〕が、契約の相手方となる事業者を選考するための手法として法令の定めに基づかずに行った事業者の募集に応募した者に対し、その者を相手方として当該契約を締結しないこととした事実を告知するものにすぎず、公権力の行使に当たる行為としての性質を有するものではない」としている（最判平23.6.14）。

5 妥当である

　　そのとおり。土壌汚染対策法3条2項（当時）の規定による「通知は、通知を受けた当該土地の所有者等に……調査及び報告の義務を生じさせ、その法的地位に直接的な影響を及ぼすものというべきであ」るとしている（最判平24.2.3）。

LEC東京リーガルマインド　2023年版 出る順行政書士 当たる！直前予想模試　151

【第3回】 解答・解説

問題	テーマ（分野）	正解	重要度	正答率
26	**空港（行政法）**	**4**	**A**	**45%**

ア　妥当でない

　判例は、新東京国際空港の安全確保に関する緊急措置法（当時）3条3項に基づく「立入り等は、同条1項に基づく使用禁止命令が既に発せられている工作物についてその命令の履行を確保するために必要な限度においてのみ認められるものであり、その立入りの必要性は高いこと、右立入りには職員の身分証明書の携帯及び提示が要求されていること（同条4項）、右立入り等の権限は犯罪捜査のために認められたものと解釈してはならないと規定され（同条5項）、刑事責任追及のための資料収集に直接結び付くものではないこと、強制の程度、態様が直接的物理的なものではないこと（9条2項）を総合判断すれば、<u>本法3条1、3項は、憲法35条の法意に反するものとはいえない</u>」として、<u>裁判官の令状を要しない</u>としている（成田新法事件／最判平4.7.1）。

イ　妥当である

　そのとおり。判例は、「本件空港の離着陸のためにする供用は運輸大臣〔当時〕の有する空港管理権と航空行政権という二種の権限の、総合的判断に基づいた不可分一体的な行使の結果であるとみるべきであるから、右被上告人らの前記のような請求は、事理の当然として、不可避的に航空行政権の行使の取消変更ないしその発動を求める請求を包含することとなるものといわなければならない。したがつて、右被上告人らが行政訴訟の方法により何らかの請求をすることができるかどうかはともかくとして、上告人に対し、いわゆる通常の民事上の請求として前記のような私法上の給付請求権を有するとの主張の成立すべきいわれはないというほかはない。以上のとおりであるから、前記被上告人らの本件訴えのうち、いわゆる狭義の民事訴訟の手続により一定の時間帯につき本件空港を航空機の離着陸に使用させることの差止めを求める請求にかかる部分は、不適法というべきである。」としている（大阪国際空港公害訴訟／最判昭56.12.16）。

ウ　妥当でない

　判例は、「本件空港の設置、管理の瑕疵は、右空港の施設自体がもつ物理的・外形的欠陥ではなく、また、それが空港利用者に対して危害を生ぜしめているというのでもなくて、本件空港に多数のジエツト機を含む航空機が離着陸するに際して発生する騒音等が被上告人ら周辺住民に被害を生ぜしめているという点にあるのであるが、利用者以外の第三者に対する危害もまた右瑕疵のうちに含まれること、営造物がその供用目的に沿つて利用されている状況のもとにおいてこれから危害が生ずるような場合もこれに含まれる……から、<u>本件空港に離着陸する航空機の騒音等による周辺住民の被害の発生を右空港の設置、管理の瑕疵の概念に含ましめたこと自体に所論の違法があるものということはできない</u>。」としている（大阪国際空港公害訴訟／最判昭56.12.16）。

エ　妥当である

　そのとおり。判例は、「航空機の騒音による障害の被害者は、飛行場周辺の一定の地域的範囲の住民に限定され、その障害の程度は居住地域が離着陸経路に接近するにつれて増大するものであり、他面、飛行場に航空機が発着する場合に常にある程度の騒音が伴うことはやむをえないところであり、また、航空交通による利便が政治、経済、文化等の面において今日の社会に多大の効用をもたらしていることにかんがみれば、飛行場周辺に居住する者は、ある程度の航空機騒音については、不可避のものとしてこれを甘受すべきであるといわざるをえず、その騒音による障害が著しい程度に至つたときに初めて、その防止・軽減を求めるための法的手段に訴えることを許容しうるような利益侵害が生じたものとせざるをえないのである。」としている（新潟空港事件／最判平元.2.17）。

**　以上より、妥当なものはイ・エであり、正解は肢4となる。**

【第3回】 解答・解説

問題	テーマ（分野）	正解	重要度	正答率
27	詐欺・強迫（民法）	3	A	60%

ア 妥当である 基礎 『合格基本書』p.148

そのとおり。詐欺による意思表示の取消しは、善意でかつ過失がない第三者に対抗することができない（96条3項）。取消前の第三者CがBによる詐欺の事実を知らなかった（善意であった）ことについて過失があるときは、Aは、Cに対して、取消しによる契約の遡及的無効による所有権の復帰を対抗して甲建物の返還を請求することができる。

イ 妥当でない 基礎 『合格基本書』p.149

強迫による意思表示は、取り消すことができる（96条1項）。強迫による意思表示の取消しは、取消前の第三者が善意無過失であったか否かにかかわらず、取消前の第三者に対抗することができる（96条3項反対解釈）。よって、Aは、Cに対して、取消しによる契約の遡及的無効による所有権の復帰を対抗して甲建物の返還を請求することができる。

ウ 妥当でない 基礎 『合格基本書』p.148

相手方に対する意思表示について第三者が詐欺を行った場合（第三者による詐欺の場合）においては、相手方がその事実を知り（悪意）、または知ることができた（過失があった）ときに限り、その意思表示を取り消すことができる（96条2項）。よって、CがBによる詐欺の事実を知らなかった（善意であった）ことについて過失があるときは、Aは、AC間の売買契約を取り消すことができる。

エ 妥当である 基礎 『合格基本書』p.149

そのとおり。相手方に対する意思表示について第三者が強迫をした場合（第三者による強迫の場合）には、相手方が善意無過失であったか否かにかかわらず、取り消すことができる（96条2項反対解釈）。よって、Aは、AC間の契約を取り消すことができる。

オ 妥当である 基礎 『合格基本書』p.179

そのとおり。取消後の第三者との関係では、契約の取消しによる不動産所有権の復帰的物権変動は、民法177条により登記をしなければ、取消後の第三者に対抗することができない（大判昭17.9.30）。よって、取消後の第三者Cに登記が移転した後は、Aは、Cに対して、取消しによる契約の遡及的無効による所有権の復帰を対抗して甲建物の返還を請求することはできない。

以上より、妥当でないものはイ・ウであり、正解は肢3となる。

【第3回】 解答・解説

問題	テーマ（分野）	正解	重要度	正答率
28	表見代理（民法）	4	B	65%

1 妥当でない 基礎 『合格基本書』p.158

第三者（C）に対して他人（B）に代理権を与えた旨を表示した者（A）は、その代理権の範囲内においてその他人（B）が第三者（C）との間でした行為について、その責任を負う（代理権授与の表示による表見代理／109条1項本文）。ただし、第三者（C）が、その他人（B）が代理権を与えられていないことを知り、または過失によって知らなかったときは、責任を負わない（109条1項ただし書）。判例は、「民法109条〔現・109条1項〕にいう代理権授与表示者（A）は、代理行為の相手方（C）の悪意または過失を主張、立証することにより、同条所定の責任を免れることができる」としている（最判昭41.4.22）。

2 妥当でない 基礎 『合格基本書』p.158

第三者（C）に対して他人（B）に代理権を与えた旨を表示した者（A）は、その代理権の範囲内においてその他人（B）が第三者（C）との間で行為をしたとすれば代理権授与の表示による表見代理の責任を負うべき場合において、その他人（B）が第三者（C）との間でその代理権の範囲外の行為をしたときは、第三者（C）がその行為についてその他人（B）の代理権があると信ずべき正当な理由がある（善意かつ無過失であった）ときに限り、その行為についての責任を負う（109条2項）。

3 妥当でない

判例は、「表見代理は本来相手方（C）保護のための制度であるから、無権代理人（B）が表見代理の成立要件を主張立証して自己の責任を免れることは、制度本来の趣旨に反するというべきであり、したがつて、右の場合、無権代理人（B）は、表見代理が成立することを抗弁として主張することはできないものと解するのが相当である。」としている（最判昭62.7.7）。

4 妥当である 基礎 『合格基本書』p.159

そのとおり。他人（B）に代理権を与えた者（A）は、代理権の消滅後にその代理権の範囲内においてその他人（B）が第三者（C）との間でした行為について、代理権の消滅の事実を知らなかった第三者（C）に対してその責任を負う（代理権消滅後の表見代理／112条1項本文）。ただし、第三者（C）が過失によってその事実を知らなかったときは、この限りでない（112条1項ただし書）。

5 妥当でない 基礎 『合格基本書』p.159

他人（B）に代理権を与えた者（A）は、代理権の消滅後に、その代理権の範囲内においてその他人（B）が第三者（C）との間で行為をしたとすれば代理権消滅後の表見代理の責任を負うべき場合において、その他人（B）が第三者（C）との間でその代理権の範囲外の行為をしたときは、第三者（C）がその行為についてその他人（B）の代理権があると信ずべき正当な理由がある（善意かつ無過失であった）ときに限り、その行為についての責任を負う（112条2項）。

154 LEC東京リーガルマインド 2023年版 出る順行政書士 当たる！直前予想模試

【第3回】 解答・解説

問題	テーマ（分野）	正解	重要度	正答率
29	共有（民法）	4	A	55%

1 妥当でない 基礎 『合格基本書』p.196

　各共有者は、共有物の全部について、その持分に応じた使用をすることができる（249条1項）。共有物を使用する共有者は、別段の合意がある場合を除き、<u>他の共有者に対し、自己の持分を超える使用の対価を償還する義務を負う</u>（249条2項）。2021年の民法改正により、共有物を使用する共有者の義務が明確化された。

2 妥当でない 基礎 『合格基本書』p.197

　各共有者は、<u>他の共有者の同意を得なければ</u>、共有物に変更（その形状または効用の著しい変更を伴わないものを除く。）を加えることができない（251条1項）。よって、共有物の変更のうち、<u>その形状または効用の著しい変更を伴うものについては、共有者の全員の同意を要する</u>。なお、その形状または効用の著しい変更を伴わないもの〔軽微変更〕については、各共有者の持分の価格に従い、その過半数で決する（252条1項）。2021年の民法改正により、軽微変更について、全員の同意がなくても、持分の価格の過半数で決定できるものとされた。

3 妥当でない 基礎 『合格基本書』p.197

　共有物についての所定の期間を超えない賃借権その他の使用および収益を目的とする権利（① 樹木の栽植または伐採を目的とする山林の賃借権等は10年、② <u>それ以外の土地の賃借権等は5年</u>、③ 建物の賃借権等は3年、④ 動産の賃借権等は6カ月）の設定は、<u>各共有者の持分の価格に従い、その過半数で決する</u>（252条4項）。2021年の民法改正により、所定の期間を超えない短期の賃借権等の設定について、<u>全員の同意がなくても、持分の価格の過半数で決定できるものとされた</u>。

4 妥当である 基礎 『合格基本書』p.197

　そのとおり。共有物の分割について共有者間に協議が調わないとき、または<u>協議をすることができないとき</u>は、その分割を裁判所に請求することができる（258条1項）。2021年の民法改正により、共有物の分割について共有者間で<u>協議をすることができない</u>場合（例：共有者の一部が不特定・所在不明である場合）においても、裁判による共有物分割をすることができることが明確化された。

5 妥当でない 基礎 『合格基本書』p.197

　裁判所は、①「共有物の現物を分割する方法」〔現物分割〕、②「共有者に債務を負担させて、他の共有者の持分の全部又は一部を取得させる方法」〔賠償分割〕により、共有物の分割を命ずることができる（258条2項）。これらの方法により共有物を分割することができないとき、または分割によってその価格を著しく減少させるおそれがあるときは、裁判所は、<u>その競売〔競売分割〕を命ずることができる</u>（258条3項）。2021年の民法改正により、このような検討順序が明確化された。

LEC東京リーガルマインド　2023年版 出る順行政書士 当たる！直前予想模試　155

【第3回】 解答・解説

問題	テーマ（分野）	正解	重要度	正答率
30	用益物権（民法）	3	B	70%

1　誤　基礎　『合格基本書』p. 198

① 地上権の存続期間は、原則として制限されていない（268 条参照）から、存続期間を永久とすることができる。なお、建物の所有を目的とする場合には、30 年以上とされる（借地借家法3条）。② 永小作権の存続期間は、20 年以上 50 年以下とされる（278 条1項前段）から、存続期間を永久とすることはできない。③ 地役権の存続期間は、制限されていないから、存続期間を永久とすることができる。

2　誤　基礎　『合格基本書』p. 198

① 地上権は、地代を要素とするものではない（265 条参照）から、無償で設定することができる。なお、地上権者が土地の所有者に定期の地代を支払わなければならない場合に限り、永小作権の「小作料」に関する規定（274 条〜276 条）が準用される（266 条1項）。② 永小作権は、小作料（270 条）を要素とするから、無償で設定することはできない。③ 地役権は、地代を要素とするものではない（280 条参照）から、無償で設定することができる。

3　正　基礎　『合格基本書』p. 199、p. 211

そのとおり。① 地上権および ② 永小作権は、抵当権の目的とすることができる（369 条2項前段）。③ 地役権は、要役地から分離して譲り渡し、または他の権利の目的とすることができない（281 条2項）から、要役地から分離して地役権のみを抵当権の目的とすることができない。

4　誤

① 地上権は、他人に譲り渡すことができる。② 永小作権は、設定行為で禁じた場合または民法の規定と異なる慣習がある場合を除き、他人に譲り渡すことができる（272 条、277 条参照）。③ 地役権は、要役地から分離して譲り渡し、または他の権利の目的とすることができない（281 条2項）。

5　誤

① 地上権、② 永小作権および ③ 地役権は、いずれも物権であり、登記が対抗要件となる（177 条）から、第三者に対抗するためには登記が必要である。

```
ワンポイントアドバイス
```

【用益物権】

① 地上権者は、他人の土地において工作物または竹木を所有するため、その土地を使用する権利を有します（地上権／265 条）。

② 永小作人は、小作料を支払って他人の土地において耕作または牧畜をする権利を有します（永小作権／270 条）。

③ 地役権者は、設定行為で定めた目的に従い、他人の土地〔承役地〕を自己の土地〔要役地〕の便益に供する権利を有します（地役権／280 条本文）。

【第3回】 解答・解説

問題	テーマ（分野）	正解	重要度	正答率
31	連帯債権（民法）	5	B	60%

1　妥当でない

連帯債権者の一人と債務者との間に混同があったときは、債務者は、<u>弁済をしたものとみなされる</u>（435条）。債権および債務が同一人（A）に帰属して債権の混同（520条本文）があったことにより、DはAに対して<u>90万円全額の弁済をしたものとみなされる</u>から、<u>BおよびCは、Aに対して30万円ずつの分配を請求することができる</u>。

2　妥当でない

連帯債権者の一人と債務者との間に更改または免除があったときは、その連帯債権者が<u>その権利を失わなければ分与されるべき利益に係る部分については、他の連帯債権者は、履行を請求することができない</u>（433条）。よって、Aの持分（30万円）が消滅して、BおよびCはDに対して<u>残額60万円の限度で支払いを請求することができる</u>。

3　妥当でない　基礎　『合格基本書』p.246

債務者が連帯債権者の一人に対して債権を有する場合において、その債務者が相殺を援用したときは、その相殺は、<u>他の連帯債権者に対しても、その効力を生ずる</u>（434条）。よって、<u>BおよびCに対しても30万円の限度で相殺の効力を生ずる</u>。

4　妥当でない

連帯債権者の一人と債務者との間に更改または免除があったときは、その連帯債権者が<u>その権利を失わなければ分与されるべき利益に係る部分については、他の連帯債権者は、履行を請求することができない</u>（433条）。よって、Aの持分（30万円）が消滅して、<u>BおよびCのDに対する60万円の連帯債権が残る</u>。

5　妥当である　基礎　『合格基本書』p.246

そのとおり。民法432条～435条に規定する場合を除き、連帯債権者の一人の行為または一人について生じた事由は、他の連帯債権者に対してその効力を生じない（相対的効力の原則／435条の2本文）。ただし、他の連帯債権者の一人および債務者が別段の意思を表示したときは、当該他の連帯債権者に対する効力は、その意思に従う（435条の2ただし書）。よって、AおよびBのDに対する債権が時効により消滅しても、CとDとの間でそれらの事由がCに対しても効力を生ずる旨の別段の意思を表示した場合を除き、CはDに対して90万円の支払を請求することができる。

ワンポイントアドバイス

【連帯債権】

債権の目的がその性質上可分である場合において、法令の規定または当事者の意思表示によって数人が連帯して債権を有するときは、各債権者は、<u>すべての債権者のために全部または一部の履行を請求</u>することができ、債務者は、<u>すべての債権者のために各債権者に対して履行をすることができます</u>（連帯債権／432条）。

LEC東京リーガルマインド　2023年版 出る順行政書士 当たる！直前予想模試　157

【第3回】 解答・解説

問題	テーマ（分野）	正解	重要度	正答率
32	定型約款（民法）	2	B	70%

ア　妥当である　基礎　『合格基本書』p.271

そのとおり。ある特定の者が不特定多数の者を相手方として行う取引であって、その内容の全部または一部が画一的であることがその双方にとって合理的なものを「定型取引」といい、定型取引において契約の内容とすることを目的としてその特定の者により準備された条項の総体を「定型約款」という（548条の2第1項参照）。

イ　妥当でない

定型取引を行うことの合意（定型取引合意）をした者は、① 定型約款を契約の内容とする旨の合意をしたとき、② 定型約款を準備した者（定型約款準備者）があらかじめその定型約款を契約の内容とする旨を相手方に表示していたときは、定型約款の個別の条項についても合意をしたものとみなされる（548条の2第1項）。もっとも、その条項のうち、相手方の権利を制限し、または相手方の義務を加重する条項であって、その定型取引の態様およびその実情ならびに取引上の社会通念に照らして1条2項に規定する基本原則（信義則）に反して相手方の利益を一方的に害すると認められるものについては、合意をしなかったものとみなされる（548条の2第2項）。

ウ　妥当でない

定型取引を行い、または行おうとする定型約款準備者は、定型取引合意の前または定型取引合意の後相当の期間内に相手方から請求があった場合には、遅滞なく、相当な方法でその定型約款の内容を示さなければならない（548条の3第1項本文）。ただし、定型約款準備者が既に相手方に対して定型約款を記載した書面を交付し、またはこれを記録した電磁的記録を提供していたときは、この限りでない（548条の3第1項ただし書）。

エ　妥当である

そのとおり。定型約款準備者が定型取引合意の前において548条の3第1項の請求（定型約款の内容の表示の請求）を拒んだときは、548条の2（定型約款の合意）の規定は、適用されない（548条の3第2項本文）。ただし、一時的な通信障害が発生した場合その他正当な事由がある場合は、この限りでない（548条の3第2項ただし書）。

オ　妥当でない

定型約款準備者は、① 定型約款の変更が、相手方の一般の利益に適合するとき、② 定型約款の変更が、契約をした目的に反せず、かつ、変更の必要性、変更後の内容の相当性、548条の4の規定により定型約款の変更をすることがある旨の定めの有無およびその内容その他の変更に係る事情に照らして合理的なものであるときは、定型約款の変更をすることにより、変更後の定型約款の条項について合意があったものとみなし、個別に相手方と合意をすることなく契約の内容を変更することができる（548条の4第1項）。

以上より、妥当なものはア・エであり、正解は肢2となる。

【第3回】 解答・解説

問題	テーマ（分野）	正解	重要度	正答率
33	売買（民法）	2	A	65%

ア 妥当でない 基礎 『合格基本書』p.283

買主が売主に手付〔解約手付〕を交付したときは、買主はその手付を放棄し、売主はその倍額を現実に提供して、契約の解除をすることができる（557条1項本文）。ただし、その相手方が契約の履行に着手した後は、この限りでない（557条1項ただし書）。当事者が解約手付による解除をした場合には、損害賠償の請求は認められない（557条2項）。

イ 妥当である 基礎 『合格基本書』p.280

そのとおり。売主は、買主に対し、登記、登録その他の売買の目的である権利の移転についての対抗要件を備えさせる義務を負う（560条）。

ウ 妥当である 基礎 『合格基本書』p.280～p.281

そのとおり。売買の目的物の引渡しについて期限があるときは、代金の支払についても同一の期限を付したものと推定される（573条）。

エ 妥当である 基礎 『合格基本書』p.280

そのとおり。他人の権利（権利の一部が他人に属する場合におけるその権利の一部を含む。）を売買の目的としたときは、売主は、その権利を取得して買主に移転する義務を負う（561条）。

オ 妥当でない 基礎 『合格基本書』p.281

まだ引き渡されていない売買の目的物が果実を生じたときは、その果実は、売主に帰属する（575条1項）。

以上より、妥当でないものはア・オであり、正解は肢2となる。

―――――――――――――― ワンポイントアドバイス ――――――――――――――

【売買】

売買は、当事者の一方〔売主〕がある財産権を相手方〔買主〕に移転することを約し、相手方〔買主〕がこれに対してその代金を支払うことを約することによって、その効力を生じます（555条）。

買主が売主に手付〔解約手付〕を交付したときは、買主はその手付を放棄し、売主はその倍額を現実に提供して、契約の解除をすることができます（557条1項本文）

判例は、「売買の当事者間に手附が授受された場合において、特別の意思表示がない限り、民法557条に定めている効力、すなわちいわゆる解約手附としての効力を有するものと認むべきである。」としています（最判昭29.1.21))。

LEC東京リーガルマインド 2023年版 出る順行政書士 当たる！直前予想模試 **159**

【第3回】 解答・解説

問題	テーマ（分野）	正解	重要度	正答率
34	組合契約（民法）	5	B	50%

ア　妥当でない　基礎　『合格基本書』p.308

　　組合員は、労務をもって出資の目的とすることができる（667条2項）。

イ　妥当でない　基礎　『合格基本書』p.308

　　組合の業務は、組合員の〔人数の〕過半数をもって決定し、各組合員がこれを執行する（670条1項）。

ウ　妥当である

　　そのとおり。組合員は、組合財産についてその持分を処分したときは、その処分をもって組合および組合と取引をした第三者に対抗することができない（676条1項）。

エ　妥当でない　基礎　『合格基本書』p.309

　　組合員の債権者は、組合財産についてその権利を行使することができない（677条）。

オ　妥当である　基礎　『合格基本書』p.309

　　そのとおり。① 組合契約で組合の存続期間を定めなかったとき、またはある組合員の終身の間組合が存続すべきことを定めたときは、各組合員は、いつでも脱退することができる（678条1項本文）。ただし、やむを得ない事由がある場合を除き、組合に不利な時期に脱退することができない（678条1項ただし書）。② 組合の存続期間を定めた場合であっても、各組合員は、やむを得ない事由があるときは、脱退することができる（678条2項）。

　　以上より、妥当なものはウ・オであり、正解は肢5となる。

―――――――― ワンポイントアドバイス ――――――――

【組合契約】

　組合契約は、各当事者〔組合員〕が出資をして共同の事業を営むことを約することによって、その効力を生じます（667条1項）。

　組合の業務は、組合員の〔人数の〕過半数をもって決定し、各組合員がこれを執行します（670条1項）。

　もっとも、組合の業務の決定および執行は、組合契約の定めるところにより、1人または数人の組合員または第三者に委任することができます（670条2項）。この委任を受けた者（「業務執行者」）は、組合の業務を決定し、これを執行します（670条3項前段）。この場合において、業務執行者が数人あるときは、組合の業務は、業務執行者の過半数をもって決定し、各業務執行者がこれを執行します（670条3項後段）。

160　　LEC東京リーガルマインド　2023年版 出る順行政書士 当たる！直前予想模試

【第3回】 解答・解説

問題	テーマ（分野）	正解	重要度	正答率
35	遺留分（民法）	4	A	60%

1 妥当でない 基礎 『合格基本書』p.362

相続の開始前における遺留分の放棄は、家庭裁判所の許可を受けたときに限り、その効力を生ずる（1049条1項）。これに対し、相続の開始後における遺留分の放棄は、自由にすることができる（1049条1項反対解釈）。

2 妥当でない 基礎 『合格基本書』p.362

被相続人の兄弟姉妹は、遺留分を受ける権利を有しない。兄弟姉妹以外の相続人（子およびその代襲相続人、直系尊属、配偶者）は、遺留分として、① 直系尊属のみが相続人である場合には、遺留分を算定するための財産の価額の3分の1を、② それ以外の場合には、遺留分を算定するための財産の価額の2分の1を受ける（総体的遺留分／1042条1項）。

3 妥当でない 基礎 『合格基本書』p.363

相続人に対する贈与は、相続開始前の10年間にしたものに限り、その価額（婚姻もしくは養子縁組のためまたは生計の資本として受けた贈与の価額に限る。）を「遺留分を算定するための財産の価額」に算入する（1044条3項・1項前段）。当事者双方が遺留分権利者に損害を加えることを知って相続人に対する贈与をしたときは、10年前の日より前にしたものについても、同様とする（1044条3項・1項後段）。

4 妥当である

そのとおり。遺留分権利者およびその承継人は、受遺者（特定財産承継遺言により財産を承継しまたは相続分の指定を受けた相続人を含む。）または受贈者に対し、遺留分侵害額に相当する金銭の支払を請求することができる（1046条1項）。「特定財産承継遺言」とは、遺産の分割の方法の指定として遺産に属する特定の財産を共同相続人の一人または数人に承継させる旨の遺言をいう（1014条2項参照）。なお、遺留分侵害額請求権は形成権であって、その権利の行使は受贈者または受遺者に対する意思表示によってすれば足り、必ずしも裁判上の請求による必要はないとされる（最判昭41.7.14参照）。

5 妥当でない 基礎 『合格基本書』p.363

遺留分侵害額の請求権は、遺留分権利者が、相続の開始および遺留分を侵害する贈与または遺贈があったことを知った時から1年間行使しないときは、時効によって消滅する（1048条前段）。相続開始の時から10年を経過したときも、同様とする（1048条後段）。

ワンポイントアドバイス

【遺留分】

　遺留分を算定するための財産の価額は、被相続人が相続開始の時において有した財産の価額にその贈与した財産の価額を加えた額から債務の全額を控除した額とします（1043条1項）。

【第3回】 解答・解説

問題	テーマ（分野）	正解	重要度	正答率
36	商行為（商法）	4	A	60%

ア 誤 基礎 『合格基本書』p.566

　　商人が平常取引をする者からその営業の部類に属する契約の申込みを受けたときは、遅滞なく、契約の申込みに対する諾否の通知を発しなければならない（509条1項）。商人がその通知を発することを怠ったときは、その商人は、当該契約の申込みを承諾したものとみなされる（509条2項）。

イ 正 基礎 『合格基本書』p.566

　　そのとおり。商人である隔地者の間において承諾の期間を定めないで契約の申込みを受けた者が相当の期間内に承諾の通知を発しなかったときは、その申込みは、その効力を失う（508条1項）。

ウ 誤 基礎 『合格基本書』p.566

　　商人がその営業の部類に属する契約の申込みを受けた場合において、その申込みとともに受け取った物品があるときは、その申込みを拒絶したときであっても、申込者の費用をもってその物品を保管しなければならない（510条本文）。ただし、その物品の価額がその費用を償うのに足りないとき、または商人がその保管によって損害を受けるときは、この限りでない（510条ただし書）。

エ 誤 基礎 『合格基本書』p.567

　　数人の者がその一人または全員のために商行為となる行為によって債務を負担したときは、その債務は、各自が連帯して負担する（511条1項）。

オ 正 基礎 『合格基本書』p.567

　　そのとおり。商人間において金銭の消費貸借をしたときは、貸主は、法定利息を請求することができる（513条1項）。商人間の消費貸借については、商人である貸主は営利を目的として活動しているし、ここで貸付をしていなければ、この金銭を他で有利に運用しているはずだからである。

　　以上より、正しいものはイ・オであり、正解は肢4となる。

【第3回】 解答・解説

問題	テーマ（分野）	正解	重要度	正答率
37	創立総会（会社法）	3	B	35%

ア 誤 基礎 『合格基本書』p.577

株式会社を設立する場合には、「株式会社の成立により発起人が受ける報酬その他の特別の利益及びその発起人の氏名又は名称」は、発起人が作成する定款に記載し、または記録しなければ、その効力を生じない（28条3号）。

イ 正

そのとおり。設立しようとする株式会社が種類株式発行会社である場合において、株主総会において議決権を行使することができる事項について制限がある種類の設立時発行株式を発行するときは、創立総会において、設立時株主は、株主総会において議決権を行使することができる事項に相当する事項に限り、当該設立時発行株式について議決権を行使することができる（72条2項）。もっとも、株式会社の設立の廃止については、設立時株主は、その引き受けた設立時発行株式について議決権を行使することができる（72条3項）。

ウ 誤

設立時株主は、その有する議決権を統一しないで行使することができる（77条1項前段）。この場合においては、創立総会の日の3日前までに、発起人に対してその旨およびその理由を通知しなければならない（77条1項後段）。

エ 正

そのとおり。設立時発行株式を引き受ける者の募集をする場合において、発行可能株式総数を定款で定めていないときは、株式会社の成立の時までに、創立総会の決議によって、定款を変更して発行可能株式総数の定めを設けなければならない（98条）。

オ 誤

会社法には、本記述のような規定は置かれていない。なお、設立時募集株式の引受人は、株式会社の成立後または創立総会もしくは種類創立総会においてその議決権を行使した後は、錯誤、詐欺または強迫を理由として設立時発行株式の引受けの取消しをすることができない（102条6項）。

以上より、正しいものはイ・エであり、正解は肢3となる。

LEC東京リーガルマインド　2023年版 出る順行政書士 当たる！直前予想模試　163

【第3回】 解答・解説

問題	テーマ（分野）	正解	重要度	正答率
38	自己株式（会社法）	2	A	55%

ア 誤 基礎 『合格基本書』p.597

自己株式とは、株式会社が有する自己の株式をいう（113条4項参照）。株式会社は、自己株式については、議決権を有しない（308条2項）。

イ 正 基礎 『合格基本書』p.592

そのとおり。株式会社は、株式の分割をすることができる（183条1項）。株式会社が株式の分割をすると、その有する自己株式の数も分割の割合に応じて増加する（184条1項参照）。

ウ 正 基礎 『合格基本書』p.592

そのとおり。株式会社は、自己株式を消却することができる（178条1項前段）。株式会社が自己株式を消却すると、発行済株式総数が減少するが、発行可能株式総数は減少しない。

エ 誤

株式会社は、適法に自己株式を取得したときは、その自己株式を保有し続けることができる。

オ 正

そのとおり。取締役会設置会社（監査等委員会設置会社および指名委員会等設置会社を除く。）がその子会社の有する当該株式会社の株式（自己株式）を有償で取得する場合には、取締役会の決議を要する（163条・156条1項）。

以上より、誤っているものはア・エであり、正解は肢2となる。

【第3回】 解答・解説

問題	テーマ（分野）	正解	重要度	正答率
39	監査役（会社法）	5	A	40%

ア　妥当である　基礎　『合格基本書』p.608

そのとおり。監査役は、取締役（会計参与設置会社にあっては、取締役および会計参与）の職務の執行を監査する（381条1項前段）。この場合において、監査役は、法務省令で定めるところにより、監査報告を作成しなければならない（381条1項後段）。もっとも、公開会社でない株式会社（監査役会設置会社および会計監査人設置会社を除く。）は、その監査役の監査の範囲を会計に関するものに限定する旨を定款で定めることができる（389条1項）。よって、公開会社でない株式会社（非公開会社）であっても、監査役会設置会社においては、監査役の監査の範囲を会計に関するものに限定する旨を定款で定めることはできない。

イ　妥当である　基礎　『合格基本書』p.608

そのとおり。監査役は、いつでも、取締役および会計参与ならびに支配人その他の使用人に対して事業の報告を求め、または監査役設置会社の業務および財産の状況の調査をすることができる（381条2項）。

ウ　妥当でない　基礎　『合格基本書』p.609

監査役は、取締役が不正の行為をし、もしくは当該行為をするおそれがあると認めるとき、または法令もしくは定款に違反する事実もしくは著しく不当な事実があると認めるときは、遅滞なく、その旨を取締役（取締役会設置会社にあっては、取締役会）に報告しなければならない（382条）。監査役は、この場合において、必要があると認めるときは、取締役に対し、取締役会の招集を請求することができる（383条2項）。

エ　妥当である　基礎　『合格基本書』p.609

そのとおり。監査役は、取締役会に出席し、必要があると認めるときは、意見を述べなければならない（383条1項本文）。ただし、監査役が2人以上ある場合において、特別取締役による議決の定めがあるときは、監査役の互選によって、監査役の中から特に特別取締役による取締役会に出席する監査役を定めることができる（383条1項ただし書）。

オ　妥当でない

監査役の報酬等は、定款にその額を定めていないときは、株主総会の普通決議によって定める（387条1項、309条1項）。

以上より、妥当でないものはウ・オであり、正解は肢5となる。

ワンポイントアドバイス

【監査役】

監査役は、取締役が株主総会に提出しようとする議案、書類その他法務省令で定めるものを調査しなければなりません（384条前段）。この場合において、法令もしくは定款に違反し、または著しく不当な事項があると認めるときは、その調査の結果を株主総会に報告しなければなりません（384条後段）。

【第3回】 解答・解説

問題	テーマ（分野）	正解	重要度	正答率
40	解散・清算（会社法）	4	C	45%

ア　正　基礎　『合格基本書』p. 630

　　そのとおり。株式会社は、① 定款で定めた存続期間の満了、② 定款で定めた解散の事由の発生、③ 株主総会の特別決議（309条2項11号）、④ 合併（合併により当該株式会社が消滅する場合に限る。）、⑤ 破産手続開始の決定、⑥ 解散を命ずる裁判によって解散する（471条）。よって、株式会社は、株主総会の特別決議によって、解散することができる。

イ　正

　　そのとおり。株式会社は、① 定款で定めた存続期間の満了、② 定款で定めた解散の事由の発生、③ 株主総会の特別決議によって解散した場合には、清算が結了するまで、株主総会の特別決議によって、株式会社を継続することができる（473条、309条2項11号）。

ウ　誤　基礎　『合格基本書』p. 630

　　株式会社は、（ⅰ）解散した場合（合併によって解散した場合および破産手続開始の決定により解散した場合であって当該破産手続が終了していない場合を除く。）、（ⅱ）設立の無効の訴えに係る請求を認容する判決が確定した場合、（ⅲ）株式移転の無効の訴えに係る請求を認容する判決が確定した場合には、清算をしなければならない（475条）。よって、合併によって解散した場合には、清算をする必要はない。

エ　正　基礎　『合格基本書』p. 631

　　そのとおり。475条の規定により清算をする株式会社（「清算株式会社」）は、清算の目的の範囲内において、清算が結了するまではなお存続するものとみなされる（476条）。

オ　誤

　　清算株式会社には、1人または2人以上の清算人を置かなければならない（477条1項）。定款で定める者または株主総会の決議によって選任された者がある場合を除き、取締役が、清算株式会社の清算人となる（478条1項1号）。

　　以上より、誤っているものはウ・オであり、正解は肢4となる。

【第3回】 解答・解説

問題	テーマ（分野）	重要度	正答率
41	旭川学テ事件（憲法・多肢）	A	75%

『合格基本書』p.67

ア	17（教育）	イ	15（必要かつ相当）
ウ	7 （政治）	エ	9 （抑制）

　本問は、旭川学テ事件（最大判昭51.5.21）を素材としたものである。

　「まず親は、子どもに対する自然的関係により、子どもの将来に対して最も深い関心をもち、かつ、配慮をすべき立場にある者として、子どもの (ア)教育に対する一定の支配権、すなわち子女の (ア)教育の自由を有すると認められるが、このような親の (ア)教育の自由は、主として家庭 (ア)教育等学校外における (ア)教育や学校選択の自由にあらわれるものと考えられるし、また私学(ア)教育における自由や……教師の教授の自由も、それぞれ限られた一定の範囲においてこれを肯定するのが相当であるけれども、それ以外の領域においては、一般に社会公共的な問題について国民全体の意思を組織的に決定、実現すべき立場にある国は、国政の一部として広く適切な (ア)教育政策を樹立、実施すべく、また、しうる者として、憲法上は、あるいは子ども自身の利益の擁護のため、あるいは子どもの成長に対する社会公共の利益と関心にこたえるため、(イ)必要かつ相当と認められる範囲において、(ア)教育内容についてもこれを決定する権能を有するものと解さざるをえず、これを否定すべき理由ないし根拠は、どこにもみいだせないのである。もとより、政党 (ウ)政治の下で多数決原理によってされる国政上の意思決定は、さまざまな (ウ)政治的要因によって左右されるものであるから、本来人間の内面的価値に関する文化的な営みとして、党派的な (ウ)政治的観念や利害によって支配されるべきでない (ア)教育にそのような (ウ)政治的影響が深く入り込む危険があることを考えるときは、(ア)教育内容に対する……国家的介入についてはできるだけ (エ)抑制的であることが要請されるし、……子どもが自由かつ独立の人格として成長することを妨げるような国家的介入、例えば、誤った知識や一方的な観念を子どもに植えつけるような内容の (ア)教育を施すことを強制するようなことは、憲法26条、13条の規定上からも許されない……。」

LEC東京リーガルマインド　2023年版 出る順行政書士 当たる！直前予想模試　167

【第3回】 解答・解説

問題	テーマ（分野）	重要度	正答率
42	**もんじゅ訴訟（行政法・多肢）**	**A**	45%

『合格基本書』p.475

ア	20（当事者訴訟）	イ	9（民事訴訟）
ウ	18（直截的）	エ	4（人格権）

本問は、もんじゅ訴訟（最判平4.9.22）を素材としたものである。

「行政事件訴訟法36条によれば、処分の無効確認の訴えは、当該処分に続く処分により損害を受けるおそれのある者その他当該処分の無効確認を求めるにつき法律上の利益を有する者で、当該処分の効力の有無を前提とする現在の法律関係に関する訴えによって目的を達することができないものに限り、提起することができると定められている。処分の無効確認訴訟を提起し得るための要件の一つである、右の当該処分の効力の有無を前提とする現在の法律関係に関する訴えによって目的を達することができない場合とは、当該処分に基づいて生ずる法律関係に関し、処分の無効を前提とする (ア) 当事者訴訟又は (イ) 民事訴訟によっては、その処分のため被っている不利益を排除することができない場合はもとより、当該処分に起因する紛争を解決するための争訟形態として、当該処分の無効を前提とする (ア) 当事者訴訟又は (イ) 民事訴訟との比較において、当該処分の無効確認を求める訴えのほうがより (ウ) 直截的で適切な争訟形態であるとみるべき場合をも意味するものと解するのが相当である……。

本件についてこれをみるのに、被上告人らは本件原子炉施設の設置者である動力炉・核燃料開発事業団に対し、(エ) 人格権等に基づき本件原子炉の建設ないし運転の差止めを求める (イ) 民事訴訟を提起しているが、右 (イ) 民事訴訟は、行政事件訴訟法36条にいう当該処分の効力の有無を前提とする現在の法律関係に関する訴えに該当するものとみることはできず、また、本件無効確認訴訟と比較して、本件設置許可処分に起因する本件紛争を解決するための争訟形態としてより (ウ) 直截的で適切なものであるともいえないから、被上告人らにおいて右 (イ) 民事訴訟の提起が可能であって現にこれを提起していることは、本件無効確認訴訟が同条所定の前記要件を欠くことの根拠とはなり得ない。また、他に本件無効確認訴訟が右要件を欠くものと解すべき事情もうかがわれない。これと同旨の原審の判断は、正当として是認することができ、原判決に所論の違法はない。」

【第3回】 解答・解説

問題	テーマ（分野）	重要度	正答率
43	**退職手当の支給と住民訴訟（行政法・多肢）**	**A**	**75%**

ア	16（違法）	イ	7（怠る事実）
ウ	18（原因）	エ	4（任命権者）

　本問は、収賄罪の容疑で逮捕された市職員を懲戒免職処分ではなく分限免職処分として退職手当を支給したことが、地方自治法242条1項にいう「違法」な「公金の支出」として住民訴訟の対象となるか否かが争われた事案に関する最高裁判所判決（最判昭60.9.12）を素材としたものである。判例は、<u>分限免職処分としたことが違法であれば、退職手当の支給も違法となる</u>としたうえで、本件では、分限免職処分としたことが違法ではないため、退職手当の支給も違法ではないとしている。

　「地方自治法242条の2の住民訴訟の対象が普通地方公共団体の執行機関又は職員の _(ア) <u>違法</u>な財務会計上の行為又は _(イ) <u>怠る事実</u>に限られることは、同条の規定に照らして明らかであるが、右の行為が _(ア) <u>違法</u>となるのは、単にそれ自体が直接法令に違反する場合だけではなく、その _(ウ) <u>原因</u>となる行為が法令に違反し許されない場合の財務会計上の行為もまた、_(ア) <u>違法</u>となるのである……。そして、本件条例の下においては、分限免職処分がなされれば当然に所定額の退職手当が支給されることとなつており、本件分限免職処分は本件退職手当の支給の直接の _(ウ) <u>原因</u>をなすものというべきであるから、前者が _(ア) <u>違法</u>であれば後者も当然に _(ア) <u>違法</u>となるものと解するのが相当である。

　……本件条例によれば、懲戒免職処分を受けた職員に対しては退職手当を支給しないこととされているから、Xを懲戒免職処分に付することなく本件分限免職処分を発令したことの適否を判断する必要があるところ、前記のガスライター及びデパートギフト券の収賄事実が地方公務員法29条1項所定の懲戒事由にも該当することは明らかであるが、職員に懲戒事由が存する場合に、懲戒処分を行うかどうか、懲戒処分をするときにいかなる処分を選ぶかは、_(エ) <u>任命権者</u>の裁量にゆだねられていること……にかんがみれば、上告人の原審における主張事実を考慮にいれたとしても、右の収賄事実のみが判明していた段階において、Xを懲戒免職処分に付さなかつたことが _(ア) <u>違法</u>であるとまで認めることは困難であるといわざるを得ない。……

　さらに、……本件分限免職処分の発令によりXのY市職員としての身分が既に剥奪されていることに照らせば、別件の収賄事実が判明した段階で本件分限免職処分を取り消さなかつたことが _(ア) <u>違法</u>であるということはできない。

　……本件分限免職処分を発令したこと及びこれを取り消さなかつたことが _(ア) <u>違法</u>とはいえないから、本件退職手当の支給もこれを _(ア) <u>違法</u>とすることはできないものといわざるを得ない。」

【第3回】 解答・解説

問題	テーマ（分野）	重要度	正答率
44	**行政事件訴訟（行政法・記述）**	**A**	―

『合格基本書』p. 480～p. 481

≪正解例≫

Xは、裁判所に対し、

本	件	消	除	処	分	の	差	止	め	の	訴	え	を	提
起	す	る	と	と	も	に	、	仮	の	差	止	め	の	申
立	て	を	す	べ	き	で	あ	る	。					

(40字)

　本問は、行政事件訴訟に関する知識を問うものである。

　A市の市長が職権により住民票の消除処分を<u>行おうとしている</u>ことから、住民Xとしては、消除処分が行われないようにするために<u>差止めの訴え</u>を提起することを検討すべきである。

　差止めの訴えとは、行政庁が一定の処分または裁決をすべきでないにもかかわらずこれがされようとしている場合において、行政庁がその処分または裁決をしてはならない旨を命ずることを求める訴訟をいう（行政事件訴訟法3条7項）。

　<u>差止めの訴えの提起があった場合</u>において、その差止めの訴えに係る処分または裁決がされることにより生ずる<u>償うことのできない損害を避けるため緊急の必要があり、かつ、本案について理由があるとみえる</u>ときは、裁判所は、<u>申立てにより</u>、決定をもって、仮に行政庁がその処分または裁決をしてはならない旨を命ずること（<u>仮の差止め</u>）ができる（37条の5第2項）。ただし、仮の差止めは、公共の福祉に重大な影響を及ぼすおそれがあるときは、することができない（37条の5第3項）。

　これを本問についてみると、住民Xは、裁判所に対し、A市の市長が本件消除処分をしてはならない旨を命ずることを求める訴訟（<u>差止めの訴え</u>）を提起したうえで、本案訴訟の判決確定まで本件消除処分をしてはならない旨を命ずることを求める申立て（<u>仮の差止めの申立て</u>）をすべきである。

　以上より、解答にあたっては、正解例のように記述すべきである。

　　　　　　　　　　　　　　　ワンポイントアドバイス

【採点の目安】

①	消除処分の**差止めの訴え**を提起 …………………………………………………	10点
②	**仮の差止め**の**申立て** ………………………………………………………………	10点

LEC東京リーガルマインド　2023年版 出る順行政書士 当たる！直前予想模試

【第3回】 解答・解説

問題	テーマ（分野）	重要度	正答率
45	取消権の期間の制限（民法・記述）	A	―

『合格基本書』p.149

≪正解例≫

追	認	を	す	る	こ	と	が	で	き	る	時	か	ら	5
年	間	、	ま	た	は	行	為	の	時	か	ら	2	0	年
間	、	行	使	し	な	い	と	き	。					

(40字)

　本問は、取消権の期間の制限に関する知識を問うものである。

　取消権は、<u>追認をすることができる時から5年間</u>行使しないときは、時効によって消滅する（126条前段）。<u>行為の時から20年</u>を経過したときも、同様とする（126条後段）。

　以上より、解答にあたっては、正解例のように記述すべきである。

ワンポイントアドバイス

【採点の目安】

①	追認をすることができる時から5年	10点

②	行為の時から20年	10点

LEC東京リーガルマインド 2023年版 出る順行政書士 当たる！直前予想模試　**171**

【第3回】 解答・解説

問題	テーマ（分野）	重要度	正答率
46	請負（民法・記述）	A	—

『合格基本書』p.302

≪正解例≫

X	が	本	件	建	物	の	引	渡	時	に	不	適	合	に
つ	い	て	知	り	、	ま	た	は	重	大	な	過	失	に
よ	っ	て	知	ら	な	か	っ	た	場	合	。			

(42字)

本問は、請負に関する知識を問うものである。

　請負は、当事者の一方（請負人）がある仕事を完成することを約し、相手方（注文者）がその仕事の結果に対してその報酬を支払うことを約することによって、その効力を生ずる（632条）。

　請負人が種類または品質に関して契約の内容に適合しない仕事の目的物を注文者に引き渡した場合において、注文者がその不適合を知った時から1年以内にその旨を請負人に通知しないときは、注文者は、その不適合を理由として、履行の追完の請求、報酬の減額の請求、損害賠償の請求および契約の解除をすることができない（637条1項）。もっとも、この規定は、仕事の目的物を注文者に引き渡した時（その引渡しを要しない場合にあっては、仕事が終了した時）において、請負人が不適合を知り、または重大な過失によって知らなかったときは、適用されない（637条2項）。

　なお、注文者が上記の通知をした場合でも、注文者の権利は、その不適合を「知った時から5年間」行使しないとき（166条1項1号）は、時効によって消滅する。

　また、注文者が契約不適合を知らないままであった場合でも、注文者の権利は、引渡しの時（権利を行使することができる時）から10年間行使しないとき（166条1項2号）は、時効によって消滅する。

　以上より、解答にあたっては、正解例のように記述すべきである。

ワンポイントアドバイス

【採点の目安】

◎　Xが**引渡時**に**不適合**について**知り**、または**重大な過失**によって知らなかった　……　**20点**

172　　LEC東京リーガルマインド　2023年版 出る順行政書士 当たる！直前予想模試

【第3回】 解答・解説

問題	テーマ（分野）	正解	重要度	正答率
47	第二次世界大戦後の日本の政治（政治）	3	A	75%

1 妥当でない

1960年7月、岸信介内閣（1957年2月〜1960年7月）に代わった池田勇人内閣（1960年7月〜1964年11月）は、「寛容と忍耐」を唱えて革新勢力との真正面からの対立を避けながら、「所得倍増」をスローガンに、すでに始まっていた高度経済成長をさらに促進する経済政策（所得倍増計画）を展開した。社会資本の充実と産業構造の高度化などが中心的課題として取り上げられた所得倍増計画では、国民生活水準の顕著な向上と完全雇用の達成に向かっての前進という究極の目的を実現するために、「国民経済の規模を今後およそ10年間に実質価値で倍増する」ことを計画の目標にした。なお、1人あたりの国民所得は、1967年に約2倍になった。

2 妥当でない

1964年11月に成立した佐藤栄作内閣（1964年11月〜1972年7月）は、非核三原則（「（核兵器を）もたず、つくらず、もちこませず」）を掲げ、まず、1968年に小笠原諸島の返還を実現し、1969年の日米首脳会談で「核抜き」の沖縄返還で合意した。1971年に沖縄返還協定が調印され、1972年の協定発効をもって沖縄の日本復帰が実現した。

3 妥当である

そのとおり。「日本列島改造論」を掲げて組織された田中角栄内閣（1972年7月〜1974年12月）は、工業の地方分散、新幹線と高速道路による高速交通ネットワークの整備など列島改造政策を打ち出し、公共投資を拡大した。

4 妥当でない

大平正芳内閣（1978年12月〜1980年6月）において懸案となっていた大型間接税は、竹下登内閣（1987年11月〜1989年6月）のもとで「消費税」として実現し、1989年4月から実施された。

5 妥当でない

1982年11月に発足した中曽根康弘内閣（1982年11月〜1987年11月）は、日米韓関係の緊密化と防衛費の大幅な増額を図る一方、世界的な新自由主義（新保守主義）の風潮の中で、行財政改革を推進し、電電公社・専売公社・国鉄の民営化を断行した。

LEC東京リーガルマインド　2023年版 出る順行政書士 当たる！直前予想模試　173

【第3回】 解答・解説

問題	テーマ（分野）	正解	重要度	正答率
48	各国の大統領（政治）	5	B	45%

1　妥当でない　基礎　『合格基本書』p.672

アメリカ合衆国では、大統領は、国民が大統領選挙人を選び、大統領選挙人が大統領を選ぶ間接選挙によって選出される。大統領の任期は4年で、再選は1回のみ許される（3選禁止）。大統領は、議会に対する法案提出権を有していないが、「教書」という形式で、議会に対して自己の意見や希望を述べる権限を有している。

2　妥当でない　基礎　『合格基本書』p.673

ドイツでは、大統領（連邦大統領）は、大統領を選出することのみを目的として招集される連邦会議によって選出される。大統領の任期は5年で、再選は1回のみ許される（3選禁止）。大統領の権限は、条約の締結、外交使節の信認・接受など、国家元首としての権限が中心であり、連邦議会の解散権を有していない。

3　妥当でない　基礎　『合格基本書』p.673

フランスでは、大統領は、国民による直接選挙によって選出され、その任期は5年で、連続再選は1回のみ許される（連続3選禁止）。大統領は、首相の任免権、下院の解散権、国家の独立や安全が脅かされた際に緊急措置を行使する非常大権など、国政に関する強大な実質的権能を有している。

4　妥当でない　基礎　『合格基本書』p.673

ロシアでは、大統領は、国民による直接選挙によって選出され、首相任命権、国家会議（下院）の解散権、非常大権をもち、軍最高司令官を兼ねるなど、強大な権限をもっている。また、議会の法案に対する拒否権をもっている。大統領の任期は6年で、通算2期までに制限されるが、2020年のロシア憲法の改正の際に過去の任期はリセットされた（プーチン大統領が最長2036年まで大統領を務めることが可能になった）。

5　妥当である　基礎　『合格基本書』p.673

そのとおり。大韓民国では、大統領は、国民による直接選挙によって選出され、その任期は5年で、再選が禁止されている。国家元首である大統領は、法令の公布や外交使節の接受などの形式的な行為も行うが、国政上の重要案件を国民投票に付託する権限、外交・宣戦・講和の権限、国軍統帥権、緊急処分・命令権など、広範かつ強大な政治的権能を有している。

【第3回】 解答・解説

問題	テーマ（分野）	正解	重要度	正答率
49	日本の地方行政（政治）	5	B	35%

ア　妥当でない

　2020年11月に、大阪府大阪市を廃止して特別区を設置することについての住民投票が、国の「大都市地域における特別区の設置に関する法律」を根拠として行われた。2015年5月の投票に続けて2度目の投票であったが、今回も反対が賛成を上回ったことから、特別区の設置には至らなかった。

イ　妥当でない

　住民投票条例を根拠として行われる住民投票の投票結果には、法的拘束力が認められない。したがって、地方公共団体の重要政策に対する住民の意思を問うものであっても、地方公共団体の長にはその投票結果に従う法的義務はない。

ウ　妥当でない

　全国で最初に施行された自治基本条例は、2001年4月の北海道ニセコ町の「ニセコ町まちづくり基本条例」である。自治基本条例は、2022年4月1日現在、402自治体（施行率22.5%）で施行されており、その内訳は、都道府県が北海道・神奈川県・京都府の3団体（施行率6%）、市区が257団体（施行率32%）、町村が142団体（施行率15%）である。

エ　妥当である

　そのとおり。1999年の地方分権一括法による地方自治法の改正により、国の機関が本来自ら行うべき事務を地方公共団体の長その他の執行機関に委任して行わせる「機関委任事務」の制度が廃止された。

オ　妥当である

　そのとおり。2014年の都市再生特別措置法の改正によって制度化された「立地適正化計画」は、急速な人口減少下においても将来にわたり持続可能な都市経営を行っていくために、医療・福祉施設、商業施設や住居等がまとまって立地し、高齢者をはじめとする住民が公共交通によりこれらの生活利便施設等にアクセスできる「コンパクトシティ」の形成に向けた取組みを推進しようとするものである。

　以上より、妥当なものはエ・オであり、正解は肢5となる。

LEC東京リーガルマインド　2023年版 出る順行政書士 当たる！直前予想模試　175

【第3回】 解答・解説

問題	テーマ（分野）	正解	重要度	正答率
50	独占・寡占（経済）	3	A	75%

ア　妥当である 　基礎　『合格基本書』p. 697

　そのとおり。競争関係にある同種の企業が販売地域や価格などについて競争を回避するために協定を結ぶことを、カルテル（企業連合）という。

イ　妥当でない 　基礎　『合格基本書』p. 697

　競争関係にある同種の企業が合併して新しい1つの企業となることを、トラスト（企業合同）という。これに対し、コンツェルン（企業連携）とは、持株会社が親会社となって、同種・異種を問わず、あらゆる産業部門の企業を株式保有目的で資本的に支配することをいう。

ウ　妥当である

　そのとおり。独占禁止法（「私的独占の禁止及び公正取引の確保に関する法律」）によれば、事業者は、私的独占または不当な取引制限をしてはならない（独占禁止法3条）。これに違反する行為があるときは、公正取引委員会は、事業者に対し、当該行為の差止め、事業の一部の譲渡その他これらの規定に違反する行為を排除するために必要な措置を命ずることができる（独占禁止法7条1項）。

エ　妥当でない 　基礎　『合格基本書』p. 697

　持株会社とは、事業活動全体を支配することを目的として、グループ内の子会社の株式を保有し支配する会社をいう。日本では、第二次世界大戦後、独占禁止法により持株会社の設立が禁止されていたが、1997年の独占禁止法の改正により認められた。

オ　妥当である 　基礎　『合格基本書』p. 696

　そのとおり。少数の企業によって支配される「寡占市場」において管理価格が設定されると、需給関係によって価格が決まらなくなり、技術の開発や生産の合理化などによって生産費用が低下しても、価格は下がりにくくなる（価格の下方硬直性）。

**　以上より、妥当でないものはイ・エであり、正解は肢3となる。**

176　　LEC東京リーガルマインド　2023年版 出る順行政書士 当たる！直前予想模試

【第3回】 解答・解説

問題	テーマ（分野）	正解	重要度	正答率
51	予算（経済）	5	B	30%

ア 妥当でない 基礎 『合格基本書』p. 712

暫定予算とは、会計年度開始前に予算が成立しなかった場合に、必要な経費の支出のために作成されるものをいう。暫定予算は、本予算が成立すれば失効し、暫定予算に基づいた支出等は、本予算に基づいてなされたものとみなされる（財政法30条2項）。

イ 妥当でない 基礎 『合格基本書』p. 711

特別会計は、一般会計と区別して別個に経理する会計である。国が特定の事業を行う場合、特定の資金を保有してその運用を行う場合その他特定の歳入をもって特定の歳出に充て一般の歳入歳出と区分して経理する必要がある場合に限り、法律をもって設置することができる（財政法13条2項）。

ウ 妥当である

そのとおり。繰越明許費の金額を除く外、毎会計年度の歳出予算の経費の金額は、これを翌年度において使用することができない（財政法42条本文）。ただし、歳出予算の経費の金額のうち、年度内に支出負担行為をなし避け難い事故のため年度内に支出を終らなかったものは、これを翌年度に繰り越して使用することができる（財政法42条ただし書）。各省各庁の長は、この繰越を必要とするときは、繰越計算書を作製し、事項ごとに、その事由および金額を明らかにして、財務大臣の承認を経なければならない（財政法43条1項）。

エ 妥当である

そのとおり。歳出予算および継続費を「項」に定める目的外で使用することはできない（財政法32条）。これに対し、「目」の間で流用することは、財務大臣の承認があれば可能である（財政法33条2項）。

オ 妥当でない

国の予算においては、予見し難い予算の不足に充てるため、国会の議決に基づいて、予備費を設けることができる（憲法87条1項）。なお、地方公共団体の予算においては、予算外の支出または予算超過の支出に充てるため、歳入歳出予算に予備費を計上しなければならない（地方自治法217条1項本文）。ただし、特別会計にあっては、予備費を計上しないことができる（地方自治法217条1項ただし書）。

以上より、妥当なものはウ・エであり、正解は肢5となる。

LEC東京リーガルマインド　2023年版 出る順行政書士 当たる！直前予想模試　177

【第3回】 解答・解説

問題	テーマ（分野）	正解	重要度	正答率
52	消費者保護（社会）	2	C	40%

ア　妥当である

　そのとおり。2020 年 5 月に制定された「特定デジタルプラットフォームの透明性及び公正性の向上に関する法律」によれば、経済産業大臣は、デジタルプラットフォームのうち、特に取引の透明性・公正性を高める必要性の高いプラットフォームを提供する事業者を「特定デジタルプラットフォーム提供者」として指定する。「特定デジタルプラットフォーム提供者」は、取引条件等の情報の開示および自主的な手続・体制の整備を行い、実施した措置や事業の概要について、毎年度、自己評価を付した報告書を提出しなければならない。

イ　妥当でない

　「消費者の財産的被害の集団的な回復のための民事の裁判手続の特例に関する法律」（消費者裁判手続特例法）の定める「集団的消費者被害回復訴訟制度」は、① 一段階目の手続（共通義務確認訴訟）では、内閣総理大臣の認定を受けた<u>特定適格消費者団体</u>が原告となり、相当多数の消費者と事業者との間の共通義務の存否について裁判所が判断し、② <u>一段階目の手続で消費者側が勝訴した場合に、個々の消費者が二段階目の手続（対象債権の確定手続）に加入して</u>、簡易な手続によってそれぞれの債権の有無や金額を迅速に決定するものである。

ウ　妥当でない

　クーリング・オフは、契約をした後、消費者に冷静に考え直す時間を与え、一定期間であれば無条件で契約を解除することができる制度である。<u>通信販売は、画面やカタログなどの表示を見て十分に考えてから申し込むことができるから、特定商取引法によるクーリング・オフの対象ではない</u>。

エ　妥当でない

　2006 年の貸金業法および出資法の改正により、2010 年 6 月 18 日以降、刑事罰の対象になる出資法の上限金利が <u>29.2％から 20％に引き下げられて</u>、いわゆるグレーゾーン金利が撤廃された。なお、出資法の上限金利（20％）を超える金利帯での貸付けは刑事罰の対象になるのに対し、利息制限法の上限金利（貸付額に応じ 15％〜20％）を超える金利帯での貸付けは民事上無効であり、行政処分の対象にもなる。

オ　妥当である

　そのとおり。2022 年 4 月 1 日から成年年齢が 20 歳から 18 歳に引き下げられて、18 歳・19 歳の若者が未成年者取消権を行使できなくなったことから消費者トラブルが増えると懸念されている。これに対応するための取組みの一つとして、2018 年の消費者契約法の改正により、消費者の不安をあおる告知（就職セミナー商法など）や恋愛感情等に乗じた人間関係の濫用（デート商法など）といった若者の経験不足を不当に利用した勧誘行為に対する契約の取消権が追加された。

　以上より、妥当なものはア・オであり、正解は肢 2 となる。

【第3回】 解答・解説

問題	テーマ（分野）	正解	重要度	正答率
53	難民（社会）	4	B	40%

ア　妥当である

　そのとおり。「難民の地位に関する条約」によれば、難民を彼らの生命や自由が脅威にさらされるおそれのある国へ強制的に送還したり、帰還させたりしてはならない。これを、ノン・ルフールマンの原則という。

イ　妥当である

　そのとおり。2021年の難民認定申請者は2,413人であったが、そのうち、難民と認定されたのは74人（約3％）であり、難民とは認定されなかったものの人道的な配慮を理由に在留を認められたのは580人（約24％）であった。

ウ　妥当でない

　難民の認定の申請をしたものの認定されなかった外国人や難民の認定を取り消された外国人は、法務大臣に対し、審査請求をすることができる。法務大臣は、審査請求の裁決にあたっては、難民審査参与員の意見を<u>聴かなければならない</u>（出入国管理及び難民認定法61条の2の9第3項）。よって、<u>必要があると認めるときに限って職権で意見を聴くものではない</u>。

エ　妥当でない

　出入国在留管理庁長官は、本邦に在留する外国人で難民の認定を受けているものが出国しようとするときは、法務省令で定める手続により、その者の申請に基づき、難民旅行証明書を交付するものとする（入管法61条の2の12第1項本文）。難民旅行証明書の交付を受けている者は、当該証明書の有効期間内は<u>本邦に入国し</u>、および出国することができる（入管法61条の2の12第4項前段）。この場合において、<u>入国については、再入国の許可を要しない</u>（入管法61条の2の12第4項後段）。

オ　妥当である

　そのとおり。新型コロナウィルスの感染拡大を受けた仮放免の運用により、入管施設の被収容者数は減少して、2021年6月末時点では164人であった。そのうち、収容期間6カ月以上の者は89人（総数の約54％）であった。

**　以上より、妥当でないものはウ・エであり、正解は肢4となる。**

LEC東京リーガルマインド　2023年版　出る順行政書士　当たる！直前予想模試　179

【第3回】 解答・解説

問題	テーマ（分野）	正解	重要度	正答率
54	リサイクル（社会）	3	A	45%

1 妥当でない 基礎 『合格基本書』p. 733

　容器包装リサイクル法（「容器包装に係る分別収集及び再商品化の促進等に関する法律」）の関係省令により、2020 年 7 月から、小売業者が、商品の販売に際して、消費者がその商品の持ち運びに用いるためのプラスチック製買物袋を有償で提供することが義務づけられた（レジ袋提供有料化）。

2 妥当でない

　従来は、同じプラスチックという素材であるにもかかわらず、「プラスチック製容器包装」以外のプラスチック使用製品については容器包装リサイクル法の対象にならず「燃えるごみ」として収集・処分されるという分かりにくい状況にあった。そこで、2021 年 6 月に制定されたプラスチック資源循環促進法（「プラスチックに係る資源循環の促進等に関する法律」）により、「プラスチック製容器包装」のみならずそれ以外のプラスチック使用製品についても、製品の設計から廃棄物の処理までのリサイクルを可能とする仕組みが設けられた（2022 年 4 月施行）。

3 妥当である 基礎 『合格基本書』p. 733

　そのとおり。プラスチック資源循環促進法および同法施行令によれば、主務大臣は、ワンウェイプラスチック（使い捨てプラスチック）を提供する事業者が取り組むべき判断基準を策定し、事業者に対して必要な指導および助言を行い、前年度のワンウェイプラスチックの提供量が 5 トン以上の事業者（多量提供事業者）に対しては、取り組みが著しく不十分な場合に、勧告・公表・命令を行うことがある。

4 妥当でない

　海洋に流出したプラスチックごみは、生態系を含めた海洋環境の悪化や海岸機能の低下、景観への悪影響、船舶航行の障害、漁業や観光への影響などの問題を引き起こしている。2016 年 1 月に発表された世界経済フォーラム（WEF）の報告書によれば、世界全体では、毎年約 800 万トンのプラスチックごみが海洋に流出しており、このままでは 2050 年には海洋中のプラスチックごみの重量が魚の重量を超えると試算されている。

5 妥当でない 基礎 『合格基本書』p. 731

　2018 年 6 月にカナダで開かれた先進 7 カ国（G 7）シャルルボワサミットで、カナダ・フランス・ドイツ・イタリア・イギリスの 5 カ国と欧州連合（EU）が、2030 年までにプラスチック包装の最低 55％をリサイクルまたは再使用し、2040 年までにはすべてのプラスチックを 100％回収する等の数値目標を定めた「海洋プラスチック憲章」を承認したが、日本はアメリカとともに憲章の承認を見送った。

【第3回】 解答・解説

問題	テーマ（分野）	正解	重要度	正答率
55	行政機関情報公開法（個人情報保護）	3	A	60%

ア 妥当でない 基礎 『合格基本書』p. 754

何人も、行政機関情報公開法の定めるところにより、行政機関の長に対し、当該行政機関の保有する行政文書の開示を請求することができる（3条）。よって、日本国籍を有しない者（外国人）も、開示を請求することができる。

イ 妥当である

そのとおり。開示請求に対し、当該開示請求に係る行政文書が存在しているか否かを答えるだけで、不開示情報を開示することとなるときは、行政機関の長は、当該行政文書の存否を明らかにしないで、当該開示請求を拒否することができる（存否応答拒否［グローマー拒否］／8条）。行政機関の長は、開示請求に係る行政文書の全部を開示しないとき（8条の規定により開示請求を拒否するときおよび開示請求に係る行政文書を保有していないときを含む。）は、開示をしない旨の決定をし、開示請求者に対し、その旨を書面により通知しなければならない（9条2項）。

ウ 妥当でない

行政機関の長は、開示請求に係る行政文書の一部に不開示情報が記録されている場合において、不開示情報が記録されている部分を容易に区分して除くことができるときは、開示請求者に対し、当該部分を除いた部分につき開示しなければならない（部分開示／6条1項本文）。ただし、当該部分を除いた部分に有意の情報が記録されていないと認められるときは、この限りではない（6条1項ただし書）。

エ 妥当である

そのとおり。行政機関の長は、開示請求書に形式上の不備があると認めるときは、開示請求をした者（「開示請求者」）に対し、相当の期間を定めて、その補正を求めることができる（4条2項前段）。なお、この場合において、行政機関の長は、開示請求者に対し、補正の参考となる情報を提供するよう努めなければならない（4条2項後段）。

オ 妥当でない

開示決定等は、原則として、適法な開示請求があった日から30日以内にしなければならない（10条1項本文）。もっとも、行政機関の長は、事務処理上の困難その他正当な理由があるときは、その期間を30日以内に限り延長することができる（10条2項前段）。

以上より、妥当なものはイ・エであり、正解は肢3となる。

LEC東京リーガルマインド　2023年版 出る順行政書士 当たる！直前予想模試

【第3回】 解答・解説

問題	テーマ（分野）	正解	重要度	正答率
56	**デジタル行政推進法（情報・通信）**	**4**	**B**	70%

ア　妥当である

　そのとおり。政府は、情報通信技術を利用して行われる手続等に係る国の行政機関等の情報システム（「情報システム」）の整備を総合的かつ計画的に実施するため、情報システムの整備に関する計画（「情報システム整備計画」）を作成しなければならない（4条1項）。なお、内閣総理大臣は、情報システム整備計画の案を作成し、閣議の決定を求めなければならない（4条3項）。

イ　妥当である

　そのとおり。申請等のうち当該申請等に関する他の法令の規定において書面等により行うことその他のその方法が規定されているものについては、当該法令の規定にかかわらず、主務省令で定めるところにより、主務省令で定める電子情報処理組織を使用する方法により行うことができる（6条1項）。

ウ　妥当でない

　行政機関に対する申請の添付書類のうち、<u>行政機関間の情報連携によって入手し、または参照することができるもの</u>については、添付が不要となる（11条）。

エ　妥当でない

　① 国は、情報通信技術の利用のための能力等における格差（デジタル・ディバイド）の是正を図るために必要な施策を講じなければならない（12条1項）。② <u>地方公共団体については、努力義務である</u>（12条2項）。

オ　妥当である

　そのとおり。国は、民間手続における情報通信技術の活用の促進を図るため、契約の締結に際しての民間事業者による情報提供の適正化、取引における情報通信技術の適正な利用に関する啓発活動の実施その他の民間事業者とその民間手続の相手方との間の取引における情報通信技術の安全かつ適正な利用を図るために必要な施策を講ずるものとする（15条1項）。

以上より、妥当でないものはウ・エであり、正解は肢4となる。

182　　LEC東京リーガルマインド　2023年版 出る順行政書士 当たる！直前予想模試

【第3回】 解答・解説

問題	テーマ（分野）	正解	重要度	正答率
57	青少年とインターネット（情報・通信）	2	B	45%

ア　妥当でない

　青少年インターネット環境整備法において「青少年有害情報」とは、インターネットを利用して公衆の閲覧（視聴を含む。以下同じ。）に供されている情報であって青少年の健全な成長を著しく阻害するものをいう（青少年インターネット環境整備法2条3項）。もっとも、いかなる情報が「青少年有害情報」であるかは、民間が判断すべきであって、その判断に国の行政機関等は干渉してはならないとされている（「青少年が安全に安心してインターネットを利用できるようにするための施策に関する基本的な計画（第5次）」参照）。

イ　妥当である

　そのとおり。携帯電話インターネット接続役務提供事業者等は、役務提供契約の締結またはその媒介、取次ぎもしくは代理をしようとするときは、あらかじめ、当該役務提供契約を締結しようとする相手方が青少年であるかどうかを確認しなければならない（青少年インターネット環境整備法13条1項）。携帯電話インターネット接続役務提供事業者等は、役務提供契約を締結しようとする相手方が青少年でないことを確認したときは、当該相手方に対し、当該役務提供契約に係る携帯電話端末等の使用者が青少年であるかどうかを確認しなければならない（青少年インターネット環境整備法13条2項）。

ウ　妥当である

　そのとおり。携帯電話インターネット接続役務提供事業者は、役務提供契約の相手方または役務提供契約に係る携帯電話端末等の使用者が青少年である場合には、青少年有害情報フィルタリングサービスの利用を条件として、携帯電話インターネット接続役務を提供しなければならない（青少年インターネット環境整備法15条本文）。ただし、その青少年の保護者が、青少年有害情報フィルタリングサービスを利用しない旨の申出をした場合は、この限りでない（青少年インターネット環境整備法15条ただし書）。

エ　妥当である

　そのとおり。携帯電話インターネット接続役務提供事業者等は、携帯電話端末等（青少年有害情報フィルタリング有効化措置を講ずる必要性が低いものとして総務省令・経済産業省令で定めるものを除く。）であって、その販売が携帯電話インターネット接続役務の提供と関連性を有するものとして総務省令・経済産業省令で定めるもの（「特定携帯電話端末等」）を販売する場合において、当該特定携帯電話端末等に係る役務提供契約の相手方または当該特定携帯電話端末等の使用者が青少年であるときは、当該特定携帯電話端末等について、青少年有害情報フィルタリング有効化措置を講じなければならない（青少年インターネット環境整備法16条本文）。ただし、その青少年の保護者が、青少年有害情報フィルタリング有効化措置を講ずることを希望しない旨の申出をした場合は、この限りでない（青少年インターネット環境整備法16条ただし書）。

オ　妥当でない

　青少年がインターネットを利用して青少年有害情報を閲覧する機会をできるだけ少なくするための施策は、インターネット上の自由な表現活動の確保の観点から、受信者側へのアプローチを原則とする（「青少年が安全に安心してインターネットを利用できるようにするための施策に関する基本的な計画（第5次）」参照）。

**　以上より、妥当でないものはア・オであり、正解は肢2となる。**

LEC東京リーガルマインド　2023年版 出る順行政書士 当たる！直前予想模試　183

【第3回】 解答・解説

問題	テーマ（分野）	正解	重要度	正答率
58	空欄補充（文章理解）	5	A	70%

　まず、Ⅰについては、その前の文章で「……抽象的な労働時間とか、抽象化されたＸ円という、価格では処理しきれない、具体的な労働そのものがある。労働は人間の活動であり、人間の生活や意識や感情と一体のものであることを忘れてはならない。」としているので、Ⅰには、労働を時間と賃金だけで処理しようとすることに否定的な文章またはその内容を受けた文章が入る。それは、「何のために、どんな労働をしているか、ということぬきに時間と賃金だけで労働を処理することはできない」とするエである。よって、Ⅰにはエが入る。

　次に、Ⅱについては、その前の文章で「もし労働よりも自由時間の方が長くなれば、人生にとって労働が支配的価値となることをやめるだろう。労働は、人間の目的ではなく、生きるための手段になるだろう。」としているので、Ⅱには、人生における労働は支配的価値ではなくなり、生きるための手段にすぎないことを内容とする文章またはその内容を受けた文章が入る。それは、「つまり職業は、その人の多くの活動の中の、ひとつの活動であるにすぎなくなるだろう、という」とするウである。よって、Ⅱにはウが入る。

　そして、Ⅲについては、その前の文章で「……『ゆたか』とは、人びととの共存、自然との共存をひろげていくような労働を意味する。」としているので、Ⅲには、人間や自然との共存ないしそれに類似したことを内容とする文章またはその内容を受けた文章が入る。それは、「エーリッヒ・フロムは、それを、人間や未来にたいする思いやりと連帯のための能動性だと言っている」とするアである。なお、共存とは自分と他人が共に生存していること、連帯とは複数人で行動等をして共に責を負うことを意味するので、連帯という語句を共存の言い換えとすることに不自然さはない。よって、Ⅲにはアが入る。

　最後に、Ⅳについては、その前の文章で「……労働時間の短縮、つまり自由時間の増大だけではなく、労働のあり方を変えていくことなしには、豊かな生活はありえない、という課題に到達する。」としているので、Ⅳには、労働のあり方を変えていくことに関する筆者の見識等を述べた文章が入ると考えられる。そして、Ⅳの後の文章で「生活とも、地域社会とも切りはなされ、消費のたのしみしかなく、あるいは営利企業に組織されたレジャーのたのしみで、自分自身がふり回されている。そういう生き方から、そろそろ私たちは脱却すべきではないのだろうか。私たちは、本当は労働時間の短縮だけでなく、労働のなかにも豊かさを体験したいと望んでいるのではないだろうか。……」としているので、労働のあり方を変えていくことに関する筆者の見識等を述べた文章は「つまり、生活の中の労働と、社会的な労働を統一する必要にかられる」とするイである。よって、Ⅳにはイが入る。

　以上より、Ⅰには「エ」、Ⅱには「ウ」、Ⅲには「ア」、Ⅳには「イ」が入り、正解は肢5となる。

（出典　暉峻淑子「豊かさとは何か」から）

問題	テーマ（分野）	正解	重要度	正答率
59	空欄補充（文章理解）	3	A	55%

【第3回】 解答・解説

　まず、アについては、第1段落の「　ア　意識の欠如」だけでは「道徳」「法」「自立」いずれも入りそうにみえる。しかし、第3段落で「西欧社会における　ア　思想」「　ア　の客観性」とある。もし「自立」を入れるとすると、「自立思想」、「自立の客観性」という言葉は不明瞭であるため、肢5の「自立」を消去することができる。

　次に、イは、第3段落の「　イ　ということば……個別主義的約束の意であって」に注目する。「　イ　ということば」が「約束」と類似の語句であることがわかるから、イには「契約」が入る。よって、肢2を消去することができる。

　第2段落のウは、残った肢1、肢3、肢4の「法」「道徳」いずれも入りそうにみえるため先にエを検討する。第2段落で「神道では……超越的唯一神という神　エ　は生ぜず」とあるから、ここに「存在」を入れるのはおかしい。また、第5段落最後のエでは「たといそれが　エ＝存在　であったにせよ、その歴史的意義は大きいといわねばならない。」となり、不自然な表現になる。よって、エには「観念」が入る。肢1、肢3、肢4のうち、エが「観念」となっているものは肢3だけであり、この時点で、正解が肢3であることがわかる。

　念のため、ウに「道徳」を入れると、「　ウ＝道徳　的格律」「普遍主義的　ウ＝道徳　の基礎」となる。これらの表現は本文の趣旨と合致していることがわかる。また、アに「法」に入れると、「　ア＝法　意識の欠如」「西欧社会における　ア＝法　思想」「　ア＝法　の客観性」となる。これらは、いずれも適切な表現である。

**　以上より、アには「法」、イには「契約」、ウには「道徳」、エには「観念」が入り、正解は肢3である。**

（出典　源了圓「義理と人情」から）

LEC東京リーガルマインド　2023年版 出る順行政書士 当たる！直前予想模試　185

【第３回】 解答・解説

問題	テーマ（分野）	正解	重要度	正答率
60	並べ替え（文章理解）	4	A	30%

　まず、ウの内容をみると、ウの「そのような〈わたし〉の変換そのものは……共通の枠組みを、いわばなぞるかたちでしか可能とならないであろう」という文章は、空欄の前の文章の「〈わたし〉の変換を企てるというのは、可視性のレヴェルで一定の共同的なコードにしたがって紡ぎだされる意味の蔽いでもって……」という内容を受けて、それを言い換えていることがわかる。よって、空欄に入る文章の冒頭にはウがくる。

　次に、エの内容をみると、エの「このとき」という指示語は、〈わたし〉を変換したときを指すことがわかる。これに対し、オの内容をみると、可視性の変換は「同時に、自らの位置決定を共同的なものにゆだねることでもある」と述べており、エの「定型の反復でしかない」という文章へ続くことがわかる。よって、オ→エと続く。

　さらに、アの内容をみると、アの「言いかえると……共同的なコードによってほぼ全面的に拘束され……〈わたし〉はすっかりまぎれこみ、他との区別がつきにくくなる」という文章は、エの「〈わたし〉の変換は、たぶん定型の反復でしかない」という内容を受けて、それを言い換えていることがわかる。よって、オ→エ→アと続く。

　最後に、イの（このような区別がなくなれば）「〈わたし〉はむしろ消散してしまうことになる」という文章がくることがわかる。よって、オ→エ→ア→イと続く。

以上より、順序として妥当なものはウ→オ→エ→ア→イであり、正解は肢４となる。

（出典　鷲田清一「モードの迷宮」から）

＜付録＞
2022年度行政書士試験解答・解説

＜付録＞ 2022 年度行政書士試験　解答一覧

【法令等（5 肢択一式／一問 4 点）】

問題	正解	問題	正解	問題	正解
1	3	15	2	29	4
2	1	16	1	30	5
3	5	17	4	31	5
4	2	18	1	32	4
5	4	19	3	33	2
6	4	20	2	34	5
7	3	21	3	35	1
8	2	22	3	36	5
9	4	23	5	37	3
10	5	24	1	38	2
11	1	25	5	39	4
12	3	26	3	40	4
13	1	27	1	合計	／160
14	2	28	2		

【法令等（多肢選択式／一問 8 点／各 2 点）】

41	ア	10	イ	7	ウ	20	エ	5
42	ア	19	イ	11	ウ	6	エ	3
43	ア	4	イ	15	ウ	20	エ	11

合計　／24

【法令等（記述式／一問 20 点）】

44	B が あ る と 主 張 し て 重 大 な 損 害 が 生 じ る お そ れを市を被告として、是正命令の義務付け訴訟を提起する。
45	無 権 代 理 人 を 相 続 し た 本 人 が 無 権 代 理 行 為 の 認 め追認を拒絶しても信義に反しないため、認められる。
46	B の 所 有 権 に 基 づ く 妨 害 排 除 請 求 権 を 代 位 しBの塀の撤去を請求することができる。て、

合計　／60

【一般知識等（5 肢択一式／一問 4 点）】

問題	正解	問題	正解	問題	正解
47	5	52	2	57	5
48	5	53	2	58	4
49	4	54	4	59	1
50	1	55	1	60	5
51	3	56	1	合計	／56

合計　／300

【付録】2022 年度行政書士試験　解答・解説

問題	テーマ（分野）	正解	重要度	正答率
1	**裁判（基礎法学）**	**3**	**A**	31%

　本問は、伊藤正己「裁判官と学者の間」（1993 年）を素材とした空欄補充の問題である。

　裁判における<u>少数意見</u>を公表することを許す制度（<u>少数意見</u>制）の採用については、イギリス・アメリカの法体系（英米法系）では積極的な態度がとられているのに対し、ドイツ・フランスなどのヨーロッパ大陸の法体系（大陸法系）では消極的な態度がとられている。

　<u>少数意見</u>を公表することを許さないとする制度では、<u>判例</u>として力をもつ<u>多数意見</u>のみを公表することから、外観上は裁判官の<u>全員一致</u>の形をとる。

　以上より、アには「少数意見」、イには「判例」、ウには「多数意見」、エには「全員一致」が入り、正解は肢３となる。

ワンポイントアドバイス

【裁判官の意見】

　日本では、最高裁判所においては、裁判書には、各裁判官の<u>意見</u>を表示しなければなりません（裁判所法 11 条）。それらの<u>意見</u>は、最高裁判所裁判官の国民審査（憲法 79 条２項〜４項）の際の判断の資料になります。

【付録】2022 年度行政書士試験　解答・解説

問題	テーマ（分野）	正解	重要度	正答率
2	法律用語（基礎法学）	1	A	63%

ア　妥当でない

　「法律要件」とは、法律効果を生じさせる原因となる事実のことであり、意思表示などの主観的な要素も含まれる。

イ　妥当である

　そのとおり。「法律効果」とは、法律上の権利義務関係の変動（発生・変更・消滅）のことをいう。

ウ　妥当でない

　「構成要件」とは、犯罪行為を特徴付ける類型のことであり、行為・結果などの客観的な要素のほかに、故意などの主観的な要素も含まれると解されている。

エ　妥当である

　そのとおり。「立法事実」とは、立法の合理性を根拠付ける社会的、経済的、政治的または科学的事実のことをいう。

オ　妥当である

　そのとおり。「要件事実」とは、法律要件に該当する具体的な事実のことをいう。

　以上より、妥当でないものはア・ウであり、正解は肢 1 となる。

【付録】2022年度行政書士試験　解答・解説

問題	テーマ（分野）	正解	重要度	正答率
3	表現の自由（憲法）	5	A	50%

1　妥当でない

　これは、吉祥寺駅構内ビラ配布事件（最判昭59.12.18）の事例である。

2　妥当でない　基礎　『合格基本書』p.37

　これは、月刊ペン事件（最判昭56.4.16）の事例である。

3　妥当でない　基礎　『合格基本書』p.37

　これは、「石に泳ぐ魚」事件（最判平14.9.24）の事例である。

4　妥当でない　基礎　『合格基本書』p.34

　これは、西山記者事件（最決昭53.5.31）の事例である。

5　妥当である

　そのとおり。判例は、このような事例について、本問のような判断基準を示している（最判平元.12.21）。

ワンポイントアドバイス

【ビラの作成・配布】

　判例は、本問のような判断基準を示して、「ビラを作成配布することも、……表現行為として保護されるべきことに変わりはない。」としたうえで、「本件配布行為は、……市内の教育関係者のみならず一般市民の間でも大きな関心事になっていた小学校における通知表の交付をめぐる混乱という公共の利害に関する事項についての批判、論評を主題とする意見表明というべきである。」などとして、「本件配布行為が専ら公益を図る目的に出たものに当たらないということはできず、更に、本件ビラの主題が前提としている客観的事実については、その主要な点において真実であることの証明があったものとみて差し支えないから、本件配布行為は、名誉侵害の不法行為の違法性を欠くものというべきである。」としています（最判平元.12.21）。

LEC東京リーガルマインド　2023年版 出る順行政書士 当たる！直前予想模試　191

【付録】2022年度行政書士試験　解答・解説

問題	テーマ（分野）	正解	重要度	正答率
4	要指導医薬品ネット販売規制事件（憲法）	2	A	28%

『合格基本書』p.51

本問は、要指導医薬品ネット販売規制事件（最判令3.3.18）を素材としたものである。

1　妥当でない

判例は、「憲法22条1項は、狭義における職業選択の自由のみならず、職業活動の自由も保障しているところ、職業の自由に対する規制措置は事情に応じて各種各様の形をとるため、その同項適合性を一律に論ずることはできず、その適合性は、具体的な規制措置について、規制の目的、必要性、内容、これによって制限される職業の自由の性質、内容及び制限の程度を検討し、これらを比較考量した上で慎重に決定されなければならない。」としている（要指導医薬品ネット販売規制事件／最判令3.3.18）。

2　妥当である

そのとおり。判例は、肢1の解説で述べた「ような検討と考量をするのは、第一次的には立法府の権限と責務であり、裁判所としては、規制の目的が公共の福祉に合致するものと認められる以上、そのための規制措置の具体的内容及び必要性と合理性については、立法府の判断がその合理的裁量の範囲にとどまる限り、立法政策上の問題としてこれを尊重すべきものである」としている（要指導医薬品ネット販売規制事件／最判令3.3.18）。

3　妥当でない

判例は、「要指導医薬品の市場規模やその規制の期間に照らすと、要指導医薬品について薬剤師の対面による販売又は授与を義務付ける本件各規定は、職業選択の自由そのものに制限を加えるものであるとはいえず、職業活動の内容及び態様に対する規制にとどまるものであることはもとより、その制限の程度が大きいということもできない。」としている（要指導医薬品ネット販売規制事件／最判令3.3.18）。

4　妥当でない

判例は、「要指導医薬品について、適正な使用のため、薬剤師が対面により販売又は授与をしなければならないとする本件各規定は、その不適正な使用による国民の生命、健康に対する侵害を防止し、もって保健衛生上の危害の発生及び拡大の防止を図ることを目的とするものであ」るとしたうえで、要指導医薬品の市場規模やその規制の期間に照らしてみれば、職業活動の内容および態様に対する規制にとどまり、その制限の程度が大きいものではなく、憲法22条1項に違反しないとしている（要指導医薬品ネット販売規制事件／最判令3.3.18）。本判例は、消極目的規制であるにもかかわらず、許可制のような職業選択の自由そのものに制約を課すものではなく、職業活動の自由に一定の制約を課すにとどまるものであることから、薬事法距離制限事件（最大判昭50.4.30）で示された厳格な合理性の基準について言及していない。

5　妥当でない

判例は、「要指導医薬品について、適正な使用のため、薬剤師が対面により販売又は授与をしなければならないとする本件各規定は、その不適正な使用による国民の生命、健康に対する侵害を防止し、もって保健衛生上の危害の発生及び拡大の防止を図ることを目的とするものであり、このような目的が公共の福祉に合致することは明らかである。」としている（要指導医薬品ネット販売規制事件／最判令3.3.18）。

【付録】2022年度行政書士試験　解答・解説

問題	テーマ（分野）	正解	重要度	正答率
5	**適正手続（憲法）**	**4**	**A**	**74%**

1　妥当でない　基礎　『合格基本書』p.57

　判例は、「かかる没収の言渡を受けた被告人は、たとえ第三者の所有物に関する場合であつても、被告人に対する附加刑である以上、<u>没収の裁判の違憲を理由として上告をなしうる</u>ことは当然である。」としている（第三者所有物没収事件／最大判昭37.11.28）。

2　妥当でない

　何人も、理由を直ちに告げられ、かつ、直ちに弁護人に依頼する権利を与えられなければ、抑留または拘禁されない（34条前段）。判例は、「単に被疑者が弁護人を選任することを官憲が妨害してはならないというにとどまるものではなく、被疑者に対し、弁護人を選任した上で、<u>弁護人に相談し、その助言を受けるなど弁護人から援助を受ける機会を持つことを実質的に保障している</u>ものと解すべきである。」としている（最大判平11.3.24）。

3　妥当でない　基礎　『合格基本書』p.59

　すべて刑事事件においては、被告人は、公平な裁判所の迅速な公開裁判を受ける権利を有する（37条1項）。判例は、「憲法37条1項の保障する迅速な裁判をうける権利は、憲法の保障する基本的な人権の一つであり、右条項は、単に迅速な裁判を一般的に保障するために必要な立法上および司法行政上の措置をとるべきことを要請するにとどまらず、さらに個々の刑事事件について、現実に右の保障に明らかに反し、審理の著しい遅延の結果、迅速な裁判をうける被告人の権利が害せられたと認められる異常な事態が生じた場合には、<u>これに対処すべき具体的規定がなくても、もはや当該被告人に対する手続の続行を許さず、その審理を打ち切るという非常救済手段がとられるべきことをも認めている</u>趣旨の規定である」としている（高田事件／最大判昭47.12.20）。

4　妥当である　基礎　『合格基本書』p.59

　そのとおり。判例は、「憲法38条1項の法意が、何人も自己の刑事上の責任を問われるおそれのある事項について供述を強要されないことを保障したものであると解すべきことは、当裁判所大法廷の判例……とするところであるが、右規定による保障は、純然たる刑事手続においてばかりではなく、それ以外の手続においても、実質上、刑事責任追及のための資料の取得収集に直接結びつく作用を一般的に有する手続には、ひとしく及ぶものと解するのを相当とする。」としている（川崎民商事件／最大判昭47.11.22）。

5　妥当でない

　判例は、法人税法に基づく追徴税（当時）は、「過少申告・不申告による納税義務違反の発生を防止し、以つて納税の実を挙げんとする趣旨に出でた行政上の措置であると解すべきである。法が追徴税を行政機関の行政手続により租税の形式により課すべきものとしたことは追徴税を課せらるべき納税義務違反者の行為を犯罪とし、これに対する刑罰として、これを課する趣旨でないこと（は）明らかである」としたうえで、「追徴税のような性質にかんがみれば、<u>憲法39条の規定は刑罰たる罰金と追徴税とを併科することを禁止する趣旨を含むものでない</u>と解するのが相当である」としている（最判昭33.4.30）。

LEC東京リーガルマインド　2023年版 出る順行政書士 当たる！直前予想模試　**193**

【付録】2022 年度行政書士試験　解答・解説

問題	テーマ（分野）	正解	重要度	正答率
6	内閣の権限（憲法）	4	A	82%

1　**妥当でない**　基礎　『合格基本書』p. 89
　　内閣は、条約を締結する（73 条 3 号本文）。ただし、事前に、時宜によっては事後に、国会の承認を経ることを必要とする（73 条 3 号但書）。

2　**妥当でない**
　　憲法では、このようなことは定められていない。

3　**妥当でない**
　　衆議院が解散されたときは、参議院は、同時に閉会となる（両院同時活動の原則／54 条 2 項本文）。ただし、内閣は、国に緊急の必要があるときは、参議院の緊急集会を求めることができる（54 条 2 項但書）。

4　**妥当である**　基礎　『合格基本書』p. 87
　　そのとおり。内閣総理大臣が欠けたとき、または衆議院議員総選挙の後に初めて国会の召集があったときは、内閣は、総辞職をしなければならない（70 条）。この場合には、内閣は、あらたに内閣総理大臣が任命されるまで引き続きその職務を行う（71 条）。

5　**妥当でない**　基礎　『合格基本書』p. 106
　　憲法では、このようなことは定められていない。なお、予見し難い予算の不足に充てるため、国会の議決に基づいて予備費を設け、内閣の責任でこれを支出することができる（87 条 1 項）。すべて予備費の支出については、内閣は、事後に国会の承諾を得なければならない（87 条 2 項）。

ワンポイントアドバイス

【参議院の緊急集会】

　〔参議院の〕緊急集会において採られた措置は、臨時のものであって、次の国会開会の後 10 日以内に、衆議院の同意がない場合には、その効力を失います（54 条 3 項）。これは、将来に向かって効力を失うものと解されています。

【付録】2022 年度行政書士試験　解答・解説

問題	テーマ（分野）	正解	重要度	正答率
7	裁判の公開（憲法）	3	A	93%

1　妥当でない

　判例は、「憲法が裁判の対審及び判決を公開法廷で行うことを規定しているのは、手続を一般に公開してその審判が公正に行われることを保障する趣旨にほかならないのであるから、たとい公判廷の状況を一般に報道するための取材活動であつても、その活動が公判廷における審判の秩序を乱し被告人その他訴訟関係人の正当な利益を不当に害するがごときものは、もとより許されないところであるといわなければならない。ところで、公判廷における写真の撮影等は、その行われる時、場所等のいかんによつては、前記のような好ましくない結果を生ずる恐れがあるので、刑事訴訟規則 215 条は写真撮影の許可等を裁判所の裁量に委ね、その許可に従わないかぎりこれらの行為をすることができないことを明らかにしたのであつて、右規則は憲法に違反するものではない」としている（最大決昭 33.2.17）。

2　妥当でない

　判例は、「民事上の秩序罰としての過料を科する作用は、国家のいわゆる後見的民事監督の作用であり、その実質においては、一種の行政処分としての性質を有するものである」としたうえで、「法律上、裁判所がこれを科することにしている場合でも、過料を科する作用は、もともと純然たる訴訟事件としての性質の認められる刑事制裁を科する作用とは異なるのであるから、憲法 82 条、32 条の定めるところにより、公開の法廷における対審及び判決によって行なわなければならないものではない」としている（最大決昭 41.12.27）。

3　妥当である

　そのとおり。判例は、傍聴人と証人との間で遮へい措置（刑事訴訟法 157 条の 5 第 2 項）が採られても、「審理が公開されていることに変わりはないから……憲法 82 条 1 項、37 条1 項に違反するものではない。」としている（最判平 17.4.14）。

4　妥当でない　基礎　『合格基本書』p. 103

　判例は、憲法 82 条 1 項の裁判の公開の趣旨は、「裁判を一般に公開して裁判が公正に行われることを制度として保障し、ひいては裁判に対する国民の信頼を確保しようとすることにある」としたうえで、憲法 82 条 1 項は、「各人が裁判所に対して傍聴することを権利として要求できることまでを認めたものでないことはもとより、傍聴人に対して法廷においてメモを取ることを権利として保障しているものでないことも、いうまでもない」としている（レペタ訴訟／最大判平元.3.8）。

5　妥当でない

　判例は、「裁判官に対する懲戒は、裁判所が裁判という形式をもってすることとされているが、一般の公務員に対する懲戒と同様、その実質においては裁判官に対する行政処分の性質を有するものである。したがって、裁判官に懲戒を課する作用は、固有の意味における司法権の作用ではなく、懲戒の裁判は、純然たる訴訟事件についての裁判には当たらないことが明らかである。」としている（寺西判事補分限裁判／最大決平 10.12.1）。よって、公開の法廷で行う必要はない。

ワンポイントアドバイス

【裁判の公開】

　裁判の対審および判決は、公開法廷でこれを行います（82 条 1 項）。裁判所が、裁判官の全員一致で、公の秩序または善良な風俗を害するおそれがあると決した場合には、対審は、公開しないでこれを行うことができます（82 条 2 項本文）。ただし、政治犯罪、出版に関する犯罪または憲法第 3 章で保障する国民の権利が問題となっている事件の対審は、常にこれを公開しなければなりません（82 条 2 項但書）。

LEC 東京リーガルマインド　2023 年版 出る順行政書士 当たる！直前予想模試　195

【付録】2022 年度行政書士試験　解答・解説

問題	テーマ（分野）	正解	重要度	正答率
8	公法上の権利の一身専属性（行政法総論）	2	B	21%

A　ア　基礎　『合格基本書』p. 464

　判例は、「生活保護法の規定に基づき要保護者または被保護者が国から生活保護を受けるのは、単なる国の恩恵ないし社会政策の実施に伴う反射的利益ではなく、法的権利であつて、保護受給権とも称すべきものと解すべきである。しかし、この権利は、被保護者自身の最低限度の生活を維持するために当該個人に与えられた一身専属の権利であつて、他にこれを譲渡し得ないし……、相続の対象ともなり得ないというべきである。」としている（朝日訴訟／最大判昭42.5.24）。

B　エ

　① 判例は、じん肺管理区分が「管理1に該当する旨の決定を受けた労働者等が当該決定の取消しを求める訴訟の係属中に死亡した場合には、当該訴訟は、当該労働者等の死亡によって当然に終了するものではなく、当該労働者等のじん肺に係る未支給の労災保険給付を請求することができる労災保険法11条1項所定の遺族においてこれを承継すべきものと解するのが相当である。」としている（最判平29.4.6）。② 判例は、「被爆者健康手帳交付申請及び健康管理手当認定申請の各却下処分の取消しを求める訴訟並びに同取消しに加えて被爆者健康手帳の交付の義務付けを求める訴訟について、訴訟の係属中に申請者が死亡した場合には、当該訴訟は当該申請者の死亡により当然に終了するものではなく、その相続人がこれを承継するものと解するのが相当である。」としている（最判平29.12.18）。

C　カ

　判例は、「被爆者援護法は、被爆者の健康面に着目して公費により必要な医療の給付をすることを中心とするものであって、その点からみると、いわゆる社会保障法としての他の公的医療給付立法と同様の性格を持つものであるということができるものの、他方で、原子爆弾の投下の結果として生じた放射能に起因する健康被害が他の戦争被害とは異なる特殊の被害であることに鑑みて制定されたものであることからすれば、被爆者援護法は、このような特殊の戦争被害について戦争遂行主体であった国が自らの責任によりその救済を図るという一面をも有するものであり、その点では実質的に国家補償的配慮が制度の根底にあることは否定することができない。」としている（最判平29.12.18）。

**　以上より、Aにはア、Bにはエ、Cにはカが入り、正解は肢2となる。**

━━━━━━━━━━━━━━ ワンポイントアドバイス ━━━━━━━━━━━━━━

【健康管理手当の受給権】

　判例は、被爆者援護法に基づく「健康管理手当は、原子爆弾の放射能の影響による造血機能障害等の障害に苦しみ続け、不安の中で生活している被爆者に対し、毎月定額の手当を支給することにより、その健康及び福祉に寄与することを目的とするものであるところ（同法前文、27条参照）、同条は、その受給権に関し、被爆者であって、所定の疾病に罹患しているものであれば、同条2項所定の都道府県知事の認定を受けることによって、当該認定の申請をした日の属する月の翌月から一定額の金銭を受給することができる旨を定めている。このような規定に照らすと、同手当に係る受給権は、所定の各要件を満たすことによって得られる具体的給付を求める権利として規定されているということができる。以上のような同法の性格や健康管理手当の目的及び内容に鑑みると、同条に基づく認定の申請がされた健康管理手当の受給権は、当該申請をした者の一身に専属する権利ということはできず、相続の対象となるものである」としています（最判平29.12.18）。

【付録】2022 年度行政書士試験 解答・解説

問題	テーマ（分野）	正解	重要度	正答率
9	行政契約（行政法総論）	4	B	85%

ア　妥当でない

　行政手続法では、行政契約の定義などは定められていない。

イ　妥当でない

　地方自治法では、契約の締結の手続が定められている。売買、貸借、請負その他の契約は、一般競争入札、指名競争入札、随意契約またはせり売りの方法により締結するものとする（地方自治法 234 条 1 項）。

ウ　妥当である

　そのとおり。水道事業者は、事業計画に定める給水区域内の需要者から給水契約の申込みを受けたときは、「正当の理由」がなければ、これを拒んではならない（水道法 15 条 1 項）。判例は、水道法 15 条 1 項にいう「正当の理由」とは、「水道事業者の正常な企業努力にもかかわらず給水契約の締結を拒まざるを得ない理由を指す」としたうえで、「社会的条件としては著しい給水人口の増加が見込まれるため、近い将来において需要量が給水量を上回り水不足が生ずることが確実に予見されるという地域にあっては……需要の抑制施策の 1 つとして、新たな給水申込みのうち、需要量が特に大きく、現に居住している住民の生活用水を得るためではなく住宅を供給する事業を営む者が住宅分譲目的でしたものについて、給水契約の締結を拒むことにより、急激な需要の増加を抑制することには、法 15 条 1 項にいう『正当の理由』がある」としている（福岡県志免町給水拒否事件／最判平 11.1.21）。

エ　妥当でない

　公害防止協定も、契約としての法的拘束力を有する。判例は、「処分業者が、公害防止協定において、協定の相手方に対し、その事業や処理施設を将来廃止する旨を約束することは、処分業者自身の自由な判断で行えることであり、その結果、許可が効力を有する期間内に事業や処理施設が廃止されることがあったとしても、同法〔廃棄物処理法〕に何ら抵触するものではない。」としている（福岡県福間町公害防止協定事件／最判平 21.7.10）。

オ　妥当である　基礎　『合格基本書』p.400

　そのとおり。判例は、「随意契約の制限に関する法令に違反して締結された契約の私法上の効力については別途考察する必要があり、かかる違法な契約であっても私法上当然に無効になるものではなく、随意契約によることができる場合として……令〔地方自治法施行令〕の規定の掲げる事由のいずれにも当たらないことが何人の目にも明らかである場合や契約の相手方において随意契約の方法による当該契約の締結が許されないことを知り又は知り得べかりし場合のように当該契約の効力を無効としなければ随意契約の締結に制限を加える……法〔地方自治法〕及び令の規定の趣旨を没却する結果となる特段の事情が認められる場合に限り、私法上無効になるものと解するのが相当である。」としている（最判昭 62.5.19）。

　以上より、妥当なものはウ・オであり、正解は肢 4 となる。

━━━━━━━━━━━━━ ワンポイントアドバイス ━━━━━━━━━━━━━

【行政契約】

　行政契約には、行政主体と私人との間の行政契約のほかに、行政主体相互間の行政契約（地方公共団体間の事務委託／地方自治法 252 条の 14 など）もあります。

LEC東京リーガルマインド　2023 年版 出る順行政書士 当たる！直前予想模試　　197

【付録】2022 年度行政書士試験　解答・解説

問題	テーマ（分野）	正解	重要度	正答率
10	行政調査（行政法総論）	5	B	54%

1　妥当でない

　判例は、「警職法は、その２条１項において同項所定の者を停止させて質問することができると規定するのみで、<u>所持品の検査については明文の規定を設けていないが</u>、所持品の検査は、口頭による質問と密接に関連し、かつ、職務質問の効果をあげるうえで必要性、有効性の認められる行為であるから、同条項による職務質問に附随してこれを行うことができる場合があると解するのが、相当である。所持品検査は、任意手段である職務質問の附随行為として許容されるのであるから、所持人の承諾を得て、その限度においてこれを行うのが原則であることはいうまでもない。しかしながら、職務質問ないし所持品検査は、犯罪の予防、鎮圧等を目的とする行政警察上の作用であつて、流動する各般の警察事象に対応して迅速適正にこれを処理すべき行政警察の責務にかんがみるときは、所持人の承諾のない限り所持品検査は一切許容されないと解するのは相当でなく、捜索に至らない程度の行為は、強制にわたらない限り、所持品検査においても許容される場合があると解すべきである。もつとも、所持品検査には種々の態様のものがあるので、その許容限度を一般的に定めることは困難であるが、所持品について捜索及び押収を受けることのない権利は憲法 35 条の保障するところであり、捜索に至らない程度の行為であつてもこれを受ける者の権利を害するものであるから、状況のいかんを問わず常にかかる行為が許容されるものと解すべきでないことはもちろんであつて、かかる行為は、限定的な場合において、所持品検査の必要性、緊急性、これによつて害される個人の法益と保護されるべき公共の利益との権衡などを考慮し、具体的状況のもとで相当と認められる限度においてのみ、許容されるものと解すべきである。」としている（最判昭 53.6.20）。

2　妥当でない　基礎　『合格基本書』p. 409

　判例は、「自動車の運転者は、公道において自動車を利用することを許されていることに伴う当然の負担として、合理的に必要な限度で行われる交通の取締に協力すべきものであること、その他現時における交通違反、交通事故の状況などをも考慮すると、警察官が、交通取締の一環として交通違反の多発する地域等の適当な場所において、交通違反の予防、検挙のための自動車検問を実施し、同所を通過する自動車に対して<u>走行の外観上の不審な点の有無にかかわりなく短時分の停止を求めて</u>、運転者などに対し必要な事項についての質問などをすることは、それが相手方の任意の協力を求める形で行われ、自動車の利用者の自由を不当に制約することにならない方法、態様で行われる限り、適法なものと解すべきである。」としている（最判昭 55.9.22）。

3　妥当でない

　<u>行政手続法では、このようなことは定められていない</u>。なお、「報告又は物件の提出を命ずる処分その他その職務の遂行上必要な情報の収集を直接の目的としてされる処分及び行政指導」については、行政手続法の処分および行政指導に関する規定は適用されない（行政手続法３条１項 14 号）。

4　妥当でない

　国税通則法によれば、同法による質問検査権は、犯罪捜査のために認められたものと解してはならない（国税通則法 74 条の８）。判例は、法人税法（当時）に「規定する質問又は検査の権限は、犯罪の証拠資料を取得収集し、保全するためなど、犯則事件の調査あるいは捜査のための手段として行使することは許されない」としたうえで、当該「質問又は検査の権限の行使に当たって、取得収集される証拠資料が<u>後に犯則事件の証拠として利用されることが想定できたとしても、そのことによって直ちに、上記質問又は検査の権限が犯則事件の調査あるいは捜査のための手段として行使されたことにはならない</u>」としている（今治税務署職員税務調査資料流用事件／最決平 16.1.20）。

5　妥当である

　そのとおり。行政調査に応じなかった者に刑罰を科すことについては、法律に明文の根拠規定を要すると解される。

198　　　LEC東京リーガルマインド　2023 年版 出る順行政書士 当たる！直前予想模試

【付録】2022 年度行政書士試験　解答・解説

問題	テーマ（分野）	正解	重要度	正答率
11	申請に対する処分（行政手続法）	1	A	93%

1　妥当である　基礎　『合格基本書』p. 415

　そのとおり。行政庁は、申請がその事務所に到達してから当該申請に対する処分をするまでに通常要すべき標準的な期間（法令により当該行政庁と異なる機関が当該申請の提出先とされている場合は、併せて、当該申請が当該提出先とされている機関の事務所に到達してから当該行政庁の事務所に到達するまでに通常要すべき標準的な期間）を定めるよう努めるとともに、これを定めたときは、これらの当該申請の提出先とされている機関の事務所における備付けその他の適当な方法により公にしておかなければならない（6条）。

2　妥当でない　基礎　『合格基本書』p. 416

　行政庁は、申請がその事務所に到達したときは遅滞なく当該申請の審査を開始しなければならず、かつ、申請書の記載事項に不備がないこと、申請書に必要な書類が添付されていること、申請をすることができる期間内にされたものであることその他の法令に定められた申請の形式上の要件に適合しない申請については、速やかに、申請をした者（「申請者」）に対し相当の期間を定めて当該申請の補正を求め、または当該申請により求められた許認可等を拒否しなければならない（7条）。

3　妥当でない　基礎　『合格基本書』p. 418

　行政庁は、申請により求められた許認可等を拒否する処分をする場合は、申請者に対し、同時に、当該処分の理由を示さなければならない（8条1項本文）。これは、法的義務である。なお、法令に定められた許認可等の要件または公にされた審査基準が数量的指標その他の客観的指標により明確に定められている場合であって、当該申請がこれらに適合しないことが申請書の記載または添付書類その他の申請の内容から明らかであるときは、申請者の求めがあったときにこれを示せば足りる（8条1項ただし書）。

4　妥当でない　基礎　『合格基本書』p. 419

　行政庁は、申請者の求めに応じ、当該申請に係る審査の進行状況および当該申請に対する処分の時期の見通しを示すよう努めなければならない（9条1項）。これは、努力義務である。

5　妥当でない　基礎　『合格基本書』p. 419

　行政庁は、申請に対する処分であって、申請者以外の者の利害を考慮すべきことが当該法令において許認可等の要件とされているものを行う場合には、必要に応じ、公聴会の開催その他の適当な方法により当該申請者以外の者の意見を聴く機会を設けるよう努めなければならない（10条）。これは、努力義務である。

━━━━━━ ワンポイントアドバイス ━━━━━━

【情報の提供】

　行政庁は、申請をしようとする者または申請者の求めに応じ、申請書の記載および添付書類に関する事項その他の申請に必要な情報の提供に努めなければなりません（9条2項）。これは、努力義務です。

LEC東京リーガルマインド　2023 年版 出る順行政書士 当たる！直前予想模試　**199**

【付録】2022 年度行政書士試験　解答・解説

問題	テーマ（分野）	正解	重要度	正答率
12	不利益処分（行政手続法）	3	A	78%

1　妥当でない

　行政手続法では、このようなことは定められていない。申請により求められた許認可等を拒否する処分は、行政手続法の「不利益処分」から除かれている（２条４号ロ）。

2　妥当でない

　行政手続法では、このようなことは定められていない。

3　妥当である　基礎　『合格基本書』p. 426

　そのとおり。行政庁は、行政手続法 13 条１項１号イ〜ニ（聴聞によるべきもの）のいずれにも該当しない不利益処分をしようとする場合には、当該不利益処分の名あて人となるべき者について、弁明の機会の付与の手続をとらなければならない（13 条１項２号）。弁明は、行政庁が口頭ですることを認めたときを除き、弁明を記載した書面（「弁明書」）を提出してするものとする（29 条１項）。

4　妥当でない　基礎　『合格基本書』p. 425

　行政手続法の「聴聞」の節の規定に基づく処分またはその不作為については、審査請求をすることができない（27 条）。

5　妥当でない

　聴聞は、行政庁が指名する職員その他政令で定める者が主宰する（19 条１項）。もっとも、行政手続法 19 条２項１号〜６号のいずれかに該当する者は、聴聞を主宰することができない（19 条２項）。よって、政令に委任されているわけではない。

━━━━━━━━━━━━━━━ **ワンポイントアドバイス** ━━━━━━━━━━━━━━━

【審査請求の制限】

　行政手続法の「聴聞」の節の規定に基づく処分またはその不作為については、審査請求をすることができません（27 条）。例えば、聴聞における文書等の閲覧の不許可については審査請求をすることができない（聴聞を経て行われる最終的な不利益処分について審査請求をすればよい）ということになります。

問題	テーマ（分野）	正解	重要度	正答率
13	**届出（行政手続法）**	**1**	**A**	**77%**

1 妥当である 基礎 『合格基本書』p. 431

　そのとおり。「届出」とは、行政庁に対し一定の事項の通知をする行為（<u>申請に該当するものを除く。</u>）であって、法令により直接に当該通知が義務付けられているもの（自己の期待する一定の法律上の効果を発生させるためには当該通知をすべきこととされているものを含む。）をいう（2条7号）。このように、「<u>申請に該当するものを除く</u>」という限定が付されている。

2 妥当でない 基礎 『合格基本書』p. 431

　「届出」とは、<u>行政庁に対し一定の事項の通知をする行為</u>（申請に該当するものを除く。）であって、法令により直接に当該通知が義務付けられているもの（自己の期待する一定の法律上の効果を発生させるためには当該通知をすべきこととされているものを含む。）をいう（2条7号）。<u>これには「事前になされるものに限る」という限定は付されていない。</u>

3 妥当でない 基礎 『合格基本書』p. 431

　「届出」とは、行政庁に対し一定の事項の通知をする行為（申請に該当するものを除く。）であって、法令により直接に当該通知が義務付けられているもの（<u>自己の期待する一定の法律上の効果を発生させるためには当該通知をすべきこととされているものを含む。</u>）をいう（2条7号）。このように、「自己の期待する一定の法律上の効果を発生させるためには当該通知をすべきこととされているもの」を<u>含むもの</u>とされている。

4 妥当でない 基礎 『合格基本書』p. 431

　届出が<u>届出書の記載事項に不備がないこと</u>、届出書に必要な書類が添付されていることその他の法令に定められた届出の形式上の要件に適合している場合は、当該届出が法令により当該届出の提出先とされている機関の事務所に到達したときに、当該届出をすべき手続上の義務が履行されたものとする（37条）。これに対し、<u>届出書の記載事項に不備がある場合には、義務が履行されたものとはされない。</u>

5 妥当でない 基礎 『合格基本書』p. 431

　届出が届出書の記載事項に不備がないこと、<u>届出書に必要な書類が添付されていること</u>その他の法令に定められた届出の形式上の要件に適合している場合は、当該届出が法令により当該届出の提出先とされている機関の事務所に到達したときに、当該届出をすべき手続上の義務が履行されたものとする（37条）。これに対し、<u>届出書に必要な書類が添付されていない場合には、義務が履行されたものとはされない。</u>

ワンポイントアドバイス

【申請・届出】

　行政手続法において「申請」とは、法令に基づき、行政庁の許可、認可、免許その他の自己に対し何らかの利益を付与する処分（「許認可等」）を求める行為であって、当該行為に対し<u>て行政庁が諾否の応答をすべきこととされているもの</u>をいいます（2条3号）。個別法において「届出」という用語が使用されていても、<u>行政庁がその内容を審査して応答をすべき</u>こととされているものは、行政手続法における「申請」に含まれます。

【付録】2022 年度行政書士試験　解答・解説

問題	テーマ（分野）	正解	重要度	正答率
14	**総合（行政不服審査法）**	**2**	**B**	82%

1　妥当でない　基礎　『合格基本書』p. 436

　　行政庁の処分につき処分庁以外の行政庁に対して審査請求をすることができる場合において、<u>法律に再調査の請求をすることができる旨の定めがあるときは</u>、当該処分に不服がある者は、処分庁に対して再調査の請求をすることができる（5条1項本文）。よって、<u>法律に再調査の請求をすることができる旨の定めがあるときでなければ、再調査の請求をすることはできない</u>。

2　妥当である　基礎　『合格基本書』p. 447

　　そのとおり。審理員は、審理手続を終結したときは、遅滞なく、審査庁がすべき裁決に関する意見書（「審理員意見書」）を作成しなければならない（42条1項）。審理員は、審理員意見書を作成したときは、速やかに、これを事件記録とともに、審査庁に提出しなければならない（42条2項）。

3　妥当でない

　　<u>行政不服審査法では、このようなことは定められていない</u>（行政手続法 36 条の3参照）。

4　妥当でない

　　<u>行政不服審査法では、このようなことは定められていない</u>（行政手続法 36 条の2参照）。

5　妥当でない

　　地方公共団体の機関がする処分であってその根拠となる規定が条例に置かれているものにも、行政不服審査法が適用される（行政手続法3条3項のようなルールは定められていない）。審査庁は、審理員意見書の提出を受けたときは、審査庁が地方公共団体の長（地方公共団体の組合にあっては、長、管理者または理事会）である場合にあっては<u>地方公共団体に置かれる行政不服審査機関に諮問しなければならない</u>（43条1項）。

【付録】2022 年度行政書士試験　解答・解説

問題	テーマ（分野）	正解	重要度	正答率
15	**審理員（行政不服審査法）**	**2**	**A**	**84%**

1　妥当でない　基礎　『合格基本書』p. 445

審査請求がされた行政庁は、審査庁に所属する職員のうちから審理手続を行う者〔審理員〕を指名するとともに、その旨を審査請求人および処分庁等（審査庁以外の処分庁等に限る。）に通知しなければならない（9条1項本文）。

2　妥当である　基礎　『合格基本書』p. 446

そのとおり。審理員は、審査請求人もしくは参加人の申立てによりまたは職権で、書類その他の物件の所持人に対し、相当の期間を定めて、その物件の提出を求めることができる（33条前段）。この場合において、審理員は、その提出された物件を留め置くことができる（33条後段）。

3　妥当でない　基礎　『合格基本書』p. 446

審理員は、審査請求人もしくは参加人の申立てによりまたは職権で、必要な場所につき、検証をすることができる（35条1項）。

4　妥当でない　基礎　『合格基本書』p. 446

審理員は、審査請求人もしくは参加人の申立てによりまたは職権で、審査請求に係る事件に関し、審理関係人に質問することができる（36条）。

5　妥当でない　基礎　『合格基本書』p. 447

審理員は、必要があると認める場合には、数個の審査請求に係る審理手続を併合し、または併合された数個の審査請求に係る審理手続を分離することができる（39条）。

ワンポイントアドバイス

【審理員】

審理員は、審査請求人もしくは参加人の申立てによりまたは職権で、① 物件の提出要求（33条）、② 参考人の陳述および鑑定の要求（34条）、③ 検証（35条1項）、④ 審理関係人への質問（36条）をすることができます。

【付録】2022 年度行政書士試験　解答・解説

問題	テーマ（分野）	正解	重要度	正答率
16	教示（行政不服審査法）	1	A	77%

1　妥当でない 基礎 『合格基本書』p. 452

　行政庁は、審査請求もしくは再調査の請求または他の法令に基づく不服申立てをすることができる処分をする場合には、処分の相手方に対し、当該処分につき不服申立てをすることができる旨ならびに不服申立てをすべき行政庁および不服申立てをすることができる期間を書面で教示しなければならない（82 条 1 項本文）。ただし、<u>当該処分を口頭でする場合は、この限りでない</u>（82 条 1 項ただし書）。よって、<u>当該処分を口頭でする場合は、教示をする必要はない</u>。

2　妥当である 基礎 『合格基本書』p. 452

　そのとおり。行政庁は、審査請求もしくは再調査の請求または他の法令に基づく不服申立てをすることができる処分をする場合には、処分の相手方に対し、<u>当該処分につき不服申立てをすることができる旨</u>ならびに不服申立てをすべき行政庁および不服申立てをすることができる期間を書面で教示しなければならない（82 条 1 項本文）。<u>執行停止の申立てをすることができる旨を教示する必要はない</u>。

3　妥当である 基礎 『合格基本書』p. 452

　そのとおり。行政庁は、利害関係人から、当該処分が不服申立てをすることができる処分であるかどうかならびに当該処分が不服申立てをすることができるものである場合における不服申立てをすべき行政庁および不服申立てをすることができる期間につき教示を求められたときは、当該事項を教示しなければならない（82 条 2 項）。この場合において、<u>教示を求めた者が書面による教示を求めたときは、当該教示は、書面でしなければならない</u>（82 条 3 項）。

4　妥当である 基礎 『合格基本書』p. 452

　そのとおり。行政庁が教示をしなかった場合には、当該処分について不服がある者は、当該処分庁に不服申立書を提出することができる（83 条 1 項）。

5　妥当である

　そのとおり。審査庁は、再審査請求をすることができる裁決をする場合には、裁決書に再審査請求をすることができる旨ならびに再審査請求をすべき行政庁および再審査請求期間を記載して、これらを教示しなければならない（50 条 3 項）。

【付録】2022 年度行政書士試験　解答・解説

問題	テーマ（分野）	正解	重要度	正答率
17	総合（行政事件訴訟法）	4	A	43%

1　妥当でない　基礎　『合格基本書』p. 481

　行政庁の公権力の行使に関しては、行政事件訴訟法に列挙されていない抗告訴訟（無名抗告訴訟）も提起できる余地がある。

2　妥当でない

　取消訴訟における取消判決の拘束力の規定（33 条）は、不作為の違法確認の訴えについて準用されている（38 条 1 項）。よって、不作為の違法確認の訴えにおいて、原告の請求を認容する判決（不作為の違法確認判決）が確定したときは、行政庁は、申請に対し、何らかの処分または裁決をしなければならない（38 条 1 項・33 条 2 項）。よって、申請により求められた処分をしなければならないわけではない。

3　妥当でない　基礎　『合格基本書』p. 475

　不作為の違法確認の訴えは、処分または裁決についての申請をした者に限り、提起することができる（37 条）。「不作為の違法確認の訴え」とは、行政庁が法令に基づく申請に対し、相当の期間内に何らかの処分または裁決をすべきであるにかかわらず、これをしないことについての違法の確認を求める訴訟をいう（3 条 5 項）。よって、申請は、法令に基づくものであることが求められている。

4　妥当である

　そのとおり。「行政庁の処分その他公権力の行使に当たる行為」については、民事保全法に規定する仮処分をすることができない（44 条）。これに対し、「行政庁の処分その他公権力の行使に当たる行為」に該当しない行為については、民事保全法に規定する仮処分をする余地がある。

5　妥当でない

　行政事件訴訟法では、当事者訴訟についての具体的な出訴期間は定められていない。なお、法令に出訴期間の定めがある当事者訴訟〔形式的当事者訴訟〕は、その法令に別段の定めがある場合を除き、正当な理由があるときは、その期間を経過した後であつても、これを提起することができる（40 条 1 項）。

LEC東京リーガルマインド　2023 年版 出る順行政書士 当たる！直前予想模試　　205

【付録】2022 年度行政書士試験　解答・解説

問題	テーマ（分野）	正解	重要度	正答率
18	**抗告訴訟の対象（行政事件訴訟法）**	**1**	**A**	80%

1　妥当でない

　判例は、「国若しくは地方公共団体又はその機関……が公共施設の管理権限を有する場合には、行政機関等が法〔都市計画法〕32 条の同意を求める相手方となり、行政機関等が右の同意を拒否する行為は、公共施設の適正な管理上当該開発行為を行うことは相当でない旨の公法上の判断を表示する行為ということができる。この同意が得られなければ、公共施設に影響を与える開発行為を適法に行うことはできないが、これは、法が……要件を満たす場合に限ってこのような開発行為を行うことを認めた結果にほかならないのであって、右の同意を拒否する行為それ自体は、開発行為を禁止又は制限する効果をもつものとはいえない。」として、「公共施設の管理者である行政機関等が法 32 条所定の同意を拒否する行為は、<u>抗告訴訟の対象となる処分には当たらない</u>」としている（盛岡市公共施設管理者同意拒否事件／最判平 7.3.23）。

2　妥当である

　そのとおり。判例は、都市計画区域内において用途地域を指定する決定が、「当該地域内の土地所有者等に建築基準法上新たな制約を課し、その限度で一定の法状態の変動を生ぜしめるものであることは否定できないが、かかる効果は、あたかも新たに右のような制約を課する法令が制定された場合におけると同様の当該地域内の不特定多数の者に対する一般的抽象的なそれにすぎず、このような効果を生ずるということだけから直ちに右地域内の個人に対する具体的な権利侵害を伴う処分があつたものとして、これに対する抗告訴訟を肯定することはできない。」としている（盛岡用途地域指定事件／最判昭 57.4.22）。

3　妥当である　基礎　『合格基本書』p. 459

　そのとおり。判例は、「施行地区内の宅地所有者等は、事業計画の決定がされることによって、……規制を伴う土地区画整理事業の手続に従って換地処分を受けるべき地位に立たされるものということができ、その意味で、その法的地位に直接的な影響が生ずる」としたうえで、「換地処分等の取消訴訟において、宅地所有者等が事業計画の違法を主張し、その主張が認められたとしても、当該換地処分等を取り消すことは公共の福祉に適合しないとして事情判決（行政事件訴訟法 31 条 1 項）がされる可能性が相当程度あるのであり、換地処分等がされた段階でこれを対象として取消訴訟を提起することができるとしても、宅地所有者等の被る権利侵害に対する救済が十分に果たされるとはいい難い。そうすると、事業計画の適否が争われる場合、実効的な権利救済を図るためには、事業計画の決定がされた段階で、これを対象とした取消訴訟の提起を認めることに合理性がある」として、「上記事業計画の決定は、行政事件訴訟法 3 条 2 項にいう『行政庁の処分その他公権力の行使に当たる行為』に当たる」としている（浜松市土地区画整理事業計画事件／最判平 20.9.10）。

4　妥当である　基礎　『合格基本書』p. 459

　そのとおり。判例は、「本件改正条例は、旧高根町が営む簡易水道事業の水道料金を一般的に改定するものであって、そもそも限られた特定の者に対してのみ適用されるものではなく、本件改正条例の制定行為をもって行政庁が法の執行として行う処分と実質的に同視することはできないから、本件改正条例の制定行為は、抗告訴訟の対象となる行政処分には当たらないというべきである。」としている（旧高根町給水条例無効等確認請求事件／最判平 18.7.14）。

5　妥当である　基礎　『合格基本書』p. 459

　そのとおり。判例は、「条例の制定は、普通地方公共団体の議会が行う立法作用に属するから、一般的には、抗告訴訟の対象となる行政処分に当たるものでないことはいうまでもないが、……改正条例は、本件各保育所の廃止のみを内容とするものであって、他に行政庁の処分を待つことなく、その施行により各保育所廃止の効果を発生させ、当該保育所に現に入所中の児童及びその保護者という限られた特定の者らに対して、直接、当該保育所において保育を受けることを期待し得る上記の法的地位を奪う結果を生じさせるものであるから、その制定行為は、行政庁の処分と実質的に同視し得るものということができる」として、「本件改正条例の制定行為は、抗告訴訟の対象となる行政処分に当たると解するのが相当である。」としている（横浜市保育所廃止条例事件／最判平 21.11.26）。

206　　LEC東京リーガルマインド　2023 年版 出る順行政書士 当たる！直前予想模試

【付録】2022 年度行政書士試験　解答・解説

問題	テーマ（分野）	正解	重要度	正答率
19	無効確認訴訟（行政事件訴訟法）	3	A	70%

1　妥当でない

無効確認訴訟において、処分に無効原因が存在しないときは、請求が<u>棄却される</u>。

2　妥当でない

無効確認訴訟には、取消訴訟の原告適格を定める規定（9 条）は準用されないが、<u>無効</u><u>確認訴訟の原告適格に関する制約（36 条）がある</u>。すなわち、無効等確認の訴えは、①「当該処分又は裁決に続く処分により損害を受けるおそれのある者」（予防的無効等確認訴訟）、②「その他当該処分又は裁決の無効等の確認を求めるにつき法律上の利益を有する者で、当該処分若しくは裁決の存否又はその効力の有無を前提とする現在の法律関係に関する訴えによって目的を達することができないもの」（補充的無効等確認訴訟）に限り、提起することができる（36 条）。

3　妥当である　基礎　『合格基本書』p. 474

そのとおり。無効確認訴訟には、取消訴訟についての審査請求の前置（8 条 1 項ただし書）の制約はない。よって、処分の取消訴訟について審査請求の前置が要件とされている場合でも、直ちに無効確認訴訟を提起することができる。

4　妥当でない

<u>無効確認訴訟においても、処分の執行停止を申し立てることができる</u>（38 条 3 項・25 条 2 項）。

5　妥当でない　基礎　『合格基本書』p. 474

無効等確認の訴えは、①「当該処分又は裁決に続く処分により損害を受けるおそれのある者」（予防的無効等確認訴訟）、②「その他当該処分又は裁決の無効等の確認を求めるにつき法律上の利益を有する者で、<u>当該処分若しくは裁決の存否又はその効力の有無を前</u><u>提とする現在の法律関係に関する訴えによって目的を達することができないもの</u>」（補充的無効等確認訴訟）に限り、提起することができる（36 条）。よって、無効確認訴訟は、<u>処分が無効であることを前提とする現在の法律関係に関する訴えによって目的を達する</u><u>ことができる場合には、提起することができない</u>。

【付録】2022 年度行政書士試験　解答・解説

問題	テーマ（分野）	正解	重要度	正答率
20	国家賠償法１条（国家賠償）	2	A	92%

1　妥当でない　基礎　『合格基本書』p. 491

　判例は、「刑事事件において無罪の判決が確定したというだけで直ちに起訴前の逮捕・勾留、公訴の提起・追行、起訴後の勾留が違法となるということはない。けだし、逮捕・勾留はその時点において犯罪の嫌疑について相当な理由があり、かつ、必要性が認められるかぎりは適法であり、公訴の提起は、検察官が裁判所に対して犯罪の成否、刑罰権の存否につき審判を求める意思表示にほかならないのであるから、起訴時あるいは公訴追行時における検察官の心証は、その性質上、判決時における裁判官の心証と異なり、起訴時あるいは公訴追行時における各種の証拠資料を総合勘案して合理的な判断過程により有罪と認められる嫌疑があれば足りると解するのが相当であるからである」としている（芦別事件／最判昭 53. 10. 20）。

2　妥当である

　そのとおり。判例は、「建築基準法の定めからすると、同法は、建築物の計画が建築基準関係規定に適合するものであることについての確認に関する事務を地方公共団体の事務とする前提に立った上で、指定確認検査機関をして、上記の確認に関する事務を特定行政庁の監督下において行わせることとしたということができる。そうすると、指定確認検査機関による確認に関する事務は、建築主事による確認に関する事務の場合と同様に、地方公共団体の事務であり、その事務の帰属する行政主体は、当該確認に係る建築物について確認をする権限を有する建築主事が置かれた地方公共団体であると解するのが相当である。」としている（東京建築検査確認機構事件／最決平 17. 6. 24）。よって、当該地方公共団体が、国家賠償法１条１項に基づく損害賠償責任を負う。

3　妥当でない　基礎　『合格基本書』p. 487

　判例は、「国家賠償法１条１項にいう『公権力の行使』には、公立学校における教師の教育活動も含まれる」としている（最判昭 62. 2. 6）。

4　妥当でない　基礎　『合格基本書』p. 490

　判例は、「税務署長のする所得税の更正は、所得金額を過大に認定していたとしても、そのことから直ちに国家賠償法１条１項にいう違法があったとの評価を受けるものではなく、税務署長が資料を収集し、これに基づき課税要件事実を認定、判断する上において、職務上通常尽くすべき注意義務を尽くすことなく漫然と更正をしたと認め得るような事情がある場合に限り、右の評価を受けるものと解するのが相当である。」としている（奈良税務署推計課税事件／最判平 5. 3. 11）。

5　妥当でない　基礎　『合格基本書』p. 490

　判例は、警察官が職責を遂行する「目的のために交通法規等に違反して車両で逃走する者をパトカーで追跡する職務の執行中に、逃走車両の走行により第三者が損害を被つた場合において、右追跡行為が違法であるというためには、右追跡が当該職務目的を遂行する上で不必要であるか、又は逃走車両の逃走の態様及び道路交通状況等から予測される被害発生の具体的危険性の有無及び内容に照らし、追跡の開始・継続若しくは追跡の方法が不相当であることを要するものと解すべきである。」としている（パトカー追跡事故事件／最判昭 61. 2. 27）。

208　　LEC東京リーガルマインド　2023 年版 出る順行政書士 当たる！直前予想模試

【付録】2022年度行政書士試験　解答・解説

問題	テーマ（分野）	正解	重要度	正答率
21	国家賠償法2条（国家賠償）	3	A	67%

ア　妥当でない

　判例は、「国家賠償法2条1項にいう営造物の設置又は管理の瑕疵とは、営造物が通常有すべき安全性を欠いている状態、すなわち他人に危害を及ぼす危険性のある状態をいうのであるが、これには営造物が供用目的に沿って利用されることとの関連においてその利用者以外の第三者に対して危害を生ぜしめる危険性がある場合をも含む」としたうえで、「国家賠償法2条1項は、危険責任の法理に基づき被害者の救済を図ることを目的として、国又は公共団体の責任発生の要件につき、公の営造物の設置又は管理に瑕疵があったために他人に損害を生じたときと規定しているところ、……回避可能性があったことが本件道路の設置又は管理に瑕疵を認めるための積極的要件になるものではないと解すべきである。」としている（国道43号線訴訟／最判平7.7.7）。

イ　妥当である

　そのとおり。判例は、「営造物の供用が第三者に対する関係において違法な権利侵害ないし法益侵害となり、営造物の設置・管理者において賠償義務を負うかどうかを判断するに当たっては、侵害行為の態様と侵害の程度、被侵害利益の性質と内容、侵害行為の持つ公共性ないし公益上の必要性の内容と程度等を比較検討するほか、侵害行為の開始とその後の継続の経過及び状況、その間に採られた被害の防止に関する措置の有無及びその内容、効果等の事情をも考慮し、これらを総合的に考察してこれを決すべきものである」としている（国道43号線訴訟／最判平7.7.7）。

ウ　妥当である

　そのとおり。判例は、「道路等の施設の周辺住民からその供用の差止めが求められた場合に差止請求を認容すべき違法性があるかどうかを判断するにつき考慮すべき要素は、周辺住民から損害の賠償が求められた場合に賠償請求を認容すべき違法性があるかどうかを判断するにつき考慮すべき要素とほぼ共通するのであるが、施設の供用の差止めと金銭による賠償という請求内容の相違に対応して、違法性の判断において各要素の重要性をどの程度のものとして考慮するかにはおのずから相違があるから、右両場合の違法性の有無の判断に差異が生じることがあっても不合理とはいえない。」としている（国道43号線訴訟／最判平7.7.7）。

エ　妥当でない　基礎　『合格基本書』p.493

　判例は、「本件空港の設置、管理の瑕疵は、右空港の施設自体がもつ物理的・外形的欠陥ではなく、また、それが空港利用者に対して危害を生ぜしめているというのでもなくて、本件空港に多数のジエツト機を含む航空機が離着陸するに際して発生する騒音等が被上告人ら周辺住民に被害を生ぜしめているという点にあるのであるが、利用者以外の第三者に対する危害もまた右瑕疵のうちに含まれること、営造物がその供用目的に沿つて利用されている状況のもとにおいてこれから危害が生ずるような場合もこれに含まれる……から、本件空港に離着陸する航空機の騒音等による周辺住民の被害の発生を右空港の設置、管理の瑕疵の概念に含ましめたこと自体に所論の違法があるものということはできない。」としている（大阪国際空港公害訴訟／最判昭56.12.16）。

　以上より、妥当なものはイ・ウであり、正解は肢3となる。

LEC東京リーガルマインド　2023年版 出る順行政書士 当たる！直前予想模試　**209**

【付録】2022 年度行政書士試験　解答・解説

問題	テーマ（分野）	正解	重要度	正答率
22	条例（地方自治法）	3	A	82%

1　妥当でない

　　過料は、行政上の秩序罰に当たる。普通地方公共団体の条例に違反した者に対する過料は、地方自治法に基づいて普通地方公共団体の長（A市長）が科する（149 条 3 号）。なお、普通地方公共団体の長が過料の処分をしようとする場合においては、過料の処分を受ける者に対し、あらかじめその旨を告知するとともに、弁明の機会を与えなければならない（255 条の 3）。

2　妥当でない

　　判例は、「地方公共団体の制定する条例は、憲法が特に民主主義政治組織の欠くべからざる構成として保障する地方自治の本旨に基き〔憲法 92 条〕、直接憲法 94 条により法律の範囲内において制定する権能を認められた自治立法にほかならない。従つて条例を制定する権能もその効力も、法律の認める範囲を越えることを得ないとともに、法律の範囲内に在るかぎり原則としてその効力は当然属地的に生ずるものと解すべきである。」としている（最判昭 29.11.24）。このように、条例の効力は原則として属地的なものであるから、A市の住民以外の者についても処罰することができる。

3　妥当である　基礎　『合格基本書』p.532

　　そのとおり。普通地方公共団体は、法令に特別の定めがあるものを除くほか、その条例中に、条例に違反した者に対し、2 年以下の懲役もしくは禁錮、100 万円以下の罰金、拘留、科料もしくは没収の刑または 5 万円以下の過料を科する旨の規定を設けることができる（14 条 3 項）。このように、過料については、5 万円という上限が制限されている。

4　妥当でない　基礎　『合格基本書』p.533

　　普通地方公共団体の長は、法令に特別の定めがあるものを除くほか、普通地方公共団体の規則中に、規則に違反した者に対し、5 万円以下の過料を科する旨の規定を設けることができる（15 条 2 項）。これに対し、普通地方公共団体の長（A市長）の定める規則で罰金を定めることはできない。

5　妥当でない

　　普通地方公共団体は、法令に特別の定めがあるものを除くほか、その条例中に、条例に違反した者に対し、2 年以下の懲役もしくは禁錮、100 万円以下の罰金、拘留、科料もしくは没収の刑または 5 万円以下の過料を科する旨の規定を設けることができる（14 条 3 項）。条例において罰金を定めるために、総務大臣と協議をする必要はない。

ワンポイントアドバイス

【行政刑罰・秩序罰】

　　行政刑罰とは、行政上の義務違反に対して、刑法に定めのある刑罰（懲役、禁錮、罰金、拘留、科料）を科すものです。行政刑罰は、原則として、裁判所が刑事訴訟法の定める手続によって科すものとされています。

　　秩序罰とは、行政上の義務違反に対して、過料を科すものです。① 国の法令に基づく過料は、裁判所が非訟事件手続法の定める手続によって科すものとされています。② 地方公共団体の条例・規則に基づく過料は、地方公共団体の長が地方自治法の定める手続によって行政行為の形式で科すものとされています。

【付録】2022 年度行政書士試験　解答・解説

問題	テーマ（分野）	正解	重要度	正答率
23	住民監査請求・住民訴訟（地方自治法）	5	A	71%

1　妥当でない　基礎　『合格基本書』p. 528
　　住民訴訟は、当該普通地方公共団体の住民である者（242 条の 2 第 1 項）にのみ出訴が認められた客観訴訟であるから、住民訴訟の原告が口頭弁論終結時までに他に転出したときは、その訴えは不適法となる。

2　妥当でない
　　住民訴訟を提起することができるのは、住民監査請求を行った当該普通地方公共団体の住民である（242 条の 2 第 1 項）が、当該財務会計行為が行われた時点において住民であったことは必要ではない。

3　妥当でない　基礎　『合格基本書』p. 528
　　住民訴訟を提起することができるのは、住民監査請求を行った当該普通地方公共団体の住民である（242 条の 2 第 1 項）。よって、住民訴訟を提起しようとする者は、みずから住民監査請求を行う必要がある。

4　妥当でない　基礎　『合格基本書』p. 526
　　住民監査請求をすることができるのは、当該普通地方公共団体の住民である（242 条1 項）。

5　妥当である　基礎　『合格基本書』p. 528〜p. 529
　　そのとおり。違法に公金の賦課や徴収を怠る事実に関し、住民監査請求（242 条 1 項）を行った当該普通地方公共団体の住民は、それに対する監査委員の監査の結果や勧告（242 条 5 項）に不服があるときは、地方自治法に定められた出訴期間内に、住民訴訟を提起することができる（242 条の 2 第 1 項、第 2 項 1 号）。

ワンポイントアドバイス

【住民訴訟】

　「監査委員の監査の結果又は勧告に不服がある場合」の住民訴訟の出訴期間は、「当該監査の結果又は当該勧告の内容の通知があつた日から 30 日以内」と定められています（242 条の 2 第 2 項 1 号）。

LEC東京リーガルマインド　2023 年版 出る順行政書士 当たる！直前予想模試　211

【付録】2022 年度行政書士試験　解答・解説

問題	テーマ（分野）	正解	重要度	正答率
24	都道府県の事務（地方自治法）	1	A	36%

1　**妥当である**

　そのとおり。都道府県は、都道府県知事の権限に属する事務の一部を、条例の定めるところにより、市町村が処理することとすることができる（252 条の 17 の 2 第 1 項前段）。なお、この場合においては、当該市町村が処理することとされた事務は、当該市町村の長が管理しおよび執行するものとする（252 条の 17 の 2 第 1 項後段）。

2　**妥当でない**　基礎　『合格基本書』p. 502

　地方自治法では、このようなことは定められていない。「自治事務」とは、地方公共団体が処理する事務のうち、法定受託事務以外のものをいう（2 条 8 項）。

3　**妥当でない**

　法定受託事務に係る都道府県知事の処分およびその不作為についての審査請求は、他の法律に特別の定めがある場合を除くほか、当該処分に係る事務を規定する法律またはこれに基づく政令を所管する各大臣に対してするものとする（255 条の 2 第 1 項 1 号）。

4　**妥当でない**　基礎　『合格基本書』p. 538

　普通地方公共団体は、その事務の処理に関し、法律またはこれに基づく政令によらなければ、普通地方公共団体に対する国または都道府県の関与を受け、または要することとされることはない（関与の法定主義／245 条の 2）。

5　**妥当でない**　基礎　『合格基本書』p. 532

　普通地方公共団体は、法令に違反しない限りにおいて地方自治法 2 条 2 項の事務に関し、条例を制定することができる（14 条 1 項）。条例によって、国の法律に違反して上乗せした基準を定めることはできないと解される。

212　LEC東京リーガルマインド　2023 年版 出る順行政書士 当たる！直前予想模試

【付録】2022 年度行政書士試験　解答・解説

問題	テーマ（分野）	正解	重要度	正答率
25	国家行政組織法（行政法）	5	B	96%

『合格基本書』p. 381

　本問は、国家行政組織法の条文を素材としたものである。

国家行政組織法　第 1 条
　この法律は、内閣の統轄の下における行政機関で(ア)内閣府及びデジタル庁以外のもの（以下「国の行政機関」という。）の組織の基準を定め、もつて国の行政事務の能率的な遂行のために必要な国家行政組織を整えることを目的とする。

第 3 条第 1 項
　国の行政機関の組織は、この法律でこれを定めるものとする。

第 3 条第 2 項
　行政組織のため置かれる国の行政機関は、省、(イ)委員会及び庁とし、その設置及び廃止は、別に (ウ)法律の定めるところによる。

第 3 条第 3 項
　省は、内閣の統轄の下に第 5 条第 1 項の規定により各省大臣の (エ)分担管理する行政事務及び同条第 2 項の規定により当該大臣が掌理する行政事務をつかさどる機関として置かれるものとし、(イ)委員会及び庁は、省に、その外局として置かれるものとする。

第 5 条第 1 項
　各省の長は、それぞれ各省大臣とし、内閣法（昭和 22 年法律第 5 号）にいう主任の大臣として、それぞれ行政事務を (エ)分担管理する。

第 5 条第 2 項
　各省大臣は、前項の規定により行政事務を (エ)分担管理するほか、それぞれ、その (エ)分担管理する行政事務に係る各省の任務に関連する特定の内閣の重要政策について、当該重要政策に関して閣議において決定された基本的な方針に基づいて、行政各部の施策の統一を図るために必要となる企画及び立案並びに総合調整に関する事務を掌理する。

第 5 条第 3 項
　各省大臣は、国務大臣のうちから、(オ)内閣総理大臣が命ずる。ただし、内閣総理大臣が自ら当たることを妨げない。

　以上より、アには「内閣府」、イには「委員会」、ウには「法律」、エには「分担管理」、オには「内閣総理大臣」が入り、正解は肢 5 となる。

LEC東京リーガルマインド　2023 年版 出る順行政書士 当たる！直前予想模試　213

【付録】2022 年度行政書士試験　解答・解説

問題	テーマ（分野）	正解	重要度	正答率
26	国籍と住民としての地位（行政法）	3	A	92%

1　妥当でない

　日本国民たる普通地方公共団体の住民は、地方自治法の定めるところにより、その属する普通地方公共団体の事務の監査を請求する権利を有する（事務監査請求／地方自治法 12 条 2 項）。これに対し、日本国籍を有しない住民は、事務監査請求をする権利を有しない。

2　妥当でない

　住民監査請求をすることができるのは、当該普通地方公共団体の住民である（地方自治法 242 条 1 項参照）。日本国籍を有しない住民も、住民監査請求をする権利を有する。

3　妥当である

　そのとおり。普通地方公共団体（指定管理者を含む。）は、住民が公の施設を利用することについて、不当な差別的取扱いをしてはならない（地方自治法 244 条 3 項）。これは、日本国籍を有しない住民についても当てはまる。

4　妥当でない

　日本国民たる年齢満18年以上の者で引き続き 3 カ月以上市町村の区域内に住所を有するものは、別に法律の定めるところにより、その属する普通地方公共団体の議会の議員および長の選挙権を有する（地方自治法 18 条）。これに対し、日本国籍を有しない住民は、選挙権を有しない。

5　妥当でない

　日本国籍を有しない住民も、住民基本台帳法に基づく住民登録をすることができる（住民基本台帳法 30 条の 45 参照）。

【付録】2022 年度行政書士試験　解答・解説

問題	テーマ（分野）	正解	重要度	正答率
27	虚偽表示（民法）	1	A	71%

1　妥当でない　基礎　『合格基本書』p. 145

　判例は、「土地の仮装譲受人〔B〕が右土地上に建物を建築してこれを他人〔C〕に賃貸した場合、右建物賃借人〔C〕は、仮装譲渡された土地については法律上の利害関係を有するものとは認められないから、民法94条２項所定の第三者にはあたらない」としている（最判昭57.6.8）。よって、土地の仮装譲渡人Aは、虚偽表示の無効を建物賃借人Cに対抗できる。

2　妥当である　基礎　『合格基本書』p. 145

　そのとおり。判例は、「民法94条２項にいう第三者とは、虚偽の意思表示の当事者またはその一般承継人以外の者であつて、その表示の目的につき法律上利害関係を有するに至つた者をいい……、虚偽表示の相手方〔B〕との間で右表示の目的につき直接取引関係に立つた者〔C〕のみならず、その者〔C〕からの転得者〔D〕もまた右条項にいう第三者にあたるものと解するのが相当である。」としている（最判昭45.7.24）。よって、土地の仮装譲渡人Aは、虚偽表示の無効を善意の第三者Dに対抗できない。

3　妥当である　基礎　『合格基本書』p. 145

　そのとおり。不動産の仮装譲受人〔B〕から抵当権の設定を受けた者〔C〕は、94条２項の第三者に当たる（大判昭6.10.24）。よって、土地の仮装譲渡人Aは、虚偽表示の無効を善意の第三者Cに対抗できない。

4　妥当である　基礎　『合格基本書』p. 145

　そのとおり。仮装譲渡の目的物を差し押さえた仮装譲受人〔B〕の債権者〔C〕は、94条２項によって保護される（最判昭48.6.28）。よって、土地の仮装譲渡人Aは、虚偽表示の無効を善意の第三者Cに対抗できない。

5　妥当である

　そのとおり。仮装譲受人〔B〕からの譲受人〔D〕は、虚偽の意思表示の当事者またはその一般承継人以外の者であって、その表示の目的につき法律上利害関係を有するに至った者であり、94条２項の第三者に当たる。よって、債権の仮装譲渡人Aは、虚偽表示の無効を善意の第三者Dに対抗できない。

LEC東京リーガルマインド　2023年版 出る順行政書士 当たる！直前予想模試　　215

【付録】2022年度行政書士試験　解答・解説

問題	テーマ（分野）	正解	重要度	正答率
28	占有権（民法）	2	A	63%

1　妥当である　基礎　『合格基本書』p. 189

　そのとおり。取引行為によって、平穏に、かつ、公然と動産の占有を始めた者は、善意であり、かつ、過失がないときは、即時にその動産について行使する権利を取得する（即時取得／192条）。占有者は、所有の意思をもって、善意で、平穏に、かつ、公然と占有をするものと推定される（186条1項）。判例は、192条の「過失がないとき」とは、「物の譲渡人である占有者〔B〕が権利者たる外観を有しているため、その譲受人〔C〕が譲渡人〔B〕にこの外観に対応する権利があるものと誤信し、かつこのように信ずるについて過失のないことを意味するものであるが、およそ占有者〔B〕が占有物の上に行使する権利はこれを適法に有するものと推定される以上（民法188条）、譲受人たる占有取得者〔C〕が右のように信ずるについては過失のないものと推定され、占有取得者〔C〕自身において過失のないことを立証することを要しない」としている（最判昭41.6.9）。

2　妥当でない

　判例は、「外形的客観的にみて占有者〔B〕が他人の所有権を排斥して占有する意思を有していなかつたものと解される事情〔他主占有事情〕が証明されるときは、占有者〔B〕の内心の意思のいかんを問わず、その所有の意思を否定し、時効による所有権取得の主張を排斥しなければならないものである」としている（最判昭58.3.24）。

3　妥当である　基礎　『合格基本書』p. 191

　そのとおり。善意の占有者〔C〕は、占有物から生ずる果実を取得する（189条1項）。善意の占有者が本権の訴えにおいて敗訴したときは、その訴えの提起の時から悪意の占有者とみなされる（189条2項）。よって、Cは、Aから本権の訴えがないときは、丙土地から生ずる収穫物を取得することができる。

4　妥当である　基礎　『合格基本書』p. 192

　そのとおり。占有者がその占有を奪われたときは、占有回収の訴えにより、その物の返還および損害の賠償を請求することができる（200条1項）。他人〔A〕のために占有をする者〔B〕も、訴えを提起することができる（197条後段）。

5　妥当である　基礎　『合格基本書』p. 187

　そのとおり。占有代理人〔B〕によって占有をする場合において、本人〔A〕がその占有代理人〔B〕に対して以後第三者〔C〕のためにその物を占有することを命じ、その第三者〔C〕がこれを承諾したときは、その第三者〔C〕は、占有権を取得する（指図による占有移転／184条）。

ワンポイントアドバイス

【果実の取得・返還】

　善意の〔＝みずからが所有者であると信じた〕占有者は、占有物から生ずる果実を取得します（189条1項）。

　悪意の〔＝みずからが所有者でないことを知っていたか、または疑っていた〕占有者は、果実を返還し、かつ、既に消費し、過失によって損傷し、または収取を怠った果実の代価を償還する義務を負います（190条1項）。

【付録】2022 年度行政書士試験　解答・解説

問題	テーマ（分野）	正解	重要度	正答率
29	根抵当権（民法）	4	B	65%

1　正　基礎　『合格基本書』p.221

　そのとおり。担保すべき元本の確定すべき期日の定めがない場合に、根抵当権設定者〔A〕は、根抵当権の設定の時から 3 年を経過したときは、担保すべき元本の確定を請求することができる（398 条の 19 第 1 項前段）。また、根抵当権者〔B〕は、いつでも、担保すべき元本の確定を請求することができる（398 条の 19 第 2 項前段）。

2　正　基礎　『合格基本書』p.221

　そのとおり。元本の確定前においては、根抵当権の担保すべき債権の範囲の変更をすることができる（398 条の 4 第 1 項前段）。この変更をするには、後順位の抵当権者〔C〕その他の第三者の承諾を得ることを要しない（398 条の 4 第 2 項）。この変更について元本の確定前に登記をしなかったときは、その変更をしなかったものとみなされる（398 条の 4 第 3 項）。

3　正　基礎　『合格基本書』p.221

　そのとおり。元本の確定後においては、根抵当権設定者〔A〕は、その根抵当権の極度額を、現に存する債務の額と以後 2 年間に生ずべき利息その他の定期金および債務の不履行による損害賠償の額とを加えた額に減額することを請求することができる（398 条の 21 第 1 項）。

4　明らかに誤っている　基礎　『合格基本書』p.221

　根抵当権者〔B〕は、<u>確定した元本ならびに利息その他の定期金および債務の不履行によって生じた損害の賠償の全部について、極度額を限度として</u>、その根抵当権を行使することができる（398 条の 3 第 1 項）。よって、<u>利息・損害金についても、極度額を超えて根抵当権を行使することはできない</u>。

5　正　基礎　『合格基本書』p.220

　そのとおり。元本の確定前に根抵当権者〔B〕から債権を取得した者〔D〕は、その債権について根抵当権を行使することができない（398 条の 7 第 1 項前段）。

LEC 東京リーガルマインド　2023 年版 出る順行政書士 当たる！直前予想模試　217

【付録】2022 年度行政書士試験　解答・解説

問題	テーマ（分野）	正解	重要度	正答率
30	**債務不履行（民法）**	**5**	**A**	**59%**

1　誤　基礎　『合格基本書』p.229

　債務の履行について不確定期限があるときは、債務者〔A〕は、その期限の到来した後に履行の請求を受けた時またはその期限の到来したことを知った時のいずれか早い時から遅滞の責任を負う（412 条 2 項）。よって、Cの死亡後にBから履行請求を受けた時からAの履行遅滞の責任が生ずる。

2　誤

　債務の履行が契約その他の債務の発生原因および取引上の社会通念に照らして不能であるとき（履行不能の場合）は、債権者〔B〕は、その債務の履行を請求することができない（412 条の 2 第 1 項）。もっとも、契約に基づく債務の履行がその契約の成立の時に不能であったこと（原始的不能）は、415 条の規定によりその履行の不能によって生じた損害の賠償を請求することを妨げない（412 条の 2 第 2 項）。よって、AはBに損害を賠償する責任を負う。

3　誤　基礎　『合格基本書』p.229

　債務者〔A〕がその債務の本旨に従った履行をしないときまたは債務の履行が不能であるときは、債権者〔B〕は、これによって生じた損害の賠償を請求することができる（415 条 1 項本文）。ただし、その債務の不履行が契約その他の債務の発生原因および取引上の社会通念に照らして債務者〔A〕の責めに帰することができない事由によるものであるときは、この限りでない（415 条 1 項ただし書）。債務者Aが債務の履行に補助者Dを用いた場合でも、債務者Aは当然には債務不履行責任を負わない。

4　誤　基礎　『合格基本書』p.275

　当事者〔AB〕双方の責めに帰することができない事由によって債務を履行することができなくなったときは、債権者〔B〕は、反対給付の履行〔代金の支払い〕を拒むことができる（536 条 1 項）。

5　正　基礎　『合格基本書』p.230、p.275

　そのとおり。債権者〔B〕が債務の履行を受けることを拒み、または受けることができない場合〔受領遅滞の場合〕において、履行の提供があった時以後に当事者〔AB〕双方の責めに帰することができない事由によってその債務の履行が不能となったときは、その履行の不能は、債権者〔B〕の責めに帰すべき事由によるものとみなされる（413 条の 2 第 2 項）。債務の不履行が債権者〔B〕の責めに帰すべき事由によるものであるときは、債権者〔B〕は、契約の解除をすることができない（543 条）。債権者〔B〕の責めに帰すべき事由によって債務を履行することができなくなったときは、債権者〔B〕は、反対給付の履行〔代金の支払い〕を拒むことができない（536 条 2 項前段）。

▰▰▰▰▰▰▰▰▰▰　**ワンポイントアドバイス**　▰▰▰▰▰▰▰▰▰▰

【債務の履行に代わる損害賠償の請求】

　415 条 1 項により損害賠償の請求をすることができる場合において、債権者は、①「債務の履行が不能であるとき」、②「債務者がその債務の履行を拒絶する意思を明確に表示したとき」、③「債務が契約によって生じたものである場合において、その契約が解除され、又は債務の不履行による契約の解除権が発生したとき」は、債務の履行に代わる損害賠償の請求をすることができます（415 条 2 項）。

【付録】2022 年度行政書士試験　解答・解説

問題	テーマ（分野）	正解	重要度	正答率
31	**契約の解除（民法）**	**5**	**A**	**89%**

1　妥当でない　**基礎**　『合格基本書』p. 277

　当事者の一方がその債務を履行しない場合において、相手方が相当の期間を定めてその履行の催告をし、その期間内に履行がないときは、相手方は、契約の解除をすることができる（541 条本文）。もっとも、債務者がその債務の全部の履行を拒絶する意思を明確に表示したときは、債権者は、541 条の催告をすることなく、直ちに契約の解除をすることができる（542 条 1 項 2 号）。

2　妥当でない　**基礎**　『合格基本書』p. 277

　債務の全部の履行が不能であるときは、債権者は、541 条の催告をすることなく、直ちに契約の解除をすることができる（542 条 1 項 1 号）。よって、特定物の買主は、契約締結後に目的物が不可抗力によって滅失したときは、契約の解除をすることができる。

3　妥当でない　**基礎**　『合格基本書』p. 298

　判例は、「賃貸借は、当事者相互の信頼関係を基礎とする継続的契約であるから、賃貸借の継続中に、当事者の一方に、その信頼関係を裏切つて、賃貸借関係の継続を著しく困難ならしめるような不信行為のあつた場合には、相手方は、賃貸借を将来に向つて、解除することができるものと解しなければならない、そうして、この場合には民法 541 条所定の催告は、これを必要としないものと解すべきである。」としている（最判昭 27.4.25）。

4　妥当でない

　判例は、「売買契約が解除された場合に、目的物の引渡を受けていた買主は、原状回復義務の内容として、解除までの間目的物を使用したことによる利益を売主に返還すべき義務を負うものであり、この理は、他人の権利の売買契約において、売主が目的物の所有権を取得して買主に移転することができず、民法 561 条〔2017 年改正前〕の規定により該契約が解除された場合についても同様であると解すべきである。けだし、解除によつて売買契約が遡及的に効力を失う結果として、契約当事者に該契約に基づく給付がなかつたと同一の財産状態を回復させるためには、買主が引渡を受けた目的物を解除するまでの間に使用したことによる利益をも返還させる必要がある」としている（最判昭 51.2.13）。よって、他人物売買の買主も、使用収益の返還義務を負う。

5　妥当である　**基礎**　『合格基本書』p. 276

　そのとおり。当事者の一方がその債務を履行しない場合において、相手方が相当の期間を定めてその履行の催告をし、その期間内に履行がないときは、相手方は、契約の解除をすることができる（541 条本文）。ただし、その期間を経過した時における債務の不履行がその契約および取引上の社会通念に照らして軽微であるときは、この限りでない（541 条ただし書）。よって、期間を経過した時における不足が軽微であるときは、解除が制限されることがある。

■■■■■■■■■■■■■■■■■■■■■■■■■■■■　**ワンポイントアドバイス**　■■■■■■■■■■■■■■■■■■■■■■■■■■■■

【契約の解除】

　判例は、「債務者が遅滞に陥つたときは、債権者が期間を定めず履行を催告した場合であつても、その催告の時から相当の期間を経過してなお債務を履行しないときは契約を解除することができると解すべき」としています（最判昭 31.12.6）。

LEC東京リーガルマインド　2023 年版 出る順行政書士 当たる！直前予想模試　**219**

【付録】2022 年度行政書士試験　解答・解説

問題	テーマ（分野）	正解	重要度	正答率
32	賃貸借（民法）	4	A	89%

1　正　基礎　『合格基本書』p.295

　そのとおり。不動産の譲渡人〔A〕が賃貸人であるときは、その賃貸人たる地位は、賃借人〔B〕の承諾を要しないで、譲渡人〔A〕と譲受人〔C〕との合意により、譲受人〔C〕に移転させることができる（605条の3前段）。

2　正　基礎　『合格基本書』p.295

　そのとおり。賃貸人たる地位の移転は、賃貸物である不動産について所有権の移転の登記をしなければ、賃借人〔B〕に対抗することができない（605条の2第3項）。

3　正　基礎　『合格基本書』p.295

　そのとおり。不動産の譲渡人〔A〕および譲受人〔C〕が、賃貸人たる地位を譲渡人〔A〕に留保する旨およびその不動産を譲受人〔C〕が譲渡人〔A〕に賃貸する旨の合意をしたときは、賃貸人たる地位は、譲受人〔C〕に移転しない（605条の2第2項前段）。

4　誤　基礎　『合格基本書』p.296

　賃借人〔B〕は、<u>賃貸人〔C〕の承諾を得なければ、その賃借権を譲り渡し、または賃借物を転貸することができない</u>（612条1項）。

5　正　基礎　『合格基本書』p.295

　そのとおり。賃貸人たる地位が譲受人〔C〕に移転したときは、敷金の返還に係る債務は、譲受人〔C〕が承継する（605条の2第4項）。

ワンポイントアドバイス

【賃借権の譲渡・賃借物の転貸】

　賃借人は、<u>賃貸人の承諾を得なければ、その賃借権を譲り渡し、または賃借物を転貸すること</u>ができません（612条1項）。賃借人がこれに違反して第三者に賃借物の使用または収益をさせたときは、賃貸人は、契約の解除をすることができます（612条2項）。

　もっとも、判例は、「賃借人が<u>賃貸人の承諾なく</u>第三者をして賃借物の使用収益を為さしめた場合においても、賃借人の当該行為が賃貸人に対する<u>背信的行為</u>と認めるに足らない特段の事情がある場合においては、同条〔612条〕の解除権は発生しないものと解するを相当とする。」としています（最判昭28.9.25）。

220　LEC東京リーガルマインド　2023 年版 出る順行政書士 当たる！直前予想模試

【付録】2022年度行政書士試験　解答・解説

問題	テーマ（分野）	正解	重要度	正答率
33	法定利率（民法）	2	B	40%

1　妥当である　基礎　『合格基本書』p.227

　そのとおり。利息を生ずべき債権について別段の意思表示がないときは、その利率は、その利息が生じた最初の時点における法定利率による（404条1項）。利息付消費貸借において、貸主は、借主が金銭その他の物を受け取った日以後の利息を請求することができる（589条2項）。よって、利息付金銭消費貸借契約において、利息について利率の定めがなかったときは、利息の利率は借主が金銭を受け取った日の法定利率による。

2　妥当でない　基礎　『合格基本書』p.227

　利息を生ずべき債権について別段の意思表示がないときは、その利率は、その利息が生じた最初の時点における法定利率による（404条1項）。別段の意思表示がないときは、利息を生ずべき債権（元本債権）についての法定利率の適用の基準時は、利息が生じた最初の時点とし、仮にその後に法定利率が変動したとしても適用される法定利率は変わらない。

3　妥当である　基礎　『合格基本書』p.233

　そのとおり。金銭の給付を目的とする債務の不履行については、その損害賠償の額は、債務者が遅滞の責任を負った最初の時点における法定利率によって定める（419条1項本文）。ただし、約定利率が法定利率を超えるときは、約定利率による（419条1項ただし書）。よって、利息の約定利率が法定利率より低かったときは、遅延損害の額は法定利率による。

4　妥当である

　そのとおり。不法行為に基づく損害賠償において、加害者は、不法行為の時（損害が発生した時）から遅滞の責任を負う（最判昭37.9.4）。よって、遅延損害金は、原則として不法行為の時（損害が発生した時）の法定利率による。

5　妥当である

　そのとおり。将来において取得すべき利益についての損害賠償の額を定める場合において、その利益を取得すべき時までの利息相当額を控除するときは、その損害賠償の請求権が生じた時点における法定利率により、これをする（417条の2第1項）。

LEC東京リーガルマインド　2023年版 出る順行政書士 当たる！直前予想模試　221

【付録】2022 年度行政書士試験　解答・解説

問題	テーマ（分野）	正解	重要度	正答率
34	不法行為（民法）	5	B	25%

1　妥当でない

　　未成年者は、他人に損害を加えた場合において、<u>自己の行為の責任を弁識するに足りる知能</u>を備えていなかったときは、その行為について賠償の責任を負わない（712 条）。よって、損害賠償の責任を負うのは、<u>自己の行為の責任を弁識するに足りる知能</u>がある場合である。

2　妥当でない

　　精神上の障害により自己の行為の責任を弁識する能力を欠く状態にある間に他人に損害を加えた者は、その賠償の責任を負わない（713 条本文）。ただし、故意または<u>過失によって一時的にその状態を招いたときは、この限りでない</u>（713 条ただし書）。よって、<u>過失によって一時的にその状態を招いたときは、損害賠償の責任を負う</u>。

3　妥当でない　基礎　『合格基本書』p. 325

　　<u>他人の不法行為に対し</u>、自己または第三者の権利または法律上保護される利益を防衛するため、やむを得ず加害行為をした者は、損害賠償の責任を負わない（正当防衛／720 条1 項本文）。野生の熊が襲ってきたことは、<u>他人の不法行為によるものではないから、正当防衛は成立しない</u>。

4　妥当でない　基礎　『合格基本書』p. 325

　　<u>他人の物から</u>生じた急迫の危難を避けるためその物を損傷した場合には、損害賠償の責任を負わない（緊急避難／720 条2 項・1 項本文）。<u>暴漢の不法行為から身を守るために他人の家の窓を割ったときは、緊急避難ではなく、正当防衛（720 条1 項）が成立する</u>。

5　妥当である　基礎　『合格基本書』p. 325

　　そのとおり。他人の不法行為に対し、自己または第三者の権利または法律上保護される利益を防衛するため、やむを得ず加害行為をした者は、損害賠償の責任を負わない（正当防衛／720 条1 項本文）。ただし、<u>被害者から不法行為をした者に対する損害賠償の請求を妨げない</u>（720 条1 項ただし書）。よって、被害者は、暴漢に対しては損害賠償を請求できる。

【付録】2022 年度行政書士試験　解答・解説

問題	テーマ（分野）	正解	重要度	正答率
35	相続（民法）	1	A	60%

1　妥当である

　そのとおり。系譜、祭具および墳墓の所有権は、慣習に従って祖先の祭祀を主宰すべき者が承継する（897 条 1 項本文）。ただし、被相続人の指定に従って祖先の祭祀を主宰すべき者があるときは、その者が承継する（897 条 1 項ただし書）。

2　妥当でない　基礎　『合格基本書』p. 317

　相続人は、相続開始の時から、被相続人の財産に属した一切の権利義務を承継する（896 条本文）。ただし、被相続人の一身に専属したものは、この限りでない（896 条ただし書）。もっとも、判例は、「ある者が他人の故意過失によつて財産以外の損害を被つた場合には、その者は、財産上の損害を被つた場合と同様、損害の発生と同時にその賠償を請求する権利すなわち慰藉料請求権を取得し、右請求権を放棄したものと解しうる特別の事情がないかぎり、これを行使することができ、その損害の賠償を請求する意思を表明するなど格別の行為をすることを必要とするものではない。そして、当該被害者が死亡したときは、その相続人は当然に慰藉料請求権を相続するものと解するのが相当である。」としている（最判昭 42.11.1）。

3　妥当でない　基礎　『合格基本書』p. 354

　判例は、「共同相続された普通預金債権、通常貯金債権及び定期貯金債権は、いずれも、相続開始と同時に当然に相続分に応じて分割されることはなく、遺産分割の対象となるものと解するのが相当である。」としている（最決平 28.12.19）。

4　妥当でない　基礎　『合格基本書』p. 355

　遺産の分割前に遺産に属する財産が処分された場合であっても、共同相続人は、その全員の同意により、当該処分された財産が遺産の分割時に遺産として存在するものとみなすことができる（906 条の 2 第 1 項）。なお、共同相続人の一人または数人により同項の財産が処分されたときは、当該共同相続人については、同意を得ることを要しない（906 条の 2 第 2 項）。

5　妥当でない　基礎　『合格基本書』p. 354

　共同相続人は、908 条 1 項により被相続人が遺言で禁じた場合または 908 条 2 項により共同相続人間で分割をしない旨の契約をした場合を除き、いつでも、その協議で、遺産の全部または一部の分割をすることができる（907 条 1 項）。2021 年の民法改正により、遺産分割協議をすることができない場合として、共同相続人間で分割をしない旨の契約をしたとき（908 条 2 項）が追加された。

ワンポイントアドバイス

【遺産分割の禁止】

　共同相続人は、5 年以内の期間を定めて、遺産の全部または一部について、その分割をしない旨の契約をすることができます（908 条 2 項本文）。ただし、その期間の終期は、相続開始の時から 10 年を超えることができません（908 条 2 項ただし書）。2021 年の民法改正により、遅くとも相続開始の時から 10 年後には遺産分割の開始が可能となるようにするために、遺産分割の禁止についての時的限界が設けられました。

LEC東京リーガルマインド　2023 年版 出る順行政書士 当たる！直前予想模試　223

【付録】2022 年度行政書士試験　解答・解説

問題	テーマ（分野）	正解	重要度	正答率
36	営業譲渡（商法）	5	A	29%

1　誤　基礎　『合格基本書』p.561

　　商人の商号は、<u>営業とともにする場合</u>または営業を廃止する場合に限り、譲渡することができる（15 条 1 項）。この規定による商号の譲渡は、登記をしなければ、<u>第三者に対抗することができない</u>（15 条 2 項）が、<u>商号の登記をしなくても譲渡人（甲）と譲受人（乙）との間では譲渡の効力を生ずる</u>。

2　誤　基礎　『合格基本書』p.563

　　営業を譲り受けた商人（乙）が譲渡人（甲）の商号を引き続き使用する場合には、その譲受人（乙）も、譲渡人（甲）の営業によって生じた債務を弁済する責任を負う（17 条 1 項）。もっとも、営業を譲渡した後、遅滞なく、譲受人（乙）<u>および譲渡人（甲）</u>から第三者（丙）に対しその旨の通知をした場合において、その通知を受けた第三者（丙）については、責任を負わない（17 条 2 項後段）。

3　誤

　　譲渡人（甲）の営業によって生じた債権について、その譲受人（乙）にした弁済は、弁済者（丙）が善意で<u>かつ重大な過失がない</u>ときは、その効力を有する（17 条 4 項）。

4　誤

　　譲受人（乙）が譲渡人（甲）の商号を引き続き使用しない場合においても、譲渡人（甲）の営業によって生じた債務を引き受ける旨の広告をしたときは、譲渡人（甲）の債権者（丙）は、その譲受人（乙）に対して弁済の請求をすることができる（18 条 1 項）。この場合には、譲渡人（甲）の責任は、<u>広告があった日後 2 年以内に</u>請求または請求の予告をしない債権者に対しては、<u>その期間を経過した時に消滅する</u>（18 条 2 項）。

5　正

　　そのとおり。譲渡人（甲）が譲受人（乙）に承継されない債務の債権者（丙）を害することを知って営業を譲渡した場合には、残存債権者（丙）は、その譲受人（乙）に対して、承継した財産の価額を限度として、当該債務の履行を請求することができる（18 条の 2 第 1 項本文）。ただし、その譲受人（乙）が営業の譲渡の効力が生じた時において残存債権者（丙）を害することを知らなかったときは、この限りでない（18 条の 2 第 1 項ただし書）。

【付録】2022年度行政書士試験　解答・解説

問題	テーマ（分野）	正解	重要度	正答率
37	設立（会社法）	3	A	57%

ア　正　基礎　　『合格基本書』p.577

　そのとおり。発起設立において、発起人は、株式会社が発行することができる株式の総数（「発行可能株式総数」）を定款で定めていない場合には、株式会社の成立の時までに、その全員の同意によって、定款を変更して発行可能株式総数の定めを設けなければならない（37条1項）。

イ　誤

　発起設立において、発起人は、発行可能株式総数を定款で定めている場合には、株式会社の成立の時までに、その全員の同意によって、発行可能株式総数についての定款の変更をすることができる（37条2項）。

ウ　誤　基礎　　『合格基本書』p.577

　募集設立において、発行可能株式総数を定款で定めていないときは、株式会社の成立の時までに、創立総会の決議によって、定款を変更して発行可能株式総数の定めを設けなければならない（98条）。

エ　正

　そのとおり。募集設立において、発行可能株式総数を定款で定めているときでも、創立総会においては、その決議によって、定款の変更をすることができる（96条）。

オ　正　基礎　　『合格基本書』p.578

　そのとおり。設立時発行株式の総数は、発行可能株式総数の4分の1を下ることができない（37条3項本文）。ただし、設立しようとする株式会社が公開会社でない場合は、この限りでない（37条3項ただし書）。

　以上より、誤っているものはイ・ウであり、正解は肢3となる。

【付録】2022 年度行政書士試験　解答・解説

問題	テーマ（分野）	正解	重要度	正答率
38	株式売渡請求（会社法）	2	B	21%

1　正

　そのとおり。株式会社の特別支配株主は、当該株式会社の株主（当該株式会社及び当該特別支配株主を除く。）の全員に対し、その有する当該株式会社の株式の全部を当該特別支配株主に売り渡すことを請求することができる（179 条 1 項本文）。

2　誤

　特別支配株主は、株式売渡請求をしようとするときは、対象会社に対し、その旨および179 条の 2 第 1 項各号に掲げる事項を通知し、その承認を受けなければならない（179 条の 3 第 1 項）。取締役会設置会社がこの承認をするか否かの決定をするには、<u>取締役会の決議によらなければならない</u>（179 条の 3 第 3 項）。

3　正

　そのとおり。株式等売渡請求をした特別支配株主は、取得日に、売渡株式等の全部を取得する（179 条の 9 第 1 項）。

4　正

　そのとおり。株式売渡請求が法令に違反する場合において、売渡株主が不利益を受けるおそれがあるときは、売渡株主は、特別支配株主に対し、株式等売渡請求に係る売渡株式等の全部の取得をやめることを請求することができる（179 条の 7 第 1 項 1 号）。

5　正

　そのとおり。株式等売渡請求に係る売渡株式等の全部の取得の無効は、取得日から 6 カ月以内（対象会社が公開会社でない場合にあっては、当該取得日から 1 年以内）に、訴えをもってのみ主張することができる（846 条の 2 第 1 項）。取得日において売渡株主であった者は、売渡株式等の取得の無効の訴えを提起することができる（846 条の 2 第 2 項 1 号）。

226　　LEC東京リーガルマインド　2023 年版 出る順行政書士 当たる！直前予想模試

【付録】2022 年度行政書士試験　解答・解説

問題	テーマ（分野）	正解	重要度	正答率
39	株主総会（会社法）	4	A	36%

1　正　基礎　『合格基本書』p. 585

　　そのとおり。公開会社において、総株主の議決権の 100 分の 3（これを下回る割合を定款で定めた場合にあっては、その割合）以上の議決権を 6 カ月（これを下回る期間を定款で定めた場合にあっては、その期間）前から引き続き有する株主は、取締役に対し、株主総会の目的である事項（当該株主が議決権を行使することができる事項に限る。）および招集の理由を示して、株主総会の招集を請求することができる（297 条 1 項）。

2　正

　　そのとおり。公開会社は、取締役会を置かなければならない（327 条 1 項 1 号）。取締役会設置会社においては、総株主の議決権の 100 分の 1（これを下回る割合を定款で定めた場合にあっては、その割合）以上の議決権または 300 個（これを下回る数を定款で定めた場合にあっては、その個数）以上の議決権を 6 カ月（これを下回る期間を定款で定めた場合にあっては、その期間）前から引き続き有する株主に限り、取締役に対し、一定の事項を株主総会の目的とすることを請求することができる（303 条 2 項前段）。この場合において、その請求は、株主総会の日の 8 週間（これを下回る期間を定款で定めた場合にあっては、その期間）前までにしなければならない（303 条 2 項後段）。

3　正

　　そのとおり。株主は、株主総会において、株主総会の目的である事項（当該株主が議決権を行使することができる事項に限る。）につき議案を提出することができる（304 条本文）。ただし、当該議案が法令もしくは定款に違反する場合または実質的に同一の議案につき株主総会において総株主（当該議案について議決権を行使することができない株主を除く。）の議決権の 10 分の 1（これを下回る割合を定款で定めた場合にあっては、その割合）以上の賛成を得られなかった日から 3 年を経過していない場合は、この限りでない（304 条ただし書）。

4　誤

　　株式会社または総株主（株主総会において決議をすることができる事項の全部につき議決権を行使することができない株主を除く。）の議決権の 100 分の 1（これを下回る割合を定款で定めた場合にあっては、その割合）以上の議決権を有する株主は、株主総会に係る招集の手続および決議の方法を調査させるため、当該株主総会に先立ち、<u>裁判所に対し</u>、検査役の選任の申立てをすることができる（306 条 1 項）。

5　正　基礎　『合格基本書』p. 598

　　そのとおり。取締役、会計参与、監査役および執行役は、株主総会において、株主から特定の事項について説明を求められた場合には、当該事項について必要な説明をしなければならない（314 条本文）。ただし、当該事項が株主総会の目的である事項に関しないものである場合、その説明をすることにより株主の共同の利益を著しく害する場合その他正当な理由がある場合として法務省令で定める場合は、この限りでない（314 条ただし書）。

LEC東京リーガルマインド　2023 年版 出る順行政書士 当たる！直前予想模試　227

【付録】2022 年度行政書士試験　解答・解説

問題	テーマ（分野）	正解	重要度	正答率
40	会計参与（会社法）	4	B	53%

ア　誤　基礎　『合格基本書』p. 610

　　公開会社である大会社にも、会計参与を置くことができる（326 条 2 項参照）。

イ　誤　基礎　『合格基本書』p. 611

　　公開会社でない大会社は、会計監査人を置かなければならない（328 条 2 項）。

ウ　正　基礎　『合格基本書』p. 610

　　そのとおり。役員（取締役、会計参与および監査役をいう。）および会計監査人は、株主総会の決議によって選任する（329 条 1 項）。

エ　正　基礎　『合格基本書』p. 610

　　そのとおり。会計参与は、公認会計士もしくは監査法人または税理士もしくは税理士法人でなければならない（333 条 1 項）。

オ　誤　基礎　『合格基本書』p. 610

　　取締役会設置会社の会計参与は、計算書類等・連結計算書類の承認をする取締役会に出席しなければならない（376 条 1 項前段）。この場合において、会計参与は、必要があると認めるときは、意見を述べなければならない（376 条 1 項後段）。

以上より、正しいものはウ・エであり、正解は肢 4 となる。

ワンポイントアドバイス

【会計参与】

　　会計参与は、取締役（指名委員会等設置会社においては執行役）と共同して、計算書類およびその附属明細書、臨時計算書類ならびに連結計算書類を作成します（374 条 1 項前段、6 項）。

　　会計参与は、いつでも、会計帳簿またはこれに関する資料の閲覧および謄写をし、または取締役および支配人（指名委員会等設置会社においては執行役および取締役ならびに支配人）その他の使用人に対して会計に関する報告を求めることができます（374 条 2 項 6 項）。

【付録】2022 年度行政書士試験　解答・解説

問題	テーマ（分野）	重要度	正答率
41	**法律上の争訟（憲法・多肢）**	**A**	44%

ア	10（法律上）	イ	7（外在的）
ウ	20（憲法上）	エ	5（自律性）

　本問は、岩沼市議会議員出席停止処分事件（最大判令 2.11.25）の宇賀克也裁判官補足意見を素材としたものである。

　「(ア) 法律上の争訟は、①当事者間の具体的な権利義務ないし法律関係の存否に関する紛争であって、かつ、②それが法令の適用により終局的に解決することができるものに限られるとする当審の判例（最高裁昭和 51 年（オ）第 749 号同昭和 56 年 4 月 7 日第三小法廷判決・民集 35 巻 3 号 443 頁）に照らし、地方議会議員に対する出席停止の懲罰の取消しを求める訴えが、①②の要件を満たす以上、(ア) 法律上の争訟に当たることは明らかであると思われる。

　(ア) 法律上の争訟については、憲法 32 条により国民に裁判を受ける権利が保障されており、また、(ア) 法律上の争訟について裁判を行うことは、憲法 76 条 1 項により司法権に課せられた義務であるから、本来、司法権を行使しないことは許されないはずであり、司法権に対する (イ) 外在的制約があるとして司法審査の対象外とするのは、かかる例外を正当化する (ウ) 憲法上の根拠がある場合に厳格に限定される必要がある。」

　「国会については、国権の最高機関（憲法 41 条）としての (エ) 自律性を憲法が尊重していることは明確であり、憲法自身が議員の資格争訟の裁判権を議院に付与し（憲法 55 条）、議員が議院で行った演説、討論又は表決についての院外での免責規定を設けている（憲法 51 条）。しかし、地方議会については、憲法 55 条や 51 条のような規定は設けられておらず、憲法は、(エ) 自律性の点において、国会と地方議会を同視していないことは明らかである。」

　以上より、アには 10＝「法律上」、イには 7＝「外在的」、ウには 20＝「憲法上」、エには 5＝「自律性」が入る。

LEC 東京リーガルマインド　2023 年版 出る順行政書士 当たる！直前予想模試　　229

【付録】2022 年度行政書士試験　解答・解説

問題	テーマ（分野）		重要度	正答率
42	**行政文書の開示（行政法・多肢）**		**B**	**70%**

『合格基本書』p. 754

ア	19（行政文書）	イ	11（申請に対する処分）
ウ	6（理由）	エ	3（情報公開・個人情報保護審査会）

　本問は、行政機関情報公開法に基づく行政文書の開示決定等に関する知識を問うものである。

　何人も、行政機関情報公開法の定めるところにより、行政機関の長に対し、当該行政機関の保有する行政文書の開示を請求することができる（行政機関情報公開法3条）。① 行政機関の長は、開示請求に係る行政文書の全部または一部を開示するときは、その旨の決定をし、開示請求者に対し、その旨および開示の実施に関し政令で定める事項を書面により通知しなければならない（行政機関情報公開法9条1項）。② 行政機関の長は、開示請求に係る行政文書の全部を開示しないときは、開示をしない旨の決定をし、開示請求者に対し、その旨を書面により通知しなければならない（行政機関情報公開法9条2項）。

　行政文書の開示または不開示の決定（開示決定等）は、行政手続法上の申請に対する処分に当たる。

　行政手続法によれば、行政庁は、申請により求められた許認可等を拒否する処分をする場合は、原則として、申請者に対し、同時に、当該処分の理由を示さなければならない（行政手続法8条1項本文）。よって、行政機関の長は、不開示決定をする場合は、原則として、開示請求者に対し、同時に、当該決定の理由を示さなければならない。

　行政機関情報公開法によれば、開示決定等または開示請求に係る不作為について審査請求があったときは、当該審査請求に対する裁決をすべき行政機関の長は、原則として、情報公開・個人情報保護審査会（審査請求に対する裁決をすべき行政機関の長が会計検査院の長である場合にあっては、別に法律で定める審査会）に諮問しなければならない（行政機関情報公開法19条1項）。

　情報公開・個人情報保護審査会設置法によれば、情報公開・個人情報保護審査会は、必要があると認めるときは、諮問庁に対し、行政文書の提示を求めることができる（情報公開・個人情報保護審査会設置法9条1項前段）。諮問庁は、情報公開・個人情報保護審査会から行政文書の提示の求めがあったときは、これを拒んではならない（情報公開・個人情報保護審査会設置法9条2項）。

　以上より、アには 19＝「行政文書」、イには 11＝「申請に対する処分」、ウには 6＝「理由」、エには 3＝「情報公開・個人情報保護審査会」が入る。

ワンポイントアドバイス

【諮問】

　情報公開・個人情報保護審査会に審査請求についての諮問をした行政機関の長は、諮問機関である情報公開・個人情報保護審査会から受けた答申には拘束されないことから、その審査請求について、その答申と異なる裁決をすることもできます。

【付録】2022 年度行政書士試験　解答・解説

問題	テーマ（分野）	重要度	正答率
43	**国家補償の谷間（行政法・多肢）**	**A**	**76%**

『合格基本書』p. 52、p. 486

ア	4 （無過失）	イ	15 （財産権）
ウ	20 （勿論）	エ	11 （推定）

　本問は、国家補償（国家賠償と損失補償）の谷間に関する知識を問うものである。

　国家賠償法によれば、国または公共団体の公権力の行使に当る公務員が、その職務を行うについて、<u>故意または過失</u>によって違法に他人に損害を加えたときは、国または公共団体が、これを賠償する責めに任ずる（国家賠償法 1 条 1 項）。よって、公務員の<u>無過失</u>の違法行為による被害は、国家賠償法の救済の対称とはならない。

　憲法によれば、<u>私有財産は</u>、正当な補償の下に、これを公共のために用いることができる（憲法 29 条 3 項）。この規定によって求められる損失補償は、<u>財産権</u>以外の権利利益についての被害には及ばないと考えられる。

　国家補償（国家賠償と損失補償）の谷間に関して、財産権が損失補償の対象になるのであるから、<u>それよりも重要な利益である生命・身体の利益も当然に損失補償の対象になる</u>と解釈するのは、<u>勿論（もちろん）解釈</u>である。

　判例は、インフルエンザ予防接種を実施する医師が、接種対象者につき禁忌者を識別するための「適切な問診を尽さなかつたため、接種対象者の症状、疾病その他異常な身体的条件及び体質的素因を認識することができず、禁忌すべき者の識別判断を誤つて予防接種を実施した場合において、予防接種の異常な副反応により接種対象者が死亡又は罹病したときには、担当医師は接種に際し右結果を予見しえたものであるのに過誤により予見しなかつたものと<u>推定する</u>のが相当である。」としている（最判昭 51. 9. 30）。

　以上より、アには 4 ＝「無過失」、イには 15 ＝「財産権」、ウには 20 ＝「勿論」、エには 11 ＝「推定」が入る。

LEC東京リーガルマインド　2023 年版 出る順行政書士 当たる！直前予想模試　231

【付録】2022 年度行政書士試験　解答・解説

問題	テーマ（分野）	重要度	正答率
44	**抗告訴訟（行政法・記述）**	**A**	―

『合格基本書』p. 477

≪行政書士試験研究センターによる正解例≫

B	市	を	被	告	と	し	て	重	大	な	損	害	が	生
じ	る	お	そ	れ	が	あ	る	と	主	張	し	、	是	正
命	令	の	義	務	付	け	訴	訟	を	提	起	す	る	。

(45 字)

　本問は、行政事件訴訟法の定める抗告訴訟に関する知識を問うものである。

　本問では、Xらは、B市長が違反建築物の是正命令を発出すべきであるにもかかわらず発出していないと考えている。そこで、Xらは、裁判所に対し、B市長が是正命令を発出すべき旨を命ずることを求める義務付けの訴え(非申請型の義務付けの訴え／行政事件訴訟法3条6項1号) を提起することが考えられる。

　非申請型の義務付けの訴えは、一定の処分がされないことにより重大な損害を生ずるおそれがあり、かつ、その損害を避けるため他に適当な方法がないときに限り、提起することができる (行政事件訴訟法37条の2第1項)。非申請型の義務付けの訴えは、行政庁が一定の処分をすべき旨を命ずることを求めるにつき法律上の利益を有する者に限り、提起することができる (行政事件訴訟法37条の2第3項)。

　一定の処分をすべき旨を命ずることを求める義務付けの訴えは、当該処分をすべき行政庁の所属する国または公共団体を被告として提起しなければならない (行政事件訴訟法38条1項・11条1項1号)。よって、Xらが裁判所に対してB市長が是正命令を発出すべき旨を命ずることを求める義務付けの訴えは、B市を被告として提起しなければならない。

　以上より、解答にあたっては、正解例のように記述すべきである。

―――――――――――――― ワンポイントアドバイス ――――――――――――――

【採点の目安】

①	**B市を被告として** …………………………………………………………	**6点**
②	**重大な損害**が生じるおそれがある …………………………………………	**6点**
③	（是正命令の）**義務付け訴訟** ………………………………………………	**8点**

232　　LEC東京リーガルマインド　2023 年版 出る順行政書士 当たる！直前予想模試

【付録】2022 年度行政書士試験　解答・解説

問題	テーマ（分野）	重要度	正答率
45	**無権代理と相続（民法・記述）**	**A**	**—**

『合格基本書』p. 157

≪行政書士試験研究センターによる正解例≫

無	権	代	理	人	を	相	続	し	た	本	人	が	無	権
代	理	行	為	の	追	認	を	拒	絶	し	て	も	信	義
に	反	し	な	い	た	め	、	認	め	ら	れ	る	。	

(44字)

　本問は、無権代理と相続に関する知識を問うものである。

　判例は、「無権代理人〔B〕が本人〔A〕を相続した場合においては、自らした無権代理行為につき本人の資格において追認を拒絶する余地を認めるのは信義則に反するから、右無権代理行為は相続と共に当然有効となると解するのが相当であるけれども、本人〔A〕が無権代理人〔B〕を相続した場合は、これと同様に論ずることはできない。後者の場合においては、相続人たる本人〔A〕が被相続人〔B〕の無権代理行為の追認を拒絶しても、何ら信義に反するところはないから、被相続人〔B〕の無権代理行為は一般に本人〔A〕の相続により当然有効となるものではないと解するのが相当である。」としている（最判昭37.4.20）。

　このように、本人Aが無権代理人Bのした無権代理行為の追認を拒絶しても信義に反しないことから、本人Aは、相手方Cからの請求に対して本件売買契約の追認を拒絶して履行を拒むことが認められる。

　以上より、解答にあたっては、正解例のように記述すべきである。

ワンポイントアドバイス

【採点の目安】

①	**追認を拒絶しても信義に反しないため** …………………………………………………	12 点
②	**認められる** …………………………………………………………………………………	8 点

LEC東京リーガルマインド　2023 年版 出る順行政書士 当たる！直前予想模試　　233

【付録】2022 年度行政書士試験　解答・解説

問題	テーマ（分野）	重要度	正答率
46	**債権者代位権の転用（民法・記述）**	**A**	—

『合格基本書』p.239

≪行政書士試験研究センターによる正解例≫
Aは、Cに対し、

B	の	所	有	権	に	基	づ	く	妨	害	排	除	請	求
権	を	代	位	し	て	、	塀	の	撤	去	を	請	求	す
る	こ	と	が	で	き	る	。							

（38 字）

　本問は、債権者代位権の転用に関する知識を問うものである。

　債権者〔A〕は、自己の債権を保全するため必要があるときは、債務者〔B〕に属する権利（被代位権利）を行使することができる（債権者代位権／423 条 1 項本文）。

　債権者代位権は、金銭債権を保全するためだけではなく、特定債権を保全するためにも利用されることがある（債権者代位権の転用）。たとえば、<u>土地の賃借人〔A〕は、賃貸人〔B〕に対する賃貸借契約に基づく使用収益権を保全するために、賃貸人〔B〕の不法占有者〔C〕に対する妨害排除請求権を代位行使することができる</u>（大判昭 4.12.16）。

　これを本問についてみると、甲土地の賃借人Aは、賃貸人Bに対する賃貸借契約に基づく使用収益権を保全するために、<u>賃貸人Bの不法占有者Cに対する妨害排除請求権を代位行使して、不法占有者Cに対し、塀の撤去を請求することができる</u>。

　以上より、解答にあたっては、正解例のように記述すべきである。

ワンポイントアドバイス

【採点の目安】

①	Bの所有権に基づく妨害排除請求権を代位（行使）	14 点
②	塀の撤去	6 点

234　　LEC東京リーガルマインド　2023 年版 出る順行政書士 当たる！直前予想模試

【付録】2022年度行政書士試験 解答・解説

問題	テーマ（分野）	正解	重要度	正答率
47	ロシアの外交・軍事（政治）	5	C	74%

1　**妥当でない**

　　1853年に、ロシアとトルコとの間でクリミア戦争が起こった。

2　**妥当でない**

　　第一次世界大戦の末期の1917年に、ロシアにおいてロシア革命が生じた。

3　**妥当でない**

　　1939年に、ソビエト連邦は、ポーランドに侵攻して東半分を占領し、さらにバルト3国（エストニア・ラトヴィア・リトアニア）も占領した。しかし、フィンランドやスウェーデンについては占領していない。

4　**妥当でない**

　　1962年にキューバにソビエト連邦のミサイル基地が建設されていることが分かり、アメリカが海上封鎖を実施して、米ソ間の緊張が高まるキューバ危機が発生したが、ソビエト連邦が基地を撤去したことによって危機は回避された。空爆や戦争には至っていない。

5　**妥当である**

　　そのとおり。1989年に、アメリカの大統領ジョージ・H・W・ブッシュと、ソビエト連邦の最高指導者ミハイル・ゴルバチョフによる首脳会談（マルタ会談）において、東西冷戦の終結が宣言された。

LEC東京リーガルマインド　2023年版 出る順行政書士 当たる！直前予想模試　235

【付録】2022 年度行政書士試験　解答・解説

問題	テーマ（分野）	正解	重要度	正答率
48	**ヨーロッパの国際組織（政治）**	**5**	**B**	43%

ア　妥当でない

　1958 年に、西ドイツ、ベルギー、フランス、イタリア、ルクセンブルグ、オランダの6 カ国によって、欧州経済共同体（ＥＥＣ）が設立された。イギリスは、欧州経済共同体（ＥＥＣ）の設立には参加していない。その後、1967 年に、欧州石炭鉄鋼共同体（ＥＣＳＣ）、欧州経済共同体（ＥＥＣ）、欧州原子力共同体（ＥＵＲＡＴＯＭ）が統合されて、6 カ国による欧州共同体（ＥＣ）が設立された。1973 年に、イギリス、アイルランド、デンマークが、欧州共同体（ＥＣ）に加盟した。

イ　妥当でない

　1992 年に、欧州共同体（ＥＣ）加盟 12 カ国の間で結ばれたマーストリヒト条約に基づいて、1993 年に欧州連合（ＥＵ）を設立した。これらは、国際連合の下部組織ではない。

ウ　妥当である

　そのとおり。1949 年に、人権保障、民主主義、法の支配の実現を目的とした国際機関として、欧州評議会（Council of Europe）が設立された。

エ　妥当でない

　1949 年に、アメリカ、カナダの北米 2 カ国と、ヨーロッパ 10 カ国との間で署名された北大西洋条約に基づいて、北大西洋条約機構（ＮＡＴＯ）が設立された。

オ　妥当である

　そのとおり。1994 年に、欧州自由貿易連合（ＥＦＴＡ）加盟国が欧州連合（ＥＵ）に参加しないでヨーロッパの市場に算入できる仕組みとして、欧州経済領域（ＥＥＡ）が設立された。

　以上より、妥当なものはウ・オであり、正解は肢 5 となる。

236　　　　　LEC東京リーガルマインド　2023 年版 出る順行政書士 当たる！直前予想模試

【付録】2022 年度行政書士試験　解答・解説

問題	テーマ（分野）	正解	重要度	正答率
49	軍縮（政治）	4	B	62%

ア　妥当である

　そのとおり。コスタリカの憲法では、恒久制度としての軍隊（常備軍）を持たないことが明記されている。フィリピンの憲法では、非核政策が明記されている。

イ　妥当である　基礎　『合格基本書』p.691

　そのとおり。対人地雷禁止条約では、対人地雷の使用や開発が全面的に禁止されている。

ウ　妥当でない　基礎　『合格基本書』p.691

　核拡散防止条約（ＮＰＴ）では、アメリカ、ロシア（当時のソビエト連邦）、イギリス、フランス、中国の５カ国を核兵器保有国と定めて、核兵器保有国以外への核兵器の拡散を防止している（1970 年発効）。

エ　妥当でない　基礎　『合格基本書』p.691

　佐藤栄作は、日本の首相として、核兵器は「持たず、作らず、持ち込ませず」という非核三原則を提唱したことが評価され、1974 年にノーベル平和賞を受賞した。

オ　妥当である　基礎　『合格基本書』p.691

　そのとおり。中距離核戦力（ＩＮＦ）全廃条約は、1987 年にアメリカとロシア（当時のソビエト連邦）との間で結ばれた史上初の核軍縮条約である（1988 年発効）。しかし、2019 年２月にアメリカのドナルド・トランプ大統領が義務の履行を停止してロシアに離脱を通告したことにより、2019 年８月に失効した。

**　以上より、妥当でないものはウ・エであり、正解は肢４となる。**

LEC東京リーガルマインド　2023 年版 出る順行政書士 当たる！直前予想模試　237

【付録】2022 年度行政書士試験　解答・解説

問題	テーマ（分野）	正解	重要度	正答率
50	郵便局（社会）	1	C	57%

ア　妥当でない

　郵便局は全国で 23,658 か所ある。その数は、全国のコンビニエンスストアの店舗数（55,830）より少ない（2022 年 10 月現在）。

イ　妥当である

　そのとおり。郵便局は、信書の送達を全国一般で行っている。信書便法（「民間事業者による信書の送達に関する法律」）による一般信書便事業の許可を受けた民間事業者はいない（2022 年 11 月現在）。

ウ　妥当でない

　郵便局では、地方創生に向けた取組みとして、農産物や地元特産品の販売を行うことが認められている。

エ　妥当である

　そのとおり。郵便局では、簡易保険のほかに、民間他社の保険も取り扱っている。

オ　妥当である

　そのとおり。2022 年 1 月 17 日から、ゆうちょ銀行の現金自動預払機（ＡＴＭ）では、預金の預入れ・払戻しに硬貨を伴う場合に、手数料を徴収している。

　以上より、妥当でないものはア・ウであり、正解は肢 1 となる。

【付録】2022年度行政書士試験　解答・解説

問題	テーマ（分野）	正解	重要度	正答率
51	国内総生産（経済）	3	B	64%

　本問は、国内総生産（GDP）に関する知識を問うものである。

　「国内総生産（GDP）」は、国の経済規模を表す指標である。GDPは一国内で一定期間に生産された付加価値の合計であり、その国の経済力を表す。それに対し、その国の人々の生活水準を知るためには、GDPの値を人口で割った「1人当たりGDP」が用いられる。

　2022年4月段階での国際通貨基金（IMF）の推計資料によれば、世界のなかでGDPの水準が高い上位6か国をあげると、(ア)アメリカ、(イ)中国、(ウ)日本、(エ)ドイツ、(オ)インド、(カ)イギリスの順となる。ところが、これら6か国を「1人当たりGDP」の高い順に並びかえると、アメリカ、ドイツ、イギリス、日本、中国、インドの順となる。

　以上より、アには「アメリカ」、イには「中国」、ウには「日本」、エには「ドイツ」、オには「インド」、カには「イギリス」が入り、正解は肢3となる。

LEC東京リーガルマインド　2023年版 出る順行政書士 当たる！直前予想模試　239

【付録】2022 年度行政書士試験　解答・解説

問題	テーマ（分野）	正解	重要度	正答率
52	森林・林業（社会）	2	B	8％

ア　妥当である

そのとおり。日本の森林率（約 67％）は、中国の森林率（約 22％）よりも高い（2017 年3 月現在）。

イ　妥当でない

日本の森林には、国が所有する国有林（森林面積全体の 31％）と、自治体等が所有する公有林（森林面積全体の 21％）と、個人や会社などが所有する私有林（森林面積全体の57％）がある。国有林の面積は、森林面積全体の約 3 割を占めている（2017 年 3 月現在）。

ウ　妥当でない

日本では、21 世紀に入ってから、木材価格はほぼ横ばいで推移していたが、2021 年に入ってから木材輸入量の減少による国内の建築用木材不足・価格高騰（ウッド・ショック）に伴い、国産材への代替需要が高まって、木材価格が急上昇している。

エ　妥当である

そのとおり。「パリ協定」の枠組みの下における日本の温室効果ガス排出削減目標の達成や災害防止等を図るための森林整備等に必要な地方財源を安定的に確保する観点から、2019 年 3 月に「森林環境税及び森林環境譲与税に関する法律」が制定されて、2024 年度から国税として 1 人年額 1,000 円を市町村が賦課徴収する森林環境税と、2019 年度から市町村や都道府県に対して譲与する森林環境譲与税が創設された。

オ　妥当でない

日本の木材自給率は、2002 年には過去最低の 18.8％となったが、その後は上昇傾向で推移している。2020 年の木材自給率は 41.8％で、2011 年から 10 年連続で上昇した。2021 年の木材自給率は 41.1％で、前年から 0.7 ポイント低下した。

以上より、妥当なものはア・エであり、正解は肢 2 となる。

【付録】2022 年度行政書士試験　解答・解説

問題	テーマ（分野）	正解	重要度	正答率
53	**アメリカにおける平等と差別（社会）**	**2**	**C**	88%

1　妥当である

　そのとおり。キング牧師（マーティン・ルーサー・キング・ジュニア）は、黒人差別に抗議する公民権運動において中心的な役割を担った。1963 年 8 月に、ワシントン D. C. において、キング牧師の指導のもとで「ワシントン大行進」が行われた。

2　妥当でない

　2016 年 11 月の大統領選挙では、民主党のヒラリー・クリントンと、共和党のドナルド・トランプが争ったが、ドナルド・トランプが勝利して 2017 年 1 月に第 45 代大統領に就任した。

3　妥当である

　そのとおり。2020 年 5 月に、ミネソタ州ミネアポリスで黒人男性が警察官によって殺害される事件が起きた。この事件を受けて、抗議運動が各地に広がった。

4　妥当である

　そのとおり。2022 年 3 月に、人種差別に基づくリンチ（私刑）を連邦法のヘイトクライム（憎悪犯罪）とする反リンチ法が成立した。

5　妥当である

　そのとおり。2022 年 6 月に、ケタンジ・ブラウン・ジャクソンは、黒人女性として初めて連邦最高裁判所の判事に就任した。

【付録】2022 年度行政書士試験　解答・解説

問題	テーマ（分野）	正解	重要度	正答率
54	地球環境問題（社会）	4	A	87%

『合格基本書』p. 728〜p. 730

　本問は、地球環境問題に関する知識を問うものである。

　地球環境問題を解決するためには、国際的な協力体制が不可欠である。1971 年には特に水鳥の生息地として国際的に重要な湿地に関して、(ア) ラムサール条約が採択された。1972 年に国連人間環境会議がスウェーデンのストックホルムで開催され、国際的に環境問題に取り組むための (イ) 国連環境計画が決定された。しかし、石油危機後の世界経済の落ち込みにより、環境対策より経済政策が各国で優先され、解決に向けた歩みは進まなかった。

　それでも、1992 年にブラジルのリオデジャネイロで国連環境開発会議（地球サミット）が開催され、「持続可能な開発」をスローガンに掲げたリオ宣言が採択された。同時に、環境保全に向けての行動計画であるアジェンダ 21、地球温暖化対策に関する (ウ) 気候変動枠組条約や、生物多様性条約なども採択された。その後、1997 年の第 3 回 (ウ) 気候変動枠組条約締約国会議（ＣＯＰ3）で (エ) 京都議定書が採択され、さらに、2015 年の第 21 回 (ウ) 気候変動枠組条約締約国会議（ＣＯＰ21）で (オ) パリ協定が採択されるなど、取組が続けられている。

　　以上より、アには「ラムサール条約」、イには「国連環境計画」、ウには「気候変動枠組条約」、エには「京都議定書」、オには「パリ協定」が入り、正解は肢 4 となる。

242　　LEC東京リーガルマインド　2023 年版 出る順行政書士 当たる！直前予想模試

【付録】2022 年度行政書士試験　解答・解説

問題	テーマ（分野）	正解	重要度	正答率
55	人工知能（情報・通信）	1	A	88%

『合格基本書』p. 761

　本問は、人工知能（ＡＩ）に関する知識を問うものである。

　人工知能（ＡＩ）という言葉は定義が難しく、定まった見解はない。しかしながら、人間が従来担ってきた知的生産作業を代替する機能を有するコンピュータを指していると考えたい。例えば、(I) 音声認識や (II) 画像認識、翻訳や文章生成、さまざまなゲームのプレイ、各種の予測作業においてＡＩが利用されていることはよく知られている。すでに、社会生活のさまざまな場面でＡＩ技術の応用が見られており、(I) 音声認識技術を用いた例として文字起こしサービスが、(II) 画像認識技術を用いた例として生体認証がある。

　ＡＩの発展の第一の背景として、コンピュータが予測を行うために利用する (III) ビッグデータが収集できるようになってきたことが挙げられる。第二に、コンピュータの高速処理を可能にする中央処理装置（ＣＰＵ）の開発がある。第三に、新しいテクノロジーである (IV) ディープラーニングの登場がある。従来の学習機能とは異なって、コンピュータ自身が膨大なデータを読み解いて、その中からルールや相関関係などの特徴を発見する技術である。これは人間と同じ (V) 帰納的推論をコンピュータが行うことに特徴がある。さらに、この (IV) ディープラーニングが優れているのは、コンピュータ自身が何度もデータを読み解く作業を継続して学習を続け、進化できる点にある。

　以上より、Ⅰにはア＝「音声認識」、Ⅱにはウ＝「画像認識」、Ⅲにはオ＝「ビッグデータ」、Ⅳにはキ＝「ディープラーニング」、Ⅴにはケ＝「帰納的推論」が入り、正解は肢１となる。

LEC東京リーガルマインド　2023 年版 出る順行政書士 当たる！直前予想模試

【付録】2022 年度行政書士試験　解答・解説

問題	テーマ（分野）	正解	重要度	正答率
56	情報通信用語（情報・通信）	1	A	86%

ア　妥当である 基礎 『合格基本書』p. 741

　そのとおり。情報が利用される際に、本人の許可を事前に得ておくシステム上の手続のことを、オプトインという。

イ　妥当である

　そのとおり。インターネット上で情報発信したりサービスを提供したりするための基盤（プラットフォーム）を提供する事業者のことを、プラットフォーム事業者（プラットフォーマー）という。

ウ　妥当でない 基礎 『合格基本書』p. 761

　業務の電子化を進めるために政治体制を専制主義化することを、デジタル専制主義という。これに対し、デジタルトランスフォーメーション（DX）とは、企業等が成長や競争力強化のために、新たなデジタル技術を用いて新たなビジネスモデルの創出等をすることをいう。

エ　妥当でない 基礎 『合格基本書』p. 757

　テレビ電話を使って離れた話者を繋ぐ情報システムのことを、テレビ会議システムという。これに対し、テレワークとは、情報通信技術を利用して、時間や場所を有効に活用できる柔軟な働き方のことをいう。

オ　妥当でない

　好みのウェブページをブラウザに登録することを、ブックマーク（お気に入り登録）という。これに対し、ベース・レジストリとは、公的機関等で登録・公開され、様々な場面で参照される、人、法人、土地、建物、資格等の社会の基本データであり、正確性や最新性が確保された社会の基盤となるデータベースのことをいう。

　以上より、妥当なものはア・イであり、正解は肢 1 となる。

【付録】2022 年度行政書士試験　解答・解説

問題	テーマ（分野）	正解	重要度	正答率
57	**個人情報保護制度（個人情報保護）**	**5**	**B**	53%

1　誤　基礎　『合格基本書』p. 763

　① 情報公開に関しては、1982 年に山形県金山町で、1983 年に埼玉県と神奈川県で情報公開条例が制定されるなど、一部の地方公共団体の制度が先行して整備された後に、1999 年に国の行政機関情報公開法が制定された。② 個人情報保護に関しても、1985 年に神奈川県川崎市で個人情報保護条例が制定されるなど、一部の地方公共団体の制度が先行して整備された後に、2003 年に国の個人情報保護法が制定された。よって、<u>個人情報保護（②)に関しても、国の制度がすべての地方公共団体に先行して整備されたわけではない</u>。

2　誤

　<u>個人情報保護法では、このようなことは定められていない</u>。

3　誤　基礎　『合格基本書』p. 747

　個人番号カードは、<u>「行政手続における特定の個人を識別するための番号の利用等に関する法律」</u>（番号利用法、マイナンバー法) に基づいて、<u>市町村長が</u>交付している。すなわち、<u>市町村長は</u>、政令で定めるところにより、当該市町村が備える住民基本台帳に記録されている者に対し、番号利用法 16 条 1 項の申請により、その者に係る個人番号カードを交付するものとする（番号利用法 17 条 1 項前段)。

4　誤

　<u>個人情報保護法では、このようなことは定められていない</u>。

5　正　基礎　『合格基本書』p. 782

　そのとおり。個人情報保護委員会は、「認定個人情報保護団体に関すること」の事務をつかさどる（個人情報保護法 132 条 3 号)。

LEC 東京リーガルマインド　2023 年版 出る順行政書士 当たる！直前予想模試　245

【付録】2022 年度行政書士試験　解答・解説

問題	テーマ（分野）	正解	重要度	正答率
58	空欄補充（文章理解）	4	A	94%

　ウ、エは「なぜ」、ア、イ、オは「情報」と「必要」という表現を含むので、ウ、エとア、イ、オの２つにグループ化する。

　まず、ウ、エについては、空欄の前の文章が「ずいぶんふしぎな『なぜ』がたくさんあつまった。」としているので、空欄の先頭にウとエがくる。その順序については、エが「……珍妙な『なぜ』が続出して……」とし、ウが「……そのさまざまな『なぜ』をつぎつぎに提出しながら……」としているので、ウの「その……『なぜ』をつぎつぎに提出」は、エの「『なぜ』が続出」を受けたものと考えられる。したがって、空欄の先頭からエ→ウの順となる。

　次に、ア、イ、オについては、「情報」と「必要」という表現に関して、アが「……どんな情報をじぶんが必要としているのかが……」としているのに対して、イとオが「必要な情報だけ」という共通の表現を使用しているので、さらにイとオをグループ化する。その順序については、アが「……どんな情報をじぶんが必要……はっきりしてくる……」とし、イが「……必要な情報だけをじょうずに手にいれるためには……」としているので、文脈上、イは、アではっきりさせた必要な情報の入手に関して述べていると考えられる。したがって、アのあとにはイがくる。そして、イのあとにイとグループ化されたオがくる。

以上より、順序として妥当なものはエ→ウ→ア→イ→オであり、正解は肢４となる。

（出典　加藤秀俊「取材学」から）

【付録】2022 年度行政書士試験　解答・解説

問題	テーマ（分野）	正解	重要度	正答率
59	**空欄補充（文章理解）**	**1**	**A**	**86%**

　空欄のあとの文章は「原則に固執しなかったことが、環境変化の激しい国際環境下では、逆にフレキシブルな微調整的適応を意図せざる結果としてもたらしてきたのである。しかし、経済大国に成長してきた今日、日本がこれまでのような無原則性でこれからの国際環境を乗り切れる保証はなく……」としている。そこで、空欄には、無原則性はこれからの国際環境を乗り切れる保証はない否定的なものと捉えていることを前提にしながらも、実はそれとは反対に、「原則に固執しなかったこと」（＝無原則性）が環境変化に応じた適切な処理や対応を可能にしてきたという肯定的な状況がもたらされてきたことを述べる文章が入る。

　以上より、空欄には「しかしながら、日本政府の無原則性は、逆説的ではあるが、少なくともこれまでは国際社会において臨機応変な対応を可能にしてきた。」が入り、正解は肢1となる。

（出典　戸部良一・寺本義也・鎌田伸一・杉之尾孝生・村井友秀・野中郁次郎「失敗の本質」から）

LEC東京リーガルマインド　2023 年版 出る順行政書士 当たる！直前予想模試　247

【付録】2022 年度行政書士試験　解答・解説

問題	テーマ（分野）	正解	重要度	正答率
60	**空欄補充（文章理解）**	**5**	**A**	**99%**

　アを含む文章は「　ア　たっぷりのライブ中継を目にすることは……あたかも自分がその場に立ち会っているかのような……」としている。そこで、アには、実際に現場にいるような感覚を意味する「臨場感」が入る。

　イを含む文章は「……テレビカメラを通したものであることを忘れさせ、あたかも自分がその場に立ち会っているかのような　イ　を覚えさせるほどだ。」としている。そこで、イには、事実に相応しない感覚を意味する「錯覚」が入る。

　ウを含む文章とその前の文章は「実際に経験したことよりも、メディアが伝えるリアリティ……。メディアが　ウ　する情報は……」としている。そこで、ウには、直接的ではなく、二つの物事の間を取り持ち、その中継や介在等を意味する「媒介」が入る。

　エを含む文章とその前の文章は「……何かを伝えるということは、裏返せば何かを伝えないということでもある。メディアが伝える情報は、　エ　の連続……」としている。そこで、エには、不要なものを選び出して除くことを意味する「取捨選択」が入る。

　オを含む文章は「……現実を再構成した　オ　なものであり、特別な意図がなくても、制作者の思惑や価値判断が入り込まざるを得ないのだ。」としている。そこで、オには、自分の思うままであることを意味する「恣意的」が入る。

　　以上より、アには「臨場感」、イには「錯覚」、には「媒介」、エには「取捨選択」、オには「恣意的」が入り、正解は肢5となる。

（出典　菅谷明子「メディア・リテラシー」から）

出る順行政書士シリーズ
2023年版 出る順行政書士 当たる！直前予想模試

1998年6月30日　　第1版　　第1刷発行
2023年5月10日　　第25版　　第1刷発行

編著者●株式会社　東京リーガルマインド
　　　　LEC総合研究所　行政書士試験部

発行所●株式会社　東京リーガルマインド
　　　　〒164-0001　東京都中野区中野4-11-10
　　　　　　　　　　アーバンネット中野ビル
　　　　LECコールセンター　✉ 0570-064-464
　　　　　　　受付時間　平日9：30～20：00/土・祝10：00～19：00/日10：00～18：00
　　　　　　　※このナビダイヤルは通話料お客様ご負担となります。
　　　　書店様専用受注センター　　TEL 048-999-7581 / FAX 048-999-7591
　　　　　　　受付時間　平日9：00～17：00/土・日・祝休み
　　　　www.lec-jp.com/

印刷・製本●情報印刷株式会社

©2023 TOKYO LEGAL MIND K.K., Printed in Japan　　　　　　　ISBN978-4-8449-5856-7
複製・頒布を禁じます。
本書の全部または一部を無断で複製・転載等することは，法律で認められた場合を除き，著作者及び出
版者の権利侵害になりますので，その場合はあらかじめ弊社あてに許諾をお求めください。
なお，本書は個人の方々の学習目的で使用していただくために販売するものです。弊社と競合する営利
目的での使用等は固くお断りいたしております。
落丁・乱丁本は，送料弊社負担にてお取替えいたします。出版部(TEL03-5913-6336)までご連絡ください。

行政書士 LEC渾身の書籍ラインナップ

万全のインプット！

「行政書士 合格のトリセツ」シリーズ
初学者にもおすすめ

見やすさ、分かりやすさ、使いやすさにこだわった2冊

くり返しの学習で知識定着

基本テキスト
「独学者ファースト」で分かりやすい！科目別に分冊できて持ち運びにも便利

基本問題集
基本テキストに完全リンク。問題と解説が見開き形式で、取り組みやすい構成が特長

「出る順行政書士」シリーズ
目的に合わせた多彩なラインナップで学習効率アップ！

リンク

合格基本書
合格に必要な知識を凝縮。一項目「見開き完結型」で、効率学習に最適

購入特典 法改正情報(PDF)

合格問題集
合格基本書に完全対応。LEC厳選の過去問＋オリジナル問題を200問収録

購入特典 行政法 一問一答 条文ドリル(PDF)

充実のアウトプット！

ウォーク問 過去問題集 ①法令編
過去10年分の本試験問題を分析し、各科目の体系項目別に分類

購入特典 行政書士試験 徹底分析(PDF)

良問厳選 肢別過去問題集
全2500肢で出題論点を総チェック！一肢ごとの明確な解説で重要度を表示

購入特典 最新年度プラスα 問題(PDF)

直前の総仕上げ！

ウォーク問 過去問題集 ②一般知識編
過去10年分の本試験問題を分析し、各科目の体系項目別に分類

購入特典 行政書士試験徹底分析(PDF)

最重要論点250
近年の試験傾向を徹底的に分析。合格に必要な重要論点を250項目にまとめて収録

購入特典 重要事項100肢チェック(PDF)

当たる！直前予想模試
模試で本試験の臨場感を体験！LEC講師陣による出題予想と重要論点も収録

購入特典 直前アドバイス(PDF)

40字記述式・多肢選択式問題集
本試験出題科目のオリジナル問題を120問以上掲載。得点力を徹底強化！

購入特典 問題で学ぶ重要判例(PDF)

購入特典

「出る順行政書士」シリーズは購入特典（PDFファイル）付き！

QRコードからカンタンアクセス！
応募方法など、詳細は各書籍にてご確認ください。

行政書士試験

試験日 例年11月第2日曜日
申込期間：例年7月下旬～8月下旬

※特典の名称・内容は変更となる場合があります。
※書籍の内容・表紙デザイン等は、実際と異なる場合がございますので、予めご了承ください。

2023年合格目標 LEC行政書士講座のご案内

2023年合格目標
行政書士S式合格講座

S式合格講座　カリキュラム

STEP 1
スキマ時間に基礎をすばやくインプット

STEP 2
インプットした知識を定着させるために、一問一答アプリや過去問でアウトプット

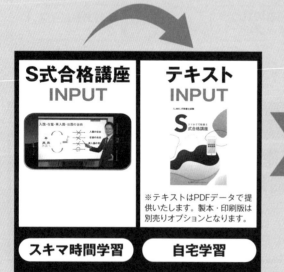

S式合格講座

S式合格講座＋記述対策セット

講座の詳しい内容やお申し込みはこちら➡

- 全60時間
  1ユニット15分のスキマ時間学習で行政書士試験に合格！
- 独学の方の知識の総整理にも最適！
- 講義やWebテキスト・一問一答アプリ・模擬試験まで
  セットで始めやすい低価格　45,000円〜

STEP3 10月

行政書士試験において配点の高い記述対策で合格をより確実に

S式記述対策講座
INPUT
OUTPUT

スキマ時間学習

STEP4 10月〜11月

試験に慣れるために、模試で本番シミュレーション

ファイナル模試
OUTPUT

自宅学習

行政書士本試験

模擬試験&直前対策講座

習熟度確認から実力チェックまで
学習の進捗度合い・時期にあわせた

2023年 7.8月　9月　10月

STEP 1 腕試し ▶▶▶ STEP 2 実力確認 ▶▶▶ STEP 3 総仕上げ ▶▶▶ STEP 4 ラストチェック

到達度確認模試 [全2回]

早い段階で、どの科目で得点できているか、どの分野が弱点になっているのかを把握し、その後の学習方針を決める材料として活用しましょう。

全日本公開模試 [全2回]

本試験と同形式の演習で本番のシミュレーションを行います。学習の集大成となる模試で自身の実力をチェック！

ファイナル模試 [全1回]

自身の得意・不得意を見極め、残り1ヵ月の学習戦略を練る指標とします。得意分野を伸ばすか、苦手分野を攻めるか。自身の判断が合否のカギを握ります。

厳選！直前ヤマ当て模試 [全1回]

本試験前に行われる最後の模試。受験生ならここだけは押さえておいてもらいたいテーマを中心に最終確認を行います。

解説冊子が見開きだから、復習がしやすい！

POINT 問題（左）と解説（右）を見開きで対応させています。同時に読み進めることができるので、非常に便利です。また、各問、重要度・難易度を表示。復習の優先度が目で見て分かります。

詳細な成績表で、自分の弱点を把握できる！

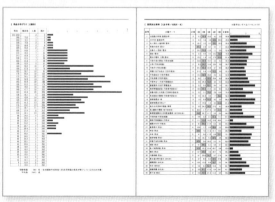

POINT 得点分布図はもちろん、選択肢別の回答率、問題毎の正解率など、復習に役立つ情報が満載です。「正解率」の高いものから優先的に復習して、効率的な学習を実現しましょう！

4つの模試&直前対策講座で、着実に合格レベルの実力を身につける！

記述60問解きまくり講座［全3回］

予想オリジナル問題で「実戦力」を鍛える！

「40字記述式」の出題題数は、たったの3問。しかし配点は、法令科目の25％を占め、「合否を分ける3問」といえます。択一式で思うように点数が伸びなかったところを、記述式でカバーして合格した、という方も多数います。記述を得点源とするためには、学んだ知識を文章で表現する力が必要です。講座では、「行政法」20問×1回、「民法」20問×2回の計60問を解いていきます。試験で出題されるテーマを題材にして、記述式を得点源にできる「思考力」「応用力」「文章力」を磨いていきます。

文章理解特訓講座［全2回］

文章を読み解くテクニックを身につけ、得点源に変える！！

文章理解の問題の解き方を習う講座です。文章理解の問題に20分も30分もかけてはいけません。文章理解は5分で解けます！この講座では解法テクニックをお話ししていくとともに、法令科目の長文問題、多肢選択式問題、記述式問題にも応用できる力を身につけます。

講座・模試の詳細は、LEC行政書士サイトをご確認ください。
https://www.lec-jp.com/gyousei/

LEC 行政書士 🔍 検索

LEC Webサイト ▷▷ www.lec-jp.com/

🔍 情報盛りだくさん！

資格を選ぶときも，
講座を選ぶときも，
最新情報でサポートします！

最新情報
各試験の試験日程や法改正情報，対策講座，模擬試験の最新情報を日々更新しています。

資料請求
講座案内など無料でお届けいたします。

受講・受験相談
メールでのご質問を随時受付けております。

よくある質問
LECのシステムから，資格試験についてまで，よくある質問をまとめました。疑問を今すぐ解決したいなら，まずチェック！

書籍・問題集（LEC書籍部）
LECが出版している書籍・問題集・レジュメをこちらで紹介しています。

🔍 充実の動画コンテンツ！

ガイダンスや講演会動画，
講義の無料試聴まで
Webで今すぐCheck！

動画視聴OK
パンフレットやWebサイトを見てもわかりづらいところを動画で説明。いつでもすぐに問題解決！

Web無料試聴
講座の第1回目を動画で無料試聴！気になる講義内容をすぐに確認できます。

スマートフォン・タブレットから簡単アクセス！ ▶▶

自慢のメールマガジン配信中！（登録無料）

LEC講師陣が毎週配信！ 最新情報やワンポイントアドバイス，改正ポイントなど合格に必要な知識をメールにて毎週配信。

www.lec-jp.com/mailmaga/

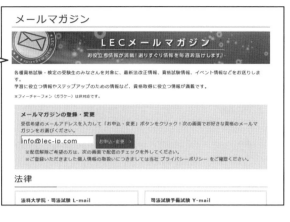

LEC E学習センター

新しい学習メディアの導入や，Web学習の新機軸を発信し続けています。また，LECで販売している講座・書籍などのご注文も，いつでも可能です。

online.lec-jp.com/

LEC電子書籍シリーズ

LECの書籍が電子書籍に！ お使いのスマートフォンやタブレットで，いつでもどこでも学習できます。

※動作環境・機能につきましては，各電子書籍ストアにてご確認ください。

www.lec-jp.com/ebook/

LEC書籍・問題集・レジュメの紹介サイト **LEC書籍部** www.lec-jp.com/system/book/

- LECが出版している書籍・問題集・レジュメをご紹介
- 当サイトから書籍などの直接購入が可能(＊)
- 書籍の内容を確認できる「チラ読み」サービス
- 発行後に判明した誤字等の訂正情報を公開

＊商品をご購入いただく際は，事前に会員登録(無料)が必要です。
＊購入金額の合計・発送する地域によって，別途送料がかかる場合がございます。

※資格試験によっては実施していないサービスがありますので，ご了承ください。

LEC 全国学校案内

＊講座のお問合せ，受講相談は最寄りのLEC各校へ

LEC本校

■ 北海道・東北

札　幌本校　☎011(210)5002
〒060-0004 北海道札幌市中央区北4条西5-1　アスティ45ビル

仙　台本校　☎022(380)7001
〒980-0022 宮城県仙台市青葉区五橋1-1-10　第二河北ビル

■ 関東

渋谷駅前本校　☎03(3464)5001
〒150-0043 東京都渋谷区道玄坂2-6-17　渋東シネタワー

池　袋本校　☎03(3984)5001
〒171-0022 東京都豊島区南池袋1-25-11　第15野萩ビル

水道橋本校　☎03(3265)5001
〒101-0061 東京都千代田区神田三崎町2-2-15　Daiwa三崎町ビル

新宿エルタワー本校　☎03(5325)6001
〒163-1518 東京都新宿区西新宿1-6-1　新宿エルタワー

早稲田本校　☎03(5155)5501
〒162-0045 東京都新宿区馬場下町62　三朝庵ビル

中　野本校　☎03(5913)6005
〒164-0001 東京都中野区中野4-11-10　アーバンネット中野ビル

立　川本校　☎042(524)5001
〒190-0012 東京都立川市曙町1-14-13　立川MKビル

町　田本校　☎042(709)0581
〒194-0013 東京都町田市原町田4-5-8　町田イーストビル

横　浜本校　☎045(311)5001
〒220-0004 神奈川県横浜市西区北幸2-4-3　北幸GM21ビル

千　葉本校　☎043(222)5009
〒260-0015 千葉県千葉市中央区富士見2-3-1　塚本大千葉ビル

大　宮本校　☎048(740)5501
〒330-0802 埼玉県さいたま市大宮区宮町1-24　大宮GSビル

■ 東海

名古屋駅前本校　☎052(586)5001
〒450-0002 愛知県名古屋市中村区名駅4-6-23　第三堀内ビル

静　岡本校　☎054(255)5001
〒420-0857 静岡県静岡市葵区御幸町3-21　ペガサート

■ 北陸

富　山本校　☎076(443)5810
〒930-0002 富山県富山市新富町2-4-25　カーニープレイス富山

■ 関西

梅田駅前本校　☎06(6374)5001
〒530-0013 大阪府大阪市北区茶屋町1-27　ABC-MART梅田ビル

難波駅前本校　☎06(6646)6911
〒556-0017 大阪府大阪市浪速区湊町1-4-1
大阪シティエアターミナルビル

京都駅前本校　☎075(353)9531
〒600-8216 京都府京都市下京区東洞院通七条下ル2丁目
東塩小路町680-2　木村食品ビル

四条烏丸本校　☎075(353)2531
〒600-8413　京都府京都市下京区烏丸通仏光寺下ル
大政所町680-1　第八長谷ビル

神　戸本校　☎078(325)0511
〒650-0021 兵庫県神戸市中央区三宮町1-1-2　三宮セントラルビル

■ 中国・四国

岡　山本校　☎086(227)5001
〒700-0901 岡山県岡山市北区本町10-22　本町ビル

広　島本校　☎082(511)7001
〒730-0011 広島県広島市中区基町11-13　合人社広島紙屋町アネクス

山　口本校　☎083(921)8911
〒753-0814 山口県山口市吉敷下東 3-4-7　リアライズⅢ

高　松本校　☎087(851)3411
〒760-0023 香川県高松市寿町2-4-20　高松センタービル

松　山本校　☎089(961)1333
〒790-0003 愛媛県松山市三番町7-13-13　ミツネビルディング

■ 九州・沖縄

福　岡本校　☎092(715)5001
〒810-0001 福岡県福岡市中央区天神4-4-11　天神ショッパーズ
福岡

那　覇本校　☎098(867)5001
〒902-0067 沖縄県那覇市安里2-9-10　丸姫産業第2ビル

■ EYE関西

EYE 大阪本校　☎06(7222)3655
〒530-0013　大阪府大阪市北区茶屋町1-27　ABC-MART梅田ビル

EYE 京都本校　☎075(353)2531
〒600-8413　京都府京都市下京区烏丸通仏光寺下ル
大政所町680-1　第八長谷ビル

【LEC公式サイト】www.lec-jp.com/ スマホから簡単アクセス！

LEC提携校

＊提携校はLECとは別の経営母体が運営をしております。
＊提携校は実施講座およびサービスにおいてLECと異なる部分がございます。

■ 北海道・東北

八戸中央校【提携校】 ☎0178(47)5011
〒031-0035　青森県八戸市寺横町13　第1朋友ビル　新教育センター内

弘前校【提携校】 ☎0172(55)8831
〒036-8093　青森県弘前市城東中央1-5-2
まなびの森　弘前城東予備校内

秋田校【提携校】 ☎018(863)9341
〒010-0964　秋田県秋田市八橋鯲沼町1-60
株式会社アキタシステムマネジメント内

■ 関東

水戸校【提携校】 ☎029(297)6611
〒310-0912　茨城県水戸市見川2-3092-3

所沢校【提携校】 ☎050(6865)6996
〒359-0037　埼玉県所沢市くすのき台3-18-4　所沢K・Sビル
合同会社LPエデュケーション内

東京駅八重洲口校【提携校】 ☎03(3527)9304
〒103-0027　東京都中央区日本橋3-7-7　日本橋アーバンビル
グランデスク内

日本橋校【提携校】 ☎03(6661)1188
〒103-0025　東京都中央区日本橋茅場町2-5-6　日本橋大江戸ビル
株式会社大江戸コンサルタント内

■ 東海

沼津校【提携校】 ☎055(928)4621
〒410-0048　静岡県沼津市新宿町3-15　萩原ビル
M-netパソコンスクール沼津校内

■ 北陸

新潟校【提携校】 ☎025(240)7781
〒950-0901　新潟県新潟市中央区弁天3-2-20　弁天501ビル
株式会社大江戸コンサルタント内

金沢校【提携校】 ☎076(237)3925
〒920-8217　石川県金沢市近岡町845-1　株式会社アイ・アイ・ピー金沢内

福井南校【提携校】 ☎0776(35)8230
〒918-8114　福井県福井市羽水2-701　株式会社ヒューマン・デザイン内

■ 関西

和歌山駅前校【提携校】 ☎073(402)2888
〒640-8342　和歌山県和歌山市友田町2-145
KEG教育センタービル　株式会社KEGキャリア・アカデミー内

■ 中国・四国

松江殿町校【提携校】 ☎0852(31)1661
〒690-0887　島根県松江市殿町517　アルファステイツ殿町
山路イングリッシュスクール内

岩国駅前校【提携校】 ☎0827(23)7424
〒740-0018　山口県岩国市麻里布町1-3-3　岡村ビル　英光学院内

新居浜駅前校【提携校】 ☎0897(32)5356
〒792-0812　愛媛県新居浜市坂井町2-3-8　パルティフジ新居浜駅前店内

■ 九州・沖縄

佐世保駅前校【提携校】 ☎0956(22)8623
〒857-0862　長崎県佐世保市白南風町5-15　智翔館内

日野校【提携校】 ☎0956(48)2239
〒858-0925　長崎県佐世保市椎木町336-1　智翔館日野校内

長崎駅前校【提携校】 ☎095(895)5917
〒850-0057　長崎県長崎市大黒町10-10　KoKoRoビル
minatoコワーキングスペース内

沖縄プラザハウス校【提携校】 ☎098(989)5909
〒904-0023　沖縄県沖縄市久保田3-1-11
プラザハウス　フェアモール　有限会社スキップヒューマンワーク内

※上記は2023年3月1日現在のものです。

書籍の訂正情報について

このたびは，弊社発行書籍をご購入いただき，誠にありがとうございます。
万が一誤りの箇所がございましたら，以下の方法にてご確認ください。

1 訂正情報の確認方法

書籍発行後に判明した訂正情報を順次掲載しております。
下記Webサイトよりご確認ください。

www.lec-jp.com/system/correct/

2 ご連絡方法

上記Webサイトに訂正情報の掲載がない場合は，下記Webサイトの
入力フォームよりご連絡ください。

lec.jp/system/soudan/web.html

フォームのご入力にあたりましては，「Web教材・サービスのご利用について」の
最下部の「ご質問内容」に下記事項をご記載ください。

- ・対象書籍名（○○年版，第○版の記載がある書籍は併せてご記載ください）
- ・ご指摘箇所（具体的にページ数と内容の記載をお願いいたします）

ご連絡期限は，次の改訂版の発行日までとさせていただきます。
また，改訂版を発行しない書籍は，販売終了日までとさせていただきます。

※上記「2 ご連絡方法」のフォームをご利用になれない場合は，①書籍名，②発行年月日，③ご指摘箇所，を記載の上，郵送にて下記送付先にご送付ください。確認した上で，内容理解の妨げとなる誤りについては，訂正情報として掲載させていただきます。なお，郵送でご連絡いただいた場合は個別に返信しておりません。

送付先：〒164-0001 東京都中野区中野4-11-10 アーバンネット中野ビル
株式会社東京リーガルマインド 出版部 訂正情報係

- ・誤りの箇所のご連絡以外の書籍の内容に関する質問は受け付けておりません。
  また，書籍の内容に関する解説，受験指導等は一切行っておりませんので，あらかじめご了承ください。
- ・お電話でのお問合せは受け付けておりません。

講座・資料のお問合せ・お申込み

LECコールセンター ☎ 0570-064-464

受付時間：平日9:30～20:00／土・祝10:00～19:00／日10:00～18:00

※このナビダイヤルの通話料はお客様のご負担となります。
※このナビダイヤルは講座のお申込みや資料のご請求に関するお問合せ専用ですので，書籍の正誤に関するご質問をいただいた場合，上記「2 ご連絡方法」のフォームをご案内させていただきます。